张海鹏 著

第三卷
关于中国近代史
研究的评论

张海鹏文集

社会科学文献出版社
SOCIAL SCIENCES ACADEMIC PRESS (CHINA)

目 录

一 综合评论

中国近代史研究的回顾 …………………………………… 003
50年来中国近代史研究的理论与方法评析 ………………… 024
60年来中国近代史研究领域有关理论与方法问题的讨论 …… 039
关于中国近代历史发展规律的认识和对若干史实的解说 …… 057
建国50年间中国近代史基本问题的讨论与研究课题概述 …… 075
社会主义和谐社会与历史学研究
　　——以编纂大众历史读物的指导思想为例 …………… 084
鸦片战争以来中国面临的机遇与挑战 …………………… 097
20世纪中美、中日、中苏（俄）关系演变论纲 ………… 108

二 专题评论

应当如何看待义和团的排外主义 …………………………… 121
关于近代中国现代化问题的讨论 …………………………… 139
也谈外国侵略与近代中国的"开关" ……………………… 155
反帝反封建是近代中国历史的主题 ………………………… 163
评历史虚无主义思潮及其危害 ……………………………… 176
历史虚无主义的若干表象及其实质 ………………………… 183
马克思主义是历史虚无主义吗？
　　——评《炎黄春秋》发表的三篇有关历史虚无主义文章 ……… 191

对近代史研究若干观点的辨析
　　——兼谈新编《中国近代史》教材的指导思想 ················ 204
"十四年抗战"概念取代"八年抗战",史学界远未形成共识 ······ 209
论台海两岸暂时分离的由来
　　——评台湾当局"台海两岸关系说明书" ···················· 213
近年来中国近代史研究中的若干原则性争论 ······················ 218
关于中国近代史若干重大热点问题的讨论 ························ 232
如何认识近代中国的反侵略问题
　　——与一些流行的观点商榷 ·································· 258

三　影评

电视剧《走向共和》引起观众历史知识的错乱 ···················· 283
历史电视剧《走向共和》宣扬什么历史观 ························ 287
一江春水向东流,海峡春潮逐浪头
　　——观电视纪录片《海峡春潮》 ······························ 297
为开启社会变革的辛亥革命高歌
　　——长篇电视连续剧《辛亥革命》观后 ······················ 301

四　书评

通俗历史读物的社会责任
　　——评《中国历代名臣》中两篇近代人物传记 ················ 309
"告别革命"说错在哪里? ······································ 314
评胡绳著《从鸦片战争到五四运动》再版 ························ 321
探索中国近代资本主义发展特点的有益之作
　　——杜恂诚新著《中国传统伦理与近代资本主义》
　　　　读后记 ·· 327
孙中山"社会革命"说正义 ···································· 338
居澳葡人"双重效忠"说平议 ·································· 350
21 世纪的视角:毛泽东的传记和毛泽东的影响 ···················· 363

一
综合评论

中国近代史研究的回顾[*]

中国近代史在中国历史学研究中,是一门新兴的重要的学科。中华人民共和国建立以后,中国近代史研究的重要性被突出地提了出来,瞧不起近代史研究、"书不读三代以下"的学术界旧习气得到了根本的改变。这是因为,工人阶级(通过共产党)领导的新民主主义革命的胜利、人民民主专政的新的共和国家的建立,帝国主义特别是美国帝国主义对这个新生共和国的封锁,人民群众为建设自己的国家而勃发的主人翁精神,以及在旧废墟基础上建设新国家所碰到的旧社会遗迹的反抗,等等,要求人民的历史学家认真思考:新民主主义革命的胜利是如何取得的?这就要追溯自鸦片战争以来,中国如何走上半殖民地半封建社会道路的历史,研究帝国主义对华侵略以及历代统治阶级的对策,研究地主阶级、农民阶级以及资产阶级在其中的表现,尤其要总结人民群众反帝反封建的历史经验。这就是说,社会历史的大转折,提出了建设中国近代史学科、加强中国近代史研究的要求。

标志这一重大改变的事实是:第一,1950年从解放区进入北京的华北大学历史研究室改建为中国科学院近代史研究所,成为新组建的中国科学院最早建立的研究所之一,由著名的马克思主义历史学家范文澜出任所长。一批具有一定素养的历史学者、年轻的大学毕业生和研究生以及在旧中国从事历史研究的学者,汇集到近代史研究所。第二,各综合大学和师范院校的历史系开设中国近代史课程,设立中国

---

[*] 本文原作于1987年,曾作为《中国近现代史研究概述》发表于汝信、易克信主编《当代中国社会科学手册》,社会科学文献出版社,1988。1989年8月做了增删修改,发表于《近代史研究》1989年第6期。收入《追求集——近代中国历史进程的探索》时,对文中一些必要的地方做了注释,对文字做了增补修订。

近代史教研室，一批批中国近代史的研究和教学人才从中培养出来。以上两项加在一起，在全国各地形成了一支研究中国近代史的基本力量。第三，一批用历史唯物主义指导撰写的近代史著作和严谨的考据图书出版发行，奠定了这一新兴学科的学术地位。范文澜的《中国近代史》上册、胡绳的《帝国主义与中国政治》50年代初修订重版，大量发行，在建设马克思主义的中国近代史学科方面起了奠基作用。刘大年的《美国侵华史》、黎澍的《辛亥革命前后的中国政治》（1954年修订版）在促进中国近代史研究、建立中国近代史分支学科方面也起了作用。罗尔纲的《太平天国史事考》等几本史料考辨集的出版，为把中国近代史的一个专门分支——太平天国史研究放到可靠的史实基础上做出了贡献。

中国近代史研究在1966年以前的十七年间，取得了令人瞩目的成绩。它首先表现在，在马列主义、毛泽东思想指导下，中国近代史研究找准了正确的方向。从事近代史研究的学者热烈研读、努力熟悉马克思主义的基本理论，尝试、探索用历史唯物主义原理指导近代史的撰述，在批判旧中国封建买办阶级史学关于中国近代史的体系、见解方面取得了共同认识，接受了基本上用马克思主义的阶级斗争观点看待、研究近代中国历史的理论。同时也注意吸收旧中国资产阶级学者研究中国近代史的积极成果。李剑农的《戊戌以后三十年中国政治史》一再重版并受到欢迎说明了这一点。

50年代关于中国近代史分期问题的讨论，是近代史学界学习历史唯物主义理论的积极行动。1957年出版的《中国近代史分期问题讨论集》一书，结集了参加这次讨论的胡绳、金冲及、范文澜、戴逸、荣孟源等人的论文。中国近代史的分期是个具体问题，关键是如何认识中国近代史的基本线索。这就涉及一系列理论问题，它们是：如何运用马克思主义和毛泽东思想指导近代史研究，如何对待近代史研究中的旧史学观点，如何确立中国近代史的总体系，如何评价近代各阶级的历史地位和作用，如何认识近代中国发展的主要脉络，等等。胡绳提出了基本上用阶级斗争的表现来做划分时期的标志和三次革命高潮的概念。参加讨论的学者从不同角度探讨了中国近代史的主要内容，涉及对历史唯物主义的不同理解和运用，提出了关于历史分期的不同主张，但对于胡绳的意见，与议者多数表示了赞同，并无根本的分歧。这次讨论后，有一批中国近代史的著作问世。代表性的著作有郭沫若主编、刘大年负责编写的《中国史稿》第四册（1962年版）和翦伯赞主编的《中国史纲要》第四册（1964年版）。两书虽各只有十几万字，却反映了新中国的史学工作者对近代中国历史的基本认识，建立起了中国近代史研究中的基本框架，对中国近代史的研究和教学起到了指导和参考作用。

关于近代史分期，参加这次讨论的多数学者都把中国近代史的时限划在1840—1919年，即开始于鸦片战争，终止于五四运动。也有一些学者主张按照马克思主义的五种社会形态说，中国的半殖民地半封建社会作为一个过渡性的社会，相当于西方资本主义的历史阶段，应当把中国进入半殖民地半封建社会时期（通常所说旧民主主义革命加新民主主义革命的整个时期）看作中国的近代史时期，近代史的下限应当定在1949年9月。荣孟源、李新当时都持这种观点。据荣孟源后来回忆，50年代初参加近代史研究所所长办公会议的同志都同意这一观点。刘大年1959年在《中国近代史研究中的几个问题》一文中以及1964年在向外国学者介绍新中国的历史科学时，也持这种观点。但在实际上，这十七年对中国近代史的研究，主要集中在1919年前的八十年间，对1919年后三十年的历史研究，则薄弱得多。

新中国的近代史研究工作者把正确说明人民群众在历史上的地位和作用问题，当作历史科学的根本任务之一。这是新旧中国历史学者在史观上的最大分歧之一。以太平天国100周年和110周年、戊戌变法运动60周年、义和团运动60周年、辛亥革命50周年为契机，学者们对太平天国、维新运动、义和团和辛亥革命的历史展开了研究，取得了不少的成果，主要表现在充分肯定了农民革命运动在近代史上的地位和作用，高度评价了资产阶级维新派和革命派在不同历史时期的进步作用，指出人民群众是推动近代中国历史前进的主要力量，从而在阐明历史唯物主义基本原理方面取得了一定进展。

近代经济史、近代思想史的研究受到重视。帝国主义侵华史的研究也取得了成绩，丁名楠等编著的《帝国主义侵华史》第一卷，是这一时期的代表性著作。历史人物的评价引人注目，关于李秀成功过评价引发了一场热烈的百家争鸣。这本是学术界一种正常的现象。但是，由于"左"的思潮的发展，一场正常的学术争鸣被导入政治性批判的歧路。这是那时政治领域阶级斗争扩大化在学术界的反映。

"文化大革命"十年动乱，窒息了中国近代史的科学研究。近代史研究所被当作资产阶级霸占的史学阵地首当其冲。范文澜虽受到特别保护，科学研究却无法进行，终于抱憾辞世。十年间，全国几乎没有出版一部严肃的近代史著作。批判资产阶级、过度拔高农民起义领袖等做法以及"儒法斗争"从古代延续到近代等谬论流行。脱离了马克思主义轨道的现实政治斗争扭曲了学术研究，导致了混乱。这是由指导思想上的失误、"四人帮"的严重破坏造成的。

1978年党的十一届三中全会恢复了党的马克思主义政治路线和思想路线以后，社会科学工作者迎来了新中国成立以来从事研究工作的黄金时期。近代史研究领域也空前活跃起来。这表现在研究机构的扩大、学会一类学术团体迅速发展、学术讨论会频频召开、国际学术交流兴起等方面，尤其表现在研究领域的扩大、研究课题的深入、重要学术问题百家争鸣的繁荣和论著的大量出版上。

1977年中国社会科学院成立后，近代史研究所的研究力量得到了充实，研究机构重新调整，所内分别成立了政治史、经济史、文化史、中外关系史、中华民国史、现代史各研究室，几乎囊括了中国近代史的各个主要方面。研究条件也相应得到了改善。中国社会科学院所属文、史、哲、经方面的研究所，都有涉及中国近代史或其分支学科的机构和研究人员。各省、市社会科学院相继设立了历史研究所，绝大多数省市属历史研究所内都有近代史研究室或与近代史有关的专题、分支学科的研究室。综合大学和师范院校原有的近代史教研室也充实了力量，有些学校还设立了近代史有关专题或分支学科的研究所、研究室。一些工科大学也设置了中国近代史教研室。为了培养近代史研究和教学的后继人才，各研究机构和大学招收的中国近代史研究生与日俱增。发表科研成果的园地也增多了。为适应近代史研究的蓬勃发展，1979年近代史研究所创办了《近代史研究》，作为研究者发表中国近代史研究成果的专门园地。

在近代史研究机构增强力量的同时，涉及中国近代史有关学科的群众性学术团体、学会、研究会纷纷成立。从1978年起，各地成立的全国性和地方性研究会包括北京太平天国史研究会、华北地区中俄关系史研究会、中南地区辛亥革命史研究会、中国现代史学会、中国中共党史学会、中国义和团运动史研究会、东北地区中日关系史研究会、孙中山研究会、南京太平天国史研究会、江苏省中华民国史研究会和中国经济史研究会等。① 这些学术性团体，对促进各地近代史学者间学术交流、提高学术研究水平起到了良好作用。

新时期史学的特点之一是各种学术讨论会频频召开。中国近代史从鸦片战争起，包括太平天国、洋务运动、中法战争、甲午战争、戊戌维新、义和团、辛亥革命、五四运动以及中华民国史、抗日战争史、革命根据地史、中共党史等，分支学科如经济史、军事史、文化史、哲学思想史、中外关系史，人物如林则徐、左宗棠、蔡锷、孙中山等，还有近代会党、教案、光复会、中国国民党等，都曾召开过学术讨论会。讨论会后一般都有论文集出版。

与社会主义现代化建设实行开放政策相适应，近代史研究的国际学术交流开始兴起。越来越多的重要学术讨论会邀请外国学者参加。著名的有：1979年南京太平天国史学术讨论会，1980年济南义和团运动史学术讨论会，1981年武汉辛亥革命史学术讨论会，1984年天津中国抗日根据地史学术讨论会、广州孙中山学术讨论会，1985年涿县孙中山研究述评学术讨论会，1986年杭州章太炎逝世五十周年学术讨论会、北京中美关系史学术讨论会、广州－中山孙中山研究学术讨论会，1987年苏州柳亚子诞生100周年暨南社成立80周年学术讨论会、杭州近代中国社会变革学术讨论会、广州廖仲恺研究学术讨论会、南京民国档案与民国史学术讨论会、深圳清代区域经济史学术讨论会，1988年广州陈寅恪学术思想讨论会及戊戌变法康梁研究学术讨论会等。不仅如此，中国学者还积极参加了在国外或境外召开的有关中国近代史的学术讨论会。1982年4月，中国近代史学者胡绳、章开沅、李宗一等应邀出席了在芝加哥召开的美国亚洲研究学会特别学术讨论会，与中国台湾学者秦孝仪、张玉法等一起讨论了辛亥革命史。1984年9月近代史学者余绳武、戴逸赴联邦德国参加第29届欧洲汉学家会议。1987年7月，刘大年、吴于廑、齐世荣、张振鹍等八名学者参加了在京都、东京召开的七七事变50周年日中学术讨论会。1988年12月，张寄谦、陈诗启、夏良才等参加了香港大学主办的首届中国海关史国际讨论会。此外，在美国、苏联、日本、英

---

① 此后还陆续有新的学会成立，著名的如1991年成立的中国抗日战争史学会。

国、法国、德国等国家和中国香港等地区①的一些学术会议、大学讲坛或图书馆、档案馆里，都可看到中国的近代史学者。中国学者开始在外国刊物上发表文章，外国学者也在国内刊物发表文章。近代史研究所编辑出版了《国外中国近代史研究》，已发行十余辑②，专门介绍外国学者研究中国近代史的新成果，受到国内外学者的欢迎。

新时期近代史研究的最大特点是对以往研究的深刻反思。这一反思，当然是以全党、全国对国家的政治经济形势的反思为根据和前提的。研究者们认为以往运用马克思主义理论、阶级斗争学说存在概念化、公式化、简单化和形式主义的毛病，一部中国近代史只是一部中国近代政治史甚至一部中国近代革命史，经济史的研究很薄弱，中外关系史的研究重视得不够，思想史的研究刚刚开头，文化史（不论为广义、为狭义）的研究还没有提上日程，军事史的研究停步不前。就是政治史，也只是着重研究了革命的（进步的）阶级和运动，对统治阶级、地主阶级的研究则很不够，因此一部近代政治史也存在跛脚状态。1919年以后三十年那样一个重要的历史时期，对近代史研究者来说，几乎还是一片荒原。从近代史研究的总体布局来说，不少研究者对三大高潮、八大事件的固有模式感到不能满足，要求突破并探索更能反映中国近代史全局的新模式，同时认为，以往从事近代通史或者近代史教科书编写的力量较多，各项专史的研究力量则不足。近代史研究中一些带有指导性的结论和概念，如半殖民地半封建社会性质、反帝反封建的民主主义革命、农民革命和资产阶级革命、民族资产阶级和官僚买办资产阶级等等，大多数研究者是接受的，但是缺乏严格的、科学的、建立在大量事实基础上的学术论证，因此难以经受住来自各方面的挑战。以往的近代史著作多限于描述历史事件及其过程，这当然是必要的，但显得就事论事，从宏观的把握和微观的剖析两方面来说，都缺乏研究、比较、论证，因而对纷繁复杂甚至相互抵牾的历史现象难以做出科学的解释，从

---

① 这个名单上，1992年以后还应加上台湾、澳门。1992年5月，中国社会科学院近代史研究所张海鹏、尚明轩及湖南师范大学历史系韦杰廷应台湾政治大学邀请，在台北参加了该校主办的"黄兴与近代中国"学术讨论会，这是大陆学者赴台参加学术讨论会之始。

② 这个刊物，由于出版经费困难，以及翻译出版外国学者论文著作权难以处理，已在1995年停刊。

似乎杂乱无章的历史事件中寻绎出历史发展的科学规律落不到实处，可能变成一句空话。这种状况，需要改变。

这种反思在研究者间当然远未形成一致的认识。因此，人们对近代史研究中马克思主义理论的作用和近代史研究从何处深入的认识也不一致。关于中国近代史研究从何处突破的问题，刘大年认为应加强近代经济史研究，中心意思是要加强唯物论理论指导，把中国近代史研究向前推进。又有人提出不同见解，认为加强文化史研究才是突破口。众说纷纭，不一而足。

反思引起了研究者思想的解放和思路的开放，促进了研究工作的前进。党的十一届三中全会以后十年，中国近代史研究的成果与此前二十多年比较大大发展了。从发表的著作和论文来看，质量胜于以往，数量大大超过以往二十多年的总和。1949年至1976年，出版的各种近代史著作不过200多种，论文约5000篇。1978年以后十年间出版的各种近代史著作超过1000种，平均每年超过100种；论文约12000篇，平均每年超过1000篇。以社会主义经济建设为中心的改革开放方针带来了国内政治的安定，也给学术研究创造了繁荣的条件。对于研究工作来说，这十年的确是新中国成立以来的黄金时期。

中国近代通史这几年又有巨制新篇问世。胡绳著《从鸦片战争到五四运动》上下卷，条分缕析，议论恢宏，在一定程度上体现了作者刻意追求的马克思主义的思想力量，对教学和研究工作以及对广大群众的爱国主义教育产生重大影响。刘大年主持编写的《中国近代史稿》已出版了三册。该书结构缜密，说理性较强，论证较有力，从宏观上把握近代史研究的方向，吸收同时期近代史研究的积极成果，引起学术界瞩目。此外还有苑书义、胡思庸等编著的《中国近代史新编》三册和北方四院校编撰的《中国近代史》（中华书局版）陆续出版。以上几本书都是按50年代中国近代史分期讨论中形成的基本认识编著的，都不包括1919年以后的历史。人们对这种体系存在议论和批评是可以理解的。但是，要探索和建立新的体系，绝非一蹴而就，还要依靠专题研究的深入和各个分支学科（包括交叉学科）的发展。应当说，以上几本通史著作反映了新中国成立以来近代史研究的主要成就和水平。

太平天国、戊戌变法、义和团、辛亥革命是以往研究的重点，新时期仍然吸引了研究者的注意力，成果卓著，确然可观。太平天国史大家罗尔纲以耄耋高龄，勤奋治史，笔耕不辍，陆续出版他的考订著作。在《李秀成自述原稿注》中作者说"从青春注到白首"，前后花了近50年时间，功力可谓深厚。他的著作《太平天国史》一百数十万字，也已完成付梓。① 太平天国方面还有几部专著问世：茅家琦《太平天国对外关系史》、王庆成《太平天国的历史和思想》等都是有分量的专著，王戎笙、龙盛运等合著的《太平天国运动史》，接受郭沫若的指导，在史书体裁上做了可贵的探索。以上这些著作，实际上是作者们几十年辛勤耕耘的结果。他们在马克思主义的指导下，坚持实事求是的历史主义态度，以对史料的考订、辨伪为基础，具体而切实地分析历史材料，对待农民起义及其领袖既注意不要拔高，也不要贬低，平实而有新意，起到了推进太平天国史研究的作用。它表明，太平天国史研究是中国近代史研究中一个颇为成熟的领域。戊戌变法史研究也有前进。汤志钧在这项研究中颇具代表性。他的专著《戊戌变法史》，是积数十年研究心得而成的，代表了这个领域的研究水平。后起之秀潜心钻研，也发表了一些有影响的专著。孔祥吉不久前出版了《康有为变法奏议研究》一书，在发掘新史料的基础上，着力史料辨伪与考证，透过康有为上书，研究戊戌变法运动，积有心得，是一部值得注意的新作。义和团运动史的研究，近几年也较活跃，关于义和团源流的研究较前有了进展。廖一中等编著的《义和团运动史》，作为一本有分量的专著，弥补了义和团运动史研究专著不足的缺陷。辛亥革命史的研究，是近些年中国近代史研究中最富成果的研究领域之一。就其研究规模、人才集结、出版论著各方面看，可与太平天国史研究相媲美。在学术讨论会的组织和召集、青年研究人员的造就和表现以及研究的后劲等方面，太平天国史研究或者尚且不及。已出版的代表性著作有：章开沅、林增平主编的《辛亥革命史》三卷，金冲及、胡绳武编著的《辛亥革命史稿》两卷②，李新主编的《中华民国史》第一编两册（辛亥革命前后）。这三部书总结了新中国成立以来辛亥革命史研究的有益成果，标志着我国辛亥革命史研究已经进入一个比较全面、系统和深入的阶段。隗瀛涛的《四川保路运动史》和贺觉非、冯天瑜的《辛亥武昌首义史》，则涉及辛亥革命中两个

---

① 罗尔纲：《太平天国史》，中华书局，1991。
② 金冲及、胡绳武编著《辛亥革命史稿》，上海人民出版社，1991。

重要专题的研究。与此相联系的是对清末立宪派和立宪运动的研究,这个时期取得了不小的进展。关于立宪派从事的政治活动及其经济活动中体现出的政治倾向,关于资政院和各省谘议局的研究,关于立宪派与清政府、革命派的关系,关于立宪派的历史作用,都有不少论文发表。对立宪派的总体评价,较前有了突破,可能是这项研究中值得重视的进展。当然在立宪派研究的许多重大节点上,人们还未达成共识。不同观点的争鸣还显得不够全面、充分。1981年在长沙召开的纪念辛亥革命七十周年学术讨论会,表明一大批训练有素的青年史学工作者进入辛亥革命史研究领域,成为这条战线上极有希望的研究力量。在这些领域外,关于鸦片战争、中法战争、甲午战争的研究无论是在深度还是广度上,近几年都有了进步。

通过研究太平天国和义和团,可以看到农民阶级在近代史上表现了主力军的作用;通过研究戊戌变法、辛亥革命,可以看到资产阶级在近代史上表现了新生产力代表者的积极作用。这在我国近代史研究的传统上,是人们关注的重点。这是必要的,也是应该的。缺点是,对统治阶级、地主阶级研究得不够,因此,呈现在人们面前的近代历史,就不是它的全貌。近些年对清末统治阶级、地主阶级的表现,北洋军阀的统治,已经展开了研究,并且取得了初步成绩。这是学者们对近代史研究进行总体反思的自然结果。但是,投入的力量还不够多,取得的成绩还不够大,研究工作显得比较零乱,似乎没有确立起引人注目的中心议题,表明这方面的研究的确刚刚起步。

社会历史本来是多姿多彩、有血有肉的。以往的研究似乎抓住了骨头(即本质关系),给人的印象是不够丰满、缺少血肉。这些年学者们在弥补这种不足方面做出了努力,开拓出了近代社会史的新领域。除了反映社会本质的阶级关系的政治史、经济史、军事史等研究外,加强近代社会史研究是很有必要的。社会史中的有些方面可能与社会阶级关系较密切,有的可能不那么密切(如社会习俗、语言变化等)。研究这些社会现象,对丰富人们的近代史知识、加深人们对社会本质的认识不无助益。南京大学历史系、山西大学历史系都聚集了近代社会史方面的研究人才,成立了社会史研究室。关于近代人口研究,关于近代社会底层(如会党、土匪等)研究,关于近代社会习俗研究,关于近代农村社会结构研究等,都有学者致力。

近代史研究领域的扩大,新时期突出表现在中华民国史这一新的领域的开辟。一般认为,中华民国史起于1911年,止于1949年。在中华民国名义下活动过三个政府:南京临时政府、北京政府和南京国民政府。除辛亥革命史(包括南京临时政府时期)研究较有基础外,其余部分的研究都较薄弱。50年代的科学规划中,中华民国史研究虽被定为项目,却从未组织实施。自70年代初近代史所开始进行此项工作,成立民国史研究专门机构,南京等地也成立起相应的研究机构,中华民国史的研究才引人注目。目前,各地有不少研究人员特别是青年研究人员正在涌向这块有待开辟的园地。

作为中国近代史后半段的中华民国史,应是中国历史中一部断代史,单从政治史的角度看,它至少应包括中华民国历届政府的统治和工人阶级(通过共产党)领导的人民群众反帝反封建的新民主主义革命两部分。目前的研究中,人们习惯于把后一部分划为中共党史或现代革命史,成为专门的研究领域,拥有众多的研究和教学人才。中华民国史的研究已全面展开,但重点尚在它的前期,近代史所民国史室编著的《中华民国史》已经出版了第一、第二编,国民政府时期的各卷,正在积极编撰中。与既有著作比较,此书结构宏富,叙述深入细致,资料发掘较深,是一部在国内外有着广泛影响的中华民国通史。袁世凯统治时期是目前研究中较有成绩的领域。北洋军阀的社会经济基础问题,一向为学人所关注。近几年开始有学者转向此项研究,艰辛地收集资料,发表研究成果。皖系、直系和奉系对政权的争夺,目前尚无较好的专著问世。国民党新军阀间的战争、武汉国民政府历史、大革命史、抗日战争史、民国外交史、民国经济史等方面,都有专著。来新夏主编的《北洋军阀史稿》和张宪文主编的《中华民国史纲》分别勾勒了北洋军阀和中华民国的兴亡史。对北洋军阀和中华民国史做总体的勾画,目前尚感条件不足,上述两书为此做出努力是有意义的。饶有兴味的现象是:人们有较多认识的南京临时政府及以武昌起义为标志建立起来的全国第一个与清政府相对立的省级革命政权湖北军政府,虽然资料已比较集中,却迄无专门的研究成果发布。南京临时政府和湖北军政府不是可有可无的历史现象,有理由期待:晚出的或者正是久经磨炼、精心结构的史学力作。综观中华民国史的研究,虽在民初一段历史有可观成绩,总起来看,这个领域目前尚处在收集资料的阶段,许多专题尚无人涉猎,大量成果的涌现当在对这一领域做了辛勤耕耘之后。

革命史或中共党史研究的繁荣，也是这个时期中国近代史开拓新领域的突出表现之一。革命史与现实生活有着广泛的密切联系，中国社会主义革命和四化建设的巨大成就及其在前进中的挫折，引发了人们回顾中国革命史的热情。许多学者特别是青年学者都把注意力放到革命史领域中来，是很自然的。粗略观察，这方面的出版物（主要是资料，加上研究著作和论文）较之民国史和近代前80年史都要多。一般认为，五四运动是革命史的起点。五四运动的研究也较成熟。代表作可举出彭明的《五四运动史》。李新、陈铁健主编的《中国新民主主义革命史长编》，是一部历史长编性系列著作，其第一卷《伟大的开端》早已出版。此书主要记述五四运动、中共建立及党领导的工人运动。综合性的革命史著作有中央党校党史教研室编著的《中国共产党史稿》，萧超然、沙健孙主编的《中国革命史稿》。革命史方面的专门著作很多，不备列。一般说来，革命史研究著作还处在历史长编性阶段，从科学性要求，这个领域的研究还要进一步深化，提高其成熟度。从宏观的角度加强把握，从微观的角度加强综合分析研究。同时要强调，研究人员的眼光不能仅仅盯住革命史，要把110年的中国近代史作为一个整体来考虑。

近代经济史的研究这几年有可观的成绩，单是专著就有聂宝璋《中国买办资产阶级的发生》、黄逸峰等《旧中国的买办阶级》、张国辉《洋务运动与中国近代企业》、夏东元《晚清洋务运动研究》、彭泽益《十九世纪后半期的中国财政与经济》、汪敬虞《十九世纪西方资本主义对中国的经济侵略》、许涤新等主编的《中国资本主义发展史》、樊百川《中国轮船航运业的兴起》等多种。这些著作对我们了解旧中国在帝国主义侵略下经济发展的曲折很有帮助。

近代中外关系史研究这几年也取得了可观的成绩。近代中外关系本质上是侵略与被侵略的关系，研究帝国主义侵华史，一直放在研究中外关系史的首位。由于面临60年代以来中苏关系的特殊背景，中俄关系史的研究自70年代以来得到加强，出版了余绳武等编著的《沙俄侵华史》四卷[①]、郭绳武等主编的《沙俄侵略中国西北边疆史》等几本专著，重点考察了沙俄分割中国领土、中俄边界的形成等问题。这方面的

[①] 第四卷于1990年出版。

研究是很必要、很有意义的。它不仅以科学的态度为建立中俄关系、中俄边疆史地学科奠定了坚实的基础，而且站在爱国主义的立场上，为国家民族的利益做了严肃的抗争。但是中俄之间除了边界问题外，还有其他方面的内容。中俄关系的研究还有必要拓宽领域。除中俄关系外，近代中国还同英国、法国、德国、日本、美国、苏联等国家关系密切，可惜除中美、中俄关系有过一定研究外，中英、中日、中法、中德、中苏等关系都缺乏系统而深刻的科学研究。英国是近代中国对外关系中最为密切的国家之一，在帝国主义侵华过程中，相当长时间内英国是执牛耳者。可惜至今尚无一部系统的中英关系史或英国侵华史出版。香港收回谈判引起了学者们的注意，近几年来香港史的研究已提上了日程。[1] 中日两国一衣带水，历来关系密切。在近代，日本是唯一一个发动过两次大规模侵华战争的国家，其影响中国历史至巨，至今却无一部全面系统的日本侵华史出版[2]。中苏关系对近代中国影响极大，至今并无系统研究。近代史所设立了中苏国家关系史课题组，人们期望这方面的研究人员克服困难，发扬中俄关系史研究中形成的严肃学风，为中苏关系史的研究做出新贡献。至于中法、中德关系史几乎还未组织系统研究。中国的周边国家除俄国（苏联）外，与中国的关系史，也几乎无人着手。以上情况，是值得近代史研究者反省的。中美关系史的研究近几年取得了不少成绩。研究对象的时间从以往集中在辛亥革命以前，转移到20世纪30—50年代。1983年在北京成立了以丁名楠为首的中美关系史丛书编辑委员会，在这个领域的研究中，起到了组织和促进的作用。资中筠的专著《美国对华政策的缘起和发展（1945—1950）》，颇受学者重视。在综合性的研究方面，近几年出版了丁名楠等撰写的《帝国主义侵华史》第二卷，此书距它的第一卷出版长达28年，是学者们呕心沥血之作，出版后立即受到好评。

中国近代文化史是近些年才提上日程的近代史分支学科。一支文化史的研究力量刚刚集结起来。近代文化史究竟以什么为研究对象，至今

---

[1] 中国社会科学院近代史研究所专门成立了香港史课题组，1994年、1995年分别在香港、北京出版了余绳武主编的《十九世纪的香港》和《20世纪的香港》等著作。
[2] 中国社会科学院近代史研究所张振鹍、沈予主编的《日本侵华七十年史》已于1991年出版。

尚在争论，难以形成一个科学的、明确的界定。看来需要组织力量对近代中国的重要文化现象展开一些个案研究，然后在马克思主义的指导下做出科学的综合概括，以期尽早形成独立的中国近代文化史学科。龚书铎、李侃主编的中华近代文化史丛书以及近代史所文化史室与复旦大学历史系合作编辑的《中国文化》集刊，试图在这方面做出探索。丁守和主编的《辛亥革命时期期刊介绍》（5册）在近代文化史学科的建设方面做了有意义的工作。

近代军事史研究，十年来也有不少进步。军事科学院主编的《中国近代战争史》（3册）是较有分量的近代前80年军事史专门著作。龙盛运的《湘军史稿》已交付出版。[①] 此书虽然不可避免地要论述湘军的战争活动，但该书的特点是从政治史的角度来描述湘军的发展。作者爬梳史料极为辛勤，是新中国成立后湘军史研究上最好的专门著作。

历史人物的研究最为引人注目。近几年关于近代史人物的研究成为一个热门话题。收获也极丰富。以传记、评传一类形式（年谱除外）出现的人物研究方面的专著，200页以上的达一百数十部，200页以下的也差不多有同样的数目。近几年出版的人物传记，传主大多是三方面的历史人物：中共重要领导人、国民党重要领导人、文学艺术教育界知名知识分子。也可能存在这样一种倾向，越是所谓反面人物传记，越能得到出版机会。读者反映，几个最著名的人物传记，都还缺乏坚实的研究基础。有的学者认为，传记写作存在某种一窝蜂现象。克服的办法，当然不是禁止人物传记的研究与写作，而是要把它建立在坚实的研究基础上。新近出版的由金冲及担任主编的《周恩来传（1898—1949）》，是人物传记的最新著作，受到学者们广泛的注意和各界人士的好评。这本传记建立在对大量史料（书中引用的档案几乎都是第一次公布）进行研究的基础上，本着实事求是的历史主义态度，记述了传主在新民主主义革命的过程中，长期坚韧探索的足迹。真实可信，弥足珍贵，诚为党史、革命史方面的良史之作。此外，有几部人物研究的作品，读者反映是不错的：李宗一的《袁世凯传》、杨国桢的《林则徐传》、耿云志的《胡适研究论稿》、朱东安的《曾国藩传》、姜义华的《章太炎思想

---

① 该书已于1990年出版。

研究》、章开沅的《开拓者的足迹——张謇传稿》、汪敬虞的《赫德与近代中西关系》、陈铁健的《瞿秋白传》等。在众多的人物研究中，以孙中山和鲁迅的研究最为突出，已发表的研究著作各在10部以上。以孙中山为例，全国成立了以胡绳、刘大年为正副会长，以金冲及为秘书长的阵容强大的孙中山研究会，大力推进对孙中山及其时代的研究。除专著外，研究孙中山的文章达六七百篇之多，涉及孙中山的革命业绩，他的政治思想和哲学思想，他与他所代表的阶级及其生活的时代，他与封建统治阶级、军阀、帝国主义的关系，总之，从不同角度探讨了孙中山对中国近代史的贡献及其影响。孙中山研究是近代历史人物中最有特色、开拓面最宽、成果最多的一个领域。

新时期近代史研究的一个重要特色是学术讨论中百家争鸣的开展。近代史研究中差不多所有重要问题都存在争论，诸如对鸦片战争前清政府实行"闭关政策"的评价、对鸦片战争中统治集团内部分歧、对太平天国农民革命战争的历史作用及其政权的性质、对洋务运动的性质和作用、对戊戌变法的性质和作用、对义和团运动的性质和作用、对立宪派及其历史作用的评价、对资产阶级的形成及其阶层划分、对立宪派和革命派在辛亥革命中的作用、对孙中山在护法运动中的作用、对五四运动的评价、对传统文化的态度、对抗日战争中正面战场作用的评价和抗日主动权的认识、对民国时期改订新约的评价、对国民政府的财政经济政策、对新民主主义革命基本思想的形成、对中国革命与共产国际的关系、对国共合作的领导权问题等都有不同看法，对近代史研究中若干理论问题，如中国近代史发展的基本线索、中国近代社会性质、近代史研究的指导思想等见解也不一致。

中国近代史发展的基本线索和洋务运动性质的争论，是这几年争论最激烈、持续久、牵涉面宽而分歧明显的两个问题。关于近代史的基本线索，一派意见（以李时岳、胡滨为代表）把农民战争、洋务运动、维新运动和资产阶级革命作为近代中国的进步潮流，是中华近代史的基本线索，其根据是：向西方学习，发展资本主义，是中国近代史前期争取独立和谋求进步的根本道路。另一派（以胡绳为代表）不同意按照洋务运动—戊戌维新—辛亥革命的线索来论述这个时期的历史进步潮流，认为这三者之间在政治上并无必然的继承关系，其性质是大不相同的。考虑中国近代史的发展线索，应制约于中国是半殖民地半封建社会及中国人民反帝反封建这一中心任务,因而认为毛泽东所说的,帝国主义和中国封建主义相结合,把中国变为半殖民地和殖民地的过程,也就是中国人民反抗帝国主义及其走狗的过程,正确地概括了中国近代史的基本线索,简约一点,也可概括为太平天国—戊戌变法、义和团—辛亥革命的公式。这一派并不否认中国近代史上发展资本主义的重要性,但认为只有人民大众反帝反封建的民主革命,才是中国争取民族独立和谋求人民解放的正确道路,这个革命不胜利,资本主义成为中国人民的生产力是不可能的。第三派(以章开沅为代表)从民族运动的角度来阐明中国近代史的基本线索,对上两派的观点都有所批评,但又认为毛泽东所说"两个过程"是客观存在的历史实际,是中国近代史全过程的主干,应被理解为中国近代史的基本线索。由此可见,第三派的观点与第二派是基本相合的。

从中国近代史基本线索的不同理解中可以看出,关于洋务运动的分歧是一个关键。洋务运动是近几年争论最为热烈的议题,大体上有三派主要观点。一派认为洋务运动是帝国主义和封建主义相结合的产物,是统治阶级为挽救自身危亡而发起的自救运动,它在促使中国资本主义发生方面客观上有进步作用,但对社会生产力的发展主要起了阻碍作用。在帝国主义和封建主义的统治下,它不可能使中国走向独立的资本主义社会,因而不能认为它是近代中国进步运动和进步潮流的开端。另一派是近几年兴起的,他们把是否促进社会生产力的发展作为评价洋务运动的标准,认为洋务运动是封建势力和外国侵略者之间矛盾的产物,主要目的是抵制外国对中国的政治经济侵略,它是地主阶级向西方学习的运动,是带有资本主义倾向的地主阶级改革运动,延缓了而不是加速了中国半殖民地化的过程,因而是中国近代史上的一次进步运动,其主要历史作用是积极的。第三派对上两派有所批评,既不同意它是进步的运动,也不同意它是反动的运动。这一派认为洋务运动符合中国资本主义发展的客观要求,在19世纪70年代中期就具有了"御侮"的性质并促进了中国资本主义的发展,是顺应了历史潮流的,只是到了80—90年代以后,由于中国民族资产阶级的形成和资产阶级改良思想的逐步成熟,洋务思想和洋务派才失去积极意义,而成为反动的东西。由此看来,对洋务运动的争论今后还要继续下去。要提高洋务运动研究水平,还要做出新的努力。第一,加强马克思主义的学习,切实地把历史唯物主义原理作为研究的指导思想;第二,切实地把握中国国情,真正从半殖民地半封建社会的国情出发研究近代中国的政治经济运动,研究在这一国情下,资本主义发生、发展的政治经济意义;第三,认真研究洋务运动时期各主要企业的发展状况,并观察它对政局的影响,从而判定这一运动的实际政治经济意义;第四,真正开展百家争鸣,在相互切磋和驳议中求同存异,推动研究的前进。1988年12月,李时岳、胡滨发表了他们研究洋务运动史的新著作。该书副题为《晚清"洋务"热透视》,正题署《从闭关到开放》。不按照研究者的本意揭出洋务运动的书名,大约是反映了出版发行方面的困扰。但"从闭关到开放",是否能准确概括洋务运动史的基本特点,尚可值得研究。此书与张国辉《洋务运动与中国近代企业》、夏东元《晚清洋务运动研究》恰好标志了洋务运动史争鸣中三种不同的观点。这就为进一步争论和研究提供了良好的基础。如有大手笔者出,在马克思主义指导下采各家之长,弃各家之短,冷静商榷,从容挥洒,当可推动此项研究达到一个更新的境界。

最后,还要说到近代史资料的建设对中国近代史研究的极端重要性。马克思主义历史学对史料的重视,绝不下于考据学和资产阶级史学,这是无疑义的。新中国成立以来,对近代史史料建设的重视,是值得称道的。作为对中国近代史研究的提倡,新中国成立之初,以郭沫若、吴玉章、范文澜为正副会长的中国史学会一成立,就把主编《中国近代史资料丛刊》的工作确定下来,并组成了以徐特立、范文澜、翦伯赞、陈垣、郑振铎、向达、胡绳、吕振羽、华岗、邵循正、白寿彝为成员的总编辑委员会。以无产阶级革命家徐特立为首,以马克思主义史学家为主,由当时最著名的历史学者组成的这个总编辑委员会,是迄今为止最高规格的历史资料编辑指导机构,反映了党和国家对中国近代史研究的重视。在这个总编委指导下,先后出版了由各方面的专家主持编辑的近代史系列资料:《义和团》(4册,1951年)、《太平天国》(8册,1952年)、《回民起义》(4册,1952年)、《捻军》(6册,1953年)、《戊戌变法》(4册,1953年)、《鸦片战争》(6册,1954年)、《中法战争》(7册,1955年)、《中日战争》(7册,1956年)、《辛亥革命》(8册,1957年)、《洋务运动》(8册,1961年),到1979年,《第二次鸦片战争》6册也出版了。《北洋军阀》卷的资料编辑工作,业已陆续就绪。① 这一套近代史资料丛刊68巨册的出版，为开展中国近代史研究打下了良好的资料基础，使一代又一代海内外中国近代史研究者从中受惠，至今仍保有其利用价值。在编辑近代史资料丛刊的同时，近代史所主办的《近代史资料》也于1954年创刊。该刊专门发表公私收藏的各种有价值的近代史料，荣孟源、聂崇岐长期为此耗费心血，除"文革"十年停刊外，已出版70多期，始终受到近代史研究者的欢迎。

全国政协和各省市政协还出版了各自的文史资料，刊印自戊戌变法以来各次历史事件的亲历者们的手稿、回忆，特别受人重视。各出版机构大量出版了档案资料、海关史料、经济史料、名人文集、日记手札、函电、回忆录，影印了近代报刊，翻译了外国出版的与中国有关的档案文件和私人著述，以及编写了历表、年表、目录索引、近代期刊介绍、辞典、历史地图，等等，其总数大大超过同时期出版的论著。粗略统计，1977年以前超过300种，1978年以后有一千数百种。其中大量涉及中华民国史、新民主主义革命史或中共党史的史料。这从一个侧面预示着这几个领域将要出现研究的热潮。

近代史料汗牛充栋，今后还要有重点地出版涉及政治、经济、军事、文化及社会生活各方面的史料，尤其要加强重要档案史料的出版，注意收集在海外的各种近代史料，提高史料的编辑水平，加强辨伪和考订工作，提供真实可靠的史料，为进一步开展近代史研究工作打下扎实的基础。

海峡两岸近代史学者迫切希望利用对方所收藏的档案及各种史料。大陆出版的各种史料，台湾学者们的著述中常加引用。台湾出版的各种史料，大陆学者也获得了相应的方便。大陆的民国史学者正期待台湾"大溪档案"的开发和出版。他们相信，这批档案材料将对民国史、国民党史研究带来重大帮助。②

回顾四十年来的中国近代史研究，硕果累累，人才辈出，毋庸置疑。对于这样一个年轻的学科来说，在马克思主义理论的指导下，培养造就新的研究人才，加强研究者的使命感和社会责任感；在研究工作中

---

① 该书6册，由中国社会科学院近代史研究所近代史资料编辑室编辑，已于1990年出版。另由该室编辑的《抗日战争》7卷11册也已于1997年7月出版。

② 据我所知，已有大陆学者利用过这批档案。中国社会科学院近代史研究所杨天石、曾业英两位研究员曾于1996年、1997年赴台查阅"大溪档案"。

提倡扎实功夫和创新精神，认真开展百家争鸣；在完善中国近代史的科学体系、提高近代史研究水平的同时，开拓新的研究领域，写出更多更好的近代史学著作，为社会主义精神文明建设做出贡献，还有许多工作要做。

依我的浅见，提出如下几点：

（1）明确中国近代史的分期。中国近代史研究，从50年代起，我们就分为中国近代史（1840—1919）和中国现代史（1919—1949）两个时期（当然这也是沿用新中国建立以前的说法），现在大学的讲堂里还是这样分别讲授的。我以为，这样的分法，对历史认识和学科建设都没有好处。新中国建立已近半个世纪，再过几年，我们就要进入21世纪。对于1949年前溯至1840年那一段中国历史，我们现在是看得更清楚了，我们应该有更好的认识和解说。总起来说，我认为应该将1840—1949年的中国历史打通来研究，这不论对于中国近代史还是中国现代史（1949年以后），不论对于中国革命史还是中共党史的研究，都会有好处，在大学课堂里也应打通来讲授。不要再人为地把1919年作为中国近现代史的分界。

中国近代史要回答什么？它要回答：中国是如何在外国资本主义、帝国主义侵略下走上半殖民地半封建道路的，半殖民地半封建的中国较之封建中国有什么不同，外国侵略给中国社会怎样的打击，又给中国社会带来什么新的东西，中国社会在这样的冲击下怎样形成了区别于封建中国的社会阶级力量，这种新的社会阶级力量又如何决定了近代中国社会的发展方向，还要研究，这些新的社会阶级力量是怎样同帝国主义、封建主义做斗争，去争取中国的民族独立，去准备中国现代化的起步条件的。从半殖民地半封建中国110年的漫长历史来考察，近代中国历史到了20世纪初（1901—1915），可以说是半殖民地半封建社会沉沦到谷底的时期。1901年是《辛丑条约》的签订，1915年是日本向中国提出"二十一条"、袁世凯称帝以及陈独秀创办《新青年》。这些重大事件，大大刺激了中国社会成长中的新的社会阶级力量，促进了他们的觉醒，促进了整个中华民族的觉醒。从此以后，中国社会内部的发展开始呈现上升趋势，新文化运动的发展和五四反帝爱国运动的爆发是这一上升趋势的明确表征。此后，资产阶级及其政治代表的力量、无产阶级及其政治代表的力量迅速成长并终于先后取代旧势力，成为主导社会发展的力量。中国近代史不停止在 1919 年，而是打通来看，1840—1949 年的历史发展就更加清晰可见了。

（2）加强中国近代史研究的交流。我们要用百家争鸣的精神和方法，积极开展中国近代史研究的交流，拓宽研究视野，吸收新的研究方法，推进中国近代史学科的建设。近代中国历史是自 1840 年起逐渐走向半殖民地半封建社会的历史，也是中国人民从旧民主主义革命走向新民主主义革命并最终赢得民族解放的历史；从另一个意义说，是世界主动走向中国，中国被迫走向世界的历史，或者说，中国是在这个过程中，痛苦地、艰难地走向近代化的历史。这 110 年历史变化的深度、广度、剧烈程度及其给中国未来发展所带来的推动力，恐怕为中国五千年历史变化所仅见。研究这种变化的历史，研究中国和世界主要国家间的关系，研究中国和周边国家间的关系，不仅对于学科建设有好处，而且对于我们正确认识国情，认识中国历史发展规律有好处，此外，还对于我们处理当代复杂的现实关系有参考、借鉴意义。处理像近代中国历史这样复杂的课题，学术界有不同的认识是很正常的。积多年学术研究的经验教训，我们不要轻易地将学术观点与政治观点等同起来，不要随意说某人的观点右，某人的观点"左"。解决学术观点之间的差异与冲突，只有靠百家争鸣的办法。当然，照我理解，百家争鸣不应该是想怎么鸣就怎么鸣。还是要强调，一是要充分占有史料，一是要充分了解前人观点，一是要做深入细致的研究。在这个基础上鸣，就不会无的放矢了。只有严肃地对待争鸣，才能加深对历史问题的了解与认识。这就是说，不仅理解历史需要争鸣，弄清基本历史事实也需要争鸣。中国近代史领域已经争论或者正在争论的许多问题，都可以放在 110 年的历史过程里加深争鸣、加深认识。如果在争鸣或研究中，能运用马克思主义的基本思想和方法，我们对中国近代史的研究可能更有成就一些。

积极关注学术交流，参加百家争鸣，也要努力在学术争鸣中坚持中国近代史研究的正确方向。中国近代史研究的方向问题，不仅关乎近代史研究本身，也直接关乎对现实社会的理解。所以，重视近代史研究的方向，不仅仅是书斋中的事。70 年代末以来，中国近代史学科各领域的研究都很活跃，新观点层见叠出，许多领域的研究都出现了进展，成果丰硕，收获喜人。随着改革开放，国门打开，海外各种学术观点大量涌入，这对于学者们开阔眼界、启发思维、解放思想，以及深入研究、重新认识中国近代历史中的许多问题是有好处的,同时对我们是否能在这种环境中坚持马克思主义历史学是一个考验。

中国近代史与中国现代的政治社会生活紧密相连,对于今天来说,它是我们的昨天。因此,中国近代史的研究,要注意科学性和革命性的结合。如果不注意这种结合,孤立地看待某一历史事件,就可能得出错误的结论。帝国主义侵略中国,是近代中国特有的现象,如果只看到外国资本主义国家给中国带来的多少个"第一",就可能夸张资本主义列强给中国带来的进步作用,进一步就可能赞美帝国主义对中国的侵略。如果只从表面上看晚清政府或国民党政府在社会政治生活中做的某些事情,也可以得出那是一个很好的政府的结论。如果只看到近代中国历史上发生的若干次革命所留下的消极影响,就可能大声疾呼告别革命。如果收集中共历史上犯"左"倾错误时所产生的某些阴暗面,也可以把中共形容得一无是处。假设以上几个方面的看法都能成立,那中国近代史就完全不是人们所知道的那个样子了。在这些方面,如果我们头脑不清醒,我们的研究工作就可能远离历史真实,不仅对于学科建设毫无建树,而且可能在政治上留下不好的影响。

(3)拓宽研究领域。四十年来,中国近代史研究领域随着时间的推移,不断有所扩大,这是研究工作本身的规律所决定的。现在如果再用三个高潮、八大事件,就很难概括中国近代史研究的范围了。在中国近代史研究中,政治史、经济史、军事史、中外关系史、社会史、文化思想史、近代史学理论诸多方面的研究都有进步。近些年,尤其是中华民国史、抗日战争史、政党史、社会史、思想文化史的研究更有长足进步。学者们的研究兴趣,大多已向1919年以后的历史转移。政治史、经济史、中外关系史等传统学科的研究仍要加强。一个社会是由诸多政治、经济、文化等现象组成的。经济发展程度是社会前进的尺度,政治表现在社会前进中起着指向标的作用。现在有些青年研究者对思想文化史研究有兴趣,对政治史的研究缺少热情。加强与加深思想文化史研究是有意义的,忽视政治史研究却没有必要的理由。政治史研究的深度和广度如何,对其他的研究领域起着制约的作用。经济史研究的深度和广度如何,对解释社会的发展方向有重要的意义。有志于推进中国近代史研究的年轻朋友,应当投身于政治史和经济史研究,要决心下大力气,取得成就,同时注意避免目前存在的大量的低水平重复研究的情况。

近百年的中国近代史是我国历史上一段极为重要的时期。屈辱与苦难，奋斗与牺牲，构成了丰富与斑斓的历史画面。中国近代史研究的任务，是要厘清近代中国历史发展的基本事实，探索其发展规律，在此基础上，重现近代中国丰富与斑斓的历史画面。这样的研究与重现并不断加深认识的过程，就能够为我国人民探索有中国特色的社会主义道路提供有说服力的历史根据，为提高我国人民的文化素质及其爱国主义教育的水准，加强他们对国家、民族、社会主义道路的信仰力和凝聚力，发挥积极的作用。这样，中国近代史研究，就不只是在书斋中讨生活，而且是在对社会、对人民贡献心力了。对中国近代史研究的前景应抱有乐观的态度，"史学危机"云云，是站不住脚的。

50年来中国近代史研究的
理论与方法评析[*]

对于具有悠久历史的中国历史学来说，中国近代史研究是一门新兴的学科。它的形成，从严格意义上来说，大约不到一个世纪。1949年以前，为国民党政权和国民党统治服务的中国近代史研究是主流意识形态，蒋廷黻的《中国近代史》是代表作。少数共产党员和非党的马克思主义者从服务、推进中国人民革命事业的需要出发，以马克思主义为指导观察、研究中国近代史，这样的观察和研究对于挑战那时的主流意识形态起了很重要的作用。范文澜在延安写作的《中国近代史》上册、胡绳在香港出版的《帝国主义与中国政治》，属于这方面的代表作。

1949年中华人民共和国的成立，是中国近代史上最重要的政治事件，也是中国历史上最重要的事件之一。中国共产党成了执政党，人民民主专政的国家政权创造了中国历史上新的国家形式。对于中国历史的这一巨大变化，占人口大多数的工人阶级、农民阶级、小资产阶级、民族资产阶级欢欣鼓舞，他们以空前的热情，投入建设新中国的历史潮流中去。中国学术界要讴歌这一巨大历史进步，要探索这一历史进步之所由来。中国近代史学科在新中国的学术园地里，空前地发展、成长起来。较之1949年以前，中国近代史研究有了很大前进，无论是研究机构、研究队伍、研究成果，还是研究的深度和广度，都有了较大的发展。但是，我认为，最重要的进步是在历史观方面，是在中国近代史研

---

[*] 本文是应《近代史研究》曾业英主编邀请写作的，原载《近代史研究》1999年第5期，转载于中国人民大学复印报刊资料《历史学》1999年第12期。收入曾业英主编《五十年来的中国近代史研究》，上海书店出版社，2000。收入张海鹏《东厂论史录——中国近代史研究的评论与思考》，广东人民出版社，2005。

究的理论与方法方面。

近 50 年来中国近代史学界在学习马克思主义唯物史观，建立马克思主义史学体系，积极开展百家争鸣，推动中国近代史研究向纵深发展方面，最重要的收获是在中国近代史基本线索的研究和讨论上。

1954 年在《历史研究》创刊号上，胡绳发表了《中国近代历史的分期问题》一文，引起了近代史学者的强烈关注和热烈讨论。1957 年，《历史研究》编辑部汇集了三年来的学者讨论文章予以出版。这是中国近代史学界学习唯物史观、寻求在中国近代史研究领域建立马克思主义史学体系的宝贵记录。中国近代史如何划分时期，看起来是编写近代史教科书的一个具体问题。但是依据什么标准分期，却涉及历史观问题，涉及研究中国近代史的理论与方法问题，涉及叙述和研究中国近代史的主要任务是什么、以什么来做中国近代史的基本线索问题。胡绳有感于 1949 年以前的有些中国近代史教科书按照"道光时代""咸丰时代""同治时代"，或者按照"积弱时期""变政时期""共和时期"来叙述历史，认为是不足道的、不足取的，因为它"没有反映出社会历史发展中的本质的东西"；[1] 另一些教科书，甚至包括一些企图用马克思主义的阶级分析的方法来说明历史的书在内则放弃了历史分期的办法，按照重大事件来叙述历史，叙事时大致上采用了"纪事本末体"的方法，这种方法，往往"拆散了许多本来是互相关联的历史现象，并使历史发展中的基本线索模糊不清"。[2] 在讨论分期标准的时候，胡绳批评了那种拿帝国主义侵略形态做划分时期标准的看法，认为"只看到侵略的那一面，而看不到或不重视对侵略的反应这一面，正是历来资产阶级观点的近代史著作中的主要缺点之一"；[3] 同时也批评了单纯用社会经济生活的变化来做划分时期标准的做法，认为那样会走到经济唯物论的立场上去，对中国近代史分期，必须全面考察当时社会的经济基础和上层建筑，而上层建筑的变化并不是亦步亦趋地跟随着经济基础的变化。胡绳

---

[1] 胡绳：《中国近代历史的分期问题》，历史研究编辑部辑《中国近代史分期问题讨论集》，三联书店，1957，第 2 页。这里胡绳指的是李泰棻的《新著中国近百年史》（1924）、孟世杰的《中国最近世史》（1926）。

[2] 胡绳：《中国近代历史的分期问题》，《中国近代史分期问题讨论集》，第 2 页。胡绳所指一些企图用马克思主义的阶级分析的方法来说明历史的书，是华岗《中国民族解放运动史》（1951 年增订版）、范文澜著《中国近代史》上编第一分册（1947）。

[3] 胡绳：《中国近代历史的分期问题》，《中国近代史分期问题讨论集》，第 4 页。

依据马克思主义唯物史观,依据毛泽东有关中国近代史的说明,提出了"基本上用阶级斗争的表现来做划分时期的标准"的重要意见。他还特别指出,马克思主义对中国近代史研究的要求不是在于给各个事变、各个人物一一简单地标上这个阶级或那个阶级、进步或革命的符号。如果在一本近代史著作中不过是复述资产阶级观点的书中的材料,此外只是多了这一些符号,那并不是完成了马克思主义研究的任务。"要使历史研究真正渗透着马克思主义的思想力量,就要善于通过经济政治和文化现象而表明在中国近代历史舞台上的各种社会力量的面貌和实质,它们的来历,它们的相互关系和相互斗争,它们的发展趋势。"① 应该说,这是第一次向学术界提出了用马克思主义研究中国近代史的任务,从学术上提出了要使历史研究真正渗透马克思主义的思想力量的重要观点。依据这种观点,胡绳还提出了"中国近代史中的三次革命运动的高涨"(此后史学界一般称"三次革命高潮")的概念,并对1840—1919年的中国近代史分期提出了自己的见解。

胡文发表后,引起学术界热烈反应。1957年新华社发布《中国近代史分期讨论告一段落》的消息,共有24篇论文发表。三年之间,先后有孙守任、黄一良、金冲及、范文澜、戴逸、荣孟源、李新、来新夏、王仁忱、章开沅等发表讨论文章,阐明自己的观点。报纸还报道了天津师范学院历史系中国近现代史教研室、中国人民大学第六次科学讨论会以及综合大学文史教学大纲讨论会上有关中国近代史分期问题的讨论意见。许多人同意或基本同意胡绳有关分期标准的见解,同时也提出了若干不同的见解:有人认为应以中国近代社会的主要矛盾的发展及其质的某些变化为标准,② 有人主张"必须严格地遵循历史唯物主义的原理,树立以中国人民为中国历史主角的思想",③ 有人认为"分期标准应该是将社会经济(生产方式)的表征和阶级斗争的表征结合起来",④ 有人认为"帝国主义及其走狗的经济政治压迫和中国人民的民族民主革

---

① 胡绳:《中国近代历史的分期问题》,《中国近代史分期问题讨论集》,第7页。
② 孙守任:《中国近代历史的分期问题的商榷》,《中国近代史分期问题讨论集》,第15页。
③ 黄一良:《评孙守任〈中国近代历史的分期问题的商榷〉一文》,《中国近代史分期问题讨论集》,第43页。
④ 金冲及:《对于中国近代历史分期问题的意见》,《中国近代史分期问题讨论集》,第45页。

命成为贯穿这一历史时期的根本矛盾,也就成为贯穿各个事件的一条线索",① 等等。因为对分期标准的认识不同,或者虽然相同,但理解不一定相同,从而形成了对中国近代史分期的种种不同主张。

评价这一次讨论,我认为,不在于对分期标准的认识是否统一,不在于对具体的历史分期取得了多少进展,而在于,这是新中国建立以后中国近代史学界(不仅限于中国近代史学界)结合研究中国近代史分期问题,认真学习马克思主义、学习历史唯物主义,消除旧中国封建主义的、资产阶级的史学观的一次重要机会。通过这次讨论,明确了研究中国近代史,必须采用马克思主义的、历史唯物主义的理论和方法。许多讨论者几乎一致认为,毛泽东所说的,帝国主义和中国封建主义相结合,把中国变为半殖民地和殖民地的过程,也就是中国人民反抗帝国主义及其走狗的过程,原则上表述了中国近代史的基本内容,因此,应当考虑把中国人民的反帝反封建的斗争运动及其发展作为中国近代史的基本线索。与此同时,史学界还开展了中国古代史分期问题讨论、中国奴隶制与封建制分期问题讨论、中国土地制度问题讨论、汉民族形成问题讨论、中国资本主义萌芽问题讨论等等,所有这些讨论,是发生在 50 年代的一次马克思主义大学习,是一次不可多得的百家争鸣,它推动了史学界形成学习理论特别是学习唯物史观的浓厚风气,使一大批来自旧中国的学者,以及刚刚成长起来进入史学战线的青年受到了马克思主义的教育,学习了运用马克思主义的基本观点,得到了运用唯物史观观察和研究中国历史,特别是中国近代史的锻炼,推动了中国近代史学科的建设,推进了中国近代史领域若干重大理论问题和历史实际问题的研究。过了四十多年,今天来回顾这次讨论,我们仍然感到,中国近代史学科所以有今天这样的局面,我国近代史研究学者所以有今天这样的思想水平,是如何受惠于 50 年代的那次讨论的。

经过 50 年代的讨论以后,近代史学界关于中国近代史研究的科学性和革命性问题、关于中国近代史研究的指导思想问题、关于中国近代史的基本线索问题,大体取得了共识。此后出版的三本中国近代史课本,体现了这次讨论的结果。其中两本是 1962 年出版的:一本是郭沫若主编、刘大年组织中国科学院近代史研究所的研究人员编写的《中国

---

① 范文澜:《中国近代史的分期问题》,《中国近代史分期问题讨论集》,第 98 页。

史稿》第四册,一本是翦伯赞主编、邵循正和陈庆华编写的《中国史纲要》第四册。第三本是胡绳编著的《从鸦片战争到五四运动》,此书虽然出版于 1981 年,反映的仍是那次讨论的结果。前两本书是为大学历史系编写的教材,后一本是为广大干部编写的近代史读本。

以前讲中国近代史的书,包括拥有众多读者的范文澜著《中国近代史》,一般带有纪事本末的特点,而且内容偏重于政治史。这在当时是有道理的,但是需要改进。《中国史稿》第四册的作者们努力做出了改变。依照《中国史稿》第四册主持人刘大年的看法,1840 年至 1919 年近代中国近 80 年的历史,明显地表现为鸦片战争至太平天国失败、1864 年至戊戌变法与义和团运动失败,以及 1901 年至五四运动爆发的三个不同时期。在那几个时期里,帝国主义、中国社会各阶级的相互关系、各种势力的矛盾斗争各有特点。其中社会经济状况、阶级斗争、意识形态是结合在一起的、统一的。因此,新的著作要求根据历史演变的时间顺序讲述事件;不只讲政治事件,也要讲经济基础、意识形态,不只讲汉族地区的历史,也要讲出国内各民族在斗争中与全国的联系和相互关系。《中国史稿》第四册这种写法,就是总结了新中国成立以来中国近代史学科的理论建树和研究成果,加以概括和升华,给中国近代史搭起了一个新的架子,有些地方做出了准确的概括。当时它是指定的高等学校教材,印数很多。1982 年全国近代史专家在承德举行学术讨论会,有的研究者评论说,60 年代最有影响的近代史著作是郭沫若主编、实际上是刘大年写的《中国史稿》第四册。这个评论指出了那本书在一段时间里流行的情形。胡绳的著作,规模较大,条分缕析,议论恢宏,在一定程度上体现了作者刻意追求的马克思主义的思想力量,对教学和研究工作以及对广大群众的爱国主义教育产生了深远影响。

以上三本书,尽管在某些具体问题的论述上学者们可能有不同意见,但是它基本上确定了中国近代史教科书的编写体例和框架,确认了用阶级分析的方法考察中国近代史的历史进程,确认了近代中国社会是半殖民地半封建社会,确认了近代中国的基本任务是进行反帝反封建的斗争,在具体编写上大体接受了三个革命高潮的概念。80 年代中期以来出版的数以百计的中国近代史教科书和普及读物,大体上是按照这个框架编写的,可以看作是学者们接受这个框架的标志。

1980 年起,中国近代史学界再次掀起中国近代史基本线索问题的讨论。经过十年动乱，一些学者从拨乱反正、解放思想出发，要求抛弃极左的政治枷锁和教条主义的绳索，要求纠正由于党的指导方针上的失误在史学研究中出现的片面化、简单化的倾向，反思近代史研究的基本状况，对早先胡绳提出并得到相当多学者支持的基本上用阶级斗争的表现做划分时期的标志以及三个革命高潮的概念，提出了怀疑和驳难。李时岳首先在1980年第1期的《历史研究》发表了题为《从洋务、维新到资产阶级革命》的论文，引起了有关中国近代史基本线索问题的新一轮讨论。这次讨论中也涉及近代史的分期问题，却不像50年代的讨论那样，使近代史基本线索这样一个重大理论问题附丽于分期问题上，而是直接提出了问题。

李时岳的文章发表后，在80年代中期形成了争鸣的热潮，直到90年代还有文章发表。与50年代的那次讨论相比较，这次讨论，提的问题更广泛了，角度更新了，研究更深入了，分歧也更显著了。概括说起来，大体有三种主要观点。一派以李时岳为代表。李时岳提出，"1840—1919年的中国近代史，经历了农民战争、洋务运动、维新运动、资产阶级革命四个阶段"，"反映了近代中国社会的急剧变化，反映了近代中国人民政治觉悟的迅速发展，标志着近代中国历史前进的基本脉络"。[1] 他认为要重视近代史上资本主义经济发生发展的意义，给予资产阶级政治运动应有的政治地位，[2] 强调要把"洋务运动—维新运动—资产阶级革命"作为中国近代史的进步潮流或基本线索。一些学者把这种提法概括为"三个阶梯"论，李时岳本人认为不确切，曾著文修正说应当包括太平天国农民战争而称之为"四个阶梯"论。他的依据为近代中国社会的发展实际上存在着两个而不是一个趋向：一是从独立国家变为半殖民地（半独立）并向殖民地演化的趋向，一是从封建社会变为半封建（半资本主义）并向资本主义演化的趋向。前者是个向下沉沦的趋向，后者是个向上发展的趋向。李时岳表示赞成基本上用阶级斗争的表现作为基本线索的标志，认为"四个阶梯"论与"三次高潮"论并非根本对立，只是部分地修正和补充，"三次高潮"论不完善的地方"在于没有把阶级斗争和社会经济紧密地联系起来，从而没有把唯物史观贯彻到

---

[1] 李时岳：《从洋务、维新到资产阶级革命》，《历史研究》1980年第1期。
[2] 李时岳：《中国近代史主要线索及其标志之我见》，《历史研究》1984年第2期。

底"。①在中国近代史基本线索问题的讨论中，有的学者认为毛泽东的"两个过程"论没有概述中国近代史的"全部内容"，是对毛泽东本人原意的"误解"，要求"摆脱""两个过程"论的"束缚"，重新学习马克思主义的理论，"悟出一些新的道理，把我们的研究建立在科学理论的基础上"。②有的学者认为，中国近代社会"争取独立和谋求进步始终是历史的主题；而向西方学习、发展资本主义，则是近代中国争取独立和谋求进步的根本道路"，③或者说，近代"中国人民面临着争取民族独立（反对帝国主义）和谋求社会进步（发展资本主义）两项根本任务。这两项任务贯串着整个中国近代史，一切斗争，包括政治的、经济的、思想文化的斗争在内，都是围绕着这两项根本任务进行的。它们构成中国近代史的基本线索"。④ 依据这种理解，他们以资本主义运动（包括经济和政治两方面）为主要线索来考察中国近代历史发展的进程，认为洋务运动、维新运动、辛亥革命"反映了近代中国人民政治觉悟的迅速发展，标志着近代中国历史前进的基本脉络"。⑤ 他们认为，在当时的社会历史条件下，要争取民族独立和谋求社会进步，就必须向先进的西方资本主义国家学习，改变中国贫穷落后的状况，实现中国的近代化。

另一派大体上坚持胡绳原先提出的观点。胡绳在《从鸦片战争到五四运动》一书的序言和1997年再版序言以及其他文章中，仍坚持三次革命高潮的观点，认为前一派的看法抹杀了农民革命在近代中国历史中的作用。苏双碧⑥、苑书义⑦、张海鹏⑧、荣孟源⑨等也先后发表争鸣文章，认为中国近代史的发展线索应制约于中国是半殖民地半封建社会的

---

① 李时岳：《中国近代史主要线索及其标志之我见》，《历史研究》1984年第2期。
② 胡滨：《打破框框，开阔视野》，《文史哲》1983年第3期。
③ 历史研究编辑部近现代史编辑室：《国内史学界关于近代中国资产阶级的研究》，《历史研究》1983年第4期。该项资料注明这段文字出自《人民日报》1981年3月12日发表的李时岳、胡滨著的《论洋务运动》一文。经查上述资料所引述的这段文字，与原文有出入，但并不违背作者的本意，或者可以看作是对作者本意的一种概括。
④ 胡滨：《打破框框，开阔视野》，《文史哲》1983年第3期。
⑤ 李时岳：《中国近代史主要线索及其标志之我见》，《历史研究》1984年第2期。
⑥ 苏双碧：《关于中国近代史的发展线索问题》，《光明日报》1983年11月9日。
⑦ 苑书义：《论近代中国的进步潮流》，《近代史研究》1984年第2期。
⑧ 张海鹏：《中国近代史的"两个过程"及有关问题》，《历史研究》1984年第4期。
⑨ 荣孟源：《谈中国近代史的两个过程》，《历史教学》1984年第7期。

性质,中国人民的中心任务是摆脱帝国主义和封建主义的统治,其中也包括建立自己的民族工业,在中国发展资本主义,这个过程就构成近代中国历史发展的主要线索。他们认为毛泽东关于中国近代史所说的"两个过程",正确地概括了中国近代史的基本线索,不同意把"向西方学习、发展资本主义"当作"近代中国争取独立和谋求进步的根本道路",认为中国只有通过民主革命,推翻帝国主义、封建主义的统治,才能发展资本主义。与前一派意见相比较,这一派意见不同意简单地把洋务运动当成进步运动,也不赞成把义和团运动列在基本线索之外。

第三派意见比较复杂,基本上依违于以上两种意见之间,或者另有生发。章开沅发表《民族运动与中国近代史的基本线索》[①] 一文,试图从民族运动的角度来阐明中国近代史的基本线索。他认为鸦片战争是中国近代民族运动的发端。他把近 80 年的近代中国历史以 1900 年为界标,概括为"两个阶段,三次高涨",即第一阶段经历了太平天国和甲午战后的戊戌维新、义和团两次民族运动的高涨,第二阶段经历了辛亥革命这一更具有近代特征的民族运动的高涨。他说,民族运动的这三次高涨,是近代中国历史客观存在的发展态势,体现了中国近代史的基本线索和发展规律。章开沅认为,"洋务—维新—革命"只是一个简单的框架,它特别容易使人忽略农民和土地问题这样重要的社会内容。因为中国是一个半殖民地半封建社会,不能机械搬用近代史及资本主义发生、发展和衰败的历史之类现成公式。他又认为三次革命高潮一词还是不用为好,因为革命一词有广狭两种理解,说三次革命高潮不仅容易引起概念理解上的歧义,而且容易使人联想到新民主主义革命史三次国内革命战争的提法,使作为整个中国近代史组成部分的新、旧民主主义史缺乏体例上的协调。他又特别指出,毛泽东说的"两个过程"可以作为我们据以探究近代中国历史基本线索的基点。说近代中国历史发展过程是一种民族运动,并不意味着以另一套线索取代"两个过程"而作为基本线索。"两个过程"是客观存在的历史实际,是中国近代史全过程的主干,因而也就理所当然地被人们理解为贯穿始终的基本线索。由此看来,第三派虽然对前两派都有所批评,但其主张的实质与胡绳的意见是较为接近的。

[①] 章开沅:《民族运动与中国近代史的基本线索》,《历史研究》1984 年第 3 期。

戚其章持另外一种看法。他说"两个过程"就是中国近代史的基本线索是难以成立的。他认为,考虑基本线索时不宜空泛地谈论"阶级斗争的表现",反帝斗争固然不能体现基本线索,就是反封建斗争也不一定每次都能体现基本线索,"基本线索的标志,应该是能够反映近代中国社会发展前途的国内阶级斗争","只有推动社会变革的国内阶级斗争才能体现中国近代史的基本线索"。他提出,在中国近代史上,只有太平天国、维新运动和辛亥革命才能体现基本线索,洋务运动和义和团运动不能列入基本线索的标志之内。这样,"太平天国—维新运动—辛亥革命,便构成了近代中国历史发展的三个阶梯"。[1]

以上是80年代中期有关中国近代史基本线索争论的几种主要见解。这些见解,都是以1840—1919年的中国历史过程为立论的史实根据的。三派意见有许多共同之处,即都承认要把阶级斗争的表现作为确认中国近代史基本线索的标志,理论上的分歧表现在,或者强调阶级斗争要与社会经济的发展相联系,要求重视资本主义发生发展的意义和资产阶级的政治地位,提出向西方学习、发展资本主义是近代中国争取独立和谋求进步的根本道路,因而高度评价洋务运动的作用,贬低义和团运动的作用,或者强调阶级斗争要与反映近代中国社会发展前途的社会变革相联系,认为不能把洋务运动和义和团运动列入基本线索之内。但是这种意见认为不能把中国近代史的"两个过程"和反帝反封建算作中国近代史的基本线索,则显然与戚其章主张的"只有推动社会变革的国内阶级斗争才能体现中国近代史的基本线索"相违背,有理论上不够严密的地方。就具体分歧而言,三派意见的最大不同,是对洋务运动和义和团运动的评价。就洋务运动而言,第一派认为,洋务运动促进了中国资本主义的发生,是进步运动。经济史研究专家汪敬虞研究了洋务企业和近代中国资本主义的发展和不发展后认为,在中国资本主义现代企业的产生过程中,以商人为主体的民间活动先于以洋务派官僚为主体的官场活动。最先在中国接触资本主义并且实践资本主义的是和入侵的外国资本主义发生联系的新式商人。洋务派官办、官督商办企业后来虽然在中国资本主义现代企业产生过程中居于主导地位,但洋务派并不能成为扶助中国资本主义发展的积极力量,洋务派官僚不是站在促使中国资本主义

---

[1] 戚其章:《关于中国近代史基本线索的几点意见》,《历史研究》1985年第6期。

走向发展的一面。① 汪敬虞在研究了洋务派的官督商办企业以后得出结论："插手现代企业的洋务派官僚,并不能承担发展中国资本主义的历史任务。"② 经济史家姜铎在讨论洋务企业的性质时,认为洋务企业属于早期官僚资本性质,具有买办性和封建性,"洋务企业的垄断排他倾向,抑制了私人资本的自由发展,也是客观存在,不应否认的"。③ 还有人指出:"近代中国存在着几种不同性质的资本主义运动。只有民族资本主义才是对中国历史的发展和中国人民的解放有利的,才是进步的。官僚资本主义和殖民主义,则是造成中国贫穷落后的根本因素,是反动的。中国不是多了民族资本主义,而是多了封建主义、官僚资本主义和帝国主义。比较起官僚资本主义和帝国主义在华开办的企业,民族资本主义企业是十分微弱的。因此,不加分析地以资本主义运动作为主要线索来考察中国近代历史发展的进程,笼统地说洋务运动反映了近代中国人民政治觉悟的迅速发展,代表了时代前进的方向,是难以令人首肯的。"④ 就义和团而言,各家评价不一,但对于义和团是北方农民自发的反帝爱国运动,似乎并无很大分歧。问题是胡绳当初界定第二次革命高涨,并没有把义和团作为唯一标志,而且申明"把第二次革命运动高涨仅看作1899—1900年的义和团的发动是不完全的",他把"戊戌维新"和义和团一起看作是第二次革命运动高涨时期的特征。他指出,"二者在第二次革命高涨期间虽然都存在着,但二者是完全各不相关的。追求资本主义理想的改良主义运动表现为短命的'戊戌维新'。以农民群众为主体的自发的斗争则在悲惨地失败了的义和团运动中取得歪曲的表现"。⑤ 胡绳除了在《从鸦片战争到五四运动》中正面叙述洋务运动和义和团外,还在初版前言中指出:本书不认为有理由按照"洋务运动—戊戌维新—辛亥革命"的线索来论述这个时期的历史的进步潮流。同时指出,在充分估计义和团运动的反帝斗争意义的时候,必须看到它具有的严重弱点;同时也不能因为在当时的历史条件下,义和团运动不

---

① 汪敬虞:《近代中国资本主义的发展和不发展》,《历史研究》1988年第5期。
② 汪敬虞:《洋务派不能承担发展中国资本主义的历史任务》,《历史研究》1985年第4期。
③ 姜铎:《略论洋务企业的性质》,《历史研究》1985年第6期。
④ 张海鹏:《中国近代史的"两个过程"及有关问题》,《追求集——近代中国历史进程的探索》,社会科学文献出版社,1998,第14—15页。
⑤ 胡绳:《中国近代历史的分期问题》,《中国近代史分期问题讨论集》,第8—9页。

可能发展为一个健康的反帝斗争,就把它的历史地位抹杀掉。在全面坚持三个革命高潮观点的时候,胡绳对义和团的评价显然是有分寸的。

至于强调阶级斗争与社会经济发展相结合,这其实是胡绳当初提起问题讨论的题中应有之义。胡绳认为,研究中国近代史的基本任务,是要通过具体历史事实的分析来说明在帝国主义侵略中国的条件下,中国社会内部怎样产生了新的阶级,各个阶级间的关系发生了些什么变化,阶级斗争的形势是怎样发展的。① 按照马克思主义的政治经济学概念,所谓阶级指的是在一定社会生产体系中、在一定社会经济结构中处于不同地位的集团。所谓阶级斗争,则是基于经济利益根本冲突的集团之间的斗争。提出研究中国社会内部怎样产生了新的阶级这样的问题,即指在半殖民地半封建社会内部产生了怎样新的社会经济结构,并由此产生了新的阶级结构和阶级斗争。要研究新的阶级、各阶级间的关系以及阶级斗争的形势,自然就是要求研究新的社会经济结构,要求把阶级斗争与社会经济结构的研究结合起来。刘大年在1980年提出"中国近代史从何处突破"这样的问题,强调研究中国近代经济史的重要性,提倡用唯物史观研究中国近代史,也是这样的用意。应当指出,50年代以后,关于中国近代史线索、关于三次革命高潮的理解和运用越来越简单化、公式化,对阶级斗争的表现的理解,也越来越教条化、线条化,许多中国近代史教科书千篇一律,一个面孔,使读者越来越不满意,引起大量反思和讨论,是可以理解的。这种反思和讨论,对于重新学习和理解马克思主义、学习和理解唯物史观,加深理解中国近代史的复杂历程,多角度、多面向、全过程探讨中国近代史,是有很大好处的。

中国近代史基本线索的讨论,到了80年代末以后又有了新的进展。学者们不满足于以往的讨论局限于1840—1919年的近代史分期,主张中国近代史下限应当延至1949年的呼声高涨。《历史研究》1988年第3期发表了陈旭麓《关于中国近代史线索的思考》一文,就是把1840—1949年的110年历史作为一个完整的历史时期来考察其线索。陈旭麓认为:"所谓完整的历史时期,就是说这个110年不同于秦汉以来任何一个历史朝代,而是一个特殊的历史社会形态,即在封建社会崩溃中被卷入资本主义世界的半殖民地半封建社会。要从这样一个特殊的完整的

---

① 胡绳:《中国近代历史的分期问题》,《中国近代史分期问题讨论集》,第6页。

社会形态及其丰富的内涵来考虑。"① 从这个路向来考虑，从革命的本来意义来定义革命高潮，陈旭麓认为中国近代史上确有三次革命高潮，但不是经胡绳提倡、得到大多数学者接受的那三次革命高潮。陈旭麓认为，在19世纪的中晚期，中国在推动变革的道路上，有过农民起义的高潮，有过维新变法的高潮，有过反帝运动的高潮，它们以不同的斗争方式，程度不等地推动或体现了新陈代谢的历程，但并没有形成如后来那样的反帝反封建的革命高潮。只是到了20世纪才出现具有完全意义的革命，形成高潮。他断言，这三次高潮是：1911年的辛亥革命，推翻了清朝政府；1927年的大革命，打倒了北洋军阀政府；1949年中国共产党领导的解放战争，推翻了国民党的统治，夺取了全国胜利。他强调，中国近代史上只有这三次革命高潮，没有这三次高潮，就赶不走帝国主义，也打不垮封建势力。夏东元也从110年中国近代史的角度，提出了他对中国近代史基本线索的理解。他认为："'一条主线'（即资本主义酝酿、发生和发展为线索）'两个过程'（即'帝国主义和中国封建主义相结合，把中国变为半殖民地和殖民地的过程，也就是中国人民反抗帝国主义及其走狗的过程'）相结合，阐明中国近代110年的历史规律；既不同意'三次革命高潮'说，也不认为'四个阶梯'说是妥当的。"② 这位作者确定以资本主义为主线，认为将洋务运动、戊戌维新、辛亥革命列为三个进步运动，虽然是四五十年前的陈说，但经过重新论述，注意到了资本主义发生发展的规律性，但未把110年历史联系起来看，而且完全把洋务运动与戊戌变法、辛亥革命并列起来是不适宜的，因为洋务运动是反对资本主义的核心问题——民主政治改革的。因此他确信，把资本主义的酝酿、发生和发展与"两个过程"相结合，以实现民主与反实现民主规定资本主义的发展和不能顺利发展为基本线索，将110年的中国近代史以戊戌变法为界标划分为前后两段，是比较能全面体现历史发展规律的。③ 1997年张海鹏接续对这个问题发表意见。张海鹏认为：中国近代史研究，从50年代起，就沿用新中国建立以前的说法，分为中国近代史（1840—1919）和中国现代史（1919—

---

① 陈旭麓：《关于中国近代史线索的思考》，《历史研究》1988年第3期。
② 夏东元：《中国近代史应予改写》，上海《社会科学报》1988年9月22日；《110年中国近代史应以戊戌变法为分段线》，《历史研究》1989年第4期。
③ 夏东元：《110年中国近代史应以戊戌变法为分段线》，《历史研究》1989年第4期。

1949）两个时期。直到现在，大学里还是这样分别设置教研室，分别讲授课程。他认为，这样的分法，对历史认识和学科建设都没有好处。新中国建立已近半个世纪，对于1949年上溯至1840年那一段中国历史，我们现在是看得更清楚了，应该有更好的认识和解说。总起来说，他认为应该将1840—1949年的中国历史打通来研究，这不论是对中国近代史还是1949年以后的中国现代史，不论是对于中国革命史还是中共党史的研究，都会有好处。他还认为，李时岳前几年提到半殖民地是"历史的沉沦"，半封建即半资本主义是"历史的上升"，①颇有新意，但说半殖民地半封建中国既有沉沦的一面又有上升的一面，则很难使人信服。李时岳问道，如果说近代中国只有历史的沉沦，那么，"'历史的沉沦'何所底止？漫漫长夜宁有尽头？"②张海鹏由此受到启发，进而提出：从半殖民地半封建中国110年历史来考察，近代中国历史到了20世纪初（1901—1915），可以说是半殖民地半封建社会沉沦到谷底的时期。1901年是《辛丑条约》的签订，1915年是日本向中国提出"二十一条"、袁世凯称帝以及陈独秀创办《新青年》。这些重大事件，大大刺激了中国社会成长中的新的社会阶级力量，促进了他们的觉醒，促进了整个中华民族的觉醒。从此以后，中国社会内部的发展开始呈现上升趋势，新文化运动的发展和五四反帝爱国运动的爆发是这一上升趋势的明确表征。此后，资产阶级及其政治代表的力量、无产阶级及其政治代表的力量迅速成长并终于先后取代旧势力，成为主导社会发展的力量。③

　　张海鹏还认为，胡绳提出的三个革命高潮的概念是中国近代史中很重要的概念。从政治史或者革命史的角度来观察，这个概念的提出，是反映历史实际的。固然，从经济史、思想史、文化史或者近代化史的角度观察中国近代史，可以从各相关专业的需要出发提出不同的、反映各相关专业历史实际的某些概念，但是，从中国近代史的全局衡量，恐怕都要考虑三个革命高潮概念的统率、制衡作用，把三个革命高潮概念完全撇开不用，恐怕是难以反映历史真实的。

---

① 李时岳：《中国近代史主要线索及其标志之我见》，《历史研究》1984年第2期。
② 李时岳：《关于"半殖民地半封建"的几点思考》，《历史研究》1988年第1期。
③ 张海鹏：《关于中国近代史的分期及其"沉沦"与"上升"诸问题》，《近代史研究》1998年第2期。

但是，胡绳当初提出这个概念的时候，所处理的对象是中国近代史的前半期，即 1840—1919 年期间。把中国近代史的下限放在 1949 年 9 月，则胡绳所提中国近代史的三个革命高潮的概念之不符合实际，是很明显的。从这个角度对三个革命高潮论所做的批评，是完全有道理的。因此，从中国近代史的全局考虑，有必要重新考虑中国近代史上的革命高潮问题。

考虑到胡绳当初提出革命高潮概念，是为了说明中国近代史发展的基本线索，是为了"通过经济政治和文化现象而表明在中国近代历史舞台上的各种社会力量的面貌和实质，它们的来历，它们的相互关系和相互斗争，它们的发展趋势"，是为了认识"革命运动高涨的时期乃是社会力量的新的配备通过激烈的阶级斗争而充分表露出来的时期"，① 我们就会明了，他并不是从革命的本来意义来定义"三次革命运动的高涨"这一概念的。他提出这个概念的出发点是可以理解的，它对于我们从政治上来认识中国近代史发展的基本线索和特点，恰恰是很重要的。况且，19 世纪内几次革命运动的高涨（如太平天国运动、戊戌维新、义和团等），为此后真正革命运动的到来做了认真的准备，提供了思想资料，是从旧民主主义革命过渡到新民主主义革命不可缺少的准备阶段。缺少了这些，我们认识中国近代史的基本线索，总结中国近代史的发展规律，就缺少了必要的环节。从这个认识出发，中国近代史的革命高潮依然应该把 19 世纪的几次革命运动包括在内。当然，不一定非要三次不可。从全局衡量，应该有七次。它们是：太平天国革命运动、戊戌维新和义和团运动、辛亥革命、新文化运动和五四运动、1927 年大革命、抗日战争、解放战争的胜利和中华人民共和国的成立。以上七次革命运动或革命高潮，基本上决定了近代中国的政治走向，包括了从旧民主主义革命到新民主主义革命的所有主要阶段，包括了民族民主革命的基本内容。这就是中国近代史发展的基本线索。②

关于中国近代史基本线索的讨论，虽然近年来发表的文章少了，但是学者们没有停止思索。我希望并且相信，我们的讨论不会就此停步。重要的是要保持百家争鸣的良好态势。我们不需要只有一个声音。在马

---

① 胡绳：《中国近代历史的分期问题》，《中国近代史分期问题讨论集》，第 4、7 页。
② 张海鹏：《关于中国近代史的分期及其"沉沦"与"上升"诸问题》，《近代史研究》1998 年第 2 期。

克思主义指导下，我们可以形成多个学派，提出多个不同的框架，促进中国近代史研究的真正繁荣。

50年来中国近代史的理论和方法的争论，除了基本线索问题外，还有其他的题目，比如近代中国社会性质问题的讨论，又比如关于近代化（现代化）的思考方向与传统的反帝反封建的思考方向的关系，等等。但是这些问题的讨论，都还刚刚开始，讨论的广泛性、争鸣的深刻性，都不如基本线索问题。限于篇幅，就不再继续评析了。

60 年来中国近代史研究领域有关理论与方法问题的讨论[*]

序 言

1999 年初,《近代史研究》杂志为庆祝中华人民共和国成立 50 周年,拟编辑出版"50 年来的中国近代史研究"专辑,我应约就 50 年来中国近代史的理论和方法问题撰写文章。所撰写文章已经在《近代史研究》1999 年第 5 期刊出,并且收入曾业英主编的《五十年来的中国近代史研究》(上海书店出版社,2000)。光阴荏苒,十年一瞬即逝,中华人民共和国成立 60 周年大庆到来。本想在前文基础上稍加扩充,写成 60 年来中国近代史研究的理论与方法问题的文章。犹豫至再,乃决定撇开原有文章,重新结构,增加前文未及写出的内容,爰成此文,以求教于读者。本文与前文是姊妹篇,互为补充,请读者不吝指正。

关于中国近现代史的分期

关于中国近代史与中国现代史的分期,是确定中国近代史学科对象的重要问题。换句话说,究竟是把 1919 年作为中国近代史、中国现代

---

[*] 本文曾提交中国中共文献研究会主办的庆祝中华人民共和国成立 60 周年学术讨论会,原载《近代史研究》2009 年第 6 期。收入张海鹏《中国近代史基本问题研究》,中国社会科学出版社,2013。

史的分界线，还是把 1949 年作为中国近代史、中国现代史的分界线，数十年来，一直是争论不休的问题。这个问题不解决，作为中国近代史学科的定义不能说是完整的、准确的。

1949 年以前的学者，对中国近代史和中国现代史是否区分、如何区分，并不十分在意。这也许跟那个年代里，近代中国的历史还在进行中不无关系。如 1933 年在上海出版的李鼎声著《中国近代史》和同一作者 1940 年在香港出版的《中国现代史初编》，两者所处理的时间界限并不严格。又如曹伯韩 1939 年出版《中国现代史常识》，1946 年改题为《中国近代史十讲》，1947 年再改题为《中国现代史读本》，检视三书，内容大同小异，显示作者对书名的改动并无定见。换句话说，1949 年前，中国近代史作为一个有独立研究对象的完整学科，还在形成过程中。唯一的例外，是马克思主义史学家范文澜的著作。1947 年范文澜在华北新华书店出版了《中国近代史》上编第一分册，该书第一次给出了中国近代史的完整概念。该书以 1840 年鸦片战争至 1919 年五四运动为旧民主主义革命时期，是为该书的上编；以 1919 年五四运动后的中国历史为新民主主义革命时期，是为该书的下编。范著从革命史的角度确立了中国近代史的框架，明确指明了中国近代史是由旧民主主义革命时期的历史和新民主主义革命时期的历史组成的。这一框架虽然是从革命史的角度定义中国近代史，但它的确是 1840—1949 年作为中国近代史学科概念这一主张的滥觞。

出现中国近代史和中国现代史的明确分界，源于胡绳 1954 年在《历史研究》创刊号上发表《中国近代历史的分期问题》一文。这篇文章的发表，引起了近代史学者的强烈关注和热烈讨论。这次讨论，对于中国近代史学界学习马克思主义基本理论、学习唯物史观、认识近代中国历史的基本线索问题起到了很大的推动作用。但是，这次讨论的主题是中国近代历史的分期问题。在讨论中国近代历史本身的分期问题的时候，胡绳的文章非常明确地把它局限在 1840—1919 年，无形之中，这次讨论把中国近代史的时限范围限制为 1840—1919 年。从这时开始，中国历史学界出现了中国近代史和中国现代史的明确分界，分界线就是 1919 年发生的五四运动。此后，学术界往往把自 1919 年五四运动以后的历史称作中国现代史，而把 1919 年上溯到 1840 年鸦片战争的历史称作中国近代史。换一句话说，把旧民主主义革命时期的历史称作中国近代史，而把新民主主义革命时期的历史称作中国现代史。范文澜在1955年出版的《中国近代史》上册"九版说明"中特别指出，《中国近代史》上册，是1945年我在延安时写的，当时原想把旧民主主义革命时代和新民主主义革命时代的历史一气写下来，将旧民主主义革命时代划归上编，新民主主义革命时代划归下编，本书则是上编的第一分册。现在因为近代史与现代史已有明确的分期，故将此书改称为《中国近代史》上册。这个说明明确指出了"现在因为近代史与现代史已有明确的分期"这个事实。范著这一次改动，对以后中国近代史书的编纂影响甚大，中国近代史的时限概念几乎就定在1840—1919年。可以这样说，1999年前出版的中国近代史书，其时限都是如此。

在历史学界百家争鸣的氛围下，研究中国近代史的学者对上述分期主张提出了不同见解。林敦奎、荣孟源、李新、刘大年、陈旭麓等学者提出按照社会性质来划分历史时期。因为1840—1949年的中国是半殖民地半封建社会，中国近代史应该包含1840—1949年的整个时期。[①] 范文澜是这一主张的最初提出者。他在1955年出版的《中国近代史》上册"九版说明"中，感受到了近代史分期问题讨论的时代氛围，但在1956年7月在政协全国委员会举办的中国近代史讲座上所做的报告中，仍强调1840—1949年的历史是半殖民地半封建社会的历史，只是习惯上把1919年前称作近代史，把1919年后称作现代史。他指出，自从1840年鸦片战争开始，一直到1949年中华人民共和国成立，在这一历史时期里，一方面，帝国主义勾结中国封建势力，一步深入一步地把中国变为殖民地、半殖民地、半封建社会；另一方面，中国人民反对帝国主义及其走狗，一步提高一步地进行着民族革命和民主革命。[②] 在这里，范文澜强调了"习惯上"，表明他并不认同这样的分期是科学的。

---

① 林敦奎的意见参见杨遵道《中国人民大学第六次科学讨论会上关于"中国近代史分期问题"的讨论》，历史研究编辑部辑《中国近代史分期问题讨论集》，三联书店，1957，第228页。荣孟源的观点见《对于近代史分期的意见》，《科学通报》1956年第8期，转引自《中国近代史分期问题讨论集》，第146页。李新的观点见《关于近代史分期的建议》，《中国近代史分期问题讨论集》，第153页。刘大年1959年在《历史研究》第10期发表的《中国近代史研究中的几个问题》一文中以及1964年在向外国历史学者介绍新中国的历史科学时，也持这种观点。陈旭麓的观点最早见《关于中国近代史的年限问题》，《学术月刊》1959年第11期。
② 范文澜：《中国近代史的分期问题》，原载《光明日报》1956年10月5日，转引自《范文澜全集》第10卷，河北教育出版社，2002，第376—377页。

进入改革开放的历史新时期后，学术界又一次经历了中国近代史和中国现代史分期问题的讨论。

坚持1919年五四运动是中国近代史和中国现代史分界线的学者，主要以旧民主主义革命与新民主主义革命的区别为根据，为了突出无产阶级领导的新民主主义革命的重要性，坚持主张中国近代史结束于1919年。[①] 但是这种主张忽视了把社会性质作为区别历史分期问题的标志的意见，忽视了在半殖民地半封建社会里，无论是旧民主主义革命还是新民主主义革命，都是民主革命的性质，都是反帝反封建，区别只是领导力量的不同、革命前途的不同。张海鹏指出："把中国近代史的下限定在1919年，显然是对半殖民地半封建社会的割裂，不利于对整个半殖民地半封建社会历史进程、历史特点的把握和认识，在一定的意义上可以说限制了对整个近代中国历史的完整了解。"[②]

《试论胡绳的中国近代史研究》指出：20世纪50年代确立的中国近代史是1840—1919年的中国历史，主要是胡绳的意见。通过学术界的讨论，大部分学者接受了这一见解。但是，这样的分期法割裂了1840—1949年近代中国这个整体，因为这个110年是一个特殊的历史社会形态，"即在封建社会崩溃中被卷入资本主义世界的半殖民地半封建社会"。因此这种研究体系不利于了解和把握中国历史的发展全过程，不利于总结近代中国历史的发展规律。[③] 诚然，我们应该看到，当时把1919年作为中国近代史的下限，有其历史合理性。但是，随着时代前进，这一界定的局限越发显现。"解铃还须系铃人。"胡绳在反思中曾多次建议打通1840—1949年，作为完整的中国近代史。

1981年人民出版社出版了胡绳著《从鸦片战争到五四运动》，胡绳在序言里一开始就说："这本书所讲的是中国半殖民地半封建时代中的前一段，即无产阶级领导的新民主主义革命开始以前一段的历史。虽然多年来大家习惯上称这一段的历史为中国近代史，但是早已有人建议，把中国近代史规定为从1840年鸦片战争到1949年中华人民共和国成立

---

① 参见王廷科《正确估计我国新民主主义革命的地位》，《四川大学学报》1981年第1期。
② 张海鹏、赵庆云：《试论胡绳的中国近代史研究》，《历史研究》2008年第2期，第20页。
③ 陈旭麓：《关于中国近代史线索的思考》，《历史研究》1988年第3期。

前的一百一十年的历史，而把中国民主革命的胜利，摆脱了半殖民地半封建的社会以后，进入社会主义时代的历史称为中国现代史。在中华人民共和国成立已经超过三十年的时候，按社会性质来划分中国近代史和中国现代史，看来是更加适当的。"① 同样的意思，胡绳在给《近代史研究》创刊100期纪念号题词的时候再次重复。李侃、陈旭麓、张海鹏等发表文章，论证了认识中国近代史、中国现代史分期的种种理由。② 显然，这个认识，在中国近代史学界基本上已经达成共识。有学者指出："学术界绝大多数人赞同的中国近代史，即从1840年的鸦片战争到1949年中华人民共和国成立110年的中国半殖民地半封建社会的历史。"③ "随着近年来中国近代史学科的发展，中国近代史的上下限在学术界基本上达成了共识，即应把1840年至1949年作为一个完整的时段加以考察。"④ 研究中华人民共和国史的学者也发表了意见。当代中国研究所所长朱佳木最近撰文指出："将中国近代史的下限由原来的1840年至1919年改为1840年至1949年，并将中国现代史的起点由原来的1919年推迟至1949年。在这个前提下，再把中国现代史与国史、当代史合并。合并后，可以称之为'中国现代史'，也可以称之为'国史'或'中国当代史'。"⑤

1999年以来，已经有数种中国近代史书采用了1840—1949年的分期方式。⑥ 其中高等教育出版社出版的《中国近现代史纲要》，是马克思主义理论研究和建设工程重点教材，是全国高等学校本科生必修的思

---

① 《胡绳全书》第6卷（上），人民出版社，1998，第22页。
② 参见李侃《中国近代史"终"于何时？》，《光明日报》1982年11月17日；陈旭麓《关于中国近代史线索的思考》，《历史研究》1988年第3期；张海鹏《中国近代史的分期问题》，《光明日报》1998年2月3日；张海鹏《关于中国近代史的分期及其"沉沦"与"上升"诸问题》，《近代史研究》1998年第2期。
③ 张华腾：《一部全新的中国近代史著作——评张海鹏先生主编〈中国近代史〉》，《殷都学刊》2001年第3期，第110页。
④ 袁成毅：《再探中国近代半殖民地深渊的"谷底"》，《杭州师范学院学报》2001年第2期，第48页。
⑤ 朱佳木：《论中华人民共和国史研究》，《中国社会科学》2009年第1期，第176页。
⑥ 这几种书是：张海鹏主编《中国近代史（1840—1949）》，群众出版社，1999；董守义等编著《中国近代史教程》上、下册，中国社会科学出版社，2000；王文泉、刘天路主编《中国近代史》，高等教育出版社，2001；沙健孙等主编《中国近现代史纲要》，高等教育出版社，2007；张海鹏主编《中国近代通史》（10卷本），江苏人民出版社，2007。

想政治理论课教材，由本书编写组集体编写，首席专家是沙健孙、马敏、张建国、龚书铎、李捷。本书开篇的话，第一句就是：中国的近现代史，是指1840年以来中国的历史。其中从1840年鸦片战争爆发到1949年中华人民共和国成立前夕的历史，是中国的近代史；1949年中华人民共和国成立以来的历史，是中国的现代史。这个开篇第一句话是一个非常重要的表示，它标志着中国近代史、中国现代史的分期已经写进了大学教材，学术界达成了共识。这样的认识有可能成为中国近现代史学界的主流认识。当然我们也不排除在分期问题上还会有不同看法，大概那不会成为主流认识了。[1]

总结一句话：中华人民共和国的成立标志着近代以来中国人受侵略、受欺侮的时代一去不复返了，标志着近代中国半殖民地半封建社会的结束，中国开始进入社会主义的建设时期。这就是说，这一事件标志着中国近代史的结束，中国现代史的开端；标志着旧时代的结束，新时代的开始。

有人主张，中国现代史从1919年开始，一直延续下来。这种主张不仅模糊了社会性质的不同，也掩盖了1949年这个年代的重要性。有人主张中国现代史从1911年开始，这种主张貌似重视辛亥革命，却忽视了1949年中华人民共和国建立较之辛亥革命更为重大的历史意义。

讨论中国近现代史的分期，看起来是历史研究中一个具体问题，实际上涉及重大理论问题。通过讨论，我们明确了，1840—1949年的近代中国历史，是半殖民地半封建社会的历史，1949年以后的中国历史，是中国建设社会主义国家的历史。这样的历史分期，是建立在历史唯物主义基础上的，是符合历史实际的，因而是科学的。

---

[1] 2009年3月24日《中国社会科学院院报》载，一本大陆学者编撰的《中国近代史》在台湾出版，受到台湾学生的欢迎。报道说："关于中国近代史，大陆与台湾在许多问题上认识并不一致。比如在最基本的历史分期上，台湾把从1840年到1949年的历史作为近代史，而大陆近代史一般断限在1919年，把1919年至1949年作为现代史。"大陆学者编撰的《中国近代史》在台湾出版，当然是海峡两岸学术交流值得注意的好事。但是，报道对海峡两岸有关中国近代史的分期（或称断限）的说法则是完全错误的，既不符合台湾学术界的现实，也不符合大陆学术界的现实。从台湾学术界来说，不可能把1949年作为近代史的下限。这是常识，不需要多加解释。从大陆学术界来说，把近代史断限在1919年，基本上是1998年以前的事，此后，一般不做这样的断限。可见报道者对两岸学术界的情况是隔膜的。坚持把1919年作为中国近代史的断限，是学者的学术自由，但是在向大众做介绍时，需要做出准确的概括。

关于中国近代史的基本线索

与中国近代史的分期有关的是中国近代史发展的基本线索问题。如果说中国近代史的分期（或断限）涉及的是中国近代史这门学科的范围，则中国近代史的基本线索涉及的是对中国近代史基本问题的看法，是它包含什么内容，它的历史发展趋势，哪些新的阶级产生了，哪些旧的阶级力量衰弱了，哪些阶级力量代表了时代前进的步伐，等等。有关这个问题的讨论，也差不多延续了半个世纪。

关于中国近代史基本线索的讨论，早在1954年胡绳发表上述文章的时候就开始了。中国近代史的分期是个具体问题，关键是如何认识中国近代史的基本线索。这就涉及一系列理论问题，它们是：如何运用马克思主义和毛泽东思想指导近代史研究，如何对待近代史研究中的旧史学观点，如何确立中国近代史的总体系，如何评价近代各阶级的历史地位和作用，如何认识近代中国发展的主要脉络，等等。胡绳提出了基本上用阶级斗争的表现来做划分时期的标志和三次革命高潮的概念。参加讨论的学者从不同角度探讨了中国近代史的主要内容，涉及对历史唯物主义的不同理解和运用，提出了关于历史分期的不同主张，但对于胡绳的意见，与议者多数表示了赞同，并无根本的分歧。

20世纪80年代中期以后，中国近代史发展的基本线索的争论，再次开展起来。李时岳、胡滨提出农民战争、洋务运动、维新运动和资产阶级革命作为近代中国的进步潮流，是中国近代史的基本线索,[1] 其根据是：向西方学习、发展资本主义，是中国近代史前期争取独立和谋求进步的根本道路。[2] 胡绳、刘大年、苏双碧、荣孟源、张海鹏、苑书义等不同意按照洋务运动—戊戌维新—辛亥革命的线索来论述这个时期的历史进步潮流，认为这三者之间在政治上并无必然的继承关系，其性质

---

[1] 李时岳、胡滨：《从洋务、维新到资产阶级革命》，《历史研究》1980年第1期。
[2] 据历史研究编辑部近现代史编辑室《国内史学界关于近代中国资产阶级的研究》，《历史研究》1983年第4期。该项资料注明这段文字出自《人民日报》1981年3月12日发表的李时岳、胡滨著《论洋务运动》一文。经查上述资料所引述的这段文字，与原文有出入，但并不违背作者的本意，或者可以看作是对作者本意的一种概括。

是大不同的。考虑中国近代史的发展线索,应制约于中国是半殖民地半封建社会及中国人民反帝反封建这一中心任务,因而认为毛泽东所说的,帝国主义和中国封建主义相结合,把中国变为半殖民地和殖民地的过程,也就是中国人民反抗帝国主义及其走狗的过程,正确地概括了中国近代史的基本线索,简约一点,也可概括为太平天国—戊戌变法、义和团—辛亥革命的公式。这样说并不否认中国近代史上发展资本主义的重要性,但认为只有人民大众反帝反封建的民主革命,才是中国争取民族独立和谋求人民解放的正确道路,这个革命不胜利,资本主义成为中国人民的生产力是不可能的。① 章开沅从民族运动的角度阐明中国近代史的基本线索,对以上两观点都有批评,但又认为毛泽东所说的"两个过程"是客观存在的历史实际,是中国近代史全过程的主干,应被理解为中国近代史的基本线索。② 戚其章认为,在中国近代史上,只有太平天国、维新运动和辛亥革命才能体现基本线索,洋务运动和义和团运动不能列入基本线索的标志之内。这样,"太平天国—维新运动—辛亥革命,便构成了近代中国历史发展的三个阶梯"。③

近代史基本线索的讨论,还涉及所谓革命高潮问题。以前讨论革命高潮,是把中国近代史放在 1840—1919 年范围内,如果把中国近代史延长到 1949 年,则对革命高潮的看法会有变化。20 世纪 80 年代初,有学者对革命高潮的提法质疑。80 年代末,陈旭麓认为,从 110 年的近代历史来考虑,中国近代史上确有三次革命高潮,但不是经胡绳提倡、得到大多数学者认可的那三次革命高潮。陈旭麓认为,在 19 世纪的中晚期,并没有形成如后来那样的反帝反封建的革命高潮。只是到了 20 世纪才出现具有完全意义的革命,形成高潮。他断言,这三次高潮是:1911 年的辛亥革命,推翻了清朝政府;1927 年的大革命,打倒了北洋军阀政府;1949 年中国共产党领导的解放战争,推翻了国民党的统治,夺取了全国胜利。他强调,中国近代史上只有这三次革命高潮,没有这

---

① 胡绳:《从鸦片战争到五四运动》,人民出版社,1981,"序言";苏双碧:《关于中国近代史的发展线索问题》,《光明日报》1983 年 11 月 9 日;荣孟源:《谈中国近代史的两个过程》,《历史教学》1984 年第 7 期;张海鹏:《中国近代史的"两个过程"及有关问题》,《历史研究》1984 年第 4 期;苑书义:《论近代中国的进步潮流》,《近代史研究》1984 年第 2 期。
② 章开沅:《民族运动与中国近代史的基本线索》,《历史研究》1984 年第 3 期。
③ 戚其章:《关于中国近代史基本线索的几点意见》,《历史研究》1985 年第 6 期。

三次高潮，就赶不走帝国主义，也打不垮封建势力。① 张海鹏认为，胡绳提出的三个革命高潮的概念是中国近代史中很重要的概念。胡绳当初提出革命高潮概念，是为了说明中国近代史发展的基本线索，并不是从革命的本来意义来定义"三次革命运动的高涨"这一概念的。提出这个概念对于我们从政治上来认识中国近代史发展的基本线索和特点，恰恰是很重要的。从110年的历史认识中国近代史的基本线索，总结中国近代史的发展规律，中国近代史的革命高潮依然应该把19世纪的几次革命运动包括在内。从全局衡量，应该有七次。它们是：太平天国革命运动、戊戌维新和义和团运动、辛亥革命、新文化运动和五四运动、1927年大革命、抗日战争、解放战争的胜利和中华人民共和国的成立。以上七次革命高潮，基本上决定了近代中国的政治走向，包括了从旧民主主义革命到新民主主义革命的所有主要阶段，包括了民族民主革命的基本内容。这就是中国近代史发展的基本线索。②

必须强调，研究中国近代史的基本线索，是要探索观察中国近代历史的一种方法，以便运用这种方法，去发现中国近代史发展的基本规律。中国近代史的基本线索，并不等同于中国近代史。中国近代史所反映的历史事实，是中国近代史的基本内容，并不是全部内容。中国近代史的全部内容比这些要丰富得多、复杂得多。无比丰富的历史现象，好比旧时代的铜钱，这些基本线索好像绳索，可以把一堆散乱的铜钱贯穿起来，人们认识这堆铜钱的整体就方便多了。对中国近代史的基本线索有了明确的认识后，我们对全部中国近代历史的认识就会有条理多了，对中国近代历史的发展方向和发展规律就较易把握了。以上有关中国近现代史的分期、有关中国近代史基本线索的认识，以及大体上取得的共识，是60年来中国近代史学科所取得的重大成就。有了这些成就，中国近代史这门学科的整体面貌就清楚了。说它是一个独立的学科，在一定的意义上是指此而言。就是在这样一个整体认识的架构下，展开了中国近代史学科领域丰富多彩的研究成果。

---

① 陈旭麓：《关于中国近代史线索的思考》，《历史研究》1988年第3期。
② 张海鹏：《关于中国近代史的分期及其"沉沦"与"上升"诸问题》，《近代史研究》1998年第2期。

关于中国近代史的"沉沦"与"上升"

中国近代史的"沉沦"与"上升"问题，涉及的是中国近代历史的发展趋势问题，也是如何看待近代中国历史的发展方向的一个饶有兴趣的问题。

以往对中国近代历史发展趋势的认识，一般是说近代中国"沉沦"到半殖民地半封建社会的"深渊"。[①] 20世纪80年代初，李时岳提出近代中国社会的发展实际上存在着两个而不是一个趋向：一是从独立国家变为半殖民地（半独立）并向殖民地演化的趋向，一是从封建社会变为半封建（半资本主义）并向资本主义演化的趋向。前者是个向下沉沦的趋向，后者是个向上发展的趋向。半资本主义，对封建社会是一种历史的进步。半资本主义的存在，就是"上升"。所以，半殖民地半封建社会不仅有"沉沦"，而且有"上升"。这种"沉沦"和"上升"是同时并存的。这是历史学家对近代中国历史的又一种解说。这个说法很新颖，对近代史学界影响很大。汪敬虞曾评论这一观点说："根据作者的论证，人们可以得出这样的结论，那就是：中国近代社会，既可以说是半殖民地半封建，也可以说是半殖民地半资本主义。因为半封建＝半资本主义。"[②] 显然，汪敬虞并不赞同这个观点，但未深入讨论。此外，专文讨论者，尚付阙如。

李时岳提出上述观点，是在以1919年为下限的中国近代史的框架内思考的。从这个框架内思考，对中国近代史发展趋势的新解说，有几点说不通的地方。第一，在1919年前，中国遭受列强十分重大的打击，《南京条约》、《北京条约》、《马关条约》、《辛丑条约》和《民四条约》等，严重束缚着中国，割地赔款，外国驻军，租界和租借地，协定关税，领事裁判，外国经济实力控制着中国经济生活，说中国"沉沦"

[①] 参见李时岳《近代中国社会的演化和辛亥革命》，中华书局编辑部编《纪念辛亥革命七十周年学术讨论会论文集》上册，中华书局，1983，第173页；李时岳《中国近代史主要线索及其标志之我见》，《历史研究》1984年第2期。

[②] 汪敬虞：《中国近代社会、近代资产阶级和资产阶级革命》，《历史研究》1986年第6期。

在半殖民地半封建社会的"深渊",基本上符合历史事实。说这时候的中国同时存在着"上升",比较难以说通。第二,经过洋务运动,资本主义生产方式在中国经济生活中所占成分十分微弱,民族资本主义在19世纪末刚刚形成且十分微弱,说中国半封建的另一半是半资本主义,显然并不合适。第三,学术界对半殖民地半封建社会的理解,一般是把它作为社会形态看待的,实际上所谓社会形态是一个马克思主义的概念,它是介于资本主义和社会主义之间的一种过渡性的社会形态。说半殖民地是对国家地位而言,说半封建是对半资本主义而言,固然有某种道理,但是,把一种社会形态割裂开来,在科学上是说不过去的,是缺乏理论支撑的。

如果把中国近代史理解为1840—1949年的历史,全面观察110年历史发展趋势,则情况就不一样了,视野就开阔了,我们就可以看到近代中国"沉沦"和"上升"的全过程。笔者经过十多年的思考,就近代中国的"沉沦"和"上升"问题撰写了文章,与李时岳的观点相商榷。笔者就近代中国110年的历史考察,提出了"沉沦"、"谷底"和"上升"的看法。在笔者看来,在1840—1900年,中国历史的发展趋势主要表现为"沉沦",这个时期,也有"上升"的现象,但那是次要的因素;从1901年到1920年,中国历史表现为"沉沦"到"谷底"的时期,所谓"谷底"时期,实际上是"沉沦"到"上升"的交错期,是黑暗到黎明的交错期。这个时期,是《辛丑条约》签订后中国最困难的时期,半殖民地半封建社会完全形成,因此是"沉沦"表现最严重的时期;辛亥革命、五四运动在这个时期发生,表明中国的"上升"因素已经上升到可以与"沉沦"表现相抗衡的时期。度过了"谷底"时期以后,中国的历史发展趋势就主要表现为"上升"了。[1]

据笔者所知,一些学者对上述观点发表了评论。多数人认为"谷底"说颇具新意。有的学者评论说,这一说法"饱含着作者创造性的学术探索","尝试性地提出了中国近代史的一种新的理论架构"。[2] 有的学者认为,《关于中国近代史的分期及其"沉沦"与"上升"诸问

---

[1] 参见张海鹏《关于中国近代史的分期及其"沉沦"与"上升"诸问题》,《近代史研究》1998年第2期。
[2] 陈铁军:《关于中国近代史的一种新的理论架构》,《史学理论研究》1999年第4期,第148页。

题》一文,是一篇旨在重新构建中国近代史学科体系的很有价值的文章,"半殖民地半封建社会深渊'谷底'的问题,是一个很值得继续讨论的重要学术问题"。①还有学者认为,"关于中国半殖民地半封建社会的'谷底'说和中国近代社会的'沉沦'、'上升'的理论,使我们对半殖民地半封建社会的认识更加清晰了,更加形象化了,更加接近历史的实际了。历史的发展是曲折的,是不断进步的,中国近代社会也是这样,这就给人们以信心,给人们以力量。尤其是我们从近代社会的发展中看到,尽管近代各个阶级、各个阶层为避免社会的'沉沦'做出了他们的努力,但只有无产阶级才使中国避免了继续'沉沦'为殖民地的厄运,才使中华民族获得独立和解放","这是张先生对中国近代史体系的重大贡献"。②"我完全赞同张先生对中国近代社会发展轨迹的描述,尤其是他提出的'谷底说',发前人所未发。""张海鹏先生的谷底说和对近代中国社会发展轨迹的描述,是对近代社会发展最形象最具体的说明,最科学的解释。张先生的描述,使人们对近代中国社会发展的轨迹清晰可见,不仅看到了近代社会的屈辱和灾难,而且也看到了近代社会前进的力量和方向,从而使人们对近代社会有了一个科学的认识。这是张先生对中国近代史宏观研究的一大贡献。"③

对于近代中国"沉沦"的"谷底"究竟在哪里,学者有不同的看法。有的认为,"谷底"应该在甲午战争到《辛丑条约》签订之间;④有的认为,应该在1931—1945年日本侵华期间。⑤

还有学者对"谷底"说质疑,认为"'谷底'之说所以不完全正确,最要紧之处是它完全否定或者低估了辛亥革命的胜利成功及其划时

---

① 袁成毅:《再探中国近代半殖民地深渊的"谷底"》,《杭州师范学院学报》2001年第2期,第48页。
② 张华腾:《一部全新的中国近代史著作——评张海鹏先生主编的〈中国近代史〉》,《殷都学刊》2001年第3期,第111页。
③ 张华腾:《关于对中国近代社会发展及其发展轨迹的认识——兼与张海鹏先生商榷》,《殷都学刊》2003年第2期,第111、46页。
④ 张华腾:《关于对中国近代社会发展及其发展轨迹的认识——兼与张海鹏先生商榷》,《殷都学刊》2003年第2期。
⑤ 袁成毅:《再探中国近代半殖民地深渊的"谷底"》,《杭州师范学院学报》2001年第2期,第48页。

代的里程碑的历史意义"。①

看来,继续探讨近代中国的"沉沦"与"上升"以及"谷底"问题,对认识近代中国历史的发展轨迹或者历史发展趋势、认识中国近代史的本质特征,还是很有意义的。进一步展开学术争鸣与探讨是必要的,是值得提倡的。

关于中国近代社会性质

判断人类历史上某一阶段的社会性质,是一个马克思主义的命题。最早提出中国近代社会性质的是列宁。列宁从帝国主义时代特点出发,提出了殖民地和半殖民地理论。② 早在1912年和1919年,列宁曾在自己的文章中分别提到中国是半封建的国家和半殖民地国家,他是从过渡阶段的社会这样的角度分别提到这两个"半"的,但未做论证。中国人接受这样的观点,是在中国共产党成立之后。③ 1922年7月,中共"二大"通过的《关于"国际帝国主义与中国和中国共产党"的决议案》和《关于议会行动的决案》,已经开始出现"半殖民地"概念。同年9月,蔡和森在《统一、借债与国民党》和《武力统一与联省自治——军阀专政与军阀割据》等文章中,明确地使用了"半殖民地""半封建"概念来说明中国社会的性质。在此前后,陈独秀、邓中夏、萧楚女、李大钊、罗亦农等人均明确认识到中国是半殖民地社会。1926年,蔡和森在《中国共产党史的发展(提纲)》中提到"半殖民地和半封建的中国""半封建半殖民地的国家",是目前所能查考到的最早将两"半"概念联结起来的完整表述。中共中央在自己的文件中正式提出完整的半殖民地半封建概念,是在1929年2月的《中央通告第二十

---

① 陈铁健:《近代中国社会沉沦谷底问题浅议——读潘荣〈北洋军阀史论稿〉》,《史学月刊》2008年第1期,第135页。
② 参见赵德馨《列宁关于半殖民地半封建社会的学说》,《青海社会科学》1984年第4期。
③ 孙中山讲过中国是"次殖民地",认为"次殖民地"的地位比殖民地的印度还不如,这是对殖民地理论的误解。

八号——农民运动的策略》中，那是在中共六大以后。[①] 与此同时，中国的思想理论界还爆发了一场关于中国社会性质问题的大论战。一些在马克思列宁主义指导下做研究工作的理论工作者，以新思潮派为代表，与中国托派的动力派和国民党学者新生命派进行了长期的理论斗争，对中国社会性质和革命性质问题进行了严肃思考和理论创造。1938—1940年，毛泽东连续发表《战争和战略问题》《中国革命和中国共产党》《新民主主义论》等指导性论著，系统地、科学地、正确地解决了中国的社会性质问题。他指出："自从一八四〇年的鸦片战争以后，中国一步一步地变成了一个半殖民地半封建的社会。""帝国主义列强侵略中国，在一方面促使中国封建社会解体，促使中国发生了资本主义因素，把一个封建社会变成了一个半封建的社会；但是在另一方面，它们又残酷地统治了中国，把一个独立的中国变成了一个半殖民地和殖民地的中国。"[②] "中国的特点是：不是一个独立的民主的国家，而是一个半殖民地的半封建的国家；在内部没有民主制度，而受封建制度的压迫；在外部没有民族独立，而受帝国主义压迫。"[③]这是对于近代中国社会性质最经典的表述。毛泽东不止一次强调指出：只有认清中国社会的性质，才能认清中国革命的对象、中国革命的任务、中国革命的动力、中国革命的性质、中国革命的前途和转变。总之，只有认清中国的社会性质问题，才能解决近代中国历史发展的基本规律问题。从此以后，中国共产党的理论工作者，以及在中国革命成功的推动下愿意接受马克思主义指导的史学工作者，在中国的社会性质问题上，都认同了近代中国是半殖民地半封建社会的观点。[④]

对这个认识，近些年有人开始质疑。有的文章认为，帝国主义"破坏了中国的国家主权和领土完整，但没有也不可能改变中国的社会性

[①] 参见陈金龙《"半殖民地半封建"概念形成过程考析》，《近代史研究》1996 年第 4 期；陶季邑《关于"半殖民地半封建"概念的首次使用问题》，《近代史研究》1998 年第 6 期；李洪岩《半殖民地半封建理论的来龙去脉》，中国社会科学院近代史研究所编《中国社会科学院近代史研究所青年学术论坛（2003 年卷）》，社会科学文献出版社，2005。
[②] 《中国革命和中国共产党》，《毛泽东选集》（合订本），人民出版社，1964，第 620、624 页。
[③] 《毛泽东选集》（合订本），第 530 页。
[④] 参见李洪岩《半殖民地半封建理论的来龙去脉》，《中国社会科学院近代史研究所青年学术论坛（2003 年卷）》。

质",因而辛亥革命之前的中国仍是封建社会,辛亥革命以后的中国是半封建或半资本主义社会(也有文章认为是资本主义社会),辛亥革命之前和之后,无论如何都不是半殖民地半封建社会,因此对半殖民地半封建社会"这个说法究竟是否恰当,似有必要重新加以研究"。还有人对"两半论"提出了直接的驳难,认为"两半论"是"失误","延误了我们反封建历史任务的完成"。①有记者采访某研究员,问:"您的意思是不是说,应该否定'半殖民地半封建'这一理论概括,提出新的概括,以突破现存的近代史的框架,探索新的架构呢?"某答:"显然有这样的意图,确切地说,重新检讨'半殖民地半封建'这一提法,是要为设计新的近代史构架寻找理论基点。"②

质疑者说"要为设计新的近代史构架寻找理论基点"。质疑者要设计的新的近代史构架是什么,支持这一构架的理论基点找到了没有,始终未见下文。但是,我们对论者所谓"半殖民地半封建"理论,"延误了""反封建历史任务的完成"却百思不得其解。前已指出在革命中,认清了中国社会的性质,就认清了中国革命的任务、革命的对象。中国革命的任务就是反帝反封建,这是由半殖民地半封建社会性质本身所规定了的。所谓"推翻三座大山",不就是指完成了反帝反封建的革命任务吗?我们倒是要问,如果否定"半殖民地半封建"这一理论概括,在中国近代史研究中,能够正确坚持反帝反封建的观点吗?

以上质疑,在研究者中是有影响的。

在半殖民地半封建社会问题的讨论中,有一种分歧值得注意。所谓半殖民地半封建社会,是一种适应于近代中国社会的社会形态,是一种过渡性的社会形态,它恰当地反映了近代中国社会的政治、经济、文化状况。作为社会形态,它是不可分割的。另一种意见认为,半殖民地是对国家地位而言,半封建是对半资本主义而言,两者不是互相补充,而是互相对立的。③ 这个分歧是很大的。分歧的任何一方在据此观察近代

---

① 《中国近代社会性质的再认识》,广州《学术研究》1988年第6期。这篇报道用的第一个标题就是"毛泽东'两半'论的权威面临挑战"。
② 《关于近代中国社会性质问题答记者问》,广州《学术研究》1988年第6期,第57页。
③ 以上有关半殖民地半封建理论的质疑和讨论,参见倪玉平《近20年"两半"问题研究述评》,广州《学术研究》2008年第10期;《关于"半殖民地半封建社会"问题研究之新进展》,《北京日报》2009年2月16日。

中国历史时，都可能得出不完全相同的结论。

究竟如何看待近代中国的半殖民地半封建问题，可以从学理上去分析，也可以从历史实践上去分析。但是任何学理的分析，都只能基于历史实践。脱离了历史实践的分析，都是书生之见，是靠不住的。近代中国的新民主主义革命，它的历史实践是什么呢？它正是基于对中国社会性质的正确认识和分析，才制定出新民主主义革命的战略、策略，才能明确革命对象、明确革命力量、明确革命前途。中华人民共和国的成立，社会主义道路的选择，都是这个历史实践的结果。离开这个历史实践，虚构种种臆测的理论，怎么能与历史的实践相符合呢？历史研究是基于史实的探讨，离开了史实，仅凭思辨是不能解决问题的。

关于"告别革命"

20世纪50年代以来，中国近代史研究领域关于革命和改良问题发生过多次争论。20世纪80年代的争论，主要涉及如何正确评价改良派或者改良主义问题。那时候的争论，对于革命的作用，一般是肯定的。问题是如何评价改良派的历史作用，这主要涉及戊戌维新运动的评价以及清末立宪运动、立宪派以及资政院、谘议局等作用的评价。早期对改良派的评价比较低，80年代以后，对改良派的评价已渐趋平实。笔者在《中国近代通史》第一卷中谈及这个问题：

> 回顾历史，我们看到，改良与革命只是近代中国人改造中国的不同道路的选择，尽管它在近代中国的历史命运不尽相同，但它对于推动近代中国历史进程的进步作用都是不容抹杀的。

当然，这样说并不意味着改良与革命可以等量齐观。有一种见解说革命与改良，是推动近代中国历史前进的双轮。这个观点需要加以讨论。何谓双轮？好比一辆车子，两个车轮同时向前滚动，才能带动车厢向前运动。革命与改良，是否是这样的两个轮子，同时推动着近代中国历史的前进呢？还需要根据事实和理论做出具体的分析。

革命与改良的关系到底如何？对于社会历史的前进运动来说，

革命和改良都是推动历史前进的动力。改良是常态，革命是变态。每一个国家，每一个时代，总是经常处在改良的状态中，否则，那个社会就停滞了，不前进了。所以改良是经常存在的。而革命则不然，社会革命不能经常存在，一个社会不能经常处在革命的状态中，如果是那样，这个社会就会是病态的。

诚然，革命并不是社会历史前进的唯一推动力。革命的发生是有条件的，不是任意可以制造出来的。社会发展的经常形式是社会改良。当阶级矛盾不到激化的程度，解决社会阶级利益的冲突，往往要靠阶级妥协与调和；解决社会政治利益的冲突，往往要靠社会改良的种种办法。阶级调和的办法，社会改良的办法，也能促进社会的发展，但它只能在同一个社会制度内运行，如果要推翻旧制度，建立新制度，阶级调和、社会改良，是无能为力的，它只能让位于革命手段。革命发生，才能使社会发展产生质的变化。因此，革命虽不是社会发展的唯一推动力，却是社会历史发展的根本动力。否定这一点，无原则地歌颂社会改良，显然是一种反历史主义的态度。

正因为革命是社会发展的根本动力，它能推动历史发展产生质的变化，而改良则不以推翻一个社会的制度为目的，改良是在社会制度允许的范围内进行，用今天的话来说，是在体制内进行。因此，一个真正的革命家并不拒绝改良，而一个改良主义者则往往拒绝革命。也往往是这样的情况：一个社会的改良进行不下去的时候，或者那个社会不允许改良的时候，往往就可能爆发革命。从这个角度说，改良为革命准备着条件，改良为革命积聚着能量。在这种情况下，实行改良的人和实行革命的人，往往不是同一批人。[1]

以上这些话，大体上是总结了学术界的多次争论得出的认识。今天看来，得出这样的认识应该是公允的。

但是，在20世纪90年代，出现了一种"告别革命"的言论。这种理论在西方社会早已有之，在中国则从90年代中期开始出现。1994年李泽厚在一篇对话里说："辛亥革命是搞糟了，是激进主义思潮的结果

---

[1] 张海鹏主编《中国近代通史》第1卷，第127—128页。

……自辛亥革命以后，就是不断革命：'二次革命'，'护国、护法'，'大革命'，最后就是49年的革命，并且此后毛泽东还要不断革命"；"现在应该把这个观念明确地倒过来：'革命'在中国并不一定是好事情"。①1995年，李泽厚、刘再复在"回望二十世纪中国"的时候，在香港出版了一本标题为《告别革命》的书。该书几乎否定了历史上的一切革命，当然也否定了近代中国的一切革命。他们宣布，改良比革命好。这本小书是谈话记录，谈不上什么理论依据，没有论证，不过是反映谈话者厌恶革命的心理。这就不是理论的误区、学术方向的误区，而是作者们政治倾向的误区了。

笔者在一篇评论里曾经指出：为什么要提出"告别革命"说？反对法国大革命，是为了反对十月革命；反对辛亥革命，是为了反对中国共产党的新民主主义革命。他们要"反省整个中国近代史"，就是这个目的。他们要改变反共反社会主义的策略，于是"放弃激进的社会/政治批判话语，转而采取文化上的保守主义话语"，实际上是"隐喻了某种意识形态的企图"。这还说得不够明确。《告别革命》一书序言，把"告别革命"说的目的全盘托出。它说："这套思想，恰恰是'解构'本世纪的革命理论和根深蒂固的正统意识形态最有效的方法和形式。"原来如此。把近代中国的革命历史都否定了，把20世纪的革命理论都"解构"了，所谓反帝反封建自然不成立了，中华人民共和国的成立自然就失去合理性了。如此，则所谓有中国特色的社会主义、社会主义的市场经济，岂不是都消解殆尽了吗？②

"告别革命"的思想，是一种历史虚无主义的表现，在思想文化领域有着广泛的影响，很值得学术界、理论界注意。

这里需要指出，历史研究，需要实事求是，需要从历史事实出发，就是对历史上发生过的既有的事实、事件、人物的表现和历史过程，做出客观研究，提出认识，给后人提供历史借鉴。革命和改良，是历史上发生过的事件，历史学者的任务，就是对革命和改良的来龙去脉、事实经过做出研究，对革命和改良在历史发展中对当时和后世发生的影响做出评估。

---

① 李泽厚、王德胜：《关于文化现状、道德重建的对话》，《东方》1994年第5期。
② 张海鹏：《"告别革命"说错在哪里？》，《当代中国史研究》1996年第6期，第46页。

关于中国近代历史发展规律的认识
和对若干史实的解说[*]

　　海峡两岸的历史学家致力于中国近代史的研究，已经有差不多半个世纪了。发表论文和各种著述汗牛充栋。这种研究推动了两岸历史学的发展，增进了学人和一般读者对中国近代史的了解。这是有目共睹的。海峡两岸历史学家对中国近代史的内涵的认识不能说完全一致，但大体上是差不太多的，可以说，海峡两岸历史学者所面对的大体上是一个共同的研究对象。对于一个共同的历史进程，两岸学者对其中某些具体历史事实的研究，在资料大体上齐备的情况下，可能不乏共识，也可能存在着不同的描绘；在比较宏观的研究上，或者虽然不太宏观，但存在价值判断或是非评论的时候，则往往出现彼亦一是非、此亦一是非的认识，难以取得共识或互补。这种情况，也是很明显的，不容回避。

　　对中国近代史的内涵，虽然两岸认识大体上差不多，实际上也存在差异。当我们笼统地说中国近现代史的时候，模糊一点说，两岸学者的看法可能是差不多的。如果具体到中国近代史、中国现代史，排除两岸学者内部各自的分歧不说，两岸间的认识可能就不一致了。大陆的学者认为，从1840年鸦片战争开始至1949年中华人民共和国成立是中国历史中的近代史阶段，1949年后是现代史阶段；较早的看法稍有不同，认为从五四运动起为中国的现代史阶段。台湾的学者则认为从1912年中华民国建立起为中国现代史阶段。历史年代的划分，是历史学者必须注意的，应如何划分，要有各自的理由和标准。比如，敝研究所从70

---

[*] 应台北《历史月刊》约请而作，载台北《历史月刊》1998年2月号。收入张海鹏《追求集——近代中国历史进程的探索》，社会科学文献出版社，1998。

年代初开始编纂《中华民国史》，引起台湾学者的震动，于是继起效仿，所编之书名《中华民国建国史》。名称的不同，源自各自的理念和标准不同。所谓理念和标准不同，是指各自政治理念的差异及由此产生的学术标准的相左。更深一层说，就涉及意识形态、涉及历史观了。

说到史观，大陆多数史家主张在历史研究中要应用唯物史观。说起唯物史观，这是最为台湾学者所诟病的，他们认为唯物史观是教条。世界上任何一个史家，要想研究和说明历史上的某个重大问题，总会秉持某种史观，这是不待证明的。我们所以主张唯物史观，不是因为它是教条，是八股，而是因为它能告诉我们一种方法、一条路径，使我们能更有效地处理纷繁复杂的历史问题，使我们能更好地洞察历史发展的方向。当然，应该指出，学习和应用唯物史观也有一个态度问题。在某种政治气氛下，有的历史学者在历史研究中运用唯物史观存在着教条和八股现象，他们不是从方法论的高度去领会唯物史观的精神实质，而是拿着马列的某些个别词句，到处贴标签。这不是一种正确的态度。这种情况在学习唯物史观的过程中，本是应该力求避免的。不幸在"文革"中达到登峰造极的程度。在"文革"结束以后，随着国家社会政治生活的转变，历史学界也在努力纠正它。

唯物史观是人们对历史认识的一种最一般的观念，它并不是那么神秘而不可言喻。通俗地说，唯物史观认为，有史以来的人类历史，是客观存在的，不是主观形态的。历史现象虽然千姿百态、纷繁复杂，却不是虚无缥缈的，人们虽然不能像自然科学那样在实验室里重复制造历史过程，但在掌握了尽可能多的历史资料以后，是可以对过往的历史过程加以描述、加以认识，并获得对往史的较为近真的影像的。历史现象虽乱如丝麻，却是可以理出头绪的，并且显示了一种由低级到高级的发展过程，人们从茹毛饮血到今天享受现代化的信息公路，很自然地说明了这个过程的一个重要方面，而马克思、恩格斯指出的五种社会发展形态，则是对这一过程的最一般的描绘。人类的经济生活是社会生存的基本方式，社会依生产力的发展、前进而发展、前进，生产力和生产关系的矛盾运动推动着社会的前进，决定着人们依赖其中的社会政治、经济、阶级关系和文化从属的基本面貌。物质生产和精神生产是社会运行的主要内容，物质生产的状况决定了精神生产的状况，劳动者是物质生产的主体，是决定历史前进方向的终极力量。人们（包括劳动群众和社会精英）创造了一定的历史环境，一定的历史环境反过来又决定了生活其中的人们的面貌。我想，这就是唯物史观告诉我们的基本东西。它所概括出来的人类社会发展的基本规律虽未穷尽真理，却指示了社会发展的一般方向及其未来。同时也应该说，它只是提出了社会发展的一般方向和未来走向，丝毫没有给出各地区各国家历史发展的具体方向。各地区各国家的社会历史发展还要靠那里的历史学家去研究、去总结。

唯物史观是一种方法、一种工具。用这种方法、这种工具，或用别种方法、工具，去观察中国近代史，虽然面对着同一个研究对象，研究结论却可能不完全一样。这是海峡两岸历史学者对中国近代史存在认识差异的重要原因。

联系到中国近代史，大陆学者一般认为，英国发动的侵略中国的鸦片战争是一个起点，此后，英、法、美、俄、德、日、意等世界强权先后参与或者发动对中国的侵略，中国在列强的武力压迫之下"门户开放"，主权沦丧，外国人在中国自由出入，可以在中国经商、办厂、办学和传教，路矿利权严重外溢，中国的内河和领海失去屏障，从北京到秦皇岛的出海口等十二处地方由外国驻兵，大片土地被割让，十多个城市设有外国的租界，还有旅大、威海、胶州湾、香港"新界"、广州湾以及澳门等外国的租借地，全国几乎都被外国划分为势力范围。如此主权国家，其何以堪？有识之士，能无拊膺！19 世纪 60—70 年代以来，忧国忧民者常常为此发出呼吁。三元里抗英、广州反入城斗争、太平天国的反对外国侵略、各地此起彼伏的反洋教、北方爆发著名的义和团爱国运动、1905 年抵制美货运动、由抗议巴黎和会处理山东问题不公引发的五四反帝爱国运动、上海五卅运动、省港大罢工、收回汉口九江英租界，以及大革命时期响彻全国的"打倒列强"的呼声，在在说明反帝斗争在近代中国历史上有着广泛的群众基础。卢沟桥事变发生、日本全面侵华以后，国民政府主持了全国的抗日战争，也赢得了全国各政党包括中国共产党和全国人民群众的支持。谴责帝国主义侵华，正面评价中国人民、政府的反帝斗争，是研究中国近代史的学者必须面对的严肃课题。研究这个课题，很可能是两岸学者较少有原则分歧的地方。

帝国主义侵华引起了中国社会性质的变化。关于近代中国的社会性质，20 世纪 20—30 年代中国学界曾爆发热烈的争鸣。经过思想理论界的反复讨论，学界相当多人士赞成近代中国是半殖民地半封建社会。中共中央于 1929 年 2 月在自己的一份文件中采纳了这个概念。30 年代末中共中央、毛泽东在分析中国国情时，就是依据这个概念来立论的。对近代中国社会性质的体认，是确立中国革命的任务、革命的对象、革命的前途的基本出发点。对这一点，台湾的学者指斥其非，是不遗余力的。本文限于篇幅，不可能展开讨论。仅指出，采纳这个概念，对认识近代中国历史是至为重要的。我们往往强调近代中国的反帝反封建斗争，就是以对近代中国社会性质的这个认识为依据的。

如果说对帝国主义侵华这一史实两岸学者尚无大的原则分歧，那么，对于近代中国的反帝，可能认识就不尽一致了。仅举一例。张玉法教授在一篇书评中说："不可否认的，近代以来帝国主义对中国的侵略非常严重。到八国联军之后始趋缓和，缓和的原因，一般的解释归于门户开放政策，该书则归于义和团的阻吓。义和团式的排外，实是无可鼓励的。"① 八国联军之役后，帝国主义对中国的侵略是否缓和了，尚待讨论。此处仅就义和团立言。1900 年弥漫于华北、京津地区的义和团运动，彼岸学人往往因袭旧时学人的看法，指义和团为"拳匪"，为笼统排外，轻易加以否定。义和团起自乡间，本是农民自发组织的一种比较散漫的组织形态，因外国势力深入穷乡僻壤，更因民教纠纷，衙府庇护教民，损及农民利益，于是揭竿而起，号称"扶清灭洋"，后得官府支持，进入京津。他们以血肉之躯，敢于面对八国联军的武装剿灭，虽然失败是难以避免的，但他们身上所体现的中华民族反抗外敌侵略的民族精神是值得称颂的。他们的"排外"，是中国人民的反帝斗争的初级形态，其缺点当然是明显的，但他们在帝国主义面前发挥了中国人民的民气，使得八国联军统帅、德国人瓦德西也不能不慨叹欧洲人无此脑力和物力统治中国，"瓜分中国实为下策"。义和团失败以后，国内多有骂义和团为"团匪""拳匪"者，但有识之士已经看出了义和团的功绩。1901 年在日本横滨出版的中国留学生刊物《开智录》发表文章称颂"义和团此举，实为中国民气之代表"。② 1924 年孙中山在广州演说"三民主义"，也称颂义和团："其勇锐之气，殊不可当，真是令人惊奇

---

① 《张玉法评：章开沅、林增平主编〈辛亥革命史〉》，台北"国史馆"编印《中国现代史书评选辑》（一），1991，第 155 页。
② 《义和团有功于中国说》，张枬、王忍之编《辛亥革命前十年间时论选集》第 1 卷上册，三联书店，1978，第 62 页。

佩服。所以经过那次血战之后，外国人才知道，中国还有民族思想，这种民族是不可消灭的。"①

与此相反，大陆学者认为历届政府颟顸腐败，对于造成中国的落后是有责任的，尤其对于统治者对外敌的侵略不能组织有力的抵抗，面对强敌，俯首乞和，造成近代中国屈辱悲惨的历史，是应该给予谴责的。1840年的鸦片战争、1856年的英法联军之役、1871年俄国出兵占领新疆伊犁地区、1884年的中法战争、1894年的甲午战争、1900年的八国联军之役及俄军占领东北地区、1904年的日俄战争和英国侵藏战争、1914年日本出兵山东、1931年日本发动九一八事变等等，此荦荦大者，都是政府不能组织有力抵抗造成割地赔款、主权沦丧的著名例子。中法战争不败而败、胜而求和；甲午战争实行"避战保船"，等于解除北洋舰队的武装，不仅拱手出让制海权，而且拱手出卖了北洋舰队。这两次战争的失败，李鸿章都不能辞其咎。至于九一八事变，明示不抵抗，更遭到国人批评。有人以外敌强大、中国落后为词，提出抵抗不是上策，求和才是出路的主张，是站不住的。须知，近代中国所面对的国际形势，就是资本主义列强先进，中国落后，列强与中国的关系是侵略与被侵略的关系。对列强侵略不抵抗，一味求和，出路只能是从半殖民地滑向殖民地，沦为附属国。中国恰恰是因为抵抗了，才免于成为殖民地国家的。正确的做法，是一面研究自己落后的原因及落后之所在，努力学习、借鉴西方的长处，以自强立国，同时发扬民气，对外敌侵略组织有力的抵抗。可惜，近代中国政府对此缺乏因应之道，使偌大中国总是落到一个落后挨打的地步，令后人读史至此，不胜扼腕。

为什么总是批评政府？不是说政府一点好事都没有做，而是说每当面临国家、民族巨大变局时，政府不是站在国家、民族以及绝大多数人民利益的立场上做出因应，而是从政府或政府负责人的利益与好恶出发。这里或许要说到上面提到的反帝反封建中的反封建了。所谓封建，不是指我国古代周天子分封建国的"封建"，而是五种社会形态说中封建社会的"封建"。此一封建，不过是在翻译时借用了古时的现有词语"封建"罢了。所谓封建社会，我理解指的是建立在地主土地所有制以

---

① 《民权主义，第五讲》，中国社会科学院近代史研究所等合编《孙中山全集》第9卷，中华书局，1986，第315—316页。

及小家庭式农耕文化基础上的君主专制制度。在外国侵入，中国社会演变为半殖民地半封建社会后，以地主土地所有制为基础的封建专制制度并无实质上的改变。这种制度处事每以皇帝一家一姓的利益为转移，而不顾及国家、民族和人民群众的利益。例如，太平天国起义，适逢英法联军之役，清政府宁愿割地赔款，也不愿对农民起义让步，结果，"借师助剿"，湘淮军和常胜军合作，把太平天国镇压下去。甲午之役，适逢慈禧太后花甲之寿，竟公然不顾外敌侵入这等大事，不集中国力对付战争，反而把建设北洋舰队的经费挪用来修建颐和园，以供花甲庆典之欢。这样的政府，不改革怎么能受人民欢迎呢！

政府确曾考虑过改革。如咸同年间的洋务运动（当时称自强新政）、光绪皇帝主持的戊戌变法、慈禧在《辛丑条约》签订以后实施的新政等等，都未能成功。洋务运动是在面对"船坚炮利"的外国侵略以后，由中央和地方的若干大员发起的。他们不知道如何去革新政治，只想学习西洋如何造船造炮，以为这样就"可以剿发捻，可以勤远略"。[①] 奕訢为发动自强运动给皇帝呈送奏折说，英、俄不过是"肘腋之患"，只有发、捻才是"心腹之患"。可见，发动洋务"自强"，不是出发于国家之"自强"，而是出发于政府之"自强"。强化军事机器，对内是根本目的。所谓"勤远略"，不过是在奏折上说说罢了。因为在事实上，军事工业发展以后，未能在"勤远略"上发挥作用。1884年的中法战争、1894年的甲午战争，都以失败而告终。福建马尾造船厂被法舰摧毁，北洋舰队最后在它的威海卫基地对日投降。历史学家把甲午战争作为洋务运动失败的标志，是不无道理的。这样说，并不是要把洋务运动时期发展起来的若干近代工业一笔抹杀，只是说清政府未能尽到自己的责任。如果拿差不多同时的日本明治维新做比较，这个问题就看得更清楚了。明治政府举国一致、从上到下支持维新事业，政府出钱出力支持民间办西洋工业，不过三十年就打下了打胜一场对华战争的基础。清政府只是洋务派在操办，顽固派却一片反对之声，慈禧太后正好玩弄权术，居间驾驭，朝廷并没有表示支持洋务运动的明确意向。

洋务运动引起民间质疑，批评之声颇多。改良派思想家批评它徒袭

[①] 曾国藩：《复陈购买外洋船炮折》，《曾文正公全集·奏稿》第14卷，光绪二年传忠书局刻本，第11页。

西艺之皮毛，未得西艺之要领。于是，康、梁领衔，在光绪皇帝支持下，发动戊戌变法，百日之内，政治、经济、军事、法律、学校教育诸方面的诏谕，像雪片一样飞来，看似轰轰烈烈、大有作为的样子。不过旬日之间，慈禧变脸，反掌之下，光绪被囚，康梁逃亡，六君子喋血菜市口。这样的封建专制统治，岂能领导国家的改革。戊戌维新如果提前到洋务运动时期，并且得以顺利进行，中国的面貌可能是另外一个样子。但是，当八国联军之役后，《辛丑条约》谈判过程中，列强要求清政府实行改革。慈禧太后还在西安，尚未还都，即发表新政谕旨。随后，练新军、废科举、宣布预备立宪、鼓励工商业、修改法律，不仅把戊戌维新时期废止的维新办法都恢复了，且大有过之。1905年还派出五大臣赴东西洋考察政治。考察大臣回国送呈考察报告，建议实行君主立宪，改革官制，除要求撤废一些中央部外，还要求撤废军机处，实行责任内阁。慈禧太后视军机处为禁脔，不准擅议，政治改革搁浅。预备立宪也要等到1913年。但是，现在时代变了。甲午战后受民族危亡刺激起而从事救国活动、以孙中山为首的革命派，和包括康梁在内的改良派、立宪派，对清政府的改革措施都不满意。革命派要求以革命的手段推翻这个"洋人的朝廷"，立宪派也要求加快立宪步伐。最后，清朝的专制统治终于在革命派发动的强大攻势下被推翻。

这里就涉及对辛亥革命的评价。大陆学者认为辛亥革命是中国资产阶级性质的革命，台湾学者坚决不同意，认为是全民革命，或者国民革命。1982年在美国芝加哥讨论辛亥革命的会议上，中国大陆的章开沅教授与中国台湾的张玉法教授，不仅在会议上相互辩驳，在会下也著文讨论，好不热闹。这种讨论至今还在进行，可见分歧之大之深。台湾学者认为，领导革命的孙中山等人不是资产阶级，怎么说辛亥革命是资产阶级性质的革命？中国当时还没有资产阶级，即或有，也是大贫、小贫，难道说辛亥革命是没有资产阶级的资产阶级革命吗？而且，照共产党的观点，资本主义、资产阶级都是要被埋葬的，说辛亥革命是资产阶级革命，就是否定、贬低辛亥革命，怎么能接受这种说法？

对这种驳难，这里简单说一下我的看法。按照马克思主义的观点，历史上的一次革命，如果是针对封建统治的，是要推翻君主专制的，其社会发展目标是要从一家一户的小农经济发展到现代机器工业的大生产、发展到资本主义方向的，这样的革命就可以说是资产阶级性质的革命。辛亥革命就是这样的革命，它是不同于中国历史上以往的改朝换代的，所建立的是不同于封建主义的社会，因而它是民主主义的革命。辛亥革命针对清朝统治，推翻了皇帝，建立了民主共和国，选举了大总统，南京临时政府从政治和经济的角度颁布了一系列鼓励资本主义发展的法令。这样的革命怎么不是资产阶级性质的革命呢？至于发动这场革命的领导人孙中山、黄兴等是否资本家出身，并不重要。事实上，17世纪英国的资产阶级革命、18世纪北美独立战争和法国的资产阶级革命、1917年2月俄国的资产阶级革命，出面领导革命的人都未必是资本家出身。领导英国革命并把英国国王送上断头台的克伦威尔，出身于中等贵族家庭，本人是议员；北美独立战争的领导人华盛顿是种植园主；法国大革命的领导人罗伯斯庇尔是律师出身；俄国二月革命的领导人克伦斯基也是律师。但是，这些不是资本家出身的革命领导人，他们的理想，他们的奋斗目标、纲领，他们所建国家的政治、经济取向都是服务于资本主义的发展方向的，都是为资本家阶级的根本利益服务的。同盟会纲领"驱除鞑虏，恢复中华，建立民国，平均地权"，以及随后所阐述的"三民主义"不都是说明了这种政治经济取向吗？说到中国没有资产阶级，只有大贫、小贫，这不是对中国国情的正确认识。自洋务运动从军事工业转向民用工业以后，一部分握有资金的人，以及一部分买办，正在向民族资产阶级的方向转变。甲午战争以后尤其是1901年实行新政以后，民族资产阶级的力量已经形成。上海、汉口、天津、广州大体上已形成当时中国的工业基地。中国当然不像欧洲那样有大资产阶级，但资产阶级已经形成了也是事实。这有当时现代机器工业的统计资料可以证明。罗列这些资料是枯燥的，我只想指出，1905年上海总商会发动的抵制美货运动，就是显示力量的表示。清末三次立宪请愿运动多由上海、江苏一带发动，也是民族资产阶级力量的显示。应当指出，清末的民族资产阶级是在封建统治和帝国主义侵略之夹缝间生长的，它惧怕这二者，又不能不依靠这二者，它与这二者有着千丝万缕的联系。从它们的根本利益来说，它们应当欢迎辛亥革命，从它们的眼前利益来说，它们不一定欢迎革命派用武装斗争形式发动的、以推翻清朝君主专制统治为目的的革命。但是，不能因此得出结论：辛亥革命不代表它们的利益。

有一位台湾学者评论大陆学者《孙中山思想研究》一书，极力抨击所谓"中共统治下的八股式著作",谓:"就共党教条而言,资产阶级是人民的敌人必须打倒、消灭,而作者把兴中会称为'最早的中国资产阶级革命民主派的小团体',因此,凡国父所领导的国民革命组织,都称为'资产阶级革命民主派'。兴中会誓词中有'创立合众政府'之语,因而说'首次出现了资产阶级共和国方案'。《民权初步》是会议规范,应该是中性的了,但本书称之为'资产阶级民主制度有关会议的细则'。……既然'资产阶级'是人民的'敌人',必须打倒消灭,则'敌人'的'团体'、'方案'、'细则'当然都是必须消灭的了。"还说,"资本主义既然必须埋葬的,当然是坏的了"。该评论者认为这是有意以"用语选择"来误导、贬低读者对"国父"思想之认识。① 这样的见解,在台湾学者的评论中多见。这是误会,是对大陆学者、对马克思主义唯物史观一种想当然的、不求甚解的误解。其实他们完全不了解,唯物史观、共产主义者对资本主义、资产阶级在人类社会发展史上所做出的历史性贡献做出过高度的评价,过去是这样,现在也是这样。这只要稍微读一读1847年马克思、恩格斯所写的《共产党宣言》就可以知道了。那本书说:"现代资产阶级本身是一个长期发展过程的产物,是生产方式和交换方式的一系列变革的产物。……资产阶级在历史上曾经起过非常革命的作用。……资产阶级在它的不到一百年的阶级统治中所创造的生产力,比过去一切世代创造的全部生产力还要多,还要大。"② 在这方面,我们不必做过多的征引。只要看看,1949年中华人民共和国成立以后,党和国家在多种政治性的纪念场合,大规模地、大张旗鼓地纪念辛亥革命、纪念孙中山就够了;在"文化大革命"中严厉批判所谓资产阶级的时候,也没有忘记召开大会来纪念孙中山。在天安门广场,在庆祝国庆节的时候,总有孙中山的巨幅画像竖立正中,甚至在80年代中期以后不再竖立马、恩、列、斯画像时,孙中山的画像仍安然不动。所有涉及辛亥革命、孙中山的出版物,都对辛亥革命和孙中山表示了必要的尊重。中小学的历史教科书都要正面讲述辛亥革命和孙中山的历史作用。在台湾科研机构和大专院校的三民主义研究所都已改换名称并且不大讲三民主义的时候,大陆的学者们却在为研究孙中山

---

① 《朱坚章评:张磊著〈孙中山思想研究〉》,台北"国史馆"编印《中国现代史书评选辑》(二),1994,第25—26页。
② 参见《马克思恩格斯选集》第1卷,人民出版社,1972,第228—286页。

和孙中山的学说召开一系列讨论会，撰写了大量的论文和著作。辛亥革命和孙中山，是中国大陆妇孺皆知的历史事件和人物。这些都是假的吗？都是统战手段吗？世界上恐怕没有哪个国家和地区像这样认真地宣传辛亥革命和孙中山的了。这样做，不是摆样子的，不是言不由衷的，不仅仅是为了统战，更是出于一种信仰，即出于尊重唯物史观、尊重历史发展规律这样一种真实的信仰。在我们看来，孙中山及革命党人发动和领导的辛亥革命，推翻了封建专制统治，建立中华民国，并且探索了有中国特色的资本主义发展道路，是对中国历史的重大贡献。从此，民主共和深入人心，以致袁世凯想做皇帝、张勋闹复辟，都不过如儿戏一样破产了。当我们说辛亥革命是伟大的革命，孙中山是伟大的革命先行者，孙中山及其同志们是资产阶级革命民主派，他们提出了资产阶级共和国方案，他们要推行资产阶级民主制度，他们要在中国发展资本主义，等等，都是对他们的正面肯定，是对他们的颂扬，丝毫不存在贬抑的评价，不存在误导读者的任何意向。

我在这里要说明，上面的说法，并不表明对资产阶级的评价永远没有变化。从历史发展规律来看，在全世界，资本主义是世界历史发展中一个十分重要的阶段，但它不可能永远处于黄金时代。像它曾经替代过封建制度一样，它也将会被一个更新的社会制度——社会主义所替代。这是对资本主义经济发展、资本主义内部矛盾做了周密分析和论证后得出的结论。我们认为这就是历史发展规律，它是不以人们的主观意志为转移的。当资本主义内部矛盾已经充分暴露并且不可克服的时候，当无产阶级已经登上政治舞台的时候，当资产阶级和无产阶级争夺领导权而又不肯退出历史舞台的时候，对于无产阶级开辟的更新的事业来说，这时候的资产阶级就是反动的了。我们说资产阶级、资本主义是要被埋葬的，是在这个意义上说的。这时候资产阶级和无产阶级的斗争，就是现实的政治斗争，而不是讨论历史问题的时候了。在中国，当抗战胜利以后，中国出现走什么道路的时候，中国国民党坚持一党专政，连联合政府的设计都不能接受，而要在中国实行资产阶级专政；中国共产党人提出了通过新民主主义逐步走向社会主义的方案，在政治上提出建立联合政府以走向新中国的方案而被国民党拒绝。这时候，争夺中国未来走向的斗争白热化，不得不用大规模的国内战争来解决问题。这时，中国共产党人对大资产阶级在政治上、经济上、思想文化上都采取了严厉的批判态度，但是对于中小资产阶级（即民族资产阶级及其政治代表）则采取了团结态度，并不是对所有的资产阶级都一棍子打死。

两岸学者关于孙中山学说的研究，这里还可以举出一些分歧。有的台湾学者说："中山先生从来没有说过他的主义和思想受到中国共产党的影响。而且三民主义和共产主义及共产制度均不相容，所以他在民国十三年民生主义演讲中严正地批评了马克思的历史唯物论、阶级斗争说和剩余价值说；他和苏俄代表越飞在民国十二年发表的联合宣言中郑重声明'共产组织，甚至苏维埃制度，事实上均不能引用于中国'。因而中山先生民国十三年的三民主义理论没有采用共产主义的理论。"① 这里有一些似是而非的评论。《孙文越飞宣言》皇皇在册，确有如上所引言论，谁也否认不了。广州三民主义演说中确有批评历史唯物论、阶级斗争说和剩余价值说的言论，可见各种版本的《孙中山全集》和单行本，谁也忘不了。但是，三民主义演说中也确有许多称颂马克思和马克思学说的言论，称颂社会主义、共产主义学说的言论，这也是皇皇在册的。三民主义演说以外称颂马克思及其学说的话姑且不计，仅就三民主义演说来看，即俯拾即是。比如说"现在研究社会问题的人，也没有那一个不是崇拜马克思做社会主义中的圣人"，②"马克思所著的书和所发明的学说，可说是集几千年人类思想的大成"，③ 类似的言论比比皆是。至于三民主义和共产主义、共产制度均不相容的话，孙中山从来没有说过，而且在1924年就对这种说法提出了批评。他说："此刻讲社会主义，极时髦的人是赞成马克思的办法。所以一讲到社会问题，多数的青年便赞成共产党，要拿马克思主义在中国来实行。到底赞成马克思主义的那般青年志士，用心是什么呢？他们的用心是很好的。……所以他们便极力组织共产党，在中国来活动。我们国民党的旧同志，现在对共产党生出许多误会，以为国民党提倡三民主义是与共产主义不相容的。"④ 并且明确指出："共产主义是民生的理想，民生主义是共产的实行；所

---

① 参见《马起华评：尚明轩著〈孙中山传〉》，《中国现代史书评选辑》（一），第21页。
② 《民生主义，第一讲》，《孙中山全集》第9卷，第360页。
③ 《民生主义，第一讲》，《孙中山全集》第9卷，第362页。
④ 《民生主义，第二讲》，《孙中山全集》第9卷，第384页。

以两种主义没有什么分别，要分别的还是在方法。"① 又说："民生主义就是共产主义，就是社会主义。所以我们对共产主义，不但不能说是和民生主义相冲突，并且是一个好朋友，主张民生主义的人应该要细心去研究的。"② "三民主义之中的民生主义，大目的就是要众人能够共产。"③ "人民对于国家不只是共产，一切事权都要共的。这才是真正的民生主义。"④ 对于马克思主义，孙中山总的态度是，在中国当时的国情下，"师马克思之意则可，用马克思之法则不可"。⑤ 我想，这句话原则上适用于今天。我们今天建设有中国特色的社会主义，不也是师马克思之意，而不用马克思之法吗？

张玉法教授有一个观点。他认为"民生主义本是社会主义的一种，在精神和内涵上，绝对是反资本主义的"。⑥ 这个意见在别的地方也讲过。在台湾，这种见解可能不多见。不过我不大同意。孙中山确实有大量反资本主义的言论，有的还很激烈。孙中山说过，"国人往往误解民生主义真谛"，⑦ 不了解民生主义为何物，"故盲然为无谓之反对耳"。⑧ 误解什么？孙中山以为，人们误解他提倡民生主义－社会主义，是要"反对资本家"，是要"均贫富"，⑨ 是要"劫富济贫，扰乱社会秩序"。⑩ 他说："现在留心世道的人，多说中国目下没有资本家，用不着讲社会主义，或又说待有资本家产生，再讲社会主义。"⑪ 因之，对孙中山的民生主义－社会主义主张，颇有反对之意。所以孙中山一再解释，民生主义并不是要反对资本、反对资本家，只是要反对少数人对社会财富的垄断，防止资本家垄断所产生的社会流弊。这种社会流弊主要表现在富可敌国，穷无立锥，造成资产阶级与无产阶级之间阶级战争的

---

① 《民生主义，第二讲》，《孙中山全集》第 2 卷，第 381 页。
② 《民生主义，第二讲》，《孙中山全集》第 2 卷，第 386 页。
③ 《民生主义，第二讲》，《孙中山全集》第 2 卷，第 389 页。
④ 《民生主义，第二讲》，《孙中山全集》第 2 卷，第 394 页。
⑤ 《民生主义，第二讲》，《孙中山全集》第 2 卷，第 392 页。
⑥ 《中国现代史书评选辑》（一），第 158 页。
⑦ 《在中国国民党本部特设驻粤办事处的演说》，《孙中山全集》第 5 卷，第 476 页。
⑧ 《在上海南京路同盟会机关的演说》，《孙中山全集》第 2 卷，第 338 页。
⑨ 《孙中山全集》第 2 卷，第 340 页。
⑩ 《在国民党成立大会上的演说》，《孙中山全集》第 2 卷，第 408 页。
⑪ 《在中国国民党本部特设驻粤办事处的演说》，《孙中山全集》第 5 卷，第 476—477 页。

社会痛苦。由于民生主义学说中蕴含有若干与社会主义相近的设想，民生主义往往被评价为社会主义。有人说，孙中山"是在帝国主义时代，接受和提出了避免西方资本主义道路的社会主义"。[1] 有人说，"民生主义是一种社会主义，也是均贫富的主义"，[2] "民生主义是介于社会主义与资本主义之间的主义"，"它可以显现社会主义的特性，也可以显现资本主义的特性"。[3] 还有人说，"最大限度地发展国家资本主义"[4] 才是孙中山社会主义经济思想的实质。有人主张民生主义是资本主义的。[5] 还有人认为，民生主义所主张的国有社会主义，是"将资本主义生产与社会主义分配相结合"。[6]

我认为，孙中山的这种民生主义-社会主义主张，不是马克思主义学说中经过社会主义革命的社会主义，可以姑且称之为民生社会主义。这种民生社会主义，实际上是孙中山设计的一种有中国特色的资本主义发展模式。这种模式的特点，一是以国家资本为社会的主要经济构成，不允许大资本垄断社会经济现象的存在；二是以中产阶级为支撑社会发展的阶级基础，社会发展目标由代表中产阶级利益的政治代表所掌握；三是融入了社会主义的分配办法，力求全社会和平协调发展，全民都得到富裕，防患社会革命于未然；四是在政治方向和社会发展目标上，公开声称与马克思主义的社会主义、共产主义理想不相冲突，而且是好朋友。[7]

孙中山强调中国只有大贫和小贫，意在模糊中国社会的阶级差异。他没有深刻认识中国农民对土地的渴望，没有体察到农民和地主阶级之间阶级斗争的存在。他虽以"洪秀全第二"自居，却没有认识到太平天

---

[1] 李泽厚：《论孙中山的"民生主义"思想》，转引自金冲及主编《孙中山研究论文集（1949—1984）》下册，四川人民出版社，1986，第799页。
[2] 张玉法：《孙中山与近代中国革命运动》，《历史讲演集》，台北：东大图书公司，1991，第189页。
[3] 张玉法：《转型的时代：三十年来的台湾》，《历史讲演集》，第442页。
[4] 杨天石：《孙中山和中国革命的前途》，见孙中山研究会编《孙中山和他的时代》上册，中华书局，1989，第121页。
[5] 陈独秀的意见，参见杨玉清《解放前孙中山三民主义思想研究浅略述评》，孙中山研究学会编《回顾与展望——国内外孙中山研究述评》，中华书局，1986，第223页。
[6] 山本幸夫的意见，参见狭间直树《民生主义研究在日本》，《回顾与展望——国内外孙中山研究述评》，第200页。
[7] 張海鵬「孫中山『民生主義』の真義についての試論」『孫文研究』第21期、1997年1月。

国起义正是19世纪50年代农民和地主阶级斗争激化的表现。尤其是19世纪70年代以来,中国社会里资本主义生产关系正在成长,民族资产阶级(孙中山所企望的中产阶级)的经济势力到19世纪末20世纪初已经在中国社会的经济、政治生活中有相当影响,官办企业也有了可观的发展,外国资本主义的独资企业已经控制了中国经济的走向。这些资本主义的生产、金融、交通企业对中国传统社会的冲击力是很大的。现代工业企业中的劳资关系已经存在。[①] 对这些估计不足,而设计民生社会主义的美丽图景,颇有些单向度思考的意味。试想,在中国的现实情况下,土地公有、资本公有能否实现?实现以后能否防止垄断性的大资本家产生?如何保证社会全体成员公平分配、人人幸福?是否能避免劳资间阶级斗争的产生?怎么能做到工人和资本家不发生冲突,农民得益,地主不受损失?这都是些未可肯定答复的问题。孙中山以为阶级斗争是社会发展的病态,是可以人为地加以医治的。殊不知阶级斗争是社会经济发展过程中,由于阶级利益差异之驱使必然产生的客观存在,人们不可主观上想象去消灭它的。阶级斗争有时激化,有时缓和,在根本的阶级利益差异消失前是不可消灭的。有远见的政治家、政党可以引导社会阶级斗争的发展方向,却不可能像外科医生一样,把阶级斗争这个毒瘤从社会病体上割去。按照马克思主义的观点,在资本主义发展到一定阶段时,社会主义革命的到来不可避免。设想避免阶级斗争,避免社会革命,政治革命与社会革命毕其功于一役,做一劳永逸之计,是主观的、空想的、幼稚的。虽然,对于孙中山的毕生奋斗来说,这是一种很崇高的理想,但是,作为观察孙中山提出民生主义以来中国社会发展的历史研究者来说,对孙中山设计民生主义蓝图的不足之处,不能不指出来。

说到这里,有关三民主义的"新"与"旧"以及所谓"三大政策"问题,恐怕要加以讨论。台湾学者对把三民主义区分为"新"与"旧"很反感,认为三民主义的形成虽然有一个过程,但本质上是一致的,无所谓"新"与"旧",也没有一个重新解释的问题,对所谓"三大政

---

① 1924年5月1日,孙中山在广州市工人代表会上,说本国的资本家还没有压迫工人的能力,这显然是曲解,但他又说,中国工人反想种种办法来压迫本国资本家,中国工人常常和本国资本家发生交涉,中国工人是驾乎本国资本家之上。从这种曲解中,我们看到孙中山实际上承认劳资矛盾的现实状况。参见《孙中山全集》第10卷,第1页。

策",更是不屑一顾。这个问题,需要从历史事实出发,需要尊重历史。其实,国民党"一大"宣言,在阐述了三民主义的具体内容后,明确指出:"国民党的三民主义,其真释具如此。"所谓真释,乃真正的释义之谓。孙中山在"一大"闭幕式上致辞,也说:"我们这次在广州开会,是重新来研究国家的现状,重新来解释三民主义,重新来改组国民党的全体。"① 重新来解释三民主义,这可是孙中山本人的原话。重新解释以后的三民主义就是新三民主义,此前的三民主义是旧三民主义。从唯物史观的角度看,旧三民主义是为辛亥革命的胜利而奋斗的三民主义,辛亥革命是资产阶级民主主义的革命。新三民主义由于与中国共产主义的最低纲领大体相吻合,它有可能通过新民主主义逐步走向社会主义,这是中国共产党人肯定它为新的地方。

至于"三大政策",即"联俄、联共、扶助农工",是台湾学者常常口诛笔伐之处。其实这也不难解释。有一点台湾学者是对的,那就是,所谓"三大政策",在国民党"一大"宣言的文本中,在孙中山已经发表的可以查证的文字中,是看不到的。据有关学者的研究,尤其是据日本学者狭间直树教授的研究,所谓"三大政策"的文字,最早出现在1926年10月3日出版的黄埔同学会的机关刊物《黄埔潮》第11期上。这一期上有三篇文章引人注意。吴善珍题为《我们对总理的联俄联共政策怀疑吗?》一文写道:"自总理决定'联俄''联共''农工'三大政策以后,党内的新旧右派……完全以反对此三大政策为骨干……但是黄埔学生有始终拥护此三大政策的精神,并且以之作评判革命反革命的根据。"余洒度的文章提出:"确遵总理对革命的三大政策。A. 联俄,B. 联共,C. 拥护农工利益。"游步瀛在署为1926年8月20日的文章中认为必须接受"孙文主义和孙中山先生所手定的'联俄''联共''农工'三政策"。此人在以后各期发表的文章中还分别提到"'农工''联俄''联共'三个伟大政策"和"孙总理手订的'联俄''联共''农工'三政策"。据研究,"总理的联俄联共政策"作为口号,在黄埔同学中间,最晚到1926年9月已被公开使用。②

我们知道,黄埔同学会是黄埔军校的学生社团组织,成立于1926年

---

① 《中国国民党全国代表大会闭幕词》,《孙中山全集》第9卷,第179页。
② 参见狭间直树《"三大政策"与黄埔军校》,《历史研究》1988年第2期。本文所引有关"三大政策"资料,均源自该文,下引不再注明。

6月。此前,蒋介石已经在国民党内通过了"党务整理案",正试图在黄埔军校内限制和排挤共产党员的活动。他以黄埔军校校长的身份命令解散军校内中国青年军人联合会(多有共产党员参加的左派组织)和孙文主义学会(国民党右派的组织)诸社团,正式成立全体学生参加的学生社团黄埔同学会。该会规定"一切会务均听命于会长","绝对服从校长领导"。该会设秘书处,秘书处下设总务、组织、宣传三科,另设监察委员会。这五个部门干部的任免权均来自会长。宣传科下设编辑股,黄埔同学会的机关刊《黄埔潮》由编辑股负责刊行。据说,宣传科、编辑股的人员以及在《黄埔潮》发表文章的上引三位,大多为共产党员。"三大政策"即"联俄、联共、扶助农工"的文字,不在于是否由共产党员先提出,而在于这是由当时黄埔军校的实际政治生活决定的,是由当时国民党内的政治生活决定的,是由当时国共两党关系决定的。蒋介石为了顺利取得在国民党内的绝对统治地位,不能马上脱离孙中山生前的决定和思想。蒋介石不仅容允了《黄埔潮》上发表的文章(如果他不能同意或者不能容允,以他在黄埔军校的绝对统治地位,他可以立即进行干预),而且,他与政治委员会主席谭延闿也多次提到"先总理的两大政策""联俄和容纳共党份子"。蒋介石在1926年5月国民党二中全会闭幕演讲中说过,党务整理案有许多"与先总理在日主张不同的地方",但"先总理的两大政策——联俄和容纳共党份子"是绝不改变的。他还说过,"共产党主张阶级斗争,国民党也不必反对他"。① 黄埔军校学生军事演习中出现"总理的联俄联共政策"的标语牌。黄埔同学会的对外宣言还提到,农工运动和黄埔军校是总理的"两大遗产"。8月25日,蒋介石在长沙发表演说时也提出"应联络共产党与苏俄共同奋斗"。两大政策加上农工运动,不就是三大政策吗?问题是,所谓"三大政策"的文字虽然不见于孙中山的言论,但是,它并不违背,或者说它是更准确地概括了孙中山的思想,概括了国民党"一大"宣言的思想,也准确地概括了孙中山去世后国共两党合作共事的基本趋势,也符合蒋介石本人当时的思想。从这个角度看,"三大政策"有什么不妥的地方呢?

关于抗日战争的研究,两岸学者也有颇多认识不一致的地方。限于

---

① 《蒋校长演讲集》,存萃学社编《蒋总统言论汇编》外录第2集,台北:大东图书公司,1978,第84页。

篇幅，这里只讲一个问题，即抗日战争的领导权问题。抗日战争的领导权问题，看上去是个简单的问题，实际上是一个很复杂的问题。台湾学者一般认为抗日战争的领导权是国民党的，大陆学者此前一般认为是共产党的，现在有了变化，有人认为是共产党的，有人认为是国民党和共产党共同的，也有人主张是国民党的。1996年刘大年出版了《抗日战争时代》一书，那是他近年有关抗日战争论文的结集。这本书就这个问题以及其他涉及抗日战争的若干理论问题做了许多有见地的分析。1997年刘大年主编的《中国复兴的枢纽——抗日战争的八年》出版，依据上述分析铺展了抗战期间的基本史实。说抗日战争的领导权是国民党的，自然有其道理，因为国民党政府掌握着国家的政权，如果国民党政府不出面抗战，这个抗战是打不下去的，或者国民党政府半路放弃抗战，这个抗战也是难以坚持下去的。但是在军事上，国民党政府只能领导正面战场，领导不了敌后战场。正面战场在前期战绩可观，鼓舞人心，但武汉会战后，正面战场人心涣散，打了许多败仗，损失了大半国土。敌后战场一开始进入战场，即英勇杀敌，越来越扩大战场，吸引、抗击的敌人逐渐超过了正面战场，以1944年为例，敌后战场抗击、牵制在华日军56万人的64.5%，正面战场抗击35.5%。把日伪军加在一起，敌后战场抗击敌军总数134万人的80%。蒋介石、国民党由此人心大失，大后方民主运动兴起，一直延续到战后。[1] 此外，蒋介石、国民党政府的抗战决心并不是始终一贯的，是有动摇的，这种动摇便体现着抗战领导权的动摇。说共产党享有抗战的领导权，也是有道理和根据的。共产党领导着广阔的敌后战场，抗击着越来越多的敌人，支撑着抗战的大局。抗战结束，中国共产党已发展成为有120多万名党员的大党，抗日根据地面积约100万平方公里，人口近1亿，八路军、新四军发展到120多万人，另有民兵220万人。[2] 这不是在抗战中发展壮大的，是在抗战中抗出来的。试设想，如果没有共产党领导的敌后战场，正面

---

[1] 参见刘大年《抗日战争时代》，中央文献出版社，1996，第41页。
[2] 参见胡绳主编《中国共产党的七十年》，中共党史出版社，1991，第210页。另据中共中央1945年9月的统计，至9月初军队已达到127万人，民兵达到268万人，占有地区已扩大到104.8万平方公里，人口扩大到1.255亿人，并已建立行署23个，专署90个，县（市）政权590个，占据县城285座。参见杨奎松著《失去的机会？——战时国共谈判实录》，广西师范大学出版社，1992，第215页。

战场如何能够支持到最后？正面战场、敌后战场共同担负着中国抗战的重任，两大战场在战略上互相配合、互相支持，把抗战从最艰苦的岁月坚持到最后胜利，少了哪一个战场都是不行的。从历史的角度看，这是中国抗战中最大的特点和优点，这是第二次世界大战中参战各国所特有的现象。在这方面，少了共产党的领导，这个结局是不可能出现的。

不仅如此。在民族敌人深入国土、国家面临危亡的时刻，共产党放弃了十年内战时期与国民党结下的血海深仇，起而倡导抗日民族统一战线，变"反蒋抗日"和"逼蒋抗日"为"拥蒋抗日"，不仅缓和了国内的阶级关系和国共关系，也赢得了国内各政治势力的支持，为抗战时期两个战场的形成打下了良好的政治基础。由于共产党的存在、敌后战场的存在、抗日民族统一战线的存在，蒋介石和国民政府在抗战困境中产生的妥协、动摇、投降心理得到抑制，抗战得以进行到最后。这也是一种不可忽视的领导作用。

抗日战争是一场民族战争，是从日本帝国主义手下解放中国的民族解放战争，是阶级矛盾从属于民族矛盾情形下的战争。这个特点规定了国共两党共同担负抗日领导权的历史使命，规定了国民党虽然在抗战中始终没有放弃反共，但也不能放弃抗日旗帜这一历史特点。这是我对抗战中中国政治基本特点的认识。

以上是我对近代中国历史发展规律的认识和若干史实的解说，平常虽也有一些考虑，但如果没有台北《历史月刊》的约稿，我大约不会想到写这一篇文章。不过，这仅是个人的一孔之见，不足为凭，谨请《历史月刊》的读者批评指正。

1998年1月3日完稿于北京东厂胡同一号

建国 50 年间中国近代史基本问题的讨论与研究课题概述[*]

中华人民共和国建国 50 周年的大规模纪念活动,刚刚过去几天。在这样的环境里,我作为从事中国近代史研究的一个中国学者,有机会应邀到著名的关西大学来演讲,讲题正好是介绍中国近代史研究的状况,是很有意义的。我首先感谢关西大学石田浩教授的周到安排,感谢我的老朋友关西大学文学部的松浦章教授,他明天就要到中国去访问,今天还要来出席这场演讲。

从历史发展的顺序来说,中国近现代的历史是后起的,当然,关于中国近现代史的研究也是后起的。它的开始出现,从严格意义上来说,大约不到一个世纪。1949 年以前,为国民党政权和国民党统治服务的中国近代史研究是主流意识形态,清华大学教授蒋廷黻的《中国近代史》是代表作。少数共产党员和非党的马克思主义者从服务、推进中国人民革命事业的需要出发,以马克思主义为指导,观察、研究中国近代史,在那时的时代条件下,这样的观察和研究对于挑战那时的主流意识形态起了很重要的作用。原北京师范大学教授范文澜在延安写作的《中国近代史》上册、中国共产党年轻的宣传工作者胡绳在香港写作并出版的《帝国主义与中国政治》属于这方面的代表作。

1949 年中华人民共和国的成立,是中国近代史上最重要的政治事件,也是中国历史上最重要的事件之一。中国共产党成了执政党,人民民主专政的国家政权创造了中国历史上新的国家形式。对于中国历史的

---

[*] 1999 年 10 月 4 日演讲于日本大阪关西大学经济研究会,经济学部教授石田浩主持。载于东京野泽丰教授主编的『近きに在りて』(《近邻》)第 36 期,1999 年 12 月。收入张海鹏《东厂论史录——中国近代史研究的评论与思考》,广东人民出版社,2005。

这一巨大变化，中国人民中的大多数感到欢欣鼓舞，他们以空前的热情，投入建设新中国的历史潮流中去。中国学术界要讴歌这一巨大历史进步，要探索这一历史进步之所由来。中国近代史学科在新中国的学术园地里，空前地发展、成长起来。较之1949年以前，中国近代史研究有了很大前进，无论是研究机构、研究队伍、研究成果，以及研究的深度和广度，都有了较大的发展。下面，我从几个方面做一个简要的介绍。

一 专门研究机构的建立和大规模研究人才的成长

1950年从解放区进入北京的华北大学历史研究室改建为中国科学院近代史研究所，成为新组建的中国科学院最早建立的研究所之一，由著名的历史学家范文澜出任所长。一批具有一定素养的历史学者、年轻的研究生汇集到近代史研究所。这是新中国建立以后最早设置的历史学专业研究机构。它为中国近代史学科的建立奠定了基础。接着各综合大学和师范院校的历史系开设中国近代史课程，设立中国近代史和中国现代史教研室，一批批中国近代史的研究和教学人才从中培养出来。以上两项加在一起，在全国各地形成了一支研究中国近代史的基本力量。

1977年中国社会科学院成立后，近代史研究所的研究力量得到了充实，研究机构重新调整，所内分别成立了政治史、经济史、文化史、中外关系史、中华民国史、革命史各研究室，几乎囊括了中国近代史的各个主要方面。研究条件也相应得到了改善。中国社会科学院所属文、史、哲、经方面的研究所，都有涉及中国近代史或其分支学科的机构和研究人员。各省、市社会科学院相继设立了历史研究所，绝大多数省市属历史研究所内都有近代史研究室或与近代史有关的专题、分支学科的研究室。综合大学和师范院校原有的近代史教研室也充实了力量，有些学校还设立了近代史有关专题或分支学科的研究所、研究室。一些工科大学也设置了中国近代史教研室，如著名的清华大学恢复了历史系，主要招收中国近代史的研究生。为了培养近代史研究和教学的后继人才，各研究机构和大学招收的中国近代史研究生与日俱增。发表科研成果的园地也增多了。为适应近代史研究的蓬勃发展，1979年近代史研究所创办了《近代史研究》杂志，作为研究者发表中国近代史研究成果的专门刊物。

在近代史研究机构增强力量的同时，涉及中国近代史有关学科的群众性学术团体——学会、研究会纷纷成立。中国史学会恢复了活动。除了专业性较强的专门性研究会外，还成立了若干全国性的综合性学会，如中国现代史学会、中国中共党史学会、中国抗日战争史学会、孙中山研究会和中国经济史研究会等。这些学术性团体，对促进各地近代史学者间学术交流、提高学术研究水平起到了良好作用。

1979年以后，中国近代史领域的学术会议频繁举行，全国性的和国际性的学术讨论会，对于交流学术成果、提高中国近代史研究的学术水准起到了很好的作用。

二 关于中国近代史分期

所谓中国近代史的分期，是要确定中国近代史开始于哪一年，结束于哪一年，以及在这个时期里再划分若干小的时期，以便从总体上指导近代史的研究，并且为中国近代史教科书的编写提供一个参考意见。1954年在《历史研究》创刊号上，胡绳发表了《中国近代历史的分期问题》一文，引起了近代史学者的强烈关注和热烈讨论。1957年，《历史研究》编辑部汇集了三年来的学者讨论文章予以出版。参加这次讨论的多数学者把中国近代史的时限划在1840—1919年，即开始于鸦片战争，终止于五四运动。也有一些学者主张按照马克思主义的五种社会形态说，中国的半殖民地半封建社会作为一个过渡性的社会，相当于西方资本主义的历史阶段，应当把中国进入半殖民地半封建社会时期（通常所说旧民主主义革命加新民主主义革命的整个时期）看作中国的近代史时期，近代史的下限应当定在1949年9月。但在实际上，在70年代末以前，中国学者对中国近代史的研究，主要集中在1919年前的八十年间，对1919年后三十年的历史研究，则薄弱得多。大多数研究者仍然把1919年以后的历史当作中国现代史。80年代初成立全国性的学术团体中国现代史学会，参加学会的学者大多同意1919年以后的中国历史是中国现代史。

80年代末期以来，陆续有学者发表文章，认为把1919年定为中国近代史的终点和中国现代史的起点是不合适的。1997年9月，张海鹏在北京师范大学发表关于中国近代史分期问题的演讲，随后在1998年第2期《近代史研究》杂志上发表《关于中国近代史的分期及其"沉沦"与"上升"诸问题》的论文，强烈呼吁应该把1840—1949年的中国历史打通来研究，应该把1840—1949年的历史定义为中国近代史，把1949年10月中华人民共和国成立以后的历史定义为中国现代史，并且提出了如何看待1840—1949年中国近代史的历史进程的问题。这篇文章不仅引起了中国学术界朋友们的注意，也引起了日本学者的注意。野泽丰教授在1998年11月的《近邻》总第34期和1999年6月的《近邻》总第35期上连续发表《围绕中国共和史》的卷头语，对张海鹏的文章进行了呼应和评论。郭沫若主编、近代史研究所副所长刘大年负责编写的《中国史稿》第四册（1962年版）和北京大学教授翦伯赞主编的《中国史纲要》第四册（1964年版）、胡绳著的《从鸦片战争到五四运动》（1981年版）以及近代史研究所所长刘大年主编的《中国近代史稿》（1984年版），代表了前期讨论中国近代史分期的成果。张海鹏主编的《中国近代史》（1999年版）代表了近期讨论中国近代史分期的成果。

三　关于中国近代史基本线索和近代中国社会性质的讨论

中国近代史基本线索的讨论也是从1954年胡绳关于中国近代史分期问题的文章开始的。中国近代史的分期是个具体问题，关键是如何认识中国近代史的基本线索。这就涉及一系列理论问题，它们是：如何运用马克思主义和毛泽东思想指导近代史研究，如何对待近代史研究中的旧史学观点，如何确立中国近代史的总体系，如何评价近代各阶级的历史地位和作用，如何认识近代中国发展的主要脉络，等等。胡绳提出了基本上用阶级斗争的表现来做划分时期的标志和三次革命高潮的概念。参加讨论的学者从不同角度探讨了中国近代史的主要内容，涉及对历史唯物主义的不同理解和运用，提出了关于历史分期的不同主张，但对于胡绳的意见，与议者多数表示了赞同，并无根本的分歧。

80年代中期以后，中国近代史发展的基本线索和洋务运动性质的争论，再次开展起来，而且是前些年争论最激烈、持续久、牵涉面宽而分歧明显的两个问题。关于近代史的基本线索，一派意见（以汕头大学教授李时岳和山东师范大学教授胡滨为代表）把农民战争、洋务运动、维新运动和资产阶级革命作为近代中国的进步潮流，是中国近代史的基本线索，其根据是：向西方学习、发展资本主义是中国近代史前期争取独立和谋求进步的根本道路。另一派（以胡绳为代表，刘大年、张海鹏、苑书义等持这种观点）不同意按照洋务运动—戊戌维新—辛亥革命的线索来论述这个时期的历史进步潮流，认为这三者之间在政治上并无必然的继承关系，其性质是大不相同的。考虑中国近代史的发展线索，应制约于中国是半殖民地半封建社会及中国人民反帝反封建这一中心任务，因而认为毛泽东所说的，帝国主义和中国封建主义相结合，把中国变为半殖民地和殖民地的过程，也就是中国人民反抗帝国主义及其走狗的过程，正确地概括了中国近代史的基本线索，简约一点，也可概括为太平天国—戊戌变法、义和团—辛亥革命的公式。这一派并不否认中国近代史上发展资本主义的重要性，但认为只有人民大众反帝反封建的民主革命，才是中国争取民族独立和谋求人民解放的正确道路，这个革命不胜利，资本主义成为中国人民的生产力是不可能的。第三派（以华中师范大学教授章开沅为代表）从民族运动的角度来阐明中国近代史的基本线索，对上两派的观点都有所批评，但又认为毛泽东所说的"两个过程"是客观存在的历史实际，是中国近代史全过程的主干，应被理解为中国近代史的基本线索。由此可见，第三派的观点与第二派是基本相合的。

近代中国社会是半殖民地半封建社会，这是我们研究中国近代史时，对近代中国社会性质的基本观察。或者说，正确认识近代中国社会的性质是研究中国近代史的出发点。中国新民主主义革命的战略任务的提出和实现，就是建立在对近代中国社会性质的基本分析之上的。

关于中国的社会性质，早在20世纪20—30年代，中国的思想理论界就进行过热烈的讨论和争论，一些用马克思主义观点观察中国历史和现实的学者和进步人士，论证了近代中国是半殖民地半封建社会的观点。中国共产党人接受了这样的观点,中共中央在自己的文件中正式提出完整的半殖民地半封建概念是在1929年2月(《近代史研究》1996年第4期陈金龙文),那是在中共六大以后。中国共产党人在马克思列宁主义指导下,对中国社会性质和革命性质问题进行了严肃思考和理论创造。1939年底和1940年初,毛泽东连续发表《中国革命和中国共产党》《新民主主义论》等指导性论著,系统地、科学地、正确地解决了中国社会性质问题。从此以后,中国共产党的理论工作者,以及在中国革命成功的推动下愿意接受马克思主义指导的史学工作者,在中国社会性质问题上,都认同了近代中国是半殖民地半封建社会的观点。

对这个认识,前些年有学者质疑。有的文章认为,帝国主义"破坏了中国的国家主权和领土完整,但没有也不可能改变中国的社会性质",因而辛亥革命之前的中国仍是封建社会,辛亥革命以后的中国是半封建或半资本主义社会(也有文章认为是资本主义社会),辛亥革命之前和之后,无论如何都不是半殖民地半封建社会,因此对半殖民地半封建社会"这个说法究竟是否恰当,似有必要重新加以研究"。广州《学术研究》1988年第6期开辟"中国近代社会性质讨论"专栏,发表该刊记者关于《中国近代社会性质的再认识》的报道,用的第一个标题就是"毛泽东'两半'论的权威面临挑战",认为"两半论"是"失误","延误了我们反封建历史任务的完成"。报道指出,广东社会科学院研究员李时岳对"两半论"提出了直接的驳难。质疑者认为应该否定"半殖民地半封建"这一理论概括,提出新的概括,以突破现存的近代史的框架,探索新的架构。质疑者说"要为设计新的近代史构架寻找理论基点"。但是迄今为止,还没有人为所谓新的近代史构架提出哪怕稍微新一点的设计说明。所以,我们还是不知道,他要设计的新的近代史构架是什么,支持这一构架的理论基点找到了没有。

四 关于中国近代史研究的若干课题

鸦片战争、太平天国、戊戌变法、义和团、辛亥革命、新文化运动和五四运动是以往研究的重点,有许多研究著作。缺点是,对统治阶级、地主阶级研究得不够,因此,呈现在人们面前的近代历史,就不是它的全貌。近些年对清末统治阶级、地主阶级的表现，北洋军阀的统治，已经展开了研究，并且取得了初步成绩。近些年对晚清新政的研究加强了，除了研究晚清新政本身的历史过程，还探讨了晚清新政不能成功的原因。这是学者们对近代史研究进行总体反思的自然结果。但是，投入的力量还不够多，取得的成绩还不够大，研究工作显得比较零乱，似乎没有确立起引人注目的中心议题，表明这方面的研究的确刚刚起步。

社会历史本来是多姿多彩、有血有肉的。以往的研究似乎抓住了骨头（即本质关系），给人的印象是不够丰满、缺少血肉。这些年学者们在弥补这种不足方面做出了努力，开拓出了近代社会史的新领域。除了反映社会本质的阶级关系的政治史、经济史、军事史等研究外，加强近代社会史研究是很有必要的。社会史中的有些方面可能与社会阶级关系有较密切关系，有的可能不那么密切（如社会习俗、语言变化等）。研究这些社会现象，对丰富人们的近代史知识、加深人们对社会本质的认识不无助益。南京大学历史系、山西大学历史系都聚集了近代社会史方面的研究人才，成立了社会史研究室。关于近代人口研究，关于近代社会底层（如会党、土匪等）研究，关于近代社会习俗研究，关于近代农村社会结构研究，等等，都有学者致力。中国社会科学院近代史研究所也聚集学者研究与近代社会史相关的课题，有关社会文化史、社会经济史、人口史都有著作出版。

近代史研究领域的扩大，20年来突出表现在中华民国史这一新的领域的开辟。一般认为，中华民国史起于1911年，止于1949年。在中华民国名义下活动过三个政府：南京临时政府、北京政府和南京国民政府。除辛亥革命史（包括南京临时政府时期）研究较有基础外，其余部分的研究都较薄弱。50年代的科学规划中，中华民国史研究虽被定为项目，却从未组织实施。自70年代初近代史研究所开始进行此项工作，成立民国史研究专门机构，随后南京等地也成立起相应的研究机构，中华民国史的研究才引人注目。目前，各地有不少研究人员特别是青年研究人员正在涌向这块有待开辟的园地。

作为中国近代史后半段的中华民国史，应是中国历史中一部断代史，单从政治史的角度看，它至少应包括中华民国历届政府的统治和人民群众反帝反封建的新民主主义革命两部分。目前的研究中，人们习惯于把后一部分划为中共党史或现代革命史，成为专门的研究领域，拥有众多的研究和教学人才。中华民国史的研究已全面展开，但重点尚在它的前期，近代史研究所民国史室编著的《中华民国史》已经出版了第一、第二编，国民政府时期的各卷，正在积极编撰中。与已有著作比较，此书结构宏富，叙述深入细致，资料发掘较深，是一部在国内外有着广泛影响的中华民国通史。此外，北洋军阀时期的历史、武汉国民政府历史、大革命史、抗日战争史、民国外交史、民国经济史等方面，都有专著。

革命史或中共党史研究的繁荣，也是这个时期中国近代史开拓新领域的突出表现之一。革命史与现实生活有着广泛的密切联系，中国社会主义革命和四化建设的巨大成就及其在前进中的挫折，引发了人们回顾中国革命史的热情。许多学者特别是青年学者都把注意力放到革命史领域中来，是很自然的。粗略观察，这方面的出版物（主要是资料，加上研究著作和论文）较之民国史和近代前80年史都要多。一般认为，五四运动是革命史的起点。五四运动的研究也较成熟。代表作可举出彭明的《五四运动史》。李新、陈铁健主编的《中国新民主主义革命史长编》，是一部历史长编性系列著作，全书有十多卷，已陆续出版。综合性的革命史著作有胡绳主编《中国共产党的七十年》、中共中央党史研究室主编《中国共产党历史》、中央党校党史教研室编著的《中国共产党史稿》以及北京大学教授萧超然、沙健孙主编的《中国革命史稿》。革命史方面的专门著作很多，不备列。一般说来，革命史研究著作还处在历史长编性阶段，从科学性要求，这个领域的研究还要进一步深化，提高其成熟度。从宏观的角度加强把握，从微观的角度加强综合分析研究。同时要强调，研究人员的眼光不能仅仅盯住革命史，要把110年的中国近代史作为一个整体来考虑。

近代经济史的研究这几年有可观的成绩，著作很多。近年来近代史研究所的华北农村经济研究颇受学者注意。

近代中外关系史研究是学界关注的重点。近代中国同英国、法国、俄国、德国、日本、美国、苏联等国家关系密切，中国学者在中美、中俄、中英、中日关系方面做过一些研究，但对中法、中德、中苏等关系缺乏系统而深刻的科学研究。近代史研究所在50年代、80年代出版了《帝国主义侵华史》第一、第二卷，70—80年代出版了《沙俄侵华史》

四卷，90年代出版了中美关系史和中日关系史的著作，颇受国内外学者重视。英国是近代中国对外关系中最为密切的国家之一，在帝国主义侵华过程中，相当长时间内英国是执牛耳者。可惜至今尚无一部系统的中英关系史或英国侵华史出版。香港收回谈判引起了学者们的注意，1994年、1995年近代史研究所分别在北京和香港出版了《十九世纪的香港》和《20世纪的香港》。中日两国一衣带水，历来关系密切。在近代，日本是唯一一个发动过两次大规模侵华战争的国家，其影响中国历史至巨，山东学者出版了《甲午战争史》，近代史研究所出版了《日本侵华七十年史》。中苏关系对近代中国影响极大，近代史研究所设立了中苏国家关系史课题组，正在研究中苏关系历史。

此外，在中国近代思想文化史、军事史方面，在历史人物方面，都有很好的研究，这里限于时间，不能做出更多的介绍。

半个世纪以来，中国近代史研究领域随着时间的推移，不断有所扩大，这是研究工作本身的规律所决定的。在中国近代史研究中，政治史、经济史、军事史、中外关系史、社会史、文化思想史、近代史学理论诸多方面的研究，都有前进。近些年，尤其是中华民国史、抗日战争史、政党史、社会史、思想文化史的研究更有长足进步。学者们的研究兴趣，大多已向1919年以后的历史转移。现在有些青年研究者对思想文化史研究有兴趣，对政治史的研究缺少热情。我认为，加强与加深思想文化史研究是有意义的，忽视政治史研究却没有必要的理由。政治史研究的深度和广度如何，对其他的研究领域起着制约的作用。经济史研究的深度和广度如何，对解释社会的发展方向有重要的意义。有志于推进中国近代史研究的年轻朋友，应当投身于政治史和经济史研究，要决心下大力气，取得成就。

以上是我对半个世纪以来中国近代史研究的状况所做的一个极为简要的描绘，遗漏的地方很多，谨供愿意了解情况的各位日本朋友参考。

社会主义和谐社会与历史学研究*
——以编纂大众历史读物的指导思想为例

中共十六届六中全会通过的《中共中央关于构建社会主义和谐社会若干重大问题的决定》，是改革开放以来中央全会通过的最重要的决定之一，是中国特色社会主义建设发展到 21 世纪初最新的战略举措，是更好、更快地建设社会主义现代化强国的现实需要。同时，构建社会主义和谐社会，又不是一蹴而就的事，它是我国在社会主义初级阶段里长期奋斗的目标，是不断化解社会矛盾的持续过程，是贯穿中国特色社会主义事业全过程的长期历史任务，是长远的战略目标。

从历史学的角度研究社会主义和谐社会理论

社会主义和谐社会，是国家在从社会主义初级阶段走向社会主义更高阶段过程中的努力目标。我们要构建的和谐社会，其性质是社会主义的，不是中外历史上曾经出现过的某种相对和谐的时期，它是建设中国特色社会主义的本质要求。社会主义和谐社会理论，是把中国社会的发展导向它的更高级的未来的，是探索中国特色社会主义道路的过程中科学社会主义理论的组成部分，是毛泽东思想在新形势下的发展。毛泽东早在半个世纪前就说过："我们的目标，是想造成一个又有集中又有民主，又有纪律又有自由，又有统一意志、又有个人心情舒畅、生动活

---

* 本文原载《当代中国史研究》2007 年第 2 期。人大复印报刊资料《历史学》2007 年第 9 期转载。收入《张海鹏集》，中国社会科学出版社，2008。

泼，那样一种政治局面，以利于社会主义革命和社会主义建设，较易于克服困难，较快地建设我国的现代工业和现代农业，党和国家较为巩固，较为能够经受风险。总题目是正确地处理人民内部的矛盾和正确地处理敌我矛盾。"①《共产党宣言》说过：共产主义社会"将是这样一个联合体，在那里，每个人的自由发展是一切人的自由发展的条件"②。这实际上就是社会主义和谐社会的理论基础。在又有集中又有民主，又有纪律又有自由，又有统一意志、又有个人心情舒畅、生动活泼的那样一种政治局面下，从事社会主义建设，社会稳定，人心舒畅，现代化事业就能又好又快地发展，社会主义市场经济体制就能顺利建立和完善，社会主义的经济、物质基础就会越打越牢，向社会主义的更高级的阶段发展就具有了雄厚的物质基础和精神条件。

社会主义和谐社会不是无差别、无矛盾的社会，而是长期化解各种社会矛盾的持续过程。世界是由矛盾组成的。没有矛盾就没有世界。我们的任务，是要正确处理这些矛盾。社会主义社会的矛盾不是对抗性的，但是处理不好，也可能转化为对抗性矛盾。新中国建立将近60年，改革开放也将近30年，这方面的历史经验，我们已经经历到了、体会到了。苏联、东欧的教训更是我们亲眼看到的。我们今天实行公有制为主体、多种所有制经济共同发展的基本经济制度。这在社会主义市场经济体制下，是最好的最适应我们社会实际需要的经济制度。公有制经济和非公有制经济两种不同的经济模式，在所有制形式、管理方式、市场运作、市场占有、资源共享方面，既有互补作用，也会有矛盾。国有经济、集体经济、民营经济之间也会有矛盾。国家和单位、个人之间会有矛盾。国家的长远战略利益和近期利益之间会有矛盾。整体发展和局部发展之间有矛盾。东部沿海先发达地区与中部、西部晚发达地区有矛盾。城乡之间差距在扩大，收入两极分化在形成，也是巨大的社会矛盾。"三农"问题严重，上亿的农民工与所服务的工地、公司、单位等有矛盾。经济发展与环境存在着严重矛盾。人民群众日益增长的物质文化需求与生产力发展水平之间存在矛盾。上学难、看病难，社会保障体系很不完整，积累和分配、再分配之间有矛盾。社会主义市场经济体

---

① 毛泽东：《一九五七年夏季的形势》，《毛泽东选集》第5卷，人民出版社，1977，第456—457页。
② 《马克思恩格斯选集》第1卷，人民出版社，1995，第294页。

制，尽管是一个完整的体制，但是在社会主义性质与市场经济运作之间会有矛盾，市场的利益最大化与社会主义的公平、公正、公益有矛盾。在社会主义的政治体制下，执政党与参政党（即民主党派）之间在政治参与、社会发展理念上或有不同认识，也是矛盾。干部中一小部分贪官污吏，一些行业存在着的腐败现象，与党和人民利益、国家利益、社会主义的整体利益之间存在着严重的矛盾。党的领导与人民代表大会制度和政治协商会议制度之间，在理论上也是存在矛盾的。汉民族与国内各少数民族之间在经济文化发展上也存在矛盾。宗教信仰和传播与主流社会之间也存在矛盾。由于历史的原因，国家实行"一国两制"，实行资本主义制度的香港和澳门，在政治、经济发展上与内地也存在着矛盾。台湾还没有与祖国统一，当然也存在着矛盾。在社会发展中，民主和集中的矛盾、纪律和自由的矛盾、部分和全体的矛盾，总是存在的。

在国际关系上，政治上的多极化与单极化的矛盾，无时无刻不存在；经济全球化丝毫没有减轻各国在经济利益上的冲突和矛盾，国际经济贸易中对市场的占有反占有、制裁反制裁无时无刻不存在；资本主义的世界体系与社会主义的体系之间的矛盾，无时无刻不存在。我们与西化、分化我国的国际敌对势力的矛盾将长期存在。中国成为发展中的大国，经济总量已进入世界前列，它与周边国家，与非洲、拉丁美洲国家之间，在开发问题、援助问题、资源问题、市场问题上也存在着程度不同的矛盾。

以上各种矛盾，是就经济、政治关系而言的。在思想文化领域，矛盾也普遍存在。主流意识形态、一元化的理论指导与思想文化的多元化趋向明显存在着矛盾。实际上这是目前的社会经济结构决定了的。决议指出：我国已进入改革发展的关键时期，经济体制深刻变革，社会结构深刻变动，利益格局深刻调整，思想观念深刻变化[1]。这四个"深刻"是我们面临的社会现实。在这样的社会现实面前，如何保证主流意识形态在思想文化领域起主导作用，就像如何保证公有制经济在国家社会经济中起主导作用一样，是一个值得关注的问题。

在国家发展中逐步化解这些矛盾，将是一个长期的过程。旧的矛盾

---

[1] 《中共中央关于构建社会主义和谐社会若干重大问题的决定》，人民出版社，2006，第3页。

化解了，又会产生新的矛盾，又需要加以化解。化解这些矛盾，需要民主，需要法制，需要政治、经济、文化、法律的各种手段和办法。总之，需要运用正确处理人民内部矛盾的各种方法，化解这些矛盾，使国家社会生活健康、稳步、平和地发展。在国家统一、国际斗争问题上，我们需要以和平、和谐相号召，努力在和平、和谐的环境里解决冲突和矛盾，但是不能忘记了在国际上还有阶级斗争的存在。

新中国成立以来，我们在经济制度上经历了计划经济和社会主义市场经济两个阶段，改革开放以来，经过了一个世代，在发展经济方面已经积累了比较丰富的经验。应该说，摸着石头过河的阶段已经过去了。社会主义市场经济体系业已初步建立起来。但是，在社会主义市场经济体系这个总的概念中，如何从制度上、法律上、价值观上把社会主义和市场经济这两个本来对立的概念，从内涵上结合起来，恐怕还需要积累经验，也需要及时在理论上加以总结。

在建设社会主义和谐社会的历史过程中，共产党人要把社会主义和谐社会与自己的理想信念结合起来，与共产主义长远目标结合起来。没有共产主义理想信念支撑的社会主义，不是科学的社会主义。马克思、恩格斯说过："共产党人为工人阶级的最近的目的和利益而斗争，但是他们在当前的运动中同时代表运动的未来。"[1] 我们为社会主义和谐社会而奋斗，我们的目的是建设共产主义。共产主义是建立在物质产品极为丰富、财富分配极为平等、社会生活极为民主和个人自由得到极大发挥的时代，那是真正和谐的时代，那是共产党人追求的目标。只知道眼前的和谐目标，忘记了共产主义的真正的和谐社会，是短视的表现。当然，共产主义的真正的和谐社会不是一蹴而就的。建设民主的、法治的、和谐的、现代化的社会主义强国，是走向共产主义的必经之路。为了保证这条道路的畅通，中国共产党的领导是一个关键所在。中共中央正在推进的马克思主义理论研究和建设工程，是保证思想文化领域主流意识形态地位的重要举措，需要坚持进行。这项工程的积极成果，需要贯彻到社会生活中去，需要贯彻到大、中、小学教师的头脑中去，需要贯彻到主流新闻媒体的工作人员的思想中去。

---

[1] 《共产党宣言》，《马克思恩格斯选集》第 1 卷，第 306 页。

史学工作者怎样看待构建社会主义和谐社会与历史学的关系

应该说,正确的历史观,反映在对人类历史及其发展规律的认识上,它是形成社会主义核心价值体系的重要组成部分之一。社会主义核心价值体系是建设和谐社会的最重要的思想保障。而形成社会主义核心价值体系,首先必须坚持马克思主义在意识形态领域的指导地位。中共十六届六中全会作出的决定指出:坚持正确导向,营造积极健康的思想舆论氛围。正确的思想舆论导向是促进社会和谐的重要因素①。历史研究要遵循马克思主义的理论,遵循历史唯物主义指导,要努力研究人类历史的发展规律,研究生产力和生产关系的发展和演变,研究生产力和生产关系的矛盾运动,研究阶级社会的历史,还要注意研究阶级关系以至阶级斗争的状况,研究社会生活的演变,研究历史发展过程中人民群众的活动,研究社会精英的思想及其与人民群众的关系,研究统治阶级的活动,研究革命、改革、改良与历史前进的关系,等等。总之,影响历史前进的人类活动,都是历史研究的基本内容。就中国历史来说,研究中国五千年的文明史,研究近代中国及其与世界的关系,研究中国共产党的奋斗史,对于我们正确认识中国历史的走向,认识近代历史如何选择了中国共产党、如何选择了社会主义,对于我们判断今后中国历史的走向,都是大有益处的。也就是说,这种研究和对中国历史的正确认识,对于今天构建社会主义和谐社会,具有借鉴意义。

我在这里结合编纂大众历史读物所涉及的历史观,提出一点个人的想法。

1. 编纂历史教科书必须以唯物史观为指导

历史知识的大众化,也就是历史知识的普及工作,是非常重要的工作,也是非常严肃的工作。就读者的阅读面来说,中学历史教科书也可归入大众历史读物。中学历史教科书的编著,对于青少年一代形成正确的历史观有着极其重要的作用。一般来说,各国历史教科书的编纂都是

---

① 《中共中央关于构建社会主义和谐社会若干重大问题的决定》,第23页。

国家意志的体现。中国当然也不能例外。历史教科书要接受主流意识形态的指导，是不应该有疑义的。

某一个城市新编高中历史教科书，报载有关编者对记者发表谈话说，这是要"呈现一个有关中国过去更和谐的形象"，编这样的教科书，是要"推进更稳定、较少暴力的中国历史观的广泛努力的一部分"。这位编者认为，这是要服务于当前的经济和政治目标。编纂历史教科书，要服务于当前的政治、经济目标，主观动机是可以理解的。这里有两个问题：一个是，什么是当前的政治、经济目标，你判断准确了吗？再一个是，用阉割了历史内容的历史教科书，可以为当前的政治、经济目标服务吗？这显然是对历史和现实关系的不正确的理解。什么是更稳定、较少暴力的中国历史观？是不是把中国历史、世界历史描绘成为一部更稳定、较少暴力的历史，就是中国历史观？在这样的历史观指导下，新的历史教科书不再去描写历史上长期存在过的阶级与阶级斗争、战争与暴力，把历史写成更稳定、较少暴力的历史，就符合历史的真相吗？如果贯彻这样的指导思想，编出来的就不是历史教科书，而是贯彻某种政治意图的政治读物了。这种所谓中国历史观，显然不是唯物史观。这种所谓中国历史观，是中国历史学界闻所未闻的。用这种历史观指导写出的历史书，不可能是真实的历史。不能因为今天建设和谐社会，就把中国历史和世界历史塑造成为一个"和谐的形象"。既然历史上的中国都是和谐的，还要革命干什么呢，还要中国共产党和全国人民的奋斗干什么呢？既然历史上就是和谐的，还要全党和全国人民集中全力来建设和谐社会干什么呢？这样的历史观，必然导致青少年思想的混乱，造成社会的不和谐，影响和谐社会的建设。

2. 正确评价西方大国的发展经验

前不久，电视台播出了电视纪录片《大国崛起》，引起了观众广泛的评论，意见并不一致。《中国青年报·冰点周刊》在 2006 年 11 月 29 日发表了记者采访记，《大国崛起》的总策划在采访中系统阐述了制作这部电视纪录片的指导思想。读过了这篇采访记，深感这位总策划的基本思想是大可质疑的。

概括一下，这位总策划制作电视片的指导思想是：

第一，让中国公众建立一种基础的人类现代社会的历史理性。这个历史理性就是，现代社会从哪里来，现代社会的起源和走向是什么。对这个事实的尊重，是我们今天面对改革的一个知识基础和理性基础。

第二，让公众理解"妥协"这两个字的社会价值和理性价值。西方这些现代国家的建立，其标志就是以理性的方式、妥协合作的方式，来探寻一种新制度，探寻社会利益分配的一种新形式。这部片子将来播放了以后，中国观众只要能领会和学会两个字，我们就功德圆满了，那就是"妥协"。

第三，社会发展的方向是什么，这个方向不是你自己确定的，而是西方文明确定的。西方这种文明带来了工业革命，带来了以科学技术为背景的物质生活方式。这种生活方式会伴随着政治制度的要求，市场经济与民主化本质上是同一回事。当这个社会方向确定以后，我们用一个中性的词，叫作现代化。

第四，引领大众来看西方的历史。这些世界几百年来文化主体的代表性国家，它里面包含着我们今天面对的所有改革的经验和教训。所有开放性的对外观看，实际上都是为了反省自己。

第五，中国历史上最大的政治传统、政治惯性，就是一种社会转型为另一种社会时，只有一种方式，就是绝对冲突的、崩溃和再建的模式，从来没有说，转型是通过协商的、和平的、渐进的方式实现的。

这五点指导思想，算是什么呢？西方中心论？或者其他什么论？总之，不是马克思主义的历史唯物论。总策划的动机可能是好的，希望中国的发展，在中国共产党领导下，社会能够用协商的、和平的、渐进的方式前进。他希望用西方人发明的"妥协"理论、"妥协"行为启发具有绝对冲突的政治惯性历史经验的中国当代人。可惜，由于这位总策划受某种西方中心论影响太深，完全不懂得马克思主义的基本道理，不懂得历史的辩证法。在这样的指导思想下，即使是好的动机也是无法达到的。

我在这里作一点解析。首先需要指出，人类历史，不管东方还是西方，妥协与斗争，往往是历史场景中的两个面。绝对不是西方只有妥协，中国只有斗争。这就像革命与改良一样，人们往往称赞改良，不喜欢革命。其实，历史上，革命与改良，也往往是历史场景中的两个面。有人以为，革命是少数人煽动起来的，完全是误会。少数人的煽动是不可能制造出革命的。恩格斯说：如果不通过革命，就能达到无产阶级的目的，共产党人是最欢迎的。他说："革命不能故意地、随心所欲地制造，革命在任何地方和任何时候都是完全不以单个政党和整个阶级的意志和领导为转移的各种情况的必然结果。"① 这就是痛恨、反对革命的阶级和政党可以延缓革命、不能阻止革命的发生的原因，也是欢迎革命的政党和阶级可以推动革命、不能随意制造革命的原因。

在人类历史上，不管西方还是东方，往往是斗争以后出现妥协，革命以后，会有大规模的改良。国际条约，往往是斗争以后的产物，或者是战争以后的产物。妥协与斗争甚至战争，是紧密相连的。斗争和妥协，革命和改良，都是推动历史前进的动力。难道西方只有妥协、没有斗争，只有改良、没有革命吗？现代国家的建立，除了"妥协合作的方式"就没有别的什么了吗？欧美国家内部的阶级斗争与革命，各国之间的战争，两次世界大战，殖民主义侵略与殖民主义体系的建立，都是血淋淋的历史。就是现今的世界，也是既有合作和妥协，也有不合作和不妥协。美国要打伊拉克，联合国反对，联合国斗不过美国，只好妥协。历史的面向，不止一面，往往是两面甚或多面，只说一面，是片面的。放弃了历史唯物主义指导，以偏概全，就说不出历史的真相。

以英国为例。人们总是津津乐道英国的和平变革。其实英国哪里只是光有和平，没有斗争呢？说英国近代只有和平，没有斗争，说轻了，是对历史的无知；说重了，是有意掩盖历史真实。在英国"民族国家"建立的过程中，发生过 30 年战争，即所谓玫瑰战争。在"光荣革命"前，发生了 1640—1660 年的暴力革命，国王查理一世被送上断头台。斯图亚特王朝复辟以后，发生所谓"光荣革命"。"光荣革命"虽然是和平的变革，却起到了限制专制王权的作用。"光荣革命"虽是和平的，但它只是暴力以后的和平。没有暴力，哪来的和平。坚持王权的国王詹姆士二世用血腥手段镇压了辉格党的武装反叛；议会邀请荷兰执政威廉率兵进入英国，詹姆士二世不得不出逃。威廉是詹姆士二世的女婿。詹姆士出逃后，威廉和他的妻子（詹姆士的女儿）共同登上王位。新国王不得不接受议会的条件。所谓"和平"是被斗争逼出来的。人们夸夸其谈英国的"光荣革命"、英国的和平，为什么看不到和平背后的暴力和斗争呢？说到英国革命，人们往往只讲 1640 年发生的英国资产阶级革命，实际上，从以上的事实看，从 1640 年查理一世挑起与议

---

① 恩格斯：《共产主义原理》，《马克思恩格斯选集》第 1 卷，第 239 页。

会的战争,到 1649 年杀掉查理一世,再到 1688 年的所谓"光荣革命",都应该看作英国的资产阶级革命。此后,英国资产阶级的政治制度就转趋稳定地发展了。新的社会政治制度的建立①,为英国生产力的发展扫清了道路,过了一个多世纪,在英国血腥的资本主义原始积累的基础上,发生了影响世界历史进程的工业革命。

英国历史上的暴力不止于此。英国在走向资本主义道路的过程中,发生过有名的圈地运动。15—16 世纪、18—19 世纪,英国历史上的血腥的圈地运动,使农民陷于极端悲惨的境地②。16 世纪,英国多次爆发农民起义。19 世纪,英国资产阶级取得决定性胜利,议会通过立法,使圈地合法化,国家机器强迫农民服从圈地法案。马克思指出:"从亨利七世以来,资本主义生产在世界任何地方都不曾这样无情地处置过传统的农业关系……从历史上遗留下来的一切关系,不仅村落的位置,而且村落本身,不仅农业人口的住所,而且农业人口本身,不仅原来的经济中心,而且这种经济本身,凡是同农业的资本主义生产条件相矛盾或不相适应的,都被毫不怜惜地一扫而光。"③ 恩格斯在谈到英国 18 世纪的土地问题时写道:"当法国的大地产被暴力分割时,英国的小块土地却被大地产侵占和吞并。"④ 原来,英国的资本主义农业的发展,是建立在血腥的暴力基础上的。

以上所说的英国的暴力是发生在国内的。英国的暴力与不妥协,更典型地体现在海外殖民侵略与殖民战争中。英国在"光荣革命"以后的两个多世纪中,参与了全面的殖民战争和殖民掠夺,建立了庞大的殖

---

① 马克思对英国资产阶级革命和法国革命的评价是一样的:"1648 年革命和 1789 年革命,并不是英国的革命和法国的革命;这是欧洲范围的革命。……它们宣告了欧洲新社会的政治制度。……这两次革命不仅反映了它们发生的地区即英法两国的要求,而且在更大的程度上反映了当时整个世界的要求。"见马克思《资产阶级和反革命》,《马克思恩格斯选集》第 1 卷,第 318 页。恩格斯也高度评价了英国的资产阶级革命,说:"17 世纪英国革命恰恰是 1789 年法国革命的先声","英国的革命是社会革命,因此比任何其他一种革命都更广泛,更有深远影响"。见恩格斯《英国状况》,《马克思恩格斯选集》第 1 卷,第 17、21 页。
② 钱乘旦在谈到圈地运动时写道:"圈地运动造成了不少农民的悲惨遭遇,引起社会动荡",使"租佃农和小自由农失去土地,成为以出卖劳动力为生的自由劳动者,这为后来工业的发展准备了劳动后备军,虽然这个过程十分血腥"。参见齐世荣主编《15 世纪以来世界九强的历史演变》,广东人民出版社,2005,第 70—71 页。
③ 《马克思恩格斯全集》第 26 卷,人民出版社,1973,第 263 页。
④ 恩格斯:《英国状况》,《马克思恩格斯选集》第 1 卷,第 26 页。

民帝国——号称"日不落帝国"。虽然 18 世纪北美 13 个殖民地的独立，给了英国殖民体系以打击，但是英国丝毫也没有放松对世界各地殖民地的掠夺。我们仅以 1840 年英国发动对华侵略的鸦片战争以前的历史为例。在亚洲，17 世纪，英国东印度公司占领了印度的马德拉斯、孟买和加尔各答，18 世纪中叶英国出兵占领孟加拉，此后又数次发动对印度的殖民战争，到 19 世纪 30 年代，除中部、北部若干土邦外，整个印度成为英国的殖民地。印度从此成为英国侵略亚洲各国的后方基地。英国用来打开中国大门的特殊商品鸦片，主要的产地就是印度的孟加拉。1824 年，英国又把马来亚的槟榔屿、马六甲和新加坡合并为海峡殖民地。北美的加拿大和大洋洲的澳大利亚在 18 世纪就成了英国的殖民地。澳大利亚东南的新西兰，也在 1839 年接受了英国的统治。19 世纪初，英国还取得了西非洲的冈比亚、塞拉勒窝内和黄金海岸等地以及南非的开普殖民地。大略统计，19 世纪前期，英国拥有的殖民地领土为 200 多万平方公里，人口达 1 亿，掌握了资本主义世界的霸权[①]。

从 19 世纪中叶开始，英国或者独自，或者联合其他资本主义大国，多次对中国发动侵略战争，在中国取得广泛的利权和势力范围。它的东印度公司，它的鸦片走私，它的炮舰政策，中国人记得的还少吗？举第二次鸦片战争为例。研究远东国际关系的历史学家、苏联人纳罗奇尼茨基写道："还在 1850—1854 年，英国政府已在考虑对中国发动新的战争。1850 年 9 月 29 日，巴麦尊写道：很快就可以通过对扬子江下游重要据点的占领以及切断大运河的交通来对中国实行'新的打击'。他写道：'中国人在对唯一能使他们信服的论据——大棒论据退却以前，就不仅应该看到这根大棒，而且应该感到这根大棒确实打在自己的背上'。1851 年 9 月，巴麦尊询问包令究竟在什么时候最宜切断对北京的大米供应，中止大运河和长江会合处的粮食运输。"[②] 1855 年 8 月，英国驻华公使包令说："用孤单的行动而不伴以强大的军事压力，就没有希望从

[①] 参见张海鹏编著《中国近代史稿地图集》，地图出版社，1984，第 5—6 页，"1840 年前的世界形势图"。

[②] 见 А. Л. Нарочницкий, *Колониальная Понитика Капиташстических Держав на Дальнем Востоке 1860–1895*，莫斯科，1956，第 71 页，转引自中国史学会主编《中国近代史资料丛刊·第二次鸦片战争》(6)，上海人民出版社，1979，第 18 页。

中国取得任何重要的让步。"① 这就是说，用战争手段，逼迫清政府同意让出更多利权，已经是既定决策。很快，英国借口所谓"亚罗号"事件，挑起了再次侵略中国的第二次鸦片战争。英国在对华侵略上是一点也不妥协的。

关于英国殖民主义者在印度强行输入资本主义生产方式以及对印度的掠夺，我们读一读马克思的《不列颠在印度的统治》《不列颠在印度的统治的未来结果》，就很清楚了。在这两篇文章里，马克思第一次用唯物史观并联系无产阶级革命的前景考察了殖民主义问题，严厉鞭挞了英国殖民政策，深刻揭露了英国殖民者对印度的统治给印度人民带来的巨大灾难，揭穿了资产阶级文明的真面目。他指出，如果资产阶级文明"在故乡还装出一副体面的样子，而在殖民地它就丝毫不掩饰了"，它的"极端伪善和它的野蛮本性就赤裸裸地呈现在我们面前"②。对于北美殖民地要求独立，作为宗主国的英国也是绝不妥协、绝不让步的，以致北美独立战争从 1775 年打到 1781 年，打了 6 年，英军才被迫投降，到 1783 年，英国才痛苦地作出让步，承认了北美 13 个殖民地的独立。非洲的黑人贸易，中国的华工买卖，哪一桩不是血淋淋的暴力呢！国内的圈地运动，海外的殖民掠夺，建立起了英国资本主义的原始积累。为什么我们不指出英国资本主义的发展、英国资本主义制度的建立，与这些血腥的暴力的联系呢？电视片《大国崛起》中英国这一集，体现了总策划的这一思想，对英国资产阶级政治制度的建立，忽略了它的暴力与不和平的一面，对它的圈地运动和海外殖民只作了轻描淡写。这对于观众了解英国崛起的真实的历史，是一种误导。

其次，什么是人类现代社会的历史理性？总策划说，这个历史理性就是，现代社会从哪里来，现代社会的起源和走向是什么。对这个事实的尊重，是我们今天面对改革的一个知识基础和理性基础。照马克思主义的历史唯物主义的理解，所谓人类社会的历史理性，是历史发展的客观规律。从资本主义，到社会主义，再到共产主义，这是人类现代社会的基本走向。中国历史经历了两千年的封建社会，到近代演变成为半殖民地半封建社会。又经历了旧民主主义革命和新民主主义革命，中国社

---

① 马士：《中华帝国对外关系史》第 1 卷，英文本，第 687 页。
② 马克思：《不列颠在印度统治的未来结果》，《马克思恩格斯选集》第 1 卷，第 772 页。

会进入了社会主义社会。我们今天仍处在社会主义的初级阶段。我们在政治制度上实行的是人民代表大会制度和人民政治协商会议制度，这是不同于西方民主的一种新型的民主制度。我们在经济制度上实行的是社会主义市场经济，这是不同于资本主义市场经济的一种经济制度。在这种经济制度下，我们加入了经济全球化的进程，吸取了资本主义市场经济的技术手段和运作经验，这种市场经济不是绝对自由的，是要接受社会主义的约束的，是为提高全体人民的福祉服务的。建立社会主义的政治制度，建构社会主义市场经济体系，建设社会主义和谐社会，这些就是我们的社会发展方向。这些都是全党和全国人民的共识。

如果说历史理性，这就是我们理解的历史理性。怎么可以说，我们社会发展的方向是西方文明确定的呢？资本主义生产方式，工业革命，以科学技术为背景的物质生活方式，等等，是人类社会的历史性创造。社会主义也应该继承这一历史性创造，并且在这一创造上加以发扬，以造福人类。邓小平说过，市场经济，资本主义可以用，社会主义也可以用。按照那位总策划的说法，市场经济、民主化，加上现代化，它本质上是同一回事。我们今天搞的现代化，不过是西方文明确定的。这种理解，把资本主义的现代化与社会主义的现代化完全混淆了。有中国特色的社会主义现代化，与西方文明的现代化不是一样的。今天在中国向人民大众解释现代化，如果把有中国特色的社会主义现代化解释成西方文明的现代化，那是大错特错的。

由以上分析，可以引出下面第三点：说西方几百年来文化主体的代表性国家，包含着我们今天面对的所有改革的经验和教训，是完全错误的。中国的社会主义现代化所走的路，与西方资本主义现代化所走的路根本不同。怎么可以说西方那些代表性国家有着我们今天所有改革的经验和教训呢？我们的政治制度，与西方完全不同。我们在中国共产党的领导下，团结、联合各民主党派，依靠广大人民群众，组成最广泛的统一战线，在人民代表大会和政治协商会议制度下，为有中国特色的社会主义事业努力奋斗，这与西方大国的两党制完全不同。我们在政治改革方面的经验与教训，可以从西方大国中去寻找吗？我国在社会主义初级阶段，实行坚持公有制为主体、多种所有制经济共同发展的基本经济制度。国家不仅要巩固和发展公有制经济，而且鼓励、支持和引导非公有制经济的发展。这种经济制度，与西方大国的以私有制为主体的经济制度是很不相同的。在这种基本的经济制度下，我们实行社会主义市场经济，这是西方任何国家未曾实行过的，也是苏联式的社会主义未曾实行过的，我们怎么可以从西方大国去寻找改革的经验与教训呢？我们的"三农"问题，城乡关系，可以从圈地运动中去寻找经验与教训吗？我们要用工业反哺农业、城市支援农村的办法缩小城乡差距；用免去农业税的办法减轻农民负担；用在农村彻底实现义务教育的办法，来提高农业劳动力的知识水平；用农业现代化示范的办法，吸引农民采用新的科学技术提高农产量；用发展经济、发展城市与乡镇的办法吸引农村劳动力；等等。这些与英国的圈地运动是完全不同的。我国人口众多，任何世界大国都无法比拟，我们实行什么样的劳动制度、医疗保障制度、社会保险制度，也只能立足于我国的国情，在我国的政治和经济制度下，探索我们自己的处理方式。我们积累资本的方式与西方各国完全不同，我们主要靠自己的国内市场积累资金，吸收外资是一种辅助手段，虽然是重要的辅助手段。我们完全不可能走西方大国靠掠夺殖民地来积累资本的道路。当然，我们在社会主义市场经济条件下，在生产经营、市场管理与营销、金融体制、公司制度、吸引外资、国际贸易、法律制度诸方面，尤其在技术层次上，极需要了解、吸收西方各国的经验与教训，这是不容讳言的。但是这与从根本制度上吸取西方各大国在发展过程中的什么经验、教训，完全是两码事。我们通过新闻媒体让观众了解西方世界的时候，不能不有这样清醒的头脑。引领大众片面来看西方的历史，只会与主持者的主观愿望相反。我们需要从开放性的对外观看中反省自己，但这绝不是要把自己说得一无是处，使我们自己在前进的方向上发生动摇。

构建社会主义和谐社会，是引导社会向前的。研究历史经验，则是向后看的。向后看是为了给向前看提供正确的历史借鉴。历史是什么就是什么，要实事求是地研究历史，普及历史知识，才能对今天的社会现实提供有益的借鉴，否则，是会帮倒忙的。学习和研究社会主义和谐社会的理论，不能脱离历史唯物主义的指导；在观察社会历史的时候，尤其不能脱离历史唯物主义的指导，否则，我们的历史研究，我们的历史知识的普及工作，就会走偏方向。

2007 年 1 月 31 日

鸦片战争以来中国面临的
机遇与挑战[*]

习近平总书记曾说过,自170年前的鸦片战争以来,中国从未如此接近中国复兴之梦。这种说法是符合鸦片战争以来的历史事实的。鸦片战争以来,国家贫弱,外敌频繁入侵,中国被纳入列强制造的不平等条约体系中。历史给改变中国面貌留下过若干机遇,抓住了,国家面貌可能出现转变;没抓住,国家可能落入万劫不复之地。

本文着重于两个问题:百多年来中国失去发展机遇和抓住发展机遇的历史线索,当前我国的发展机遇和未来面临的挑战及机遇。

一

我们先从历史事实上理出一条线索。

《南京条约》签订,鸦片战争结束。中国主权受到损害,割地赔款,中国开始从独立主权国家变成半殖民地半封建社会的国家。但是清朝的朝廷没有把这当回事。战争结束后,道光皇帝还在一份奏折上批道:英吉利到底位于何方,距离京师有多远?可见,仗是打了,香港岛割让了,2100万银元赔了,皇帝对英国这个对手还是一无所知。朝野一切依旧,宴乐如常。没有人分析国际形势,没有人提出国家需要更

---

[*] 本文是为武汉大学珞珈讲坛准备的,2018年10月13日下午在珞珈讲坛发表演讲,未刊。

张,需要变革。从1842年到1856年第二次鸦片战争爆发,还有14年时间,这个时间就是历史留给清朝政府的发展机遇。如果抓住这个机遇,力求振作,以后的历史就不会那样悲惨。

鸦片战争后,太平天国农民起义爆发。朝廷不思振作,农民却站起来了。那时候的社会结构,农民是主要成分,农民起来寻求社会变革的前途,是不难理解的。鸦片战争从广州开始,太平天国的酝酿也在广州。这是不奇怪的。广州开港,广州城厢民众反对英国商人住进城内,长达10年,轰轰烈烈,洪秀全是耳闻目睹的。太平天国运动进行反清起义,企图建立地上小天堂,军事实力席卷18省,坚持14年,清朝政府调动了全国的力量,才把太平天国镇压下去。洪秀全打的旗帜是反朝廷,却披着拜上帝的外衣,形式上信仰基督,外国的洋兄弟却不接纳他。外国人到天京(今南京)谈判,方才了解到太平天国不同意割让土地。太平天国曾经提出很多理想,包括"有田同耕,有饭同食"那样的《天朝田亩制度》,甚至提出过中国最早的现代化计划。这些,留给后来的社会变革者很多思想资料和经验教训。如果胜利,中国的面貌可能有新的变化。终因农民阶级自身落后,遭到湘淮军和外国势力镇压。这次由农民发动的社会变革是一次机遇,但未能成功。

19世纪60年代的自强运动,学术界称为洋务运动或者洋务活动。一些人说它是地主阶级的自救运动,另一些人说它是带有资本主义性质的运动。这是在鸦片战争爆发后20年发起的。因为英法联军打进京师,占领北京,这是中国的京城第一次被列强占领。皇帝被迫"出狩"承德,万园之园的圆明园被抢劫焚毁。这下打痛了整个统治阶级,终于认识到西洋船坚炮利是中国所不及的。清政府内一些接受西方文明熏陶的大臣发起自强维新运动,引进西方先进科技,造枪造炮,开办官督商办企业,有望将中国引上近代化之路。但是最高统治者没有给予全力支持,不热心洋务的大臣很多,热心洋务的督抚大臣仅有为数不多的几个(曾国藩、李鸿章、左宗棠以及后期的张之洞等),未能掀起普遍性的运动。而且他们从挽救清廷出发,拒绝引进西方民主政治制度,竭力维护封建制度。自强维新运动以清政府在甲午一战中的战败而宣告失败。这个运动虽然在中国建立起最早的一批资本主义企业,但在小农经济的汪洋大海中只是点滴而已,不能改变中国落后的面貌。这是鸦片战争后，清朝失去的第一次发展机遇。

洋务运动对比日本明治维新，一个失败，一个成功。洋务运动是1861年开始的，明治维新是1868年开始的。19世纪60—90年代，洋务派总共兴办了大约60个近代企业，总投资大概5300万两白银。其中军事工业21个，投资3700多万两。以30年计算，平均每年2个。如果再加上在洋务派影响下和特别批准下，以官督商办名义兴办的民族资本主义近代企业，也不过共有120余个，合计投资约5800万两，平均每年4个。同一个时期，日本实行明治维新。据统计，从1868年到1892年，日本总共建成了5600多个公司，总投资资本达到2.89亿日元，平均每年设立230多个公司。实际上日本的明治维新所建成的资本主义生产企业、生产方式和政治制度，成效显著。日本明治维新期间，1892年前在洋务企业这方面的成就远超当时的中国。实际上，两国的发展水平，不在一个层次上，也不在一个社会发展阶段上。如果要比较，洋务运动只可以与明治维新前的幕府末期相比。实际上，幕府末期进行的改革，兴办的西式企业，也已大大超过了洋务运动时期的中国。

所以，甲午一战，中国被日本打败，是必然的。

由这个比较，我们可以得出这样的结论：中日两国当时的国际国内背景大体相同，日本抓住了发展机遇，成为后发的资本主义国家；中国由于清政府的腐败统治，没有抓住发展机遇，一再挨打，甚至败给小国日本。第一次中日战争，第二次中日战争，几乎打得中国不能翻身。这是历史给中国留下的惨痛教训！

1898年，维新派康有为、梁启超发动的戊戌变法运动，又是一次挽救中国命运、发展自己的机会。2018年是戊戌变法120周年，借这个机会回顾历史，易于吸取教训。

戊戌变法前十年，即1888年，30岁的康有为到北京参加顺天乡试。他在中法战争失败的刺激下，第一次向皇帝上书，请求变法维新。这封上书指出当时的形势是："方今外夷交迫……教民、会党遍江楚河陇间，将乱于内"，"国事蹙迫，在危急存亡之间，未有若今日之可忧也"。为此，康有为提出"变成法，通下情，慎左右"三项主张，请皇帝赶快实行，以挽救清朝统治的危机。在康有为看来，经过变法，"精神一变，岁月之间，纲纪已振，十年之内，富强可致，至二十年，久道化成，以恢属地而雪仇耻不难矣"。① 如果皇帝坚决支持变法，慈禧太后不阻拦变法，变法获得巨大成功，清朝面临的危机是否可以挽救呢？我看是有挽救的可能的。

从历史上看，一个面临发展危机的国家，如果自求振作，努力抓住机遇，政策对头，民心齐，在 30 年时间里，摆脱危机是可能的。日本明治维新不到 30 年，就克服了危机。中国改革开放以后抓住机遇，努力发展自己，也就是 30 年时间，就脱胎换骨了。清政府如果抓住洋务新政的发展机遇，坚持 30 年，到 1890 年前后，不是不可能摆脱殖民危机的。但是清政府没有抓住洋务新政所初步形成的发展机遇，没有深刻认识到自己面临的危机，因循蹉跎，把自己的发展机遇白白丢失了。

对于清政府来说，丢失了洋务新政这次发展机遇，它的前景已经不妙了。30 年是衡量历史前进还是后退的时间坐标，抓住机遇或者丢失机遇，30 年的后果基本上就看清楚了。当然，如果清政府抓紧戊戌变法这个发展机遇，也许还有摆脱危机的一线希望。康有为正是从这里出发，要求皇帝变法。他认为，只要变法，坚持十年二十年就有办法了。但是慈禧太后和一些大臣没有让这次变法成功。康有为的希望完全落空了。认清这个事实，我们可以断定，清政府摆脱危机的最后一次希望在 1898 年的戊戌变法，但是这个变法运动失败了，慈禧太后出面镇压，六君子血洒菜市口，主导者康、梁逃亡国外。这个变法运动较之洋务运动，带有更多的资产阶级性质，如果能够成功，就算抓住了发展机遇，中国的面貌可能发生变化，还有可能走出危机；失败了，中国面临的危机将更加深重。

1900 年的义和团运动与 1901 年八国联军侵华，接连而至。这对清朝既是机遇也是挑战。太平天国是华南农民发动的，这次义和团则是华北农民发动的。太平天国发动时，国内完全没有资产阶级，只有农民起来用拳头对国家事务发表意见。义和团起来时，国内民族资产阶级刚刚兴起，非常软弱，还不敢对国家事务发言。太平天国时期的农民主要是对清朝统治不满而起义，义和团则主要是对帝国主义侵略不满而发动。我们看义和团发布的揭帖说得很清楚，"神助拳，义和团，只因鬼子闹

---

① 康有为：《上清帝第一书》，《康有为全集》第 1 册，中国人民大学出版社，2007，第 180 页。

存在的。民国没有抓住这个机遇，就只好留待中华人民共和国来完成了。

1949年10月，中华人民共和国成立后，在一片战争废墟、百废待兴的情况下开启了中国现代化建设的新时期。照此下去，中国本可以集中精力发展壮大。然而不久后，美国发动侵朝战争，威胁中国周边安全。中国政府为巩固新生政权，派军队走上了抗美援朝前线。这是新中国建立后外敌入侵延缓了中国发展，使中国失去机遇的例证。

抗美援朝战争结束后，中国开始执行经济发展五年计划，中共调动全国人民的热情，自力更生，用三个五年计划就奠定了较为全面的工业基础。然而此时，"文革"开始了。如果不是十年"文革"耽误，中国现代化步伐就要快得多。韩国、新加坡本来都比中国落后，但在中国"文革"的十年都超越了中国的发展。新中国的前30年成绩是巨大的。第一，巩固了新生的人民共和国，取得了抗美援朝的巨大胜利，国内未发生大的动乱，中国人民在国际上站起来了，翻身感加强了。这个成就大大超过了民国时期。第二，建立了相对完整的国民经济体系，为此后的国家腾飞打下了坚定的基础。这一点，是民国时期想都不敢想的。第三，中共对国家的领导地位确立了，经过"文革"也未曾动摇，马克思主义的基本思想普及了。这一点，也是民国时期不能比拟的。

1978年以后的40年，中国大步向前发展，紧紧抓住发展的机遇，即使出现1989年政治风波，中国改革开放、发展经济的注意力也未曾改变。中国的面貌终于发生了翻天覆地的变化。2010年，国内生产总值（GDP）就超过了日本，位居世界第二。这是了不起的成就。它说明中华民族的复兴之梦距离实现不太遥远了。

以上是清朝末期以来中国失去发展机遇、落后挨打和抓住发展机遇、走上复兴之路的基本历史线索。

二

在当前的条件下，我国还有没有发展的机遇和潜力呢？答案是肯定的。

中国今天的条件是，已经建立起全面的现代化工业基础，具备了雄厚的综合国力和经济底盘。13 亿人不再为温饱发愁，中等以上比较富裕的人群开始到世界各地观光旅游。这是近 70 年来最为伟大的成就，这是百年来社会主义制度最为傲人之处。这是中国以往任何时期都不可比拟的，可以说是 3000 年中国历史上最好的时期。当然，中国也面临一些挑战和危机。例如生态危机、经济发展不平衡、经济结构不合理，世界经济的危机和不景气也在大大影响着中国的发展。

从生态环境出发，发展绿色经济，发展高科技产业，为此大力调整经济结构，这个调整本身就是一个巨大的发展机遇和潜力。

"一带一路"倡议的提出将带来巨大的经济发展机遇和潜力。

巨大的国内消费市场需要进一步开发。我国有 4 亿人口以上的中产阶层，拥有巨大的消费能力，仅此一项就超过了美国。高铁技术的发展，带动了人口和经济流动，也将会带动国际交通版图的进步。这又是一个巨大的发展机遇和潜力。

城镇化也将带来发展的巨大机遇。目前我国农村人口有 6 亿人，用现代化的方式推进我国农业的发展，培育新的农业创新模式，培育新一代有科技头脑的农民，现实的农业生产力将是巨大的。这方面的发展潜力有待开发。

海洋开发发展的潜力巨大。开发海洋经济，建设海洋强国，从海洋要能源，从海洋要生产力，海洋的开发前景广阔。

再过 30 年，在新中国成立 100 周年之际，以上发展机遇和潜力都将逐渐化为现实的生产力。我国经济总量超过美国应该没有悬念，我国人均 GDP 也将居于中等发达国家之列。那时我国的经济实力和国际地位，将是历史上从来没有过的。无论是汉唐、宋明还是康雍乾，都将被超越。那时候，说中华民族实现了全面复兴将是根据充分的。

三

从历史上看，我国面临的机遇与挑战可以从外部和内部两方面分析。

鸦片战争以后，外敌从两个方向而来：一个是海上，一个是陆地。陆地来的是俄国，海上来的主要是欧洲国家和美国、日本。而实际上中国长期遭受的侵略都来自海上。今天，在可预见的未来，来自陆上和海上对中国武装侵略的风险几乎不存在。中俄之间的边界问题已经解决，中俄两国的战略伙伴关系已经巩固并且还在继续发展，中俄之间对国际问题的看法很接近，中俄之间发生战争的可能性在可预计的未来几乎为零。

美国无论是奥巴马的亚太平衡战略，还是特朗普的印太战略，都是针对中国。特朗普的对华贸易摩擦，更是直接对准中国。中美两国矛盾目前到了胶着时期。中国的 GDP 紧追美国，美国是不高兴的。一个最大的发展中国家想与一个最大的发达国家探索新型大国关系，也是美国不愿意的，奥巴马和特朗普都不接新型大国关系这个球，很能说明问题。不论是共和党总统还是民主党总统，对华态度不会有本质变化，不过特朗普表现得更不成熟、更野蛮、更不可预测些。目前中美之间的紧张关系，大体上有四个方面：贸易摩擦、台湾问题、南海问题、其他国际问题。

中美之间贸易摩擦，是美方主动挑起来的，中方只是应战。中美贸易摩擦既是对中国的挑战，也是对美国的挑战，既可以给中国带来损失，也可以给美国带来损失。真正打下去，美国人的日常生活会感受到痛苦，美国的农场主和一些企业家也会感受到痛苦。美国制裁中兴，美国高通公司就不痛苦吗？2018 年 9 月底美国商务部发布数据，8 月美国商品贸易逆差增加到 758 亿美元，为最近 6 个月的最高水平，接近单月逆差的历史最高纪录。中美贸易摩擦以来，7 月、8 月美国贸易逆差居高不下，违背了美国的初衷。美国和世界媒体一致分析认为，不断升级的贸易摩擦正在给美国经济造成拖累。美国的政党政治会要衡量一下分量，共和党的执政是否能保住，很值得观察。特朗普大叫中国干预美国选举，反映了他对此次中期选举的忧虑。中美两个大国积累 40 年的贸易，不是说撼动就可以撼动的，况且贸易摩擦不是只在中美之间有，美国单打独斗，要和全世界打。它的胜算可能是很低的。总之，中美两国贸易摩擦，大大提升了中美两国的紧张关系。但是照我看来，中美之间因贸易摩擦爆发武装冲突的可能性极低。

未来台湾的状况将是对我们的挑战。民进党蔡英文上台后，民意支持度极低，此次中期选举如果过不去，她只能干一任就要下台。2016 年，蔡英文在 5 月 20 日就职演讲中表明未能接受"九二共识"。她把两岸关系放到区域整合和"新南向"政策下讲，明确表明海峡两岸关系不是一个中国关系，而是区域关系，是准国际关系。两年来，蔡英文在两岸关系上一再倒退，正在抱美国特朗普的大腿，对中方施压。这对我们也是一个挑战。习近平主席在博鳌论坛会见台湾代表萧万长时表示，不能让国家统一问题一代一代往下拖。这明确表明了中国方面对台湾问题的态度。2005年，全国人大通过了《反分裂国家法》，已经用法律形式拒绝了"台湾共和国"的产生。但是，《反分裂国家法》没有时间限制，我认为这是一个缺陷。"台独"的路还要走多远，值得我们密切关注。

美国与中国的南海争端直接冲突的可能性很小。至于朝鲜半岛问题，目前正在走向缓和。国际反恐问题也在走向缓和。

所谓"修昔底德陷阱"是说守成大国与崛起的大国之间会发生战争。这种说法只是美国学者的一种推论，很不严谨，并不是从历史发展中总结出来的规律，与历史事实不完全相符。19世纪末20世纪初，美国虽然挑战英国，美英之间并未发生战争。二战结束后，苏美之间虽然相互挑战，冷战造成了国际形势的紧张，毕竟不是真刀真枪的战争。苏美之间军事上对抗，政治、意识形态对立，却几乎不发生经济贸易关系。事实上，中美之间的关系不同于当年英德之间的关系，也不同于后来苏美之间的关系。苏共蜕化，苏美之间的军事竞争，加上美国的意识形态渗透，才把苏联搞垮。中美之间在恢复邦交后，由于中国坚持改革开放，也由于其他复杂的原因，中美之间形成了内容极为丰富且规模庞大的经济贸易关系和人文交往，从经济贸易关系来说，可以用你中有我，我中有你来形容。中美之间因特朗普总统的偏见显得关系紧张，但发展成为战争的可能性极低。所谓"修昔底德陷阱"在中美之间几乎不可能成为现实。

然而，历史的教训值得谨记。像中国这样的大国，在历史中的前进或者后退，内因是主要的因素。内因足够强大，没有任何外来势力可以迫使它屈服。内乱则可以毁掉一个大国。未来的风险和挑战，可能主要来自国家内部。

金钱成为衡量社会的唯一标志，颠倒义利关系，"老虎苍蝇"的大量存在说明了问题的严重性。反腐必须坚决地继续进行。在国家获得发展的同时，社会富裕了，但是贫富差距也随之拉大了。历史的经验告诉我们，贫富差距过大必定会引起社会动荡。这个风险如果不尽早遏制，未来可能会付出巨大代价。国有经济和民营经济要毫不动摇地发展，国有经济的主体地位要得到保证，否则，中国特色社会主义物质基础将会动摇。改革开放 40 年来，中国有大批知识分子前往海外留学，一部分人受西方意识形态的影响是显著的。当前中国人出国留学越来越呈现低龄化趋势，不仅大学毕业后出国留学，甚至小学生、中学生即到国外上学。据我观察，受到西方意识形态影响的一些知识分子，对中国共产党、对马克思主义的态度正在发生变化。这不能不看成国家面临的风险和挑战。为应对此种状况，国家制订了吸引归国留学生计划。如何防范西方思想意识形态对国内民众的影响，是国家面临的一项重要课题。

以习近平同志为核心的党中央因应国内外形势，统筹一系列治国理政的举措、一系列纠正党风的反腐措施，正是在应对这些可能存在的风险。如果不提高警惕，上述这些风险有扩大成为挑战的可能。为了实现中华民族的复兴之梦，对于可以预见的风险，我们一定要有强有力的应对措施。迎接挑战，驾驭风险，依靠人民，立国家和社会于稳固不摇的根基，我们的发展前景是无限光明的。

20世纪中美、中日、中苏（俄）关系演变论纲*

序 言

  整个20世纪里，中国与世界的关系呈现天渊之别的变化。1901年的《辛丑条约》（即《1901年北京议定书》），规定了中国与世界的关系，中国的主权独立损失到了不能再少的程度。1945年，由于中国的抗日战争在世界反法西斯战争中的贡献，中国与盟国一起发起成立联合国，成为联合国安理会的五个常任理事国之一。中国成了一个大国，但仍是一个弱国。2001年，中国加入世界贸易组织，成为世界贸易组织的成员，成为国际经济活动中的活跃国家。2010年，中国的国内生产总值（GDP）在国际上超过日本，仅次于美国。2013年中国在国际上提出"一带一路"倡议并且落实一系列配套措施，朝着构筑新的国际关系体系的方向迈出步伐。这些，与1901年的情况相比，真正是天渊之别的。

  中美、中日、中苏（俄）关系以及中、美、俄、日相互之间的关系如何，是中国在21世纪必须面对的。这种关系的发展状况，将直接影响到中国的国家利益和国际关系。为了对这一发展前景做出判断，必须仔细研究20世纪的历史。

---

* 本文是为中国社会科学院近代史研究所中外关系史研究室与武汉大学历史学院联合召开的第七届中外关系史国际学术讨论会"区域视野下的近代中外关系"准备的，在2018年10月13日上午的大会上做了主题演讲。《世界知识》2019年第3期摘要刊登，题为《对中国与世界关系问题的几点思考》。

20世纪中美、中日、中苏（俄）关系的演变

在20世纪里，撇开国际关系的其他方面，美国、日本、苏联（俄国）的对华政策和对华关系，曾经对中国历史发展造成巨大影响，在相当程度上左右了中国历史的进程。对中国来说，中美、中日、中苏（俄）关系在20世纪中是最为重要的三种双边关系。它们分别经历了巨大的甚至是沧海桑田般的变化，三国都曾在不同的时期成为中国所倚重的对象，又在不同的时期成为中国的主要敌人。

日本在1895年通过《马关条约》取得了中国对台湾的割让，非法但实际上控制了琉球，并且获得了3.5亿日元的战争赔款，使日本国家经济状况一下充实起来，得以整军经武，发展工业和教育。又通过八国联军侵华事件从《辛丑条约》获得了大量赔款和在中国首都和天津等地驻军等军事、政治利益，使自己进一步强大起来。1904—1905年在中国领土上打的日俄战争，日本获得了胜利。日本的这个胜利，大大刺激了中国人，在20世纪初成为先进的中国人寻求真理、改革旧政纷纷趋往之处，留日学生纷纷前往，借重同文同种的日本国的"大东亚主义"曾在一些中国人中很有市场，但是日本政府对中国留日学生采取歧视政策，而且不断侵略中国留日学生的祖国，导致了留日学生不亲日的现象。日本对华采取大陆政策，得寸进尺，1931年制造了九一八事变，1937年发动了卢沟桥事变，终于逼得中国国内团结起来，出现了举国一致抵抗日本侵略的局面。从1894年开始，长达半个世纪，日本成为中国的主要敌人。1945年起的27年，中日之间在法律上没有结束战争状态，双方处于敌视之中。1972年中日双方从战略高度出发，结束战争状态，恢复国交，此后的38年，成为百年以来中日关系最好的时期。总起来可以说，20世纪内中日关系经历了从敌对到友好的转变。

俄国在1901年参加了八国联军，同时派遣俄军大约20万人侵占中国广袤的东北地区，为此在东北土地上与日本打了一场利益争夺战，瓜分了在中国东北的势力范围。此后沙俄鼓动外蒙古独立，北京政府与俄国有多次交涉。十月革命以后，以列宁为首的苏俄政府发表对华宣言，

表示放弃沙俄政府依据不平等条约在中国取得的一切权益,获得了中国人民广泛的好感,有识之士如孙中山等人提出了"以俄为师"的口号,马克思列宁主义理论通过十月革命大规模传入中国。苏联共产党和共产国际关注中国的革命进展,指导了中国共产党,也指导了中国国民党,支持国共组成了第一次国内统一战线,形成了反对北洋军阀统治的第一次国内革命高潮。但是,在清末和民国时期,俄国以及苏联政府与中国政府基本上处于非友好状态。中国共产党执政后,由于美国的封锁、包围,新中国不得不采取"一边倒"的对外政策,苏联成为中国在国际政治上"一边倒"的盟友,并且在中国实施第一个五年计划期间,其在帮助中国建设156个现代化建设项目中起了重大作用。但十余年后,苏共与中共在意识形态领域发生论战,由此扩及国家关系,引起中苏两国国家关系的重新调整,甚至恶化,苏联曾经准备对中国进行外科手术似的核打击,中国一度把苏联看作社会帝国主义,认为其是中国最危险的敌人。苏联国内由于戈尔巴乔夫的"新思维"葬送了苏联,发生了苏东一系列事变。此后苏联解体,新的俄罗斯联邦共和国成立,俄国国内局势渐趋稳定,俄国发现,昔日世界上两强局势不复再见,美国独大,华约解散,北约东扩,俄罗斯国家利益受到威胁,中俄两国的国家战略利益再次调整,中俄两国在战略利益大体一致的前提下相互靠近,并且建立起战略伙伴关系。

美国是八国联军的成员国和《辛丑条约》的签字国之一。美国在拿到《辛丑条约》规定的赔款以后,由国会通过了法案,退还部分庚款,用来支持中国青年赴美留学,获得了中国知识青年的极大好感。美国对中国产生重大影响始于抗战时期,1941年珍珠港事变之后,美国成为中国进行抗日战争的主要盟友之一。鉴于共同战略利益的一致性,美国首先发起废除对华不平等的《辛丑条约》和治外法权,并与中国首先签订大体上平等的《中美新约》。美国总统罗斯福在1943年末支持中国在开罗会议上提出战后日本归还从中国窃取的东北和台湾、澎湖地区,并在1945年支持中国成为新组建的联合国安理会常任理事国。此后,美国政府全力支持中国国民党政府,成为国民党政府发动内战的主要外援国。在中华人民共和国成立后的20多年,美国成为中国的主要敌人。在此期间,美国对华政策中有几件重大事件影响了中国历史的发展。第一,违背《开罗宣言》的宗旨,撇开中国与战败国日本签订和约，率先提出所谓"台湾地位未定论"，将第七舰队开进中国的台湾海峡地区，严重阻挠了中国的国家统一事业；第二，扶持战败国日本，通过美日所谓"安保条约"组成了围绕中国东南半壁的半月形包围圈，长期封锁中国；第三，发动了两场实际上针对中国的战争——朝鲜战争和越南战争。20世纪70年代初，由于国际战略利益的变化，中美实现了和解，随后建交。中美建交后，双方经历了一个相对平稳的发展时期，中美之间经贸活动极为活跃。中美之间发表的三个公报，是处理中美国家关系的指导原则和政治基础。但美国不顾中国的反对，又由国会通过《与台湾关系法》，至今仍是中国和平解决台湾问题的最大障碍。中美之间出现了好也好不到哪里去、坏也坏不到哪里去的局面。

学术界对中美、中日、中苏（俄）关系，分别做出过某些研究，但综合的、比较的研究则不够。从20世纪中国历史进程的角度、从中国与美、日、苏（俄）三国关系入手，认真探讨三国的对华政策，以及三国之间在对华关系上的互动，探讨中国在不同时期对待三国的不同态度，研究围绕中国的国际关系的变化，总结这种关系的变化轨迹，研判其对未来发展的影响，显然在中国的对外关系上具有重要理论意义和迫切的现实意义。

中国处理三国关系的历史教训

回顾20世纪中国与上述三国关系的历史，从中国的角度说，我以为大体上有如下值得注意的教训。

第一，中国要成为现代国际关系中的平等一员。

在20世纪大部分时间里，中国未能成为现代国际关系中的平等一员。这是基本的历史事实。20世纪前半叶，中国基本上拘束于不平等条约体系之中，国家地位处于殖民地半殖民地境况下，无法与列强讨论平等地位问题。20世纪后半叶中的前20年，中国虽然摆脱了不平等条约体系，成为一个完全独立的主权国家，却面对着以美国为首的列强的封锁，背靠着以苏联为首的社会主义阵营，处在一种紧张的国际关系体系中，就国际关系的总体面貌来说，中国还不是国际关系中的平等一员。在20世纪70—80年代，中国在外交关系上改善了与美国、日本、苏联的关系，恢复了在联合国的代表资格，同时逐渐确立了对内改革、对外开放的基本国策，与世界各国广交朋友，积极参与国际事务的处理。1971年恢复在联合国的代表资格，2001年加入世界贸易组织，这是中国国际关系发展中的重要标志。它标志着中国已然成为国际关系中平等的一员。这是经过了一百年的奋斗才达到的，这个结果值得珍视，其中的经验与教训值得总结。

做国际关系中平等的一员，不是轻而易举能够做到的。保持国家独立主权是第一位的。但只此远远不够，必须要有国家经济的发展，乃至高度发展，才有可靠的保障。一个弱小的大国，即使是独立的，但如果没有强大的物质力量支撑，这种独立是难以真正永久的。第一次世界大战后，五四运动时期的人们呼吁"公理"战胜"强权"，以为"公理"可以战胜"强权"，其实不然。"公理"固然应该战胜"强权"，但如果没有强大的物质力量，在物欲横流的世界上，"公理"就难以战胜"强权"。这个事例不仅在五四运动时期的世界如此，在今天的世界仍未完全改变。美国要打伊拉克、利比亚，要干涉叙利亚，要退出巴黎协定，要退出伊核协议，要制造贸易摩擦，等等，都违背"公理"。美国是世界强权，它完全不顾"公理"。中国在世界上要坚持"公理"，要与"强权"做斗争，但首先需要高度发展自己。中国这样一个大国需要"高筑墙，广积粮，不称霸"。中国不需要做"强权"，但需要自己强大。自强乃能自重，自强就能在世界上有发言权。所以"发展是硬道理"是对的，"一心一意谋发展"需要长期坚持下去，动摇不得。

第二，中国应该与世界各国，尤其是各大国有广泛的经济、文化交往。

中国应该与世界各国，尤其是各大国建立广泛的经济、文化联系，这在中国几千年历史上有许多先例。但是到了近代，情况变得复杂了。中国被纳入西方列强所强加的不平等的条约体系以后，中国被动地与西方国家建立密切联系，但是，中国不是国际社会中平等的一员，总是处在被动的、无权的、屈辱的地位。中国人在排除了帝国主义的控制，享有了国家的独立主权以后，是愿意与世界各国做生意和往来的。1949年初毛泽东在西柏坡做过这种宣告。但是美国的封锁，半月形包围圈阻止中国与西方国家的往来。逼得中国只能背靠苏联，与社会主义各国交朋友，做生意，谈文化。历史事实证明，作为一个独立主权国家，要发展自己，不与世界各国交往，尤其是不与各大国交往，坐井观天，是不行的。不能吸收各国的经济文化经验，不能利用国际市场进行交易，就不能发展自己。40年来，我们与世界各国交朋友，与各大国处理好关系，借鉴各国发展中的经验与教训，使中国得到更好发展。当然，面对全球化，中国要准备享受其利益，也要准备承受其恶果，包括应对各种冲突所应付出的代价。在这个世界上，挑战与机遇、风险与冲突，随时都存在。如何抓住机遇，迎接挑战，克服风险，善处冲突，是当国者必须面对的问题。

第三，中国处理与诸大国之间的关系，应该以自身的国家安全和国家利益为准绳，尤其要关注自己的核心利益。

中国的国家利益，概括起来，主要是国家发展战略、国家统一事业。实现中华民族复兴的中国梦是一个总的思路。振兴中华，就是要发展自己，要把中国建设成为高度发达的现代化国家，建设成为中国特色社会主义强国。为此需要制定与此相关的一系列国家战略。为了达成这种国家战略，不外乎内外两种因素。考虑国际贸易、资源问题、文化交流等等，要服从国家发展战略，要照顾国家的经济安全、文化安全、军事安全、政治安全。国家统一事业，台湾问题是国家的核心利益，要慎重处理。

从前存在两大阵营的情况下，意识形态对立起过作用。无论是资本主义阵营内部各国还是社会主义阵营内部各国处理国际关系时，国家利益都是第一位的。这几乎是一条铁律，当然也不要忽视意识形态对立的作用。苏联的崩溃从国际阶级斗争的角度说，美苏间意识形态对立导致苏联垮台的因素不可轻估。从美国来说，击垮共产主义苏联就是保卫美国的民主价值观，在一定意义上，这也是在保卫美国的核心价值和核心利益。冷战时期两个阵营的对立既是意识形态的对立，也是国家核心利益的对立。美国在东欧推动颜色革命，在中东用摧毁一个国家的形式来推动美式"民主制度"，都是以"意识形态"为武器保卫它的国家利益。中美之间的意识形态对立可能会转化为国家利益的竞争，值得高度关注。

第四，不与大国结盟，不谋求在国际关系中的特殊利益。

20世纪，国家之间结盟屡见不鲜，有针对第三方的，有保护结盟国自己的，有抱团取暖的，等等。结盟是20世纪国际争战不已的表现形式之一。在一定历史条件下，结盟国家之间枪口相向，也是常事。所以，结盟也是处理国际关系的一种手段。《苏德互不侵犯条约》《苏日中立条约》说明了这一点。中国在20世纪前半叶，基本上没有与各大国结盟的资格。国民党政府与苏联签订《中苏友好同盟条约》，有以国际关系处理国内政治关系的倾向，对中国没有明显的好处。新的《中苏友好同盟互助条约》是"一边倒"政策的产物，这个条约并没有保证两国之间永远同盟，也没有禁止苏联提出对中国实行外科手术似的核打击的设想。与大国结盟，暗含有谋求特殊国际利益的用意；大国结盟，往往有针对第三方的含义。这是历史事实告诉我们的。像中国这样的大国，与俄罗斯是邻居，与日本也是邻居，与美国则隔洋相望，远交近攻，近交远攻，都是不合适的。就本文所述的三大国来说，与日本结盟抗衡美国，与美国结盟抗衡日本，或者与俄国结盟抗衡第三国，实行有的国际问题研究者所说的"战略集中原则"，今天均没有这样的国际条件和现实需要。这样做是要吃亏的。因为不谋求特殊的国际利益，中国没有必要与某个大国结盟。中国需要以自己的国家利益为准则，处理好与各大国的关系，协调好与各国的关系，尽量平衡各种国际关系，尽量在联合国的旗帜下从事某种国际认可的活动，而不是结盟关系。

中国虽不与大国结盟，但不能阻止国际上可能出现结盟国家。如欧洲的北约，如韩美、日美的盟国关系。这也是当今国际的现实。如果没有出现第二次世界大战期间法西斯阵营企图毁灭人类的战争暴行，不要轻易运用"战略集中原则"。在当前的世界局势下，中国需要运用折冲樽俎的能力，使具有不同利益追求的国家把谈判和对话作为解决分歧的基本方式。对于世界上可能出现的结盟国家，不要卷入其中，尽量利用矛盾，以我为中心，创造双赢或多赢局面。不结盟不是不要朋友。我们要广结善缘，化敌为友，结成对抗强权的统一战线。

第五，世界革命的目标，不应该是当前国际关系中所应追求的目标。共产主义的理想的实现是长期的历史发展过程。当前最重要的是巩固社会主义的阵地。

中国共产党是执政党。中国共产党又是以马克思主义理论为指导的党，是以共产主义世界观为武装的党。共产主义世界观是对人类历史发展规律的一种基本观点，共产党人并不隐讳这种观点。共产主义的实现是一个长期的历史过程，是一个实践的过程。不能用共产主义世界观简单地代替对当前国际关系问题的看法。过去苏共主张推进世界革命，事实上欲速则不达，难以实现目标。这与今日美国要在世界上推进美国式民主（颜色革命）是一种思维模式。世界革命和美国式民主（颜色革命），其实都是冷战时期的产物。中国应该保持清醒的头脑，任凭风浪起，稳坐钓鱼船，走自己的路，不为这种冷战思维所左右。国家主席习近平在国际上提出"人类命运共同体"，是一个好的命题，是当前国际社会比较有好感的命题，比共产主义世界观更能吸引世界多数国家和团体的注意力，虽然也是一个虚拟的目标，但只要各国和国际社会团体对这个目标有好感，愿意认同这个目标，就是一个避免战争和冲突的好的目标。

结　语

美国、日本、俄国是中国在 21 世纪的国际关系中必须面对的三个最重要的国家。尽管欧盟作为一个整体，将会发挥很重要的作用，但它还是一个区域协调组织，并不妨碍欧盟内各国的独立主权。随着英国脱欧，欧盟是更强还是更弱呢？欧盟未来的走向很值得关注。不管怎样，就单个国家而言，在可预见的将来，无论德国、法国或者英国，就经济实力或者国际影响，都不会有超越以上三国者。

俄国是中国的北方近邻，今天与中国结成一种战略伙伴关系，中俄两国在国际战略问题上有着不少共同的利益和差不多相同的看法。40 多年来纠缠中俄两国的边界问题已得到彻底解决。中俄两国之间虽然还存在着疑虑和潜在的利益纠葛，但是今天中俄两国关系总体态势很好。在普京总统任上，中俄两国成了不结盟但胜似盟友的战略关系。这是百年来中俄两国从侵略被侵略到对抗，再到战略利益基本一致的历程。

日本是与中国一衣带水的东方邻国，有着比其他两个大国更为悠久的历史文化关系，今天与我国在国际战略上，在有关经济、政治、军事利益方面呈现竞争的态势。1972 年中日邦交正常化，那年中日之间的贸易额只有 11 亿美元。2004 年，中日两国之间的贸易总额达到创纪录的 1600 亿美元。但是中日之间目前存在着明显的"政冷经热"现象。小泉纯一郎首相坚持参拜供奉着 14 名沾满中国人民鲜血的甲级战犯的靖国神社，加剧了这一"政冷"现象。围绕日本"入常"问题引发了许多争论。日本或明或暗地打台湾牌，日美合谋把台湾纳入其安保线内，中国不得不严重关切。"经热"是值得鼓励的，"政冷"却必须避免。如何挽救中日之间的"政冷"现象，是当前中日关系的头等大事。这种"政冷"如果长期得不到解决，中日之间的"经热"是会受到制约的。2010 年，日本国内右翼分子发起购买钓鱼岛运动，得到日本政府支持，中日关系政冷，经济也受到影响。2017 年 1 月美国总统特朗普上台，创造了与世界为敌的孤立主义形象，造成了中日接近的机遇。中日关系向好的方面转化，2017 年中日贸易额达到 3029 亿美元，一天的贸易额差不多与 1972 年一年的贸易额相等。2018 年 5 月，国务院总理李克强实现访日，10 月，日本首相安倍晋三访问中国，中日关系实现正常化。

美国与中国并不接壤，隔着太平洋，是与中国隔洋相望的世界最强大的发达国家，也是国际政治关系中唯一的超强国家。从隔洋相望的角度说，广义上，中美之间也是接壤的国家。小布什总统在他的第一个任期伊始，否认了他的前任与中国达成的两国致力于建设战略伙伴关系的定位，声称美中两国是一种竞争的关系。2001 年"9·11"事件稍稍改变了中美两国关系，推迟了美国与中国进入紧张关系的时间，中国支持反恐，与美国在国际反恐中开展了有限度的合作。但是这种合作蕴含着紧张的因素，那就是对何谓"恐"认识不尽一致。总起来说，中美两国之间虽然在国际战略问题上，如反对恐怖主义、朝鲜半岛无核化等方面，有着某种共同语言，但也存在着战略上的冲突。美国以台湾为不沉的航空母舰，以《与台湾关系法》的国内法反对中美之间三个联合公报的国际法，力图阻挠中国的统一，成为中美关系中的楔子，难以拔除。美国还调兵遣将，在空间上呈现对中国的包围态势。它力图把它的民主、自由、人权观强加于中国，力图采用所谓"接触"的策略"西化""分化"中国，本质上是用它的资本主义制度瓦解中国的社会主义制度。中美建交后，中美间在发展经济文化交流方面有了巨大的进步。但美国却常常以人权、意识形态为借口，动辄对中国以封锁、禁运、制裁相威胁。美国怕中国不发展，又怕中国发展；怕中国动乱，又怕中国不动乱；怕中国在世界有影响，又怕中国无影响；怕与中国做生意，又怕不与中国做生意。美国正是在这种两难的处境中制定出矛盾的、动摇不定的对华政策。

中国的发展，国内生产总值紧追美国，使得美国有点慌神。近年来双方关系中又出现了不稳定的甚至对抗因素。什么亚太战略，什么印太战略，什么美国第一，什么贸易摩擦，等等。美国甚至提出不与建立党委的中国企业打交道。这就奇怪了。中华人民共和国就是中共领导的，美国不是照样与中国建交吗？习近平是中共的总书记，特朗普总统不是照样欢迎他访美，还要请习近平到他的私人庄园做客，经常声称习近平是他的好朋友吗？看来，不管谁当总统，不管是特朗普还是希拉里，驴象之争在国内闹得很厉害，对华政策几乎没有什么区别。今后若干年，我们将要在这种状态下与美国打交道。

世界几乎始终是在不同集团的对立中度过了 20 世纪。对抗思维已成为一种惯性思维。冷战结束后，美国在寻找新的敌人，美国正以俄国、中国为假想敌，制定它的国防政策和对华政策。中国如何面对？中日改善关系能否在历史问题上求得共识，能否在东海利害关系上取得和解，引出新的境界？中俄战略伙伴关系具有多大的可靠性，如何因势利导，尽可能地发展这一战略伙伴关系，使其朝着有利于中国国家安全的方向发展？这些是我们在关注中国的国际关系动向时，应该多加思考的。

同时，俄美之间、俄日之间、美日之间的关系变化，以及它们围绕中国关系产生的变化，也都是我们在未来需要关注的。

在当今世界上，中外关系不可能是一种单纯的关系。在国家关系的网络上，中国正在受到越来越多的注视。

有一点要注意，我们与世界各国交朋友，与世界各大国交朋友，不要有"怀柔远人，协和万邦"的思想，不要做"厚往薄来，万国来朝"的准备。"怀柔远人，协和万邦"是中国封建时代皇帝的思想，是"普天之下，莫非王土"的思想，是帝制时代以中国为天下中心的天下观的体现。今天，我们作为国际社会中的平等一员，不能去追求那些思想，不要让人感觉中国要恢复古时的"羁縻"政策。这些，熟悉中国古代历史的西方汉学家是清楚的，他们会把这些当作"中国威胁论"来看待。我们追求的是平等的国际关系，我们要为建立平等国际关系的世界增添中国元素。"一带一路"倡议要做到与邻为善，合作共赢，皆大欢喜，不要以大压小，不要做人家不高兴的事情。

二
专题评论

应当如何看待义和团的排外主义[*]

义和团反帝爱国运动是以排外主义的面貌登上近代中国历史舞台的。毛主席在《实践论》一文中明确肯定了义和团运动的这一特点。但是,新中国成立以来论及义和团的文章、著作中却很少有人对它的内容和形式的内在联系及其历史必然性进行科学的具体分析和合情合理的说明。批评义和团的人往往过分强调了义和团的"排外"问题而无形中贬低了它的革命性和进步作用;赞扬义和团的人又往往只强调其反帝爱国的革命本质而避开排外主义问题,或者将反帝爱国的内容实质与排外主义形式割裂开来,否定二者之间的内在联系。我们认为通常所说的义和团的排外主义实质上是农民阶级有历史局限性的民族革命思想,也是中国人民反抗帝国主义侵略的原始形式。它反映了中国人民反帝斗争初期的共同特点,义和团运动不过是它的典型代表和集中表现。因此,对义和团的排外主义,不应采取简单回避或全盘否定的态度,而是需要依据马克思主义的基本原理进行科学的阶级分析和历史考察,对它做出合情合理的解释。

一

我们通常所说义和团的排外主义(或者说笼统排外主义)指的是什么呢?

---

[*] 本文原载《近代史研究》1981年第2期,署名为:朱东安、张海鹏、刘建一。收入齐鲁书社编辑部编《义和团运动史讨论文集》,齐鲁书社,1982。

义和团的中心口号是"扶清灭洋"。在义和团的实际斗争中,所谓"灭洋",就是对洋人、洋教、洋货、洋机器等采取一概排斥的态度。我们现在就来看看19世纪末20世纪初中国北方农民的反帝爱国组织义和团为什么采取这种态度。

先说洋人、洋教。在中华民族的历史上,劳动群众中并不存在对洋人、洋教一概排斥的传统。义和团对洋人、洋教采取排斥态度,主要是帝国主义积极推行对华侵略政策造成的。自从1840年鸦片战争起,列强发动了一系列侵略战争,迫使中国签订了一个又一个丧权辱国的不平等条约。东方这个走到了封建社会尽头的大清帝国,在西方发达的资本主义强国的野蛮进攻面前,束手无策,一蹶不振,不得不走上半殖民地半封建社会的道路。尤其是在中日甲午战争后,已经进入了帝国主义阶段的西方列强,在世界其他地区加紧掠夺殖民地的同时,也在广袤的中国大地上,任意划分势力范围,竞相分割中国领土,肆意掠夺铁路修筑权和矿山开采权,大量对华输出资本,妄图彻底灭亡中国。形势已经把中国人民逼迫到这样的地步:要么任人宰割,坐待灭亡;要么奋起反抗,同外国强盗拼命,以挽救民族的危亡。中国软弱的资产阶级上层分子发动的维新救亡运动失败了,中国的农民再一次拿起大刀长矛发动了一场挽救祖国危亡的英勇斗争,力图用自己的血肉之躯筑成一道捍卫民族独立的长城。他们"最恨和约,误国殃民",① 他们要求"保护中原,驱逐洋寇",② 使中国重归"一统"。集合在义和团旗帜下的广大农民正是抱着这样的崇高志愿投入这场反帝爱国运动的。所谓"只因四十余年内,中国洋人到处行。三月之中都杀尽,中原不准有洋人,余者逐回外国去,免被割据逞奇能",则正反映了帝国主义者割据逞能、妄图灭亡中国,是义和团灭洋排外的根本原因。

教士教民的为非作歹是义和团排外灭洋的直接原因。自60年代以来,外国传教士蜂拥而至,迅速挤进中国广大地域,各省无不有外国教士的足迹,以致边远地带、穷乡僻壤,皆受其祸害。外国教士中固然也有纯粹为了传教的,但更多的传教士却打着传教旗号,充当了帝国主义侵略中国的工具。一个英国教士公开承认,列强派遣教士"实无异于发

---

① 佐原笃介:《拳乱纪闻》,中国史学会主编《义和团》(一),上海人民出版社,1957,第112页。以下凡引《义和团》一书,不再注明版本。
② 包士杰:《拳时上谕·杂录》,《义和团》(四),第149页。

强军深入人地",① 美国公使田贝也说:"这些先锋队(指传教士)所搜集的有关中国民族、语言、地理、历史、商业以至一般文化的情报,对美国的贡献是很大的。"② 这就赤裸裸地暴露了传教士的真面目。外国传教士在中国干尽了侵犯主权、霸占田产、包揽词讼、逞凶惨杀、勒索赔款、刺探情报的勾当。他们自立门户,违抗中国法令,"直如一国之中,有无数自专自主之敌国者"。③ 这就不能不激起中国人民的反抗。余栋臣起义檄文中将"海舶通商,耶稣传教"④ 视为帝国主义侵略中国的两种主要手段,义和团揭帖指斥天主教"串结外洋人,祸乱中华",⑤ 表明当时群众对洋教的认识,已远远超出"民教仇杀"范围,初步看出它在帝国主义侵略活动中的重要作用。著名的帝国主义分子、时任北京教区主教的法国人樊国梁,1901 年在巴黎也不得不承认:"义和团运动的爆发,主要不是宗教性的,而是政治性的运动……义和团主要是赶走外国人,其所以杀教友,是因为他们视教友为'二等欧洲人','二等法国人',视天主教的宣传是为适应我国的利益。"⑥ 义和团对教士教民采取那样严厉的惩治手段,主要也是他们往时对平民欺压太甚而积怨太深造成的。早在天津教案时,丁日昌就说,教士教民"凌虐乡里,欺压平民,……百姓怨毒积中,几有及尔偕亡之愤"。⑦ 清政府也担心总有一天会激成更大的"祸变",曾于 1871 年由总理衙门向各国提出一个旨在缓和"民、教"矛盾,而并不妨碍帝国主义进行文化侵略的《传教章程》,就是这个东西,也被列强无理拒绝。其后,帝国主义各国非但不稍事收敛,反而变本加厉地推行以耶稣"征服整个中国"⑧ 的政策,教士教民也更加得意忘形,"其焰愈张,其势愈暴",⑨ 激起一系列教案。每发生一次教案,帝国主义列强对中国的讹诈就前进一分,教士、教民的凶恶气焰就嚣张一分,中国人民的苦难就增长一分。到 19

---

① 宓克:《支那教案论》,第 2 页。
② 《美国对外关系》,1888。
③ 宝鋆等纂《筹办夷务始末(同治朝)》第 82 卷,第 16 页。
④ 《民国重修大足县志》第 5 卷,中国文化馆,1945,第 18 页。
⑤ 包士杰:《拳时上谕·杂录》,《义和团》(四),第 148 页。
⑥ 马光普:《樊国梁的一张布告》,《近代史资料》第 3 期,1963 年,第 105 页。
⑦ 宝鋆等纂《筹办夷务始末(同治朝)》第 76 卷,第 33 页。
⑧ 《在华新教传教士 1877 年大会记录》,转引自《近代中国史稿》编辑组编《近代中国史稿》,1974,第 352 页。
⑨ 《民国重修大足县志》第 5 卷,第 18 页。

世纪末，遍布国中的教会仅外籍教士就有将近3000人，这就在中国人民主要是农民的头上，除了残酷的封建压迫之外，又增加了外国教堂的压迫，中国人民不反抗是不可能的。当时奥国首都的一家报纸说："中国之痛恨教士，隐忍有40余年矣。即以近六年而论，亦无时不觉洋人之渐食其肉也，又何怪其乘机滋事，思有以脱去洋人制压之痛哉。"① 事实正是这样。"压之愈力，则起之愈骤。"② 义和团运动是中国人民第一次大规模的反帝斗争，也是中国人民反帝怒火的集中爆发。郁结了几十年的仇恨一旦发泄出来，势必"一决横流"，③"不可遏抑"，④ 包括清政府的屠杀政策也不能把它镇压下去。"神助拳，义和团，只因鬼子闹中原。"⑤ 愤怒的农民，在忍无可忍之下，以排外仇洋的手段，一下把斗争矛头指向了帝国主义侵略者。他们的行动，尽管伴随着大量封建迷信、落后幼稚的成分，仍不失为中国人民爱国传统的光辉发扬，不失为彪炳史册的正义行动，不失为漫漫长夜中的巨雷闪电，具有振聋发聩的革命作用。

再说洋货、洋机器等。义和团焚毁铁路、电线以及一切洋货，是占据涿州和进入京津以后开始的。义和团为什么憎恨这些"洋"东西，"见即怒不可遏"，必欲"毁而后快"⑥ 呢？

帝国主义侵入中国的目的并不是使中国富强。它们在华开展近代工业、交通以及科学文化事业，只是以此为手段，强化其对中国的经济掠夺和政治压迫，最终使中国殖民地化。它们在中国兴建近代工业、交通之始，就给中国广大人民带来莫大灾难。

以修筑铁路为例。帝国主义在华修筑铁路，不仅严重侵害了中国利权，而且使沿线人民群众的利益遭到赤裸裸的掠夺。史载：德国在山东修建铁路，"所至之地，尽将村落民家坏拆，遇坟墓建物即毁掘，不惟不迁路避之，且毁坟拆舍亦一文不与"，"其土民田庐皆归乌有，无以

---

① 王其榘辑《有关义和团舆论》，《义和团》（四），第243页。
② 佚名：《义和团有功于中国说》，张枬、王忍之编《辛亥革命前十年间时论选集》第1卷上册，三联书店，1978，第59页。
③ 中国社会科学院近代史所近代史资料编辑室编《山东义和团案卷》上册，齐鲁书社，1980，第181页。
④ 王其榘辑《有关义和团舆论》，《义和团》（四），第244页。
⑤ 佐原笃介：《拳乱纪闻》，《义和团》（一），第112页。
⑥ 佚名：《天津一月记》，《义和团》（二），第146页。

饮食，无以栖止，父子夫妇兄弟流离道路，相转死亡于沟壑不知几人矣"。① 一个外国人记述当时的情形说，他在牛庄时，"有人指示余曰，铁路之经过民田也，正当成熟之时，俄人不给谷值，遽强占之"。② 各地农民为了保护自己的身家利益，起来与之抗争，即横遭血腥屠杀。1900 年初，"山东高密县属濠里地方，洋人修造铁路，阻塞田间水道，有碍小民生计，因向洋人拦阻，洋人枪毙平民数人"。③ 可见，伴随着铁路的修筑，帝国主义给铁路沿线的人民群众带来了巨大灾难。

铁路建成后，沿线旧有交通废弃，又造成了人数众多的劳动群众，如水手、船夫、纤夫、店员、脚夫、驿站夫等的失业。据当时人的粗略观察，"失车船店脚之利，而受铁路之害者"，仅顺天府属州县后来加入义和团的就有四万余人。④ 实际上，各地遭受失业之苦的人数要大大超过这个数字。这些因铁路通车而破产的广大群众，生计断绝，流离转徙，困苦异常，他们直觉地感到铁路、电线、机器等都是"洋人所借以祸中国"⑤ 之物，表示深恶痛绝，是完全可以理解的。当时参加拆毁铁路的群众甚多，并不只有义和团团员。如卢保铁路就是这样。奉命前往镇压的清军统领杨慕时报告："是匪是民，无从分别。"⑥ 另一目击者艾声也说："徐察拆路者，多沿途各村愚民。"⑦ 在这里，我们对受欺压、受侮辱、生计无着的中国农民群众，要有基本的历史正义感，如果因此而指责他们是对资本主义先进生产方式的反动，是不公正的。

洋货的情形与此相同。自从对外通商以来，尤其是第二次鸦片战争以后，棉纱棉布的进口逐年增加。棉纱的进口量在 1867 年仅为 33507 担，到 1899 年竟增至 2748644 担，33 年间增加 80 多倍。⑧ 棉纺织品的大量进口，造成了白银外流，织工失业，广大手工业者破产。薛福成在一个奏折中说："近年洋货骤赢，土货骤绌，中国每岁耗银至三四千万

---

① 《文明国之野蛮行为》，《清议报全编》第 18 卷，第 52 页。
② 贝思福：《保华全书》第 1 卷，转引自李文治《中国近代农业史资料》第 1 辑，三联书店，1957，第 246 页。
③ 故宫明清档案部编《义和团档案史料》上册，中华书局，1979，第 71 页。
④ 袁昶：《乱中日记残稿》，《义和团》（一），第 347 页。
⑤ 罗惇融：《庚子国变记》，神州国光社，1951，第 3 页。
⑥ 杨慕时：《庚子剿办拳匪电文录》，《义和团》（四），第 338 页。
⑦ 艾声：《拳匪纪略》，《义和团》（一），第 457 页。
⑧ 参见方显廷《中国之棉纺织业》，商务印书馆，1934，第 1 页。

两,则以洋布洋纱畅销故也。……而中国之织妇机女束手坐困者,奚啻千百万人。"① 陈炽也认为:"中国辟埠通商垂 60 载,既自以情形隔膜,将利权所在举而畀诸异国之人。频年海溢川流,岁出金钱万万,遂使二十一行省无一富商,内外穷民之失业无依者,尤如恒河之沙,不可计算。"② 北方的情形也和全国一样。1900 年吴汝纶在描述洋货进口对直隶农村所产生的影响时说:"畿辅深冀诸州,布利甚饶,纺织皆女工。近来外国布来,尽夺吾国布利,间有织者,其纱仍购之外国,故利入益微。"③ 直隶雄县,也因洋油进口造成原有榨油作坊"多已歇业"。④ 这些因洋货涌入而失业破产的手工业者与"受铁路之害者"一样,总是把自己所受的苦痛与洋货的到来联系在一起,一旦他们组织起来,形成一支力量,就会对输入洋货加以干预,展开一场当时历史条件下的抵制洋货运动。

总之,帝国主义对中国的经济掠夺,在中国造成广大的失业人群,使他们站在自己的对立面。这些破产失业、一贫如洗的农民、手工业者,就成为当时义和团运动的骨干力量和积极分子。他们对洋人、洋教、铁路、电线以及一切洋货的憎恨,都是由帝国主义对中国的经济侵略和政治压迫引起的,他们对这些外来事物的攻击,都是对帝国主义侵略政策的反抗。列宁在驳斥帝国主义分子散布的所谓义和团运动"是由黄种人敌视白种人"和"中国人仇视欧洲文化和文明引起的"等挑拨性、污蔑性言论时说:"是的,中国人的确憎恶欧洲人,然而他们究竟憎恶哪一种欧洲人呢?并且为什么憎恶呢?中国人并不是憎恶欧洲人民,因为他们之间并无冲突,他们是憎恶欧洲资本家和唯资本家之命是从的欧洲各国政府。那些到中国来只是为了大发横财的人,那些利用自己的所谓文明来进行欺骗、掠夺和镇压的人,那些为了取得贩卖毒害人民的鸦片的权利而同中国作战(1856 年英法对华的战争)的人,那些用传教的鬼话来掩盖掠夺政策的人,中国人难道能不痛恨他们吗?"⑤ 这就是俄国工人阶级的伟大代表在 80 年前说过的话。同德国工人阶级

---

① 薛福成:《强邻环伺谨陈愚计疏》,《庸庵海外文编》第 2 卷,第 19 页。
② 陈炽:《续富国策》第 4 卷,第 2 页。
③ 吴汝纶:《深州风土记》第 21 卷,第 48 页。
④ 刘崇本:《雄县乡土志·物产》,第 14 页。
⑤ 列宁:《中国的战争》,《列宁选集》第 1 卷,人民出版社,1972,第 213—214 页。

把义和团称作"铁拳"一样，这表明了欧洲工人阶级对东方这个处于殖民地危机下的中国农民的正义声援。这证明：列宁和欧洲工人阶级是站在中国人民一边的，是站在义和团一边的，他们并没有把义和团的排外主义看作是对欧洲文化和文明的反动、是什么历史的惰性力量或者封建蒙昧主义。

二

从中国人民反帝斗争的发展过程来看，可以说，义和团的排外主义是帝国主义侵入中国后，在中国人民中产生的一种不成熟的反帝思想和原始的反抗形式。它是一个被压迫民族在生死存亡的危急关头所自然产生的一种要求生存权利的本能反应。它的看来似乎有些"过分"的思想和行动，正表明中国人民对帝国主义的认识还处在积累经验的感性认识阶段，对帝国主义的斗争还属于初级阶段的自发斗争。尽管它不免片面和肤浅，甚至有些幼稚可笑，但就中国人民反帝斗争的全过程来说，这个发展阶段却是必不可少的。

众所周知，义和团反帝爱国运动主要是中国农民发动起来的。从主要的意义上可以说，它仍然是一次单纯的农民战争，或者说是一次单纯的农民爱国运动。农民阶级具有两重性：他们是被压迫、被剥削的劳动群众，却不是先进生产方式的代表；他们是小生产者。他们作为劳动群众，对于统治阶级，对于压迫者、剥削者，不管是中国的地主还是外国的资本家，都具有强烈的反抗性，当帝国主义侵入时，他们可以采取坚决的反帝行动。他们作为小生产者，眼光狭窄，文化落后，完全靠直感和经验来观察、认识问题。因而，他们不可能认识帝国主义的本质，不可能把帝国主义的掠夺政策同它借以实行经济掠夺的工具——铁路、商品机器等加以区别，不可能理解这些东西还同时具有代表资本主义先进生产方式的性质，也不可能了解历史发展的方向和中国人民反帝斗争的真正前途。同时，农民不是一个新的阶级，在需要同帝国主义这个新的敌人进行一场殊死斗争时，也不可能创造出一种新的理论和斗争形式。因而，在当时的历史条件下，义和团在反帝斗争中以排外主义为指导思想和斗争形式是不可避免的。从这个意义上我们可以说，排外主义是当时中国农民在反帝斗争中所可能采取的唯一形式。如果全盘否定了义和团的排外主义，所谓承认义和团是一次反帝爱国运动势必就成为一句空话。试问在当时情形下，一次农民群众自发的反帝爱国运动除了采用排外主义这一斗争形式外，还能采取什么形式？在当时，要他们对帝国主义的本质有清楚的认识，对帝国主义的斗争有科学的理论和明确的方针政策，要他们对既代表帝国主义掠夺政策，又代表资本主义先进生产方式的铁路、机器等采取恰如其分的态度，那是根本不可能的。如果他们真的那样做了，那么他们就根本不是 20 世纪初年以农民为主体的义和团，而是用马列主义武装起来的中国共产党人了。

《共产党宣言》在追述工人阶级反对资产阶级斗争的发展过程时说，最初"他们不仅仅攻击资本主义的生产关系，他们攻击生产工具本身；他们毁坏那些来竞争的外国商品，捣毁机器，烧毁工厂，力图恢复已经失去的中世纪工人的地位"。[①] 工人阶级不同于农民阶级，他们是新生产力的代表。他们在工人运动初期所出现的这种情况，却与义和团的排外主义颇为相似。但是，所有马克思主义的经典作家，都把它作为一个发展过程来看待，把它看作在工人阶级对资本主义的认识处于感性阶段时所必然出现的现象。列宁还特别强调："这是工人运动最初的、开始的形式，这在当时也是必要的。"[②] 义和团的排外主义斗争也属于这种情况。可以说，它是中国人民反帝运动"最初的、开始的形式，而这种形式也是必要的"。为了有助于进一步了解义和团采取排外主义这种斗争形式的历史必然性，我们不妨对中国人民反帝斗争的发展过程做一个历史考察。

中国人民对帝国主义的认识有个从感性阶段到理性阶段的发展过程，与此相适应，中国人民的反帝斗争也有个由自发到自觉的过程。毛主席在论述认识的发展过程时说，中国人民对帝国主义认识的"第一阶段是表面的、感性的认识阶段"，表现在"义和团运动等笼统的排外主义的斗争上。第二阶段才进到理性的认识阶段"，"这种认识是从一九

[①] 马克思、恩格斯：《共产党宣言》，《马克思恩格斯选集》第 1 卷，人民出版社，1972，第 259 页。
[②] 《社会民主党纲领草案及其说明》，《列宁全集》第 2 卷，人民出版社，1984，第 86 页。

一九年五四运动前后才开始的"。① 就是说，从鸦片战争到五四运动前夕，所有群众反帝斗争都没有超出笼统排外主义斗争这个发展阶段。

在这一历史时期，中国人民经历了从三元里到义和团等一系列反抗外国侵略的斗争，随着帝国主义对华侵略的加紧和中国民族危机的加深，中国人民对帝国主义的认识和斗争也不断向前发展。1857年恩格斯在《波斯和中国》一文中，曾专门论述过中国人民排外主义斗争的产生与实质。恩格斯指出，第二次鸦片战争期间中国南方人民的反侵略斗争，属于"一切中国人反对一切外国人"的"绝灭战的性质"，它是由"英国政府的海盗政策"引起的。恩格斯高度评价了这种斗争，把它看作中国人民民族觉醒的表现，并对其未来寄予很大希望。恩格斯说："我们不要象骑士般的英国报纸那样去斥责中国人的可怕的残暴行为，最好承认这是保卫社稷和家园的战争，这是保存中华民族的人民战争，虽然你可以说，这个战争带有这个民族的一切傲慢的偏见、蠢笨的行动、饱学的愚昧和迂腐的蛮气，可是它终究是人民战争。"恩格斯还特别强调："对于起义民族在人民战争中所采取的手段，不应当根据公认的正规作战方法或者任何别的抽象标准来衡量，而应当根据这个起义民族所已达到的文明程度来衡量。"他认为中国人民抵抗外来侵略的办法是有效的，"这种办法如果能彻底实行，就能使第一次英中战争时英军节节胜利的情形不再发生"。最后，恩格斯满怀希望地说："中国的南方人在反对外国人的斗争中所表现的那种狂热态度本身，显然表明他们已觉悟到古老的中国遇到极大的危险；过不了多少年，我们就会看到世界上最古老的帝国作垂死的挣扎，同时我们也会看到整个亚洲新纪元的曙光。"② 第二次鸦片战争以后，随着帝国主义政治、经济、文化侵略的加强，特别是各种洋教在广大城乡的发展，以排外主义为主要形式的反侵略斗争也不断向前发展，逐渐形成一个连绵不断的遍及全国的反洋教斗争。不过这时的斗争还是孤立地、分散地、此伏彼起地进行的，每一次斗争的发展规模也仅限于一城一地。1894年中日甲午战争以后，当帝国主义掀起割地狂潮，试图瓜分中国的时候，中国人民中的排外主义形式的反帝思想也日益高涨起来，终于借助"义和团"这个组织形

---

① 毛泽东：《实践论》，《毛泽东选集》第1卷，人民出版社，1967，第265—266页。
② 恩格斯：《波斯和中国》，《马克思恩格斯选集》第2卷，第19—22页。

式，再一次掀起"一切中国人反对一切外国人的普遍起义"，将中国人民的民族民主革命推向一个新的高潮，给"整个亚洲"大地带来民族觉醒"新纪元的曙光"。可以说义和团运动是中国人民以排外主义为主要形式的反帝思想和反帝斗争的典型代表，它要"排除"的不再是一城一地的外国侵略者，而是帝国主义在中国的一切侵略势力和侵略工具。它在政治、经济、文化等各个领域，向帝国主义的侵略政策展开反攻，以眼还眼，以牙还牙，在全中国和全世界产生前所未有的影响。这是以往任何一次反侵略斗争所无法比拟的。义和团运动充分表明，在当时的历史条件下，排外主义在反帝斗争中所能发挥的最大限度的历史作用，同时也充分暴露出排外主义的致命弱点和历史局限性。这样，就从正反两个方面为中国人民的反帝斗争发展到新的更高的阶段提供了丰富的实践经验和教训。

比较一下太平天国革命和义和团运动，就可以发现，随着客观形势的变化，农民阶级对帝国主义的认识和斗争也有一个发展过程。诚然，太平天国与义和团之间各有许多不同特点，而且在反封建斗争、组织程度、发展规模、坚持时间等方面，义和团都比太平天国后退了一大步。但在另一方面，即对帝国主义侵略的认识和反帝斗争方面却前进了一大步。正像义和团进攻的矛头主要不是指向清政府一样，太平天国的主要斗争矛头也不是指向外国侵略者。农民阶级对西方列强，基本上是盲目信任，对一切外国人，包括一些居心叵测的外国侵略者，只要不公开"助妖"，即一律视为"洋兄弟"。正因如此，他们才一再受到外国侵略者的欺骗。直到他们在中外反动派的联合进攻下失败以后，才醒悟到应当把"洋鬼"当作主要敌人。洪仁玕临就义前所说的"我朝祸害之源，即洋鬼助妖之事"，就是对他们这种沉痛教训的总结。从这里可以看出，农民阶级并非天生的排外主义者，他们是吃过亏上过当的，他们是从血的教训中逐渐觉醒过来的。虽然排外主义并不是反帝斗争的科学的指导思想和理想的斗争形式，但对帝国主义这个中国人民的主要敌人，从不认识到有所认识，从被动自卫到主动进攻，这不能说不是个进步。所以，不加分析，笼统地说义和团比起太平天国革命来是大倒退，把义和团运动屏之于单纯农民战争与近代革命运动之外，是不妥当的。

在旧民主主义革命时期，把排外主义作为反帝斗争的指导思想和斗争形式，也不是农民阶级所独有的特点，除了地主阶级抵抗派，当时处于先进地位的资产阶级中主张反帝的那一部分人,他们中间有些人的反帝思想也没有超脱排外主义的历史范畴。就拿《义和团有功于中国说》的作者来说吧。他对义和团的排外主义并没有做什么具体分析和恰当批评,对于义和团的"灭洋排外"完全是赞成的,甚至连本来并非义和团所为的"屠外使"也当作英雄行为加以赞扬。他说义和团"屠外使,火教堂,毁公署,拆铁道,动天下之兵,寒列强之胆","实为中国民气之代表,排外之先声","幸则杜绝列强,不幸亦振起国民排外之思想"。[①] "排外"的口号恐怕就是他们提出来的,义和团只有"灭洋"的口号,并无排外的提法。所以,应该把排外主义看作当时整个历史时代反帝斗争的特点,是中国人民对帝国主义的认识处于感性阶段的必然表现,而不应仅仅责备农民阶级的落后。

三

从阶级实质和客观作用上看,义和团的排外主义与太平天国的平均主义一样,都是农民小生产者的革命思想。所不同的,不过是一则表现于反帝斗争方面,一则表现于反封建斗争方面。

恩格斯说过,"在经济学的形式上是错误的东西,在世界历史上却可以是正确的"。列宁认为:"在评价俄国现代民粹派或劳动派的乌托邦的时候,必须记住恩格斯的这个深刻原理。"列宁指出,恩格斯的这个原理虽系指空想社会主义而言,却适用于俄国"民粹派的民主主义"。因为在土地问题上,被民粹派"当作反对资本主义的手段"的乌托邦——平均制,正是"最彻底最坚决的资本主义办法",即"在资产阶级民主主义发展方向上最需要的、经济上进步的、对于俄国这样的国家最迫切的办法"。而被这种乌托邦所鼓动起来的勇于斗争的千百万民众的斗争,正是"资产阶级改革的不可缺少的因素"和"获得全胜的条件"。这就是列宁所揭示的"历史的辩证法"。俄国民粹派不仅"要求根本消灭封建旧剥削者",而且幻想"'同时'消灭

[①] 佚名:《义和团有功于中国说》,张枬、王忍之编《辛亥革命前十年间时论选集》第1卷上册,第59—62页。

资本主义新剥削者"。① 对于这种乌托邦，列宁并没有简单斥之为"蒙昧"、"反动"和"倒退"，而是对它进行科学的、具体的分析，既准确地指出它的历史局限性，又肯定了它的合理成分和客观作用，给予了应有的评价。列宁为我们做出了运用马克思主义基本原理解决具体问题的榜样，他的科学分析方法，也为我们研究义和团问题提供了有益的启示和借鉴。

我们认为，被列宁肯定过的恩格斯的上述原理，对于研究义和团的排外主义也是有指导意义的。我们也可以说，义和团的排外主义在经济学的形式上是错误的，因为它毁坏了一些机器、商品等资本主义的先进生产工具和工业产品，但它在历史上却是正确的，因为把帝国主义侵略势力驱逐出中国的要求和行动是革命的、正义的，而被这种排外主义所发动起来的农民群众反对帝国主义的斗争，正是中国发展民族资本主义必不可少的条件。义和团的排外主义不同于封建顽固派的排外主义。就其阶级本质来说，地主阶级某一部分人的排外主义，虽然在一定程度上反映了中华民族同帝国主义的矛盾，客观上也多少有一些维护中国主权的作用，但终归不过是一个腐朽没落的阶级在新的历史条件下的垂死挣扎，是极端虚弱的表现，而义和团的排外主义则是"农民群众的特殊的、有历史局限性的"民族革命思想，反映了中国人民同国际垄断资产阶级的矛盾和斗争。它本身就是人民群众民族革命情绪高涨的"伴侣和象征"，是中国人民反帝斗争方兴未艾的表现。正是它，将一个伟大的群众反帝爱国运动推向高潮，打击了帝国主义的嚣张气焰，揭露了清政府的帝国主义走狗的真面目。这里用得着"相反相成"这句话。表面上，义和团的排外主义对于资本主义似乎是绝对排斥的，实际上恰恰相反，它为当时中国民族资本主义的发展创造了最必需的条件。因为帝国主义各国到中国来，并不是为了发展中国民族的资本主义，而是为了发展它们自己的资本主义。从一定意义上讲，当时中国的资产阶级民主革命，就是与帝国主义争夺在中国发展资本主义的权利的革命。而这种革命成熟的经济条件，也不是什么帝国主义经济势力在中国扎根、壮大，而是中国民族资本主义一定程度的发展。因而，在当时的中国，代表资本主义先进生产方式的并不是帝国主义侵略势力，而是在帝国主义和封

---

① 列宁：《两种乌托邦》，《列宁选集》第2卷，第431—432页。

建主义压迫下的中国民族资产阶级。帝国主义的侵入虽然有分解自然经济、利于资本主义发展的一面,但就其主要方面来说还是阻碍中国民族资本主义的发展、阻碍中国生产力的发展。共产国际第六次代表大会《关于殖民地和半殖民地国家革命运动的提纲》在分析帝国主义在殖民地半殖民地所起的历史作用时指出,帝国主义"对于殖民地的剥削",是一种"特有的资本主义剥削形式","就其基本趋势讲来,是阻碍殖民地生产力的发展"。因为"在每个帝国主义国家中,资本主义的剥削是经过发展生产力进行的",而帝国主义对殖民地的剥削,"不仅以经济压迫为基础,而且拿非经济强迫为基础"。它们"在殖民地获得的利润,大部分并不用到生产上面,而是从殖民地吸吮出去,或是投在宗主国,或是投在该帝国主义底新的势力范围以内"。《提纲》还指出,资本主义发展的"第一阶段所起的那种毁灭性的影响,在殖民地方面,因为外资侵入之故,更以可怕的程度,以加快的速度重演出来;反之,资本主义底进步的影响,在殖民地方面,在大多数情况下,却完全感觉不到"。不仅如此,"凡是统治的帝国主义须要在殖民地找到社会支柱的地方,它首先就和旧社会制度的统治阶层——封建主和商业高利贷资产阶级——联合起来反对大多数民众。无论在什么地方,帝国主义都努力于保存和巩固那一切资本主义前期的剥削形式(尤其是在乡村中),因为这些剥削形式是帝国主义的反动同盟者存在的基础"。所以,"在殖民地经济底特殊条件下,商业资本和高利贷资本占着优势和领导地位,这就缓慢工业资本的发展。在争取国内市场的斗争中,民族资本一再碰着投到殖民地的外资的竞争,一再碰到乡村中资本主义前期关系的阻滞作用"。当时中国的情况正是这样。在半殖民地半封建的中国,代表束缚生产力发展的旧生产关系的反动势力,一个是帝国主义侵略者,一个是与之相勾结的封建地主阶级。不推翻他们的反动统治,中国的生产力就得不到解放,中国的近代民族经济就得不到较快的发展。因而,中国资产阶级民主革命不仅有反对封建主义建立民主共和国的任务,而且有反对帝国主义争取民族独立的任务。这两者是缺一不可的。所以,义和团运动作为中国人民第一次大规模反帝斗争的意义是不能抹杀的,它对帝国主义和封建统治者的打击,归根结底,在客观上为中国民族资本主义的发展和资产阶级民主革命的进行创造了有利环境。1918年孙中山在"追述革命原起"时所说的"中国人之心",庚子"前后相较,差若天渊",① 就反映了义和团运动对当时全国政治形势的变化所起的巨大作用。事实上,正是由于义和团运动的打击,才迫使帝国主义不得不暂时收起瓜分中国的打算,清政府不得不进行一些它在戊戌变法时所坚决反对的政治、经济改革,使中国民族资本主义在20世纪第一个十年获得了前所未有的发展。从这个意义上甚至可以讲,义和团运动实现了戊戌变法所没有实现的目标,为辛亥革命的爆发准备了政治、经济条件。

四

应当如何看待义和团排外主义的局限性和它在历史上的教训呢?

从义和团运动最后失败的结局来看,排外主义和平均主义一样,具有很大的历史局限性,采取这种斗争方式是不可能把帝国主义侵略者赶出去的。它对帝国主义在认识上的笼统和模糊,必然导致行动上的自发性与盲目性。就拿"灭洋"这个口号来说,它就是一个笼统的排外主义的口号,因为,虽然帝国主义是"洋",但"洋"并不等于帝国主义,而且洋人洋物所在甚多,情况各有不同,岂能一概摈除。它对于"洋"的不同情况没有区分,其"灭"的提法又过于简单,在实际斗争中,尤其是当群众运动达到高潮、成为压倒一切的社会潮流时,就势必一斗而不可止,漫无限制,扩大打击面。这样就既不利于集中力量打击帝国主义及其走狗,也不利于争取社会上的广泛同情。其结果必然是孤立了自己,壮大了敌人,导致反帝斗争的最后失败。这个历史的教训也是不应当忘记的。

但是,在总结这一教训的时候,应当实事求是,不应当将本来与义和团排外主义无关的问题也加在它的身上。例如毁铁路的问题。这本来不是排外主义造成的。义和团无论是拆毁京津铁路还是焚拆卢保铁路,都是当时军事斗争的需要,并非出于对铁路的憎恨。虽然义和团在此之前早就做过不少关于毁路的宣传,但这并不是其最后采取行动的决定性原因。当时奉命赶往高碑店"剿匪"的清军统领杨慕时向上级报告说,

---

① 孙中山:《有志竟成》,《孙中山选集》(上),人民出版社,1956,第174页。

义和团"见本路来三营，后必有来者，遂全力毁铁路"。① 当时日本人佐原笃介辑录的某报"辨谣"文章也说，义和团"意谓前既拒杀官长，祸必不免，毁路所以拒兵"，并认为清朝官员于涞水兵败之后，"犹不派兵队驻守卢保各车站"，以"为将来运兵地步，是为一大失着"。② 这些材料说明，义和团焚烧和拆毁卢保铁路主要是为了阻止清政府利用火车运兵夹攻他们，并在当时基本上达到了这一目的。因此，把它当作排外主义的表现是不适当的。再如，烧毁丰台机器局和"龙车"的问题，不仅当时有这种传闻，即使现在亦有人认为系义和团所为。其实，当时义和团并未到达丰台，"机器房、电报房"及"龙车"等都是在"西人站长"和其他职员闻风逃走后，被"附近乡民和购票客商"放火烧毁的。③ 因而，无论对这件事评价如何，都不应记在义和团的账上。

在总结这一教训时应当注意当时的历史环境，不应当将义和团运动的失败仅仅归罪于排外主义。应该说这是时代的悲剧、历史的悲剧。在19世纪末期中国具体的历史条件下，当帝国主义的瓜分狂潮威胁着中华民族的生存时，敢于拿起武器，旗帜鲜明地向这个强大敌人发起反攻的只有农民阶级。当时，中国工人阶级虽然早已产生，但还处于幼稚阶段，还是一个"自在"的阶级，他们作为一个阶级，意识到自己的力量并独立地登上政治舞台，还要等到之后的"五四运动"之时。中国的资产阶级已经有了相当的发展，他们的政治代表已经登上了中国的政治舞台，他们呼唤着欧风美雨，希望中国从此得到维新。中国的资产阶级民主革命本来是应当由他们来领导的，但是由于他们是在外国帝国主义和中国封建主义的夹缝中成长起来的，他们身上具有先天的软骨病。资产阶级改良派在"百日维新"中曾经大显身手，但是他们把希望寄托在帝国主义身上，希图依靠外国的帮助实现君主立宪，以便他们施展富国强兵的抱负。因此他们在民族危亡之时，不可能举起反帝爱国的大旗。事实上，他们怀着对群众运动的极大恐惧，恶毒咒骂义和团的反帝爱国举动，他们与义和团是格格不入的。资产阶级革命派虽已展开政治活动，正在从改良派中间分离出来，开始具有革命排满的意识，但他们也是害怕帝国主义的，要他们举起反帝的大旗，是困难的。当义和团兴

---

① 杨慕时：《庚子剿办拳匪电文录》，《义和团》（四），第342页。
② 佐原笃介：《拳时杂记》，《义和团》（一），第246—247页。
③ 佐原笃介：《拳时杂记》，《义和团》（一），第246—247页。

起之时，他们同国内其他政治派别一样，对义和团的反帝活动也是反对的。据说资产阶级革命派中曾有人去天津与义和团联系，劝说义和团放弃"扶清灭洋"，改为"革命排满"，遭到拒绝。这证明他们是害怕触动帝国主义的。要革清政府的命固属革命行动，但放弃反对帝国主义的斗争，却绝非革命上策，尤其是在那国难当头、民族危亡之秋。当时，如果不是义和团起来不顾一切地放手大干，给帝国主义的瓜分政策以有力回击，中国的前途将是不堪设想的。但是，对于农民阶级来说，当时却找不到一种比排外主义更有力的思想武器和斗争形式来向帝国主义开战，这就决定了他们必然失败的历史命运。义和团运动的失败证明，没有先进阶级的领导，农民阶级要想取得反帝斗争的胜利，是根本不可能的。同时也证明，先进的阶级要在中国取得资产阶级民主革命的胜利，在反封建的同时，不举起反帝的旗帜，特别是不注意团结和发动占中国人口绝大多数的农民这支最可靠的同盟军，也是不可能的。观乎义和团运动及其以后的辛亥革命的失败，以及中国共产党领导的新民主主义革命胜利的全部过程，我们愈加坚信这是一个真理。

在总结义和团运动失败的教训时，应该注意旧民主主义革命时期的基本特点，不应当过分强调排外主义这一种错误倾向，而忽视了另一种倾向。其实在近80年的旧民主主义革命时期，虽然不断出现以排外主义为主要形式的反帝斗争，但总的来看，在对待帝国主义的问题上，排外主义并不是主要错误倾向。纵观这一时期的整个历史，中国人民在对待帝国主义的问题上走了一个"之"字形，从太平天国的盲目信外，到义和团的笼统排外，然后又回到辛亥革命的盲目信外，直到五四运动和中国共产党成立以后，中国人民才有了科学的反帝理论和正确的方针政策，从根本上克服了两种错误倾向。所以，在中国人民对帝国主义的认识处于感性认识的阶段，至少从这三次大规模的革命运动来看，其主要错误倾向并不是笼统排外，而是对帝国主义盲目崇信，缺乏警惕。毛主席在《论人民民主专政》一文中曾专门论述过中国共产党成立前，以孙中山为代表的先进人物对西方侵略者由盲目崇拜到逐渐觉醒的过程，指出"联合世界上以平等待我之民族，共同奋斗"[①] 就是他们在总结了这一沉痛教训后得出的正确结论。因而，如果需要总结旧民主主义

[①] 毛泽东：《论人民民主专政》，《毛泽东选集》第4卷，第1409页。

革命时期同帝国主义打交道的历史教训的话,首先应当总结盲目信任、上当受骗的教训,至少应该兼顾两个方面。我们在总结义和团的经验教训时也不应脱离这个前提。

总之,义和团的排外主义的确是有很大历史局限性的。这不仅在今天我们总结历史教训时是这样看,即使是在当时,这种做法也给反帝斗争带来危害。毫无疑问它是义和团运动最后失败的重要原因之一。但总结这一教训时,应当把它作为一个历史问题来看待,应当注意当时的历史条件及其与义和团排外主义的必然联系,从而找出历史发展的客观规律。否则,历史就会失去其客观性和严肃性,就有可能成为人们根据自己的眼前需要随意解释和撰写的东西,就有可能在反对一种倾向的时候,出现它所掩盖着的另一种倾向。这对一个科学工作者来说是应该尽力避免的。

五

纵观一百多年来中国人民反帝斗争的历史进程,使我们深深感到义和团运动时期中国人民把笼统排外主义作为思想武器和斗争形式是不可避免的。因为,"在一个很长的时期内,即从一八四〇年的鸦片战争到一九一九年的五四运动的前夜,共计七十多年中,中国人没有什么思想武器可以抗御帝国主义"。[1] 然而,帝国主义的瓜分狂潮逼迫着中国人民,使他们不得不在极为不利的条件下,以落后的组织形式、简陋的思想武器和物质手段,向帝国主义做殊死斗争,以挽救民族的危亡。简陋的武器也是武器。如果连这样的武器都没有,那就根本不可能发动一场波澜壮阔的群众运动,为祖国的独立自由事业建立如此巨大的历史功勋。无论义和团运动有多么大的弱点和错误,它在中国近代史上的地位是不能否定的。正如周恩来总理庄严指出的那样:"一九〇〇年的义和团运动正是中国人民顽强地反抗帝国主义侵略的表现。他们的英勇斗争是五十年后中国人民伟大胜利的奠基石之一。"[2]

---

[1] 毛泽东:《唯心历史观的破产》,《毛泽东选集》第4卷,第1451—1452页。
[2] 周恩来:《在北京各界欢迎德意志民主共和国政府代表团大会上的讲话》,《人民日报》1955年12月12日。

但是，从中国人民认识过程的发展来说，排外主义又是应该抛弃的。因为它不是科学的理论，不能指引中国人民夺取反帝斗争的胜利。然而，没有失败的教训，不经过革命斗争的检验，中国人民是认识不到这一点的。这就是说，无论是在认识上还是在实践上，中国人民的反帝斗争都不可能超越笼统排外主义这个发展阶段。诚然，排外主义不等于"打倒帝国主义"。但是，我们却不能因此而割断"打倒帝国主义"这个科学的革命口号同排外主义（"灭洋"）之间的历史联系。中国人民正是在经过了无数次的斗争、失败的痛苦之后，经过马克思主义理论的指导，总结了历史经验，才喊出"打倒帝国主义"这个科学的革命口号的。正如毛泽东同志在 1949 年总结的那样：一百多年来帝国主义对中国发动了一次又一次的侵略战争，"所有这一切侵略战争，加上政治上、经济上、文化上的侵略和压迫，造成了中国人对帝国主义的仇恨，使中国人想一想，这究竟是怎么一回事，迫使中国人的革命精神发扬起来，从斗争中团结起来。斗争，失败，再斗争，再失败，再斗争，积一百零九年的经验，积几百次大小斗争的经验，军事的和政治的、经济的和文化的、流血的和不流血的经验，方才获得今天这样的基本上的成功。这就是精神条件，没有这个精神条件，革命是不能胜利的"。① 今天，我们在事变过去 80 年之后来给予义和团的排外主义一个历史的考察，是希望给它一个合乎历史本来面目的科学说明。中国人民已经做了国家的主人，中国人民已经能够在平等的国际气氛中同各国人民来往。我们还有反对帝国主义、反对霸权主义的严重任务，但是我们绝不搞排外主义。如果有人在今天还要来宣扬排外主义，像戚本禹在"文化大革命"中所干的那样，那才真是对历史的反动和倒退。我们应该始终坚持爱国主义和无产阶级国际主义，虚心学习一切民族、一切国家的长处，结合我国的具体情况来加以消化和吸收，以加速我国的社会主义现代化建设，为人类文明进步做出自己应有的贡献。我们既不能因为今天中国人民要同各国人民保持友好关系，就去贬低甚至抹杀义和团的排外主义在历史上曾经起过的革命作用，更不能因为它在历史上曾经起过某种革命的作用，就要求今天像历史上的义和团那样也来实行排外主义。这两种态度之为偏颇，是毋庸多说的。

---

① 毛泽东：《丢掉幻想，准备斗争》，《毛泽东选集》第 4 卷，第 1421 页。

关于近代中国现代化问题的讨论[*]

"近代化"与"现代化"

进入历史新时期以来，随着国家以经济建设为中心方针的确立，近代史学界开始关注近代中国历史上的现代化问题。这是很自然的，学术上也是需要的。人们开始谈论近代中国的现代化，许多人用的词语却是"近代化"。术语不统一，至今还在困扰着人们。

从历史上考察，近代化这个词语来自日本。英文的 modernization，日本人用日文汉字译出就是"近代化"。英文的 modernization 和日文的"近代化"，用汉语表达就是"现代化"。因此"近代化"是一个日文词语，译成中文应为"现代化"。许多学者在讨论近代中国的现代化问题时，直接借用了日文的"近代化"一词。他们的基本理由是，由传统社会向现代社会变迁的过程就是现代化的过程，1840 年的鸦片战争便开始了中国人对现代化的探索，因此中国近代史上发生的现代化过程便可以称之为近代化过程，用"近代化"这个词语比较妥帖和符合实际。这里所说的中国近代史，指的是 1840—1919 年的历史，这是一种旧的分期法。今天学术界多数已经接受了 1840—1949 年的历史是中国近代史。无论是按照旧的分期法，还是按照新的分期法，用"近代化"这个词来说明近代中国的现代化过程，都是不太妥当的。因为，英文的

---

[*] 原载林甘泉、张海鹏、任式楠主编《从文明起源到现代化——中国历史 25 讲》，人民出版社，2002。转载沙健孙主编《"中国近现代史纲要"课学习参考文选》，高等教育出版社，2007。

modernization 和日文的"近代化",所表达的是一直延续至今的时间概念,兼有中文的近代和现代之意。今天已经有越来越多的学者同意直接采用"现代化"来说明近代中国的现代化过程,这个过程到今天还在继续之中。如果中国学者把"近代化"新创为一个概念,那么,"近代化"与"现代化"如何区分,将是一个很困难的问题。因此,把"近代化"和"现代化"这两个术语统一起来,称为"现代化",来说明中国的现代化历程,就更科学了,也更方便了。如果以 1949 年为界,1949 年前称为中国近代史,1949 年后称为中国现代史,把中国近代史时期的早期现代化称作"近代化",把中国现代史时期的现代化过程称作"现代化",也未尝不可。本文统一使用"现代化"这个概念。

"现代化"的研究框架的形成

"现代化"一般是指欧洲工业革命以来世界经济急剧变革、工业化程度不断提升的过程。对这个过程进行学术研究,学术界早就开始了。"欧风美雨""西学东渐"指的就是中国的现代化过程。"现代化"(或者"近代化")这个词,20 世纪 20 年代就出现在汉语里了。30 年代,中国思想界还就"中国现代化"问题展开过讨论,那时已经较为全面地论及中国现代化的内外部条件、中国现代化应该走什么道路、现代化与政治统一的关系、现代化的资金与人才问题、现代化中的"工化"与"农化"的关系、现代化中的文化建设等等。[①] 但是在学术上建立"现代化"的研究框架,从现代化的视角来研究现代化过程,则是 20 世纪 60 年代才起步的。

我国学术界从 20 世纪 80 年代开始,对现代化理论的形成过程做出过认真研究。他指出,从社会思潮的角度看,现代化理论是在第二次世界大战后的全球性工业化高潮阶段形成的关于社会变迁的新理论架构。战后西方出现的这一社会思潮,从本质上说,是一种美国社会思潮。第二次世界大战后,欧洲衰败了,18—19 世纪形成的殖民体系土崩瓦解。

---

① 参见章开沅、罗福惠主编《比较中的审视:中国早期现代化研究》,浙江人民出版社,1993,第 78—79 页。

只有美国充分享受了战争的胜利果实,社会经济迅速发展,达到了资本主义世界经济和政治发展的顶峰。美国学者纷纷著述,大吹 20 世纪是"美国的世纪",现代世界体系是以美国为首的西方社会体系。现代化不仅是"西方化",首先是"美国化"。这些观点反映了美国在战后已处于世界的中心地位,带有强烈的帝国主义意识形态色彩。在这种氛围下形成的现代化理论思潮,是乐观的社会进化论思潮的产物,是西方资产阶级社会思潮的产物,是战后"美国第一"的自大狂思潮的产物。美国学者认为:"现代化概念主要是一个美国式的概念。"[①] 这是现代化理论产生的基本的社会背景。

现代化理论产生的另一个国际背景是,战后东西方尖锐对峙,社会主义世界体系和资本主义世界体系之间形成了长期"冷战"的局面。亚洲、非洲和拉丁美洲广大地区民族解放运动蓬勃兴起。这些国家朝什么方向发展,是走向社会主义还是走向资本主义,成为一个世界性的问题。战后整个世界都在重建,各个地区、各个国家的经济发展道路,是带有强烈反共意识形态的西方社会科学界最为关注的问题。美国政府从"全球战略"的需要出发,积极推动"发展"和"现代化"这样的课题研究,投入大量力量推动发展中国家和地区的发展战略和策略的研究。

美国经济学家首先从发展经济学的角度进行研究。这缘于美国为了争取第三世界一些国家,提出对落后国家进行经济援助的计划。为了把这些国家纳入以美国为首的世界体系,自然必须加强对接受美援国家发展道路和模式的研究。有关现代化的研究正是从这里起步的。可见现代化问题的研究是直接为美国的全球战略服务的。曾任肯尼迪政府国家安全事务副特别助理的麻省理工学院经济史教授罗斯托(W. W. Rostow),在 1960 年出版了《经济成长的阶段——非共产党宣言》一书,声称其经济成长理论"这个思想体系要作为一种观察近代史的方法,要向马克思主义挑战而且要代替马克思主义"。[②] 他在书中否定马克思主义关于历史发展规律的学说,按照社会发展的经济规模,把所有社会分

[①] 亨廷顿:《社会变迁理论的演变:现代化、发展与政治》,收入布莱克编《比较现代化论文集》(*A Comparative Modernization*),转引自罗荣渠《现代化新论》,北京大学出版社,1993,第 29—30 页。

[②] 罗斯托:《经济成长的阶段——非共产党宣言》,国际关系研究所编译室译,商务印书馆,1962,第 122 页。

为五个阶段,即"传统社会"、"为起飞创造前提条件"、"起飞"、"向成熟推进"和"高额大众消费",用以代替马克思主义关于封建主义、资本主义、社会主义和共产主义的历史序列。他把牛顿以前的整个世界都称为"传统社会",这个传统社会包括中国的各个朝代、中东和地中海的文明,以及中古欧洲世界。① 他把美国作为现代化的国际样板,认为一国经济"起飞"以后,就会进入经济持续增长阶段,美国将会"在世界许多地区帮助维护现代化进程中的国家主权完整和独立自主"。② 可见,这些研究结论是伴随着"冷战"思维而得出的。这样,以经济增长理论为核心的发展经济学这门新的学科逐渐形成。与此相应,政治学家、社会学家、历史学家从各个不同的学科领域对现代化过程展开研究。美国政治学者注意对第三世界国家政治发展展开研究。1960 年美国麻省理工学院国际研究中心收集了亚洲、中东、非洲、拉美地区大约 60 个国家的现代化统计指数,对这些国家的政治民主程度进行排队,作为测量这些国家政治现代化的一种方法。美国普林斯顿大学历史教授布莱克出版《现代化的动力》一书,以西方早期工业化国家为现代化模式,把现代化进程分为几个阶段:现代性的挑战、现代化领导阶层权力的巩固、经济与社会的转变、社会的整合。这派学者研究现代化,以社会结构和政治现代化为重点,而不以经济发展为重点。

对发展中国家的现代化模式和发展道路的研究,60 年代主要集中在日本、土耳其、印度等少数国家。在美国和日本都掀起过"日本现代化"讨论热。这种讨论热也有它的政治倾向。应该说,讨论日本现代化问题,有它的历史原因和理由,同时也是美国对亚洲政策的需要,它是需要以日本为现代化模式,影响新兴的独立国家向非社会主义的方向发展。

由于国际、国内形势的变化,美国左翼激进主义思潮抬头,抗议美帝国主义的对外政策和社会政策的群众行动激烈起来,60 年代在美国兴起的现代化思潮受到挑战和批判。各国的马克思主义者和进步学者指摘美国兴起的现代化理论是美帝国主义的意识形态,是为美国对外扩张政策服务的舆论工具。从学术上说,"传统和现代性"这对对立的概念

---

① 罗斯托:《经济成长的阶段——非共产党宣言》,第 10—11 页。
② 罗斯托:《从第七层楼上展望世界》,国际关系学院"五七"翻译组译,商务印书馆,1973,第 84 页。

是含糊不清的。拉丁美洲国家的学者在批判现代化理论时流行一种"依附论"。他们认为，第三世界国家的经济落后与低度开发，并不是由于它们的前资本主义结构，而是由于它们在资本主义经济体系中处于依附地位，是受殖民主义和帝国主义剥削的。由于现代化理论建立在经济增长的无限发展的乐观估计上，也受到西方学者的批判，认为经济增长伴随着许多新的问题，不是无限的，而且为人类的发展增加了新的困境。

经过 70 年代的批判后，现代化理论在 80 年代有了一些变化。首先是反共意识形态得到批判。其次，批判者认识到不仅要批判，而且需要对现代化理论本身进行学术探讨。在西方，涉及现代化的学术流派还在发展。从社会学衍生出来的现代化理论，认为要以"现代化"概念来研究近期社会变迁的过程。按照这种观点，第三世界国家的发展被认为是从传统农业社会向现代工业社会演进的过程，或者是西方工业文明向非西方世界的传播过程。这个研究领域被称为发展社会学。它着重研究现代社会的结构分化、都市化、工业化、世俗化。从经济学衍生出来各种经济发展理论，从政治学衍生出各政治学理论。依附性理论是作为现代化理论的对立面出现的，这时又发展出"依附性发展""边缘资本主义"等理论。在第三世界国家，发展和现代化问题越来越受到重视。各国学者研究本国的具体历史情况，探讨世界不同国家走向现代化的模式，这对于把欧美发达国家作为唯一标准的研究框架是一种突破。

60 年代，中国学术界对现代化理论采取了批判和拒绝的态度。80 年代，中国的经济学界、政治学界、社会学界、历史学界广泛采用了现代化的概念，进行了各种相关学科的讨论，看法不尽一致。关于现代化的含义，我们大致可以做如下的概括。

现代化是指一个国家或地区从传统的农业社会向现代工业社会转变的历史过程，延伸开来，也可以说是从传统工业社会向高科技、电子化、数字化工业社会转变的过程。这个转变的核心，是生产力（包括生产工具和掌握生产工具的人）在高新科技能力指导下的不断提升。从这个角度看，现代化在现代社会也是一个不断发展的过程。

从这个角度说，现代化实质上是工业化，是经济落后国家实现工业化以及不断提升工业化水平的过程。中国的社会主义现代化，核心是在社会主义制度下，实现工业现代化和科技现代化。二次大战后独立的新兴民族国家，也把现代化作为动力，致力于工业化目标，把它作为改变国家面貌和提高国际地位的战略措施。学术界广泛接受这种观点：用"工业化"来概指现代社会改变国家面貌的动力、特征和进程。工业化社会虽有各种模式，但有大致相同的特点：城市化、机械化、自动化与专业化，非生物能源的广泛应用，经济持续增长，职业和科层分化复杂，等等。

也有另一种见解，把现代化作为自科学革命以来人类急剧变动的过程的总称，它不仅包括经济领域，也包括人类在政治发展、社会动员、心理适应和知识增长方面的急剧变化，它更重视社会制度与经济发展的关系。这派理论还特别提出"现代性"（modernity）和"传统"（tradition）两个概念，来对现代化过程进行对比分析。传统代表前工业社会的特征，现代性代表现代社会的特征。现代社会的特征包括如下方面：民主化、法治化、工业化、都市化、均富化、福利化、社会阶层流动化、宗教世俗化、教育普及化、知识科学化、信息传播化、人口控制化等等。[1]

广义地说，现代化指人类社会从工业革命以来所经历的急剧变革，导致传统的农业社会向现代工业社会的转变，这种转变是一个世界历史过程。狭义地说，现代化不是一个自然的历史演变过程，它是落后国家通过有意识地学习西方发达国家，采用先进的经济技术手段迅速赶上先进工业国的发展过程。[2]

还要指出，我们今天说的现代化，实际上分为资本主义现代化和社会主义现代化。关于这个问题，国内外研究现代化的学者，还缺少专门、深入的学术研究与阐述。但是必须指出，这两种不同性质和追求的现代化是存在的。资本主义现代化，是在既存的资本主义生产关系或资本主义体系下，追求现代化发展的最大目标，并且认为，资本主义是社会发展的终极，现代化最大目标的实现，就可以避免社会主义革命的到来。社会主义现代化，是通过革命，取得国家独立，建立社会主义制度，形成代表人民大众利益的强有力的领导集团，在社会主义生产关系所允许的范围内，大量吸收、借鉴资本主义在人类历史上发展起来的较为先进的生产力和科技能力，极大地激发人民群众的创造性，高速度地

---

[1] 杨国枢：《现代化的心理适应》，台北：巨流图书公司，1978，第24页。
[2] 本节叙述参考了罗荣渠《现代化新论——世界与中国的现代化进程》第二章（北京大学出版社，1993，第25—45页）。

发展生产力，最大限度地满足人民大众日益增长的社会经济、文化生活的需要，在国民生产总值和人均产值上赶上或超过资本主义现代化的过程。从发展趋势来说，社会主义现代化所创造的社会物质和精神财富，应当高于资本主义现代化所创造的社会物质和精神财富。社会主义现代化不以所创造的社会物质和精神财富为满足，不以社会主义为社会发展的终极，它还要创造更高的社会物质和精神财富，把社会发展推向未来的共产主义社会。一般来说，由于社会主义制度的较多的优越性，社会主义国家发展工业化、赢得现代化的时间，比资本主义国家要快得多。鉴于此，我们今天不能简单地拒绝源自西方的现代化理论，而要借鉴这种理论，结合中国近代史的历史实际，结合我们自己进行社会主义现代化建设的客观实际，研究我们自己在实现现代化过程中的成功与挫折、动力和阻力、经验与教训，在马克思主义、毛泽东思想和邓小平理论指导下总结出我们自己的现代化理论。

在今天经济全球化的形势下，在我国加入世界贸易组织（WTO）的条件下，在资本主义现代化的大环境下，我们发展自己的社会主义现代化，既便于我们利用资本主义现代化的成熟经验和市场网络，也面临着资本主义现代化的极大挑战和困扰。如何保护我们社会主义现代化的正常开展，又避免资本主义现代化的大范围冲击，无论在理论上或者实际工作上，都是对我们的严重考验。

中国现代化的历史进程

中国近代史学界关于中国现代化的历史进程的系统研究才刚刚开始，很不深入，很不全面，看法也不尽一致。有人认为，中国的现代化过程从19世纪60年代的洋务运动开始，有人认为，从鸦片战争起，中国就开始了现代化的起步。说中国的现代化从鸦片战争起就开始了，这是难以说服人的。鸦片战争是中国近代史的起点或者开端，这同中国现代化的开始完全是两码事，不能等同。《南京条约》签订以后，打了几年仗的道光皇帝还是不知道英国是什么国家，位于何方，道里远近，照样歌舞升平。林则徐、魏源他们虽然增加了对英国和西方国家的一些了解，编著了介绍西方国家地理政情的著作《海国图志》，提出了"师夷长技以制夷"的对策,但一来这样的人实在太少,二来他们的著作和对策长期无人问津,不为社会所重视。《海国图志》传到日本,被日本士人大为欢迎,反复翻印,在本国的命运却差多了。说中国的现代化从"洋务运动"开始,虽勉强可以成说,但也不是很准确的。

有些人认为,近代中国的现代化(近代化)就是资本主义化。其实这是一种简单化的看法。1919 年以前中国存在资本主义现代化的趋向,1919 年后,这种趋向不是在强化,而是在弱化。不同的观点认为,资本主义化的主角是资产阶级,近代中国前八十年现代化(近代化)的主角是民族资产阶级,内涵是资本主义化;后三十年,无产阶级居于主角,现代化(近代化)的内涵也随之而变成为社会主义开辟道路的新民主主义化。① 这个说法较之上说有了分析。但是否准确,也不尽然。拿前八十年来说,19 世纪 60 年代兴起的"自强运动"(20 世纪 60 年代的研究者把这个时期兴起的自强运动称为"洋务运动"),虽然从西方引进了一些军用和民用工业技术,发展了中国近代早期的机器工业,还引进了西方的一些自然科学和社会科学知识,但那是统治阶级的代表人物发起的自救运动,主角是地主阶级的代表人物(在中央的有咸丰皇帝的弟弟奕䜣,在地方的有督抚大臣曾国藩、李鸿章等),不是资产阶级,也不是为了发展中国的资本主义,而是为了维持行将崩溃的清王朝。拿后三十年来说,无产阶级通过共产党领导的人民革命运动,主要是反帝反封建斗争,是争取国家独立、民族解放的政治斗争,在没有取得当权地位的情况下,当然没有条件实施工业化计划,因此从现代化角度,还不能说无产阶级是主角。虽然可以说斗争的目标是为社会主义开辟道路的新民主主义,但斗争手段主要是武装斗争,是革命战争。这种斗争是为现代化创造条件,它本身还不是现代化。那个时期的当权者国民党政府有可能成为现代化的主角,在发展国民经济方面做过一些工作,这无须否认,但它的努力主要不在这方面,它为了巩固地主资产阶级的统治,实行封建法西斯式的专政,把主要精力用在消灭异己上,而且自 1931 年 9 月 18 日起,日本占领了东北,继续进犯华北,自 1937 年 7 月 7 日卢沟桥事变起,日本帝国主义发动了全面侵华战争,中国人民的抗日战争坚持了八年之久,国民党政府没有也不可能实行真正的工

---

① 参见苑书义《中国近代化的历程述略》,《近代史研究》1990 年第 3 期。

业化计划，因而也谈不上是现代化的主角。

关于中国近代史上的现代化，有几种意见值得重视。一种意见认为，中国近代史上的现代化，是一种半殖民地半封建状况下的畸形的、屡遭挫折的、甚至可以说是失败的现代化，是在资本主义的外围、边缘，形象地说就是"乡村"的现代化。为了区别新中国建立前后不同的现代化，把前者叫作早期现代化，把后者称为现代化。① 把1949年前近代中国的失败的现代化与1949年后新中国的现代化加以区别，是有眼光的，是符合历史事实的，是必要的；不做这种区别一概用现代化的框架加以研究，正是忽视了发展中的事物的本质区别。当然，早期现代化这个概念是否准确反映了历史的本来面貌，也还需要斟酌。至少它可使人与西欧的早期现代化产生联想，而这两者在现代化的起因、推动力和发展道路方面是完全不同的。可以说，近代中国的现代化是后发的、被动的、时断时续的、缺乏推动力的不成功的现代化。

另一种意见认为，近代中国的现代化是被延误了的现代化。② 中国现代化被延误，是由近代中国的特殊国情决定的。论者认为，近代中国的变革至少贯穿了四条线索。这四条线索是：①王朝自身衰败的过程；②半边缘化③及半殖民地化过程；③革命化过程；④现代化过程。所以，对近代中国大变革发生作用的过程，不是按简单的"挑战（冲击）-回应"模式或"传统-现代"模式运动的，而是一个主客体相互作用、复杂的网络运动。中国走向现代化的过程是与中国走向衰败、沦为半殖民地以及各种革命运动连绵不断的过程重叠在一起的。中国的现代化进程不同于欧洲内源性现代化，中国通过革命化走向现代化的独特道路对中国现代化的形式和道路具有特殊影响。中国的半殖民地化（半边缘化）与革命化，实质上都是中国现代化进程中旧体制向新体制转变的特殊形式。就中国现代化的特定形式而言，在19世纪后半叶，它只是中国社会大变动中的一个流向；20世纪初辛亥革命后，中国现代化才艰难地逐步上升为诸流向中一个带有主导性的趋势；20世纪50年代后，

---

① 参见章开沅、罗福惠主编《比较中的审视：中国早期现代化研究》，第29页。
② 罗荣渠：《现代化新论》，第235页。
③ 半边缘化，是依附论者所使用的词语，这里是借用。按照依附论者的见解，在资本主义体系里，其核心是宗主国，半殖民地附属国是半边缘，殖民地是边缘。在这里，半边缘化与半殖民地化是同义语。

现代化才上升为大变革的主流,成为占支配地位的大趋势。①

在这里,我们还要注意观察19世纪后半叶到20世纪前半叶中国的现代化过程,也不能简单化。在半殖民地半封建社会条件下,还要区别是帝国主义所允许的现代化还是独立自主的现代化。在这个时期,我们说它是失败的现代化,或者失误的现代化,其实质是说,基本上它是帝国主义所允许的现代化。如果离开了这种理解,我们将很难认识这个时期现代化的真实含义。

以下简单分析中国现代化的历史进程。

学术界一般认为,19世纪60年代的"洋务运动"是中国现代化的起点。从现代化理论看,中国是半边缘化或半殖民地国家,现代化是后发晚生型。后发晚生型现代化必定是政府主导,这样的政府是代表资产阶级利益的政府,或者将逐步演变为资产阶级的政府。在"自强新政"兴起时,正值咸丰时期,中经同治、光绪两朝。这个王朝是半殖民地状态下的封建王朝,丝毫没有资产阶级的气息,而且,这个政府未曾提倡、主导"自强新政",提倡新政的是几个大臣。最高当局(慈禧太后)在洋务派和反对洋务派的顽固派之间玩弄权术,掌握官场动向。企业都掌握在官僚手里,对民间办企业不是像日本明治政府那样全力支持和倡导,而是加以限制、阻挠。那时采取的"官督商办"的企业形式,是有别于东西各国的形式,充分体现了"官"在企业中的辖制作用。民间企业在官僚和帝国主义压制下的成长道路,是极其艰难的。

我们要注意研究,并且仔细辨认中国民族资本主义、民族资产阶级是怎样成长起来的。这种新的经济形式、新的阶级力量将决定中国社会的面貌。经济史家汪敬虞研究了在外国资本主义入侵之后,中国资本主义现代企业以及中国资产阶级的产生。他认为,在资本主义入侵之前,中国封建社会已经发展起来具有相当便利和信誉的资金融通机构——钱庄。外国洋行进入,钱庄适应资本主义的需要得以保存和发展。中国原有的封建经济结构从这里发生变动,开始走上半封建半殖民地化的过程。"适应外国资本主义入侵的钱庄,在(19世纪)70年代以后的中国资本主义企业中,表现出很大的活力。许多钱庄老板就是洋行买办。他们先附股于洋行的企业,接着又投资于自办的资本主义企业。"总

---

① 参见罗荣渠《现代化新论》,第235—243页。

的看来，对资本主义企业较早较多发生联系的是那些开始走上买办化道路的行业和集团。汪敬虞认为，"在中国资本主义的发生时期，大量存在着买办资本向民族资本的转化"。[①] 买办或买办化商人对中国近代企业的投资起了重要的作用。"在中国资本主义发展进程中，买办阶级部分成员转化为民族资产阶级，成了中国近代阶级关系中一个具有历史意义的现象"。[②] 买办、洋务派官僚和新式商人对近代企业的投资，大约在19世纪末大体上形成了近代民族资本主义和民族资产阶级。外国资本主义侵入，需要并且培养了中国的买办和买办阶级。一部分积累了大量资金的买办又投资近代企业，转化为中国民族资本主义和民族资产阶级。中国民族资本主义和民族资产阶级既要依附于外国资本主义，又有矛盾；既要依附于官僚和官僚资产阶级，也有矛盾。实质上，在强大的外国资本压力下，中国民族资本的产生不过是资本帝国主义所允许的现代化而已。中国民族资本主义和民族资产阶级就这样具有先天软弱的性格。这种软弱性格又决定了近代中国改良和革命事业的基本品格。

中国民族资本家要求发展资本主义的呼声，在1898年的戊戌维新中，微弱地反映出来。康有为、梁启超等维新派发展资本主义的主张，通过光绪皇帝的变法诏旨得到表现。形式上，政府的这个最高当政者意在变法，可惜好景不长，只有103天，就被实际掌权者慈禧太后打压下去，连皇帝也被关押起来。政治上帝党太软弱，反映了经济上民族资产阶级的力量太软弱这个历史事实。

现代化进程第一次正式被政府所主导，是在1901年开启的"新政"中。这次距离戊戌维新不过三年，但这三年却令人有恍如隔世之感。经过八国联军的沉重打击，在帝国主义列强的联合干预下，慈禧太后一伙勉强保住了政权，深刻地感受到了变法的压力，财政压力也使政府有切肤之痛，于是宣布实行新政。慈禧太后批判康有为说，我不是不想实行变法，是不能让"康逆"一党实行变法。这样戊戌维新时期的变法法令大部分得到恢复，而且有了发展。1903年在政府内设置商部（此后改为农工商部），总管农、工、路、矿诸政，随后公布一系列提倡、奖励工商实业的条例、法令，诸如《商律》、《公司律》、《破产律》、《公

[①] 汪敬虞：《试论中国资产阶级的产生》，《辛亥革命七十周年学术讨论会论文集》上册，中华书局，1983，第229~230页。
[②] 严中平主编《中国近代经济史1840~1894》下册，人民出版社，1989，第1538页。

司注册试办章程》、《商标注册试办章程》、《大清矿务章程》、《奖励华商公司章程》和《著作权律》等,推动了工商实业等现代化事业的发展。这个时期,军事、教育方面的新政步伐也很大,政治改革虽很艰难,但也在启动。这个时期的清政府颇有一番推动现代化的样子。表面上看,这种推动看似主动,实际上是在帝国主义允许下的,这是被动的主动,不是摆脱了帝国主义约束的独立自主的主动。清政府推动现代化的这种主动如果提前到19世纪60年代,中国现代化的进程有可能与日本明治维新相媲美;这种主动如果提前到1898年的戊戌维新,清政府的被动局面也可能稍加改善。但是事实不是如此。受中国近代通过革命化走向现代化的独特道路的影响,革命派对于这个接受《辛丑条约》的苛刻条件而变成"洋人的朝廷"的清政府,已经不能等待了。辛亥革命的爆发结束了由清政府主导的难产的、失败的现代化。

辛亥革命后成立的以孙中山为大总统的中华民国南京临时政府,是第一个代表中国资产阶级利益、有计划地推动中国现代化事业的政府。南京临时政府虽只存在了三个月,但它发布了一系列发展工商实业的政策法令。带有宪法性质的《中华民国临时约法》规定国民有结社、言论、出版自由,有保有财产及营业之自由,为工商实业的发展提供了根本的法律保障,一些工商实业界的代表性人物还担任了政府部长之类职务。孙中山说过:"以前为清政府所制,欲开发则不能,今共和告成,措施自由,产业勃兴,盖可预卜。"[①] 1912年,在上海成立的"中华民国工业建设会"提出:"建设我新社会,以竞胜争存,而所谓产业革命者,今此其时矣。"[②] 中华民国的成立,给工业化的发展带来了机遇,中国工业化获得了较为迅速的发展。一直到袁世凯上台以后,工商企业的发展还呈上升趋势。当然,1915年为抗议日本灭亡中国的"二十一条",国内抵制日货;第一次世界大战期间,列强减少对华资本和商品输入,大大改善了中国资本主义发展的客观环境,促进了中国民族资本主义工商业的发展。这是自清末以来中国现代化发展最好的时期。

但是好景不长。随后北洋军阀争战,不仅破坏了经济发展的客观环

---

① 孙中山:《在南京同盟会会员饯别会的演说》,中国社会科学院近代史研究所中华民国史研究室等编《孙中山全集》第2卷,中华书局,1982,第322页。
② 《1912年工业建设挥发起趣旨》,原载《民声日报》1912年2月28日,转引自汪敬虞主编《中国近代工业史资料》第2辑下册,科学出版社,1957,第862页。

境，而且战争需要筹措、消耗军费，使发展经济的资金来源受阻。军阀之间无休止的混战，极大地破坏了社会生产力的进步，大大延缓了中国现代化的进程。国民党政权巩固以后，在30年代曾经着手发展国民经济。据统计，1936年，中国工矿业固定资产为13.76亿元，其中民营资产11.7亿元，国有资产仅为2亿元。直到1937年，南京政府还没有一个由国家投资来完成的、对国计民生有重大作用的大型建设项目。[①] 相比之下，中国微弱的经济却由外国资本控制着。1936年，在整个产业资本总量中，华资资本只占21.6%，外国资本却占78.4%。[②] 这是半殖民地半封建状况下中国现代化的可悲写照。随着日本帝国主义的入侵，很快全国转入战时体制，东南沿海一带企业纷纷内迁西南各地，要想保住原有的经济基础也不可能了。

我们看到，从1840年到1949年，中国的现代化是屡遭挫折的、扭曲的、失败的、屡次失去发展机遇的。现代工业只是星星点点地分布在若干城市。工业产值只占国民经济总产值的百分之几，中国仍然是一个传统的农业大国。

中国真正走上现代化的发展道路，并且改变中国传统农业大国的地位，是在1949年中华人民共和国成立之后。中国真正提出有中国特色的社会主义现代化建设道路更是在20世纪80年代。历史已经证明，中国现代化的历史进程，其实是在1949年以后开启的。

关于中国近代史主题的讨论

讨论近代中国的现代化问题，难免要涉及中国近代史的主题问题。事实上一些学者已经明确提出了这样的问题。这是我们难以回避的。

所谓中国近代史主题，与中国近代史基本线索，大体是同一个意思。中国近代史，是以反帝反封建为基本线索的，是以追求国家独立、人民解放为基本任务的。现在我们结合现代化理论，进一步讨论这个问题。

[①] 参见章开沅、罗福惠主编《比较中的审视：中国早期现代化研究》，第770页。
[②] 吴承明：《中国资本主义与国内市场》，中国社会科学出版社，1985，第138页。

有的学者提出现代化是中国近现代历史发展的主题。① 有的学者认为用现代化史观考察鸦片战争以来的历史进程,不仅包纳了百年的反帝反封建的革命斗争,而且涵盖了像戊戌变法这样的改革运动和其他众多的社会变迁,这就比革命史观广泛得多,也较接近历史的真实。② 显然,这位作者是希望,在考察近代中国历史时,用现代化史观取代革命史观。

这里所谓革命史观,不知道是否用以代替唯物史观? 我们是历史唯物主义者,考察中国历史,考察中国近代史,还是应该用唯物史观做指导。唯物史观告诉我们,考察历史,不仅要注意它的表象,更要注意它的实质;不仅要掌握尽可能全面的材料,努力做到恢复、反映历史的本来面貌,也要注意追求历史过程的本质。考察阶级社会的历史,还要注意运用阶级分析的观点和方法。

用马克思主义的观点,究竟怎么样看待中国近代史的主题呢?

胡绳说过:"近代中国并不是近代化的中国,不是一个商品经济发达,教育发达,工业化、民主化的国家。在近代中国面前摆着两个问题:即一、如何摆脱帝国主义的统治和压迫,成为一个独立的国家;二、如何使中国近代化。这两个问题是密切相关的。因为落后,所以挨打;因为不断挨打,所以更落后。这是一个恶性的循环。""以首先解决近代化为突破口,来解除这种恶性循环,行不行呢? 在半殖民地半封建的中国,一切工业救国、教育救国,以合法的途径实现民主化、近代化的主张都不能成功。致力振兴于工业、振兴教育的好心人,虽然取得了一些成就,但并不能达到中国近代化的目的,不能使中国独立富强。不动摇原有的政治和社会秩序而谋求实现民主化的努力更是毫无作用。这些善良的愿望之所以不能实现,就是因为有帝国主义及其在中国的代理人的严重的阻力。"③

刘大年说过:"中国近代 110 年的历史基本问题是两个。一是民族不独立,要求在外国侵略压迫下解放出来;二是社会生产落后,要求工

---

① 陈勤、李刚、齐佩芳:《中国现代化史纲》上册,广西人民出版社,1998,第 6 页。
② 李喜所:《戊戌变法百年再审视》,《历史教学》1998 年第 7 期。
③ 胡绳:《关于近代中国与世界的几个问题》,《胡绳全书》第 3 卷(上),人民出版社,1998,第 77 页。

业化、近代化。两个问题内容不一样，又息息相关，不能分离。"① "民族独立与近代化，是两件事，不能互相代替。民族独立不能代替近代化，近代化也不能代替民族独立。它们紧密地连接在一起，不是各自孤立的。没有民族独立，不能实现近代化；没有近代化，政治、经济、文化永远落后，不能实现真正的民族独立。中国人民百折不回追求民族独立，最终目的仍在追求国家的近代化。"②

以上这两位刚刚故去的中国近代史学界的著名学者、大师，关于民族独立和现代化关系的话，已经把中国近代史的主题概括得很精彩了。同时表明，中国近代史学界的这两位权威学者不仅坚持了中国近代史学界已往讨论取得的积极成果，而且敏锐地吸取了关于现代化讨论中取得的积极成果。这也是用马克思主义、唯物史观做指导考察中国近代史所取得的最新成果。

试想，如果把现代化作为中国近代史的唯一主题，我们能够看到中国近代历史的全貌吗？我们常说，近代中国的仁人志士追求的最大目标是中国的独立和富强。所谓独立，当然是指民族和国家的独立。所谓富强，就是中国的现代化嘛。把看待近代中国历史的不同观点区分为现代化史观和革命史观，而且将这二者对立起来，显然并不是一个正确的思考方向。首先，所谓现代化史观、革命史观，并不是对历史认识的正确概括。从来没有人认为中国近代史就是革命史，或者仅仅用所谓革命史观就能概括整个中国近代史。"文革"前或"文革"时期，讲中国近代史有片面性，把中国近代史仅仅讲成了政治史或者革命史，但这并不表明中国近代史就等于中国近代政治史或中国近代革命史。人们观察中国近代史，并不仅仅是所谓革命史观。其次，按照前述的现代化理论，所谓现代化，是以工业化为基础的推动社会经济发展的长期过程。现代化的启动，不是凭空的，是要有一定的社会历史前提的。欧美原生型现代化的启动，不是在中世纪黑暗社会的基础上，而是在资本主义生产方式已初步形成、资产阶级革命已经形成资产阶级统治的前提下。欧洲的工业革命不发生在资产阶级革命以前，而是发生在资产阶级革命以后，就是最有说服力的例子。像中国这样半殖民地半封建社会，在取得民族独

---

① 刘大年：《当前近代史研究的几个理论问题》，《刘大年集》，社会科学文献出版社，2000，第5页。
② 刘大年：《当前近代史研究的几个理论问题》，《刘大年集》，第7页。

立以前，中国社会至多只能出现帝国主义允许的，或者封建统治阶级能够容纳的某种程度的"现代化"，不可能出现中国人独立自主的现代化，更不可能出现社会主义现代化了。

考察整个中国近代史，首先要看到争取民族独立的时代紧迫性，同时也要注意到现代化过程在近代中国历史进程中的作用；在考察视角上既不能只注意到民族独立这一面，忽视现代化过程，也不能只看到现代化过程而忽视民族独立这一面。这两者在历史实际发展过程中不能相互取代，在研究过程中也不能相互取代。胡绳还指出："在中国近代史上讲对外开放，就要区别在殖民地半殖民地身份上的对外开放和独立自主的对外开放。同样，讲现代化，也不能不区别帝国主义所允许范围内的现代化和独立自主的现代化。要说清楚这两种倾向的区别和其它种种有关现代化问题，在我看来都不可能离开马克思主义的阶级观点和阶级分析。"[①] 只有首先取得了民族独立，才能为现代化的展开和实现奠定基础、提供前提。这就是我们对中国近代史发展主题的准确把握。

2001 年 2 月 27 日星期二

[①] 《〈从鸦片战争到五四运动〉再版序言》，《胡绳全书》第 6 卷（上），第 10 页。

也谈外国侵略与近代中国的"开关"[*]

历史研究领域是一块永不衰竭的常青园地。现实政治、经济、文化运动的方式常常影响并启发人们重新思考历史上的许多重大问题,试图从中发现或获得历史对于现实的新的启示。今天我们在四化建设中实行对外开放政策,常常使人们联想起中国近代史上的"开关"问题,从而探讨清末闭关、开关的得失利弊。这是学术发展中的正常现象。但是,今天的开放政策,是在马克思主义指导下为建设具有中国特色的社会主义而提出的,它同清末在资本帝国主义侵略下,腐败的清政府被迫实行开关不能相提并论。因而在探讨近代史上的"开关"问题时,必须注意区分不同历史时期两种开关的不同出发点(或历史前提)和后果,不能有意无意地把它们混淆起来。

有一种意见说,鸦片战争打开了中国的大门,"资本主义终于打入了封建主义禁锢着的神圣王国",是好事,应当大恨其晚,如果来得早一点,"我们中国就远不是如此的面貌了"。这种观点还认为:"科学是无国界的,文明是无国籍的。难道为了'抗拒'外国,宁肯让我们中华民族退到刀耕火种不成?"它似乎要告诉人们:由于资本主义文明是先进的,资本主义列强侵略落后的封建中国时,中国只能敞开大门让其侵略,绝不能反抗,多出几个林则徐似的民族英雄也无济于事,不过延缓接收资本主义文明的时间罢了。这样提出问题,不仅涉及怎样看待资

---

[*] 本文是笔者1986年参加中国社会科学院近代史研究所一次座谈会后写成的,原载《红旗》1987年第6期。收入中国社会科学院科研局编《在理论战线上坚持马克思主义》,中国社会科学出版社,1990;沙健孙、龚书铎主编《走什么路?》,山东人民出版社,1997;中国海关史学会编《中国海关史论文集》,香港:香港中文大学崇基学院,1997。本文引用马克思主义经典著作,根据最新中文版本进行了校正。

本帝国主义侵略对中国社会历史发展的作用，而且涉及中国人民要不要抵抗外国侵略的问题。这当然是一个极为严肃的问题。

提出上述观点的同志引证马克思《不列颠在印度的统治》中关于英国在印度造成的社会革命"充当了历史的不自觉的工具"的话来支持自己的论点。那么，应当如何认识马克思的上述说法呢？

对待马克思主义创始人说过的话，如同我们对待毛泽东思想的创始人说过的话一样，不能取其一点，以偏概全，而应完整地、准确地把握马克思主义的精神实质。在学术研究中，绝不能随意拈来马克思著作的只言片语，简单地往文章中一套，作为自己文章的标签。上述马克思的话，从历史发展的角度评价资本主义文明的客观进步作用，当然是正确的。马克思在那里强调的是"充当了历史的不自觉的工具"（着重点为引者所加），并不是对资本主义侵略的全面评价，也不包含无视资本主义侵略罪行的意思。全面理解马克思关于英国在印度建立殖民地体系的历史作用问题，还应注意马克思说过的其他的话。马克思在谈到英国侵略印度的历史作用时，在同一篇文章里还说："印度人失掉了他们的旧世界而没有获得一个新世界。"① 在《不列颠在印度统治的未来结果》中，马克思还特别指出：英国人"在印度进行统治的历史，除破坏以外很难说还有别的什么内容"。② 当然，为了掠夺更多的东西，英国在印度修了铁路，办了工业，发展了资本主义生产。马克思在肯定了这一切之后，又明确指出，"印度人是不会收获到不列颠资产阶级在他们中间播下的新的社会因素所结的果实的"，因为这"不仅仅决定于生产力的发展，而且还决定于生产力是否归人民所有"。③ 这就说出了问题的实质所在。

列宁根据19世纪末20世纪初新的历史经验，即自由资本主义发展到垄断资本主义、殖民地半殖民地民族解放运动开始兴起等历史现象，提出了资本主义在全世界的胜利，必然导致两个历史趋向的理论。一方

---

① 马克思：《不列颠在印度的统治》，《马克思恩格斯文集》第2卷，人民出版社，2009，第679页。
② 马克思：《不列颠在印度统治的未来结果》，《马克思恩格斯文集》第2卷，第686页。
③ 马克思：《不列颠在印度统治的未来结果》，《马克思恩格斯文集》第2卷，第689—690页。

面，资本主义破坏了旧时经济体系的孤立和闭关自守的状态，把世界上所有的国家连接成统一的经济整体，体现了资本主义进步的历史作用；[1] 另一方面，在为数无几的最富强的先进资本主义国家对世界绝大多数国家实行殖民奴役的条件下，殖民地半殖民地国家反对帝国主义的民主战争是不可避免的，是进步的、革命的。[2] 这就是说，为摆脱资本帝国主义殖民奴役的民族解放运动也是一个进步的历史潮流。这两个历史趋向是同一个历史过程的两个矛盾的方面。这个理论是我们理解资本帝国主义侵略殖民地半殖民地国家历史作用的关键。如果说发展中的资本主义国家不自觉地把资本主义推进到世界上的各个角落是起了进步的作用，那么它们用不平等的贸易关系，特别是用战争和暴力掠夺手段建立殖民地半殖民地体系，把那些国家变成自己的商品市场和原料供给地，以及为争夺和重新瓜分殖民地而爆发帝国主义战争，就是阻碍了世界上广大地区资本主义经济关系的建立和发展，所起的是反动的作用。因此仅仅引证马克思关于英国侵略印度的那句话，并引申出英国侵略中国是为了向中国传播资本主义文明，由此引起的中国"开关"是进步的，是好事，似乎这样的"开关"早一点更好，那时中国的变化就更大了的观点，是曲解马克思主义的一种糊涂看法。

英国并不是为了传播资本主义文明而侵略中国的。英国要增强、充实自己资本主义的实力，就要开拓殖民地和寻找海外市场，中国就是一个最理想的对象。它为了攫取中国市场蓄谋已久，通过对华的正常贸易达不到目的，就用非法的鸦片和大炮强行打开中国的大门，以便进行野蛮的掠夺。这是中国被迫开关的直接原因。鸦片贸易是赤裸裸的掠夺，不带有任何传播资本主义文明的性质。西方有些学者把鸦片战争称为"争取平等通商权利的战争"，而讳言鸦片对中国人民的毒害，是出于对殖民主义侵略的辩护，是对可耻的鸦片贸易的美化。所谓"开关"与"闭关"，指的是一国因商品生产发展水平仰赖国际贸易的程度而采取的进出口政策。一般来说，由于自给自足的封建农业经济的限制，商品生产发展水平不高，封建国家往往采取闭关自守的政策，但这并不意味着拒绝对外贸易。印度在沦为殖民地以前是一个闭关自守的封建国

---

[1] 参见《列宁选集》第 1 卷，人民出版社，1995，第 192 页。
[2] 参见《列宁选集》第 2 卷，第 694—696 页。

家，棉布出口贸易一直占重要地位。中国在清朝时代，丝茶出口贸易也很突出。鸦片战争前，清政府出于国防和国内政治、经济生活的需要，除了短暂的绝对闭关以外，1757年以前海上开放了四个口岸对外贸易，此后虽把对外贸易港口集中于广州一地，贸易额却没有减少，而是有大幅度的增加。据有关统计资料，西方国家对中国的进出口贸易总额，从18世纪60年代初到19世纪30年代初，增加了大约三倍。可见，中国那时的"关"是并没有怎么关闭的，进出口贸易的增长情况与那时生产发展的水平是相适应的。鸦片战争打开了中国的大门，五口通商代替了一口贸易。"开关"给中国带来了什么后果呢？除了《南京条约》成为此后资本帝国主义侵略中国并与中国签订一系列不平等条约的范本，使中国走上半殖民地半封建的道路，因而从一个重要方面规定了此后中国历史发展的方向外，并没有立即给中国带来资本主义。资料表明，"开关"以后二三十年间，列强为了侵略的需要，虽在中国的开放口岸建立了若干加工工业和修造业企业，但都不是直接影响中国国计民生的大规模的资本主义企业。这些企业对中国封闭似的自给自足的小农经济的影响是微乎其微的。英国那时开始工业革命还不到一个世纪，它的经济实力还不允许它向中国大量输出资本主义的生产技术，所关心的主要是通过超经济的办法实现其对华掠夺。就贸易关系而言，这期间进口的棉布和棉纱较之鸦片战争前，有的只略有上升，有的甚至减少了。列强对华进行经济掠夺最得心应手的手段仍然是鸦片贸易。鸦片在中国的进口贸易中仍占第一位，由于从非法转到公开，进口数量成倍增长。后来中国兴起近代工业，当然与"开关"后西方资本主义的影响有直接关系，但主要取决于中国内部日益滋生的实际需要。资本帝国主义的入侵，绝不是要把落后的中国变成先进的中国，而是要变成它们的半殖民地或殖民地。中国资本主义是在封建主义和帝国主义的夹缝中艰难成长的。帝国主义不是要中国发展成为它的商品竞争对手，而是要中国成为它的原料供给地和商品市场。因此，它既要在中国适当发展资本主义，又要使中国基本上保持传统的生产方式。中国资本主义之不能迅速发展和自给自足的封建经济不能迅速解体，是与帝国主义在华的政治经济利益相合拍的。资本帝国主义的侵入，并没有给中国带来资本主义大发展的前景。它对中国资本主义的发展虽然起到了某些促进作用，更主要的是起了阻碍作用。

是不是中国早点"开关"情况就会好些呢？不能一概而论，要做具体分析。如果中国封建社会内部资本主义因素迅速增长，商品生产的发展势必冲破封建经济的牢笼，走向寻求海外市场，那时，"开关"是中国资本主义商品生产发展的客观需要，中国可能较早成为一个资本主义社会。但实际上历史不是这样发展的。如果"开关"是指资本帝国主义强行进入中国那种"开关"，则无论早晚，情形都差不多，甚至可能更坏一些。印度是最有力的例证。早在16—17世纪，印度的门户就被打开，在18世纪中叶，印度成为英国的殖民地，其开关可谓早矣。印度的面貌如何呢？是不是比中国的情形更好些，比中国少受一些屈辱？稍有历史知识的人都知道，印度的情形显然不是那样。在征服印度的过程中，以及变印度为殖民地的整个18世纪内，英国在印度进行了赤裸裸的暴力掠夺，其攫夺所得，大大超过了贸易所得。印度殖民地的存在，构成了18世纪英国原始积累的重要来源。不仅如此，在把印度变成自己的商品销售市场和原料产地的过程中，英国还有意保存和利用了当地的封建土地关系，野蛮地剥削和掠夺印度农民，使那里土地荒芜，农业衰落，饥荒频仍，尸骨枕藉。印度人民不仅没有享受资本主义文明带来的幸福，反而比以往受封建统治更痛苦，陷入更赤贫的境地。历史事实就是这样：在西欧同封建主义进行过殊死搏斗的资本主义文明，到了亚洲又同落后的封建主义携起手来；欧洲文明的资产阶级在亚洲干出了很不文明的事情。英国侵略印度的结果，何曾给印度人民带来什么好处?! 还有，数百万印第安人被屠杀，成千万黑人被贩卖，成百万华工被运往世界各地，这不都是欧洲资本原始积累时期、资本主义发展上升时期创造的"奇迹"吗？可见，主动开关与被动开关，情况是绝不相同的。主动开关，主权在我；被动开关，主权为人所控制。事实上，近代以来，资本主义各国包括那些口称自由贸易的先进资本主义国家，都从本国的利益出发，实行着贸易保护政策，即时而开关，时而闭关，在一些贸易上开关，在另一些贸易上闭关的政策。中国在鸦片战争后被动开关，被迫协定关税，一个主权国家的起码的权利为人所夺，中国人甚至不能主持本国管理海关的行政机关。中国的"关"是开了，可是这个"关"丝毫不能起到保护中国工、农、商业的利益的作用，中国能从这个开关中得到什么好处呢？且不说从《南京条约》开始，中国几乎被迫同当时所有帝国主义国家签订了一系列不平等条约，单是赔款一项，仅从《南京条约》、《北京条约》、《马关条约》、《辽南条约》和《辛丑条约》的字面规定上略加统计，就达 7 亿多两白银；至于涉及政治、经济、军事、文化方面的所谓条约权利和领土的损失，就不是本文所能道其万一的了。我们评价中国近代开关的好与坏，绝不能撇开这些客观存在的历史事实，而凭着主观设想来发议论。

　　以资本主义文明先进为由，否定落后的封建国家抵抗资本主义国家的侵略，这种观点很难使人认同。以马克思主义为指导来研究历史，是不会得出这样荒唐的结论的。马克思、恩格斯虽然从历史发展的角度肯定了资本主义文明的进步作用，但并不意味着落后国家应当欢迎资本主义国家的侵略。在《不列颠在印度统治的未来结果》中，马克思期待印度人民强大到能够摆脱英国的枷锁，相信这个巨大而诱人的国家将复兴起来。马克思、恩格斯同时关注亚洲其他处于殖民地半殖民地状态的国家，对它们反对资本主义列强侵略的斗争给予高度评价。在 19 世纪 50 年代，即英国发动并导致中国"开关"的第一次鸦片战争结束后不久，马克思、恩格斯曾严厉谴责英国政府的非法的鸦片贸易政策，并密切注意当时正在进行的第二次鸦片战争的进程。马克思称这次由英国发动的战争是"极端不义的战争"；① 恩格斯表示，"英国政府的海盗政策造成了这一所有中国人普遍奋起反抗所有外国人的局面"，这一起义将使我们看到"整个亚洲新纪元的曙光"。② 他们去世后，列宁根据帝国主义时代的新形势，又进一步抨击资本主义工业发展很快的国家向落后国家和地区实施战争、掠夺政策，抨击它们那种欧洲式"文明传播者使命"，提出应坚决支持中国及其他东方民族反抗帝国主义侵略、压迫的斗争。马克思主义的经典作家并没有因为中国是一个落后的封建帝国，就认为中国不应抵抗处于上升时期的资本主义强国（哪怕是第一强国）的侵略。

　　用马克思主义观点考察整个世界历史，我们任何时候都不能剥夺被侵略者反抗侵略的正当权利，不能承认所谓先进国家侵略落后国家具有进步性的辩词。否则，我们将无法解释近代中国人民无数次反抗资本帝国主义侵略的悲壮史实，包括抗日战争那样全民族抵抗外敌入侵的壮

---

① 马克思：《英人在华的残暴行为》，《马克思恩格斯文集》第 2 卷，第 620 页。
② 恩格斯：《波斯和中国》，《马克思恩格斯文集》第 2 卷，第 626、628 页。

举，无法解释百年来全世界殖民地半殖民地、被压迫的落后国家掀起的反抗新老殖民主义、帝国主义入侵，争取独立、自由、主权的伟大民族解放运动，无法解释世界历史的发展。

历史的矛盾运动是异常复杂的。资本主义的兴起、发展，一方面形成了把世界上所有的国家连接成统一的经济整体的进步趋势，另一方面又在全世界广大地域内使许多国家殖民地半殖民地化。这些国家成为资本帝国主义掠夺的对象，它们的存在只是做了资本主义文化和文明的肥料（列宁语），因此帝国主义的侵略又阻碍了这些落后国家资本主义的迅速发展，由此可见，殖民地半殖民地反抗资本帝国主义的侵略和掠夺政策的斗争是一种进步的历史趋势，而且是一种更重要的历史趋势。这一斗争的发展与胜利，能促进本地区资本主义的生长与发展、促进人类的解放与进步。我们看到，历史上还没有一个国家不经过反抗就变成殖民地半殖民地的，也没有一个国家是在欢迎资本帝国主义侵略后迅速发展为资本主义国家的。印度在成为殖民地后，还在 19 世纪中叶爆发了一次规模巨大的全国反抗运动。中国在沦为半殖民地的过程中不断掀起全国规模的反抗运动，终于使中国避免了完全殖民地的命运。

抗拒外国侵略，就要使"中华民族倒退到刀耕火种"吗？把这样两个截然不同的命题摆在同一个天平上，显得太不合乎逻辑了。从理论和历史实际上来说，19 世纪以后的中国，任何人和任何势力都不可能使它倒退到比封建社会更落后的社会形态上去。只有前进，才是客观上的一种不可逆转的趋势，而这种前进的方向、速度和变化情况则不同。林则徐等人反抗侵略的斗争，只能推进这一历史趋势，而不会拉它的后腿。当时中国存在着既要抵抗资本帝国主义的侵略，又要学习西方资本主义文明这样复杂的历史运动。二者似乎很不协调，但历史就是这样昭示人们的。从客观上来说，抵抗侵略是为了保持中国的民族独立，摆脱半殖民地半封建社会道路；学习西方，是为了加速中国的近代化步伐。实际上只有民族独立以后，才有真正吸取西方文明为我所用的可能。从旧民主主义革命到中国共产党领导的新民主主义革命和社会主义革命一个多世纪的历史过程，清楚地说明了这一点。

打破近代中国闭关锁国的小生产状态，发展中国的资本主义，这是一个进步，应当肯定。但不能因此否定或低估中国人民（在一定程度上也包括统治阶级中的某些有识之士）抵抗资本帝国主义的侵略以维护民族独立的积极意义。马克思主义没有给我们这样做的理论根据,历史发展过程也没有为我们提示这样的实例。因此在研究近代中国"开关"的历史过程时,我们不能对近代中国的"开关"不加分析地、简单地取歌颂态度,而应实事求是地分析这种"开关"的历史原因和后果。只有这样,才能使我们的史学研究更接近历史的本来面目,并从这种研究中对历史经验有所借鉴,从而真正有益于我们的民族,有益于我们今天的对外开放政策和四化建设,而不致误入歧途。

反帝反封建是近代中国历史的主题[*]

如何认识近代中国历史的主题，以及围绕这个主题发生的许多重大事件，不仅是中国近代史和现代化研究的重要课题，而且是关系到中国未来发展道路、关系到我们对青少年一代的教育的重大理论和实践问题。

《中国青年报》"冰点"栏目1月11日发表的《现代化与历史教科书》（以下简称《现》文），其矛头所向，是要否定新中国建立以来，我国学术界以马克思主义为指导研究中国近代史所取得的基本结论，对青少年产生严重的误导。作为中国近代史的研究者，不能不引起关注。

近代中国的主要任务

1842—1860年，通过两次鸦片战争，以《南京条约》和《北京条约》为标志，中国被迫签订了一系列不平等条约，形成了束缚中国发展进步的不平等条约体系。正是这个条约体系，使中国由一个独立的封建社会逐步"沉沦"为半殖民地半封建社会。1895年的《马关条约》和1901年的《辛丑条约》，使中国完全形成了半殖民地半封建社会。

20世纪20—30年代，当时的进步学者，特别是以马克思主义、唯物史观为指导的历史学家、经济学家和社会学家，从中国近代社会政治、经济各个层面论证了半殖民地半封建社会的性质。毛泽东在1939

---

[*] 本文原载《中国青年报·冰点》2006年3月1日。台北《海峡评论》第185期转载，2006年5月1日出版。收入冷溶主编《科学发展观与构建社会主义和谐社会》，社会科学文献出版社，2007。此文在国内外新闻媒体上引起广泛的争论和讨论。

年的《中国革命和中国共产党》、1940年的《新民主主义论》等一系列重要著作中，肯定并总结了对近代中国社会半殖民地半封建性质的分析，并据此制定了新民主主义革命的完整理论，在这个理论的指导下，中国共产党领导全国人民取得了新民主主义革命的胜利。可以说，在近代中国109年的历史进程中，由中国的革命政党推动的旧民主主义革命和新民主主义革命，组成了近代中国社会发展进步的主旋律。这个革命主要是反对帝国主义侵略，以谋求民族独立；反对封建主义专制，以谋求国家的民主进程。

反帝反封建，是近代中国历史发展的基本主题。在基本上完成了反帝反封建的任务后，在人民掌握了国家的主权后，国家的现代化事业才能够比较顺利地进行。

《现》文否定近代中国反帝反封建斗争的历史主题，最鲜明的是在对待义和团反抗八国联军的侵略上。文章说义和团犯了反文明、反人类的错误，"这些罪恶行径给国家和人民带来莫大的灾难"，是中国人不能忘记的国耻。它强调："事件过后直至民国初年，朝野各界将这个组织定性为拳匪是有足够根据的。"

《现》文似乎找到了一个历史证据："义和团烧杀抢掠、敌视和肆意摧毁现代文明在前，八国联军进军在后，这个次序是历史事实，无法也不应修改。"这是完全违背历史事实的。

义和团开始广泛宣传拆毁铁路、电杆，正是在列强以战争胁迫清政府镇压义和团的时候，而采取大规模实际行动，则正是在清政府镇压期间和八国联军战争期间。有学者通过大量事实的举证，证明了这一点。据美国历史学家施达格研究，在"1900年5月31日之前，在整个义和团运动中，在中国的任何地方，没有一个外国人是死在拳民手上的；唯一的一个就是卜克思先生在山东的遇害"。[①] 1900年5月31日晚，英、俄、美、法、日、意六国士兵共356名自天津抵达北京。6月3日，还有一批德国兵和奥匈兵到达。据马士统计，总共到达北京的武装人员有451名，其中两名军官和41名卫兵保护西什库天主堂（即北堂），17名军官和391名卫兵保护使馆。士兵携有机关枪和大炮。德国驻华公使克

---

① 施达格（George Nye Steiger）：《中国与西方：义和拳运动的起源和发展》，转引自牟安世《义和团抵抗列强瓜分史》，经济管理出版社，1997，第286—287页。

林德在各国公使决定调兵的集会上说过"这些行动就是瓜分中国的开始"。洋兵入京,不仅在克林德看来是瓜分中国的开始,在拳民看来也是瓜分中国的开始。义和团在北京和各地杀传教士、焚毁教堂、破坏铁路和电线杆以及部分人的抢劫行为,都是在这批外国士兵进京以后发生的。攻打西什库教堂和使馆区也在这以后。洋兵入京是事变变得更加复杂和动乱的根源。据施达格研究,1900年5月29日至6月4日,发生在雄县附近义和团与京保铁路洋工程师倭松(Ossent)的冲突,是义和团与武装的欧洲人的第一次冲突,洋人先开枪,义和团从数百人聚集到万人,对洋人加以追击,"将洋人追击上岸,未知存亡"。① 从这里我们可以看见义和团杀教士、焚毁教堂、铁路等的具体原因。

义和团发生的长期原因,则与鸦片战争以来西方列强对中国的侵略有关,特别是与《马关条约》以后帝国主义各国在中国掀起瓜分狂潮有关,与外国传教士长期以来在中国传教过程中的为非作歹有关。大量历史材料证明,义和团仇视洋人、洋教、洋物,都与仇视帝国主义瓜分中国的图谋有关。在洋兵进京以前,义和团破坏铁路,是出于与清兵作战的需要,为反抗西摩尔联军乘火车进京,大规模破坏铁路,完全是作战手段,以此攻击义和团摧毁现代文明,是什么反人类、反文明,完全是模仿西方侵略者的腔调。

围攻使馆和西什库教堂,是义和团被攻击的一大原因。真实的情况又如何呢?据记载,西什库教堂内有法国水兵30人,意大利水兵10人。② 义和团于6月15日围攻教堂,由于教堂防卫坚固,始终未能攻下来。6月12日,东交民巷一带已被西兵占据,不准中国人进入。试图靠近的拳民,往往被击毙。据美使康格6月15日的电报,"我们仅仅力图保卫我们自己直到增援部队到来之时,但是各使馆驻军早已枪杀了差不多一百个拳民"。③ 使馆以为西摩尔联军很快就会赶到,有恃无恐,3天之内就枪杀了近百个拳民,这不是在义和团的仇外心情上火上加油

---

① 廷杰、廷雍等:《致裕禄电》(1900年6月2日),北京大学历史系编《义和团运动史料丛编》第2辑,中华书局,1964,第148页。
② 佐原笃介:《拳乱纪闻》,中国史学会主编《义和团》(一),上海人民出版社,1957,第168页。
③ 施达格:《中国与西方:义和拳运动的起源和发展》,转引自牟安世《义和团抵抗列强瓜分史》,第338页。

吗?围攻使馆固然违反国际法,但也是使馆咎由自取。据记载,6月16日内阁奉上谕:"所有各国使馆,理应认真保护。著荣禄速派武卫中军得力队伍,即日前往东交民巷一带,将各使馆实力保护,不得稍有疏虞。"① 显然,清政府保护使馆的措施是明确的。

必须指出,早在5月底,各国已在各自使馆驻扎重兵,把使馆变成设在北京城内的外国军事据点。这是完全违背国际法的。据当时欧洲的国际法学家的意见,"使臣公署,不得据之屯兵",② 这是国际公法常识。大沽事件后,各国侵华战争宣告爆发,清军和义和团攻击使馆,实际上是对这个外国军事堡垒的进攻,从国际法角度看,不能说完全无理。外国教堂屯兵,更是违反国际法的。③

义和团的反帝斗争,具有独特的历史地位。八国联军出兵以前,列强瓜分中国之说甚嚣尘上;八国联军出兵引起义和团强烈抵抗之后,经过帝国主义各国之间的辩论,瓜分中国说为保全中国说所代替。在中国担任总税务司长达45年的英国人赫德在当时写的文章中分析道:"中国如被瓜分,全国即将协同一致来反对参与瓜分的那几个外国统治者。"④ 义和团阻止列强瓜分中国的历史作用,西方人很快就看出来了,中国人也很快看出来了。最早看出这一点的中国人,是留日学生。1901年在横滨出版的《开智录》上,有作者著文,对义和团给予了崇高的评价,说"义和团此举,实为中国民气之代表,排外之先声矣","有此数功,则我国民精神从此振刷矣"。⑤ 孙中山高度评价义和团的历史功绩。1924年孙中山在广州演讲三民主义,说义和团"其勇锐之气,殊不可当,真是令人惊奇佩服。所以经过那次血战之后,外国人才知道,中国

---

① 参见故宫明清档案部编《义和团档案史料》上册,中华书局,1979,第144—145页。
② 马尔顿(Martens):《星轺指掌》(*Laguide Diplomatique*)第2卷,同文馆,1876,第16页。
③ 我从前写过两篇文章,专门阐述如何看待义和团的排外主义及其历史地位,阐述义和团以及辛丑议和中的国际法问题,请参见《应当如何看待义和团的排外主义》《试论辛丑议和中有关国际法的几个问题》,张海鹏:《追求集——近代中国历史进程的探索》,社会科学文献出版社,1998。
④ 吕浦、张振鹍等编译《"黄祸论"历史资料选集》,中国社会科学出版社,1979,第152—153页。
⑤ 《义和团有功于中国说》,张枏、王忍之编《辛亥革命前十年间时论选集》第1卷上册,三联书店,1960,第62页。

还有民族思想，这种民族是不可消灭的"。①

国际无产阶级高度评价了中国的义和团运动。俄国革命领袖列宁在1900年写道："那些到中国来只是为了大发横财的人，那些利用自己的所谓文明来进行欺骗、掠夺和镇压的人，那些为了取得贩卖毒害人民的鸦片的权力而同中国作战（1856年英法对华的战争）的人，那些用传教的鬼话来掩盖掠夺政策的人，中国人难道不痛恨他们吗？欧洲各国资产阶级政府早就对中国实行这种掠夺政策了。"② 德国工人阶级政党的报纸《前进报》1900年6月19日发表题为《铁拳》的社论："如果说有所谓'神圣的战争'，那么中国奋起抗击以主子姿态出现的外国剥削者的战争，正是这样一个'神圣的'民族战争。"③

以农民为主体组成的松散组织义和团，其本身愚昧、落后，有许多缺点，带有时代和阶级的局限性。但是必须指出，义和团的笼统排外主义实质上是农民阶级有历史局限性的民族革命思想，也是中国人民反抗帝国主义侵略的原始形式。它反映了中国人民反帝斗争初期的共同特点，义和团运动不过是它的典型代表和集中表现。因之，对义和团的排外主义，不应采取简单回避或全盘否定的态度，而是需要进行科学的阶级分析和历史考察，对它做出合情合理的解释。

鸦片战争以后160多年的中国近现代史，是侵略与反侵略同在，压迫与反抗同在，屈辱与辉煌同在。屈辱、觉醒、奋斗、牺牲、变革、进步，贯穿了整个中国近现代史。

总结160多年的历史进程，可以分为前109年和后56年。前109年，历史的大关节，基本上是帝国主义侵略中国和中国人民反对帝国主义侵略的历史，是封建统治者勾结帝国主义镇压人民起义和人民群众反帝反封建的历史，是中国要求追上世界资本主义的步伐、在中国发展资本主义而封建统治者和帝国主义反对中国发展资本主义的历史。所有政治的、经济的、军事的、思想文化的种种斗争，几乎无一例外都是围绕这些历史的大关节进行的。经过社会先进人士无数次的社会改良，经过新的社会阶级、政党发动的屡次革命，在坚持长期反帝反封建斗争之

---

① 《三民主义·民权主义 第五讲》，《孙中山选集》下卷，第724页。
② 列宁：《对华战争》，《列宁选集》第1卷，人民出版社，1995，第279页。
③ 中国社会科学院近代史研究所《近代史资料》编辑组编《义和团史料》上册，中国社会科学出版社，1982，第27页。

后，在中国共产党的领导下，终于赢得了中华人民共和国即由人民掌握政权的新中国的诞生。后 56 年，历史发展虽然也很曲折，但其历史的大关节，基本上是在人民取得政权的基础上，探索国家现代化并且取得巨大成绩的历史，探索建设有中国特色的社会主义并且成功地摸索出社会主义市场经济体制的历史。后 56 年内特别是前期的某些失误，也与这种探索有着密切的关系。换一个说法，前 109 年是争取国家独立的历史，后 56 年是争取国家现代化和富强的历史。这样一个简单的历史过程，大多数人都是明了的，特别是最近 50 年，同时代人作为这一历史过程不同程度的参与者、见证者，都体验到了创造历史的艰辛与喜悦。

第二次鸦片战争的根本原因

第二次鸦片战争的根本原因只有一条，那就是资本主义侵略者的利益最大化未能得到满足。

《南京条约》等一系列不平等条约签订后，西方列强虽然从中国取得了许多特权，但还要取得更多的特权。它们还要求在中国实现鸦片贸易合法化，要求在中国全境通商，要求在北京设立使馆。澳大利亚社会科学院院士黄宇和教授近年研究第二次鸦片战争，他的最新研究成果证明，英国之所以发动这场战争，很大程度是要强迫清政府把鸦片贸易合法化，以保障当时英国在华最大的经济利益——鸦片贸易。[①] 谋求在华的全面经济与政治利益，这是它们的根本利益所在。这个根本利益拿不到手，新的一场侵略战争迟早是要爆发的，问题只在发动战争的时机和借口而已。

《现》文说战争的原因，列举了两条：一条是"让英国官员和商人可以自由进入广州城"（即外人入城问题），另一条是修约问题。这是两条表面原因，如果认为是根本原因则是违背历史真实的。

外人入城问题是一个相当复杂的问题。

---

① 参见 J. Y. Wong, *Deadly Dreams: Opium, Imperialism, and the "Arrow" War (1856–60) in China*, Cambridge University Press, 1998。

《南京条约》第二款："自今以后，大皇帝恩准英国人民带同所属家眷，寄居大清沿海之广州、福州、厦门、宁波、上海等五处港口，贸易通商无碍；且大英国君主派设领事、管事等官，驻该五处城邑。"这就是说，一般英国人可以居住在港口，外交官则可以住在城邑。中方认为，按中文字义，城邑不一定指城内，条约未给英国人入城的权利。《南京条约》英文本把中文本中的"港口"和"城邑"通通翻译成 cities and towns。英方认为 cities and towns 就可以指城内，因此，英国外交官和一般英国人都可以入城。中英双方在条约约文的理解上，发生了很大分歧。按照欧洲人的国际法，《南京条约》的两种文本（当时没有第三种文本）具有同等的法律效力。条约签字时未声明以哪种文本为准，在文本的解释发生歧义时，应允许各方各执己见。事实上，这两个文本都是英国提供的。这就造成了入城和反入城的同一法律来源的不同解释。在中方看来，英人要求全面履行条约的理由不充分。其实中国官方在英国的压力下，已经同意英国人入城。但是广州城厢内外社团、士绅坚决不同意英国人入城，甚至不惜开战，官方只得以"民情未协"为由，推迟入城的时间。鸦片战争期间英军的暴行和鸦片战争后多起英人恃强作恶的中外纠纷事件，是造成广州民众仇外情绪的一个基本原因。从历史的角度看，广州民众的仇外情绪当时有其存在的合理性，广州民众反入城斗争当时有其发生的条件。[①]

要求修约，则是西方列强企图从中国拿到更多权益的策略手段。早在1853年，英国就利用最惠国待遇和中美《望厦条约》第34款有关12年后贸易及海面各款稍可变更的规定向中方提出修约要求。这年5月，英国政府训令驻华公使文翰提出修订《南京条约》问题，要他向中方提出：中国应毫无保留地给英国人开放全部城市和港口，英国人走遍全中国不受任何限制。文翰接到训令时，太平军北伐部队已攻进天津附近，文翰感到太平军与清政府之间谁胜谁负难料，就把训令搁置起来。7月，美国向清政府提出帮助镇压太平军，以此为诱饵，以修约扩大在华权益。清政府怀疑美国的动机，没有接受。其实，研究帝国主义侵华历史的学者早已指出，英国要求修订《南京条约》是没有任何根

---

① 参见茅海建《近代的尺度——两次鸦片战争军事与外交》，上海三联书店，1998，第114页。

据的，因为《南京条约》是一项政治条约，不是商约，没有修订的规定；而修约本身不能包括在最惠国待遇之内。① 英国利用中国当局不了解欧洲人的国际关系知识，加以蒙哄和欺诈，清政府只有被牵着鼻子走了。

1854 年，英国、美国、法国都积极活动修约。但是对于英国来说，采取战争行动解决修约问题的时机没有成熟。最大的原因是，英、法联盟正与俄国为分割和奴役土耳其打着克里米亚战争，英国的军力布置在克里米亚战场上。所以英国政府训令包令在修约谈判中要严格避免使用武力，只要中国承认修约的原则，实际谈判不必马上进行。1855 年，美国任命传教士伯驾为驻华公使，给伯驾的任务，是要他从清政府取得公使驻京、无限制扩大贸易以及取消对个人自由的任何限制等三项主要权利。伯驾知道，《望厦条约》只规定了 12 年后做细小的修改，但他认为，"为了达到各国政府的最大利益，不仅细小的修改，而且激烈的变更是必不可少的"，为此"必须采取强硬手段"。② 他在来华前，遍访了伦敦和巴黎外交部，取得了一致意见。1855 年 8 月，伯驾希望北上渤海湾，逼迫北京政府举行修约谈判。包令说："用孤单的行动而不伴以强大的军事压力，就没有希望从中国取得任何重要的让步。"③ 因为各国军舰尚未调到远东来，没有军力支持，这次北上行动未能成行。这就是说，用战争手段，达到逼迫清政府同意修约的目的，已经是既定决策。

1856 年 3 月，克里米亚战争结束，俄国战败。这时候，英、法、俄国都把眼光投向了中国，各国军舰都可以移师中国了。在克里米亚战场上厮杀的对手，在中国成了合作的伙伴。利用战争手段已经决定，侵略者总要找一个冠冕堂皇的借口。

正在这时候，马神甫事件发生了。尽管这是一个突发的个别的事件，对于法国来说就是一个好借口，但是，对于英国来说，这个借口还不太有力。不久，亚罗号事件发生了。殖民主义者要寻找侵略中国的借口是不难的。20 世纪初法国的研究者研究了资料后指出：包令"要向

---

① 参见丁名楠、余绳武等《帝国主义侵华史》第 1 卷，人民出版社，1961，第 118 页。
② W. C. Costin, *Great Britain and China 1833 – 1860*, Oxford U. P, 1937, p. 195.
③ Hosea Ballon Morse, *The International Relations of the Chinese Empire*, Shanghai, 1910, p. 687.

中国启衅,不愁找不到合法的借口;如果需要的话,他还有本领找到比劫持'亚罗'号更好的借口"。①

至此完全可以看出,第二次鸦片战争是一定要打起来的,并不因为中方的什么态度而转移。而要打这场战争的根本原因,是西方列强要越过条约特权在中国谋取更大的利益。

侵略者没有程序正义

众所周知,侵略者的本质就是掠夺。《现》文在评述马神父事件的时候,拿出了一个"撒手锏",叫作程序正义优先。它写道:广西西林地方官员把马神甫处死,"违反了应把拘捕的法国人解送领事的条约义务","按照程序正义优先的法学观点,中方无疑理亏"。这不仅否认了侵略者的本质,而且完全混淆了事实。

程序正义优先,颇为吓人。似乎当时来自欧洲的英国人、法国人最遵守程序正义优先的法学原则。实际上,这些貌似遵守程序正义优先的法学原则的殖民主义侵略者,来到中国从来没有遵守过程序正义优先的法学原则。

以马赖案子为例,马赖违法传教在先,而且在传教地区作恶多端,地方官员未能把违法的马赖解送领事而加以处死,违法在后。按照程序正义优先的法学原则,为什么不是马赖或者法国首先理亏呢?

又以大沽之战为例。当法国人知道清政府已经在大沽口设防,仍然决定与英国公使乘炮舰从大沽口溯白河到天津。英国公使普鲁斯给英国政府报告说:"我们不得不在天津给予中国政府另一次教训……我一定要使清朝皇帝及其大臣相信:一旦我提出要求,就定要把它索取到手,如不顺从我的要求,我已准备凭借武力威胁来索取。"② 普鲁斯声称

---

① H. Cordier, *L'Expedition de Chine de 1857-1858*, Paris, 1905, pp. 51-52, 转引自中国史学会主编《中国近代史资料丛刊·第二次鸦片战争》第 6 册,上海人民出版社,1978,第 54 页。
② Bruce to Malmesburg, June 1859, 参见 *Correspondence with Mr. Bruce, Her Majiesty's Envoy Extraordinary and Minister Plenipotentiary in China*, pp. 9-10, 转引自丁名楠、余绳武等《帝国主义侵华史》第 1 卷,第 148 页。

"定行接仗,不走北塘",坚持经大沽口溯白河进北京。① 英法联军在充分准备下(仅英国舰队就有战舰、巡洋舰、炮艇共十余艘,士兵2000人),1859年6月25日下午向大沽炮台突然发动进攻。大沽守军进行了坚决回击,激战一昼夜,击沉击毁英法兵船十多只,毙伤英国士兵464人,法军14人,英国舰队司令也受了重伤,不得不狼狈撤走。英法军舰首先向大沽炮台开炮,大沽守军回击,完全是正义的。不容置疑,大沽事件的责任完全在侵略者一方。一贯同情被侵略国家的无产阶级革命领袖马克思在1859年9月13日评论道:"就算是中国人必须接纳英国的和平公使入京,他们抵抗英国人的武装远征队也是完全有理的。中国人这样做,并不是违背条约,而只是挫败入侵。"②

实际上,清政府已经同意在北京换约,并且安排了大臣到北塘迎接英法公使,安排了沿途招待照料,在北京城内安排了公使住处。清政府从安全出发,指定了公使进京的路线,规定可带随从,不准带武器。这些安排完全合乎当时国际关系的准则。欧洲人制定的国际法没有规定可以携带武器到他国首都去交换条约批准书!这些安排完全符合所谓程序正义的要求。当大沽的消息传到伦敦,英国资产阶级的报纸反诬中国破坏条约,要求英国政府对中国实行"报复"。英国《每日电讯》甚至狂叫:大不列颠应攻打中国沿海各地并占领北京;英人应该成为中国的主人。马克思当时在评论大沽事件时写道:"难道法国公使留住伦敦的权利就能赋予他率领一支法国远征队强行侵入泰晤士河的权利吗?""既然天津条约中并无条文赋予英国人和法国人以派遣舰队上驶白河的权利,那么非常明显,破坏条约的不是中国人而是英国人,而且,英国人是蓄意要刚好在规定的交换批准书日期之前向中国寻衅。""白河冲突并非出于偶然,相反,是由额尔金勋爵事先策划的。"③ 马克思是研究了英国公使和记者从中国发回的报道写下这些评论的。

帝国主义在侵略中国的过程中不遵守程序正义优先的法学原则,还可以举出很多例子。

---

① 参见中国社会科学院近代史研究所编《中国近代史稿》第1卷,人民出版社,1978,第197页。
② 马克思:《新的对华战争》,《马克思恩格斯文集》第2卷,人民出版社,2009,第656页。
③ 马克思:《新的对华战争》,《马克思恩格斯文集》第2卷,第656、659、668页。

中美《五口贸易章程：海关税则》（因在澳门望厦村签订，又名《望厦条约》），是中美之间缔结的一项商约。它的第34款规定："和约已经议定，两国各宜遵守，不得轻有更改；至各口情形不一，所有贸易及海面各款恐不无稍有变通之处，应俟十二年后，两国派员公平酌办。又和约既经批准后，两国官民人等均应恪遵，至合众国中各国均不得遣员到来，另有异议。"① 这里非常明确地规定了《望厦条约》"不得轻有更改"，中美两国"均应恪遵"，美利坚联邦各州（"至合众国中各国"）不得派人前来对此另有异议。在什么情形下可以在12年后"稍有变通"呢？条件只是因为"至各口情形不一"（《现》文引用时恰恰把这几个字删掉），涉及贸易及海面各款时，可以稍加修订。这实际上指的只是细小的修订。美国以及各国清楚这一点。中方也清楚这一点。1855年5月，美、英、法三国公使先后照会两广总督叶名琛，要求在北京修订《望厦条约》，为此清政府指示，"各夷议定条约，虽有十二年后公平酌办之说，原恐日久情形不一，不过稍为变通，其大段断无更改"，② 清政府的认识是合理合法的。按照所谓"程序正义优先的法学原理"，英、法、美各国都没有提出大段修改条约的权利；即使稍加修订，也需要通过外交途径，与清政府商议，"公平酌办"。如果清政府不同意修订，只好等待。以武力逼迫签订的条约是无效的。马克思曾经援引前任香港首席检察官致伦敦《晨星报》的声明，那份声明说："这个条约不论其本身如何，早已因英国政府及其官吏采取暴力行动而失效到这样的程度，即至少大不列颠王室得自这个条约的一切利益和特权均被剥夺。"③ 这就是程序正义优先。

但是，如前所述，英、法、美、俄各国哪一国遵守了这个原则？

唯物史观不能动摇

研究和解读历史，是非常严肃的事情。把研究和解读所得用通俗的文字介绍给广大读者，更应该对社会、对读者抱着非常负责的态度。历

---

① 参见王铁崖编《中外旧约章汇编》第1编，三联书店，1957，第56页。
② 贾桢等纂《筹办夷务始末（咸丰朝）》第13卷，第14页。
③ 转引自马克思《新的对华战争》，《马克思恩格斯文集》第2卷，第657页。

史过程、历史事实是怎么样就怎么样，并不能由人做任意的解释，这才是历史唯物主义的态度。同时，历史进程充满矛盾的运动，复杂的事件是由各种各样具体的事件组成的，我们在分析、研究历史事件时不能把握尽可能多的史料，不能把事物提到一定的历史范围内，不能抓住历史过程的本质方面，不能对历史现象做出阶级地、辩证地分析，我们就不能从纷纭的历史现象中理出头绪，把握历史过程的基本规律。如果不尊重历史事实，对历史事实、历史过程作任意的解释，那就是历史唯心主义。

流行一种说法：一切历史都是当代史。或者一切历史都是思想史，或者人人都是他自己的历史学家。如果说一切历史都是当代有思想的人写出的，上述说法有一定的意义。但我认为，当代人研究、撰写历史，还是要以唯物史观为指导，用历史主义的方法，观察历史现象，认清历史发展本质，指明历史发展的方向。如果写成人人心中的历史，则言人人殊，失去历史的本来面目，如果拿这种历史去教育青年，就会贻误青年。

历史不是可以任意打扮的姑娘。《现》文的不正确，在于完全抛弃了唯物史观，得出许多错误的观点。试举几例：

"如果照双方的协议办理，导致火烧圆明园的英法联军再一次入侵是有可能避免的"。这是想当然。列强侵略中国，什么时候都没有与中国"协议"过。历次不平等条约的签订，条约文本或者是侵略者提供的，或者是侵略者强加的，中国谈判代表哪里有资格置喙？

"如果不打，不是对中国更有利吗"。汪精卫在抗战初期组织低调俱乐部，讲的也是类似这样的话。汪精卫之不齿于历史，已经难以改写了。我们只能这样回答：中国人民对外来侵略如果不抵抗，不打，中国早就成为一个完全的殖民地了。中国还有今天吗？

"面对咄咄逼人的强敌，作为弱势的大清帝国一方，明智的选择是严格执行现有条约，避免与之正面冲突"。当代人俯视历史，可以看出资本主义列强是强势一方，封建的中国是弱势一方。但是，在鸦片战争的年代，有哪一个中国人认识到中国是弱势一方呢？即使认识到是弱势的一方，难道弱势的一方面临外敌侵略的时候，就不应该反抗吗？清政府被严格限制在不平等条约体系内，什么时候都是严格遵守条约的，不遵守、不满足原有条约特权的，一向就是外国侵略者。

"经过长期、复杂、反复的博弈过程，在国际关系中可以逐步建立比较合乎多数人和多数国家长远利益的'正义'秩序"。这句模棱两可的话，放在晚清，放在近代中国，完全是无的放矢。国家不独立，人民不掌握政权，没有强大的国力，靠清政府去博弈是可能的吗？就是在今天，中国综合国力相对比较强大的情况下，我们可以在国际上"博弈"了，可以争取建立相对平等、互惠的国际秩序了，但是建立合乎多数国家长远利益的"正义"秩序是可能的吗？

"后发展国家和地区（殖民地、半殖民地）改变不发达状况，改变被动局面的唯一道路，是向西方列强学习，实现社会生活的全面现代化"。近代中国的历史道路不是这样的。殖民地、半殖民地国家和地区，不改变殖民地、半殖民地状况，只是向西方列强学习，可以实现社会生活的全面现代化吗？在我们这个地球上，还找不到这样的先例。孙中山建立中国同盟会，一心想振兴中华，向英国、美国、法国学习，建立起像美、法那样的共和制度，却完全得不到当时美欧等西方国家的支持。可是当政权转移到袁世凯手里，就得到西方列强支持。孙中山经过几许磨难，终于明白这一点：西方国家是不支持在中国建立像他们那样的资本主义强国的。所以孙中山重新组建中国国民党，重新解释三民主义，决心联俄、联共、扶助农工，决心走非资本主义道路，并高举反对帝国主义的旗帜。

五四运动以后，中国人一波一波地发起反对帝国主义、反对封建专制的运动，组织共产党，学习马克思主义理论，抵抗帝国主义的侵略，掌握属于人民的武装，才能够有今天中国的结果。中国今天向全面小康社会的高速发展，中华民族今天能够跻身于世界民族之林，不是靠学习西方列强得来的。西方人的历史发展道路给了中国人以启迪，在比较中，中国人选择了马克思主义，选择了社会主义道路。坚定地反帝反封建，摆脱了半殖民地半封建的状态，实现了国家的独立、民族的解放，我们才真正走上了现代化的道路。

《现》文所叙述的历史，不是建立在研究大量、扎实历史资料的基础上，而是按照自己的好恶，随意拈出几条史料，随心所欲地做出历史评论，这样的历史评论，脱离了史料基础，只是个人感想，它是无源之水、无本之木，乍看吓人，却是没有根基的，没有说服力的，经不起史料鉴证的。懂得历史，才能更好地建设今天。把鸦片战争以来真实的历史告诉我们的下一代，让他们明白真正的现代化道路在哪里，我们在中华民族伟大复兴的征程中会行进得更加坚实。

评历史虚无主义思潮及其危害[*]

按照马克思主义的观点，人类的历史进程是客观存在的，历史学家的责任，是对这一客观存在的历史进程做出研究，正确地复原、描述并且解释历史，在尽可能准确地复原历史进程的同时，总结历史过程的经验教训，给后来的人以必要的启迪。后来者要在学习历史后变得聪明些，使得前进的路程少一些曲折。所谓读史使人明智，所指大概如此。

由此可见，研究和解读历史，是非常严肃的事情。把研究和解读所得用通俗的文字介绍给广大读者，更应该对社会、对读者抱着非常负责的态度。有人或许以为，历史不过是过去的事情，可以随人俯仰，公说公有理，婆说婆有理而已，或者，历史像铜钱，随人摆弄；像小姑娘，随便你去打扮。这种态度显然是不对的。历史过程、历史规律是怎么样就怎么样，历史事实是怎么样就怎么样，并不能由人做任意的解释，这才是历史唯物主义的态度。同时，历史进程充满矛盾的运动，复杂的事件是由各种各样具体的事件组成的，我们在分析、研究历史事件时，如果不能把握尽可能多的史料，不能把事物提到一定的历史范围内，不能抓住历史过程的本质方面，不能对历史现象做出阶级的、辩证的分析，就不能从纷纭的历史现象中理出头绪，把握历史过程的基本规律。如果不尊重历史事实，对历史事实、历史过程做任意的解释，那就是历史唯心主义，或者是历史虚无主义，或者是反历史主义，而历史虚无主义、反历史主义，说到底，还是历史唯心主义。

中国是文明古国，有着5000年的历史。5000年历史发展过程中，有过辉煌，有过曲折；有过反复的争斗，有过长期的融合，才使中国历

---

[*] 本文作于2000年5—6月，未刊。

史举世无双地延续下来，并且使中国文化在相当长的时期里居于世界的前列。但是近代以来中国落后了。鸦片战争以后160年的中国近现代史，是侵略与反侵略同在、压迫与反抗同在、屈辱与辉煌同在的历史。屈辱、觉醒、奋斗、牺牲、变革、进步，贯穿了整个中国近现代史。总结160年的历史进程，可以分为前110年和后50年。前110年，历史上的大关节，基本上是帝国主义侵略中国和中国人民反对帝国主义侵略的历史，是封建统治者勾结帝国主义镇压人民起义和人民群众反帝反封建的历史，是中国要求追上世界资本主义的步伐、在中国发展资本主义而封建统治者和帝国主义反对中国发展资本主义的历史。所有政治的、经济的、军事的、思想文化的斗争，几乎都是围绕这些历史的大关节进行的。经过社会先进人士无数次的社会改良，经过新的社会阶级、政党发动的屡次革命，在坚持长期反帝反封建斗争之后，在中国共产党的领导下，终于迎来了中华人民共和国即由人民掌握政权的新中国的诞生。后50年，历史发展虽然也很曲折，但其历史的大关节，基本上是在人民取得政权的基础上，探索国家现代化并且取得巨大成绩的历史，探索建设有中国特色的社会主义并且成功地摸索出社会主义市场经济体制的历史。后50年内特别是前期的某些失误，也与这种探索有着密切的关系。换一个说法，前110年是争取国家独立的历史，后50年是争取国家现代化和富强的历史。这样一个简单的历史过程，大多数人是明了的，特别是最近50年，同时代人作为这一历史过程不同程度的参与者、见证者，都体验到了创造历史的艰辛与喜悦。

应当说，对这160年中国近现代历史的研究、解读和宣传，总的趋势是好的。中国近现代史的研究、解读和宣传，对于广大人民群众了解和认识国情，进行爱国主义教育，增加人民群众建设有中国特色的社会主义、实现社会主义现代化的信心和动力，都起着重要作用。这方面的努力不能低估。但是也要看到，最近几年，在中国近现代史的研究、解读和宣传中，存在着一种不健康的状况，存在着历史虚无主义、反历史主义等否定党和人民群众对历史的贡献之类历史唯心主义的表现，值得注意。

为了说明问题，不妨举几个例子。有人发表文章认为鸦片战争后"资本主义终于打入了封建主义禁锢着的神圣王国"，是好事，应当"大恨其晚"，如果再早一点，"我们中国就远不是如此的面貌了"。在该文作者看来，由于资本主义文明是先进的，资本主义列强侵略落后的封建中国时，中国只能敞开大门让其侵略，绝不能反抗，多出几个林则徐似的民族英雄也无济于事，不过延缓接受资本主义文明的时间罢了。按照这种观点，"鸦片战争是在执行一种历史的使命"，"从某种意义上说，是鸦片战争一声炮响，给中国送来了近代文明"。这种论调，对英国发动的以开辟市场为借口、以鸦片走私贸易合法化为目标的对华战争给予了空前的肯定与礼赞。这种观点后来开始泛滥。鼓吹帝国主义侵略给中国带来了好处，鼓吹不要抵抗外国侵略的言论，不时在报刊上出现。有人甚至认为，连抗日战争都不要抗才好。有人说，中国要富强康乐，先得被殖民一百五十年。有人研究了鸦片战争的历史，对具体历史事实做出了有益的探索，但得出结论说，面对外国侵略，中国落后，肯定打不赢，打不赢就不要打，学习日本处理"黑船事件"的经验，与外国和平谈判，对中国的发展更有利。有人甚至认为："如果中国当时执行一条'孙子'战略（不是《孙子兵法》的孙子，而是爷爷孙子的孙子），随便搭上哪一条顺风船，或许现在的中国会强盛得多。比如追随美国，可能今天我们就是日本。"这便是主张不抵抗帝国主义侵略、一心做外国"孙子"，以为这样中国便可以强盛的"孙子哲学"。有人将这种思考加以提升，认为近代中国的反帝反封建斗争是"阶级斗争、反侵略"史观，说这种史观"对中国社会的正常发展的确带来了很大的灾难"。有人说，应"按照价值论而非道德论法则去裁决和评价'世界走向中国'的历史问题"，认为按反帝史观，"只是更多地从'侵略反侵略'、'压迫与反压迫'、'奴役与被奴役'这个正义与非正义的道德立场出发去审视"历史，得出的结论是"消极的、片面的、情绪化的彻底否定"。如果把这些稍微隐晦一点的语言说明白些，那就是说，对帝国主义侵略，不应该抵抗，不应该批评，而应该欢迎，而应该歌颂；近代中国历史上的反帝反封建斗争都错了。

反帝反封建斗争错了，那么中国近代史上推动历史进步、彪炳史册的那些革命运动就都对了吗？按照以上逻辑，答案是否定的。近几年有人在国内公开发表文章，大声疾呼"告别革命"，说什么"辛亥革命是搞糟了，是激进主义思潮的结果……自辛亥革命以后，就是不断革命：'二次革命'，'护国、护法'，'大革命'，最后就是49年的革命，并且此后毛泽东还要不断革命"，"现在应该把这个观念明确地倒过来：'革命'在中国并不一定是好事情"。近代中国的革命，都是反帝反封建的革命。革命错了，反帝反封建当然要不得了。辛亥革命及辛亥以后的所有革命都搞糟了，中华人民共和国的成立还有什么合理性可言呢？

还有一位多次自称不是学者的人，借北大校庆之机，大肆鼓吹弘扬所谓北大的自由主义传统，却丝毫不涉及北大在五四运动期间形成的传播马克思主义的革命传统。作者不仅歪曲历史，而且鼓吹自由主义可以是一种政治学说，一种经济思想，也可以是一种社会政治制度，宣传只有自由主义社会才是现代化的社会。按照这种观点，不仅中国资产阶级领导的辛亥革命不在话下，中国无产阶级通过中国共产党领导的新民主主义革命及其所取得的历史性成就，因为不符合自由主义传统，也就不具有历史地位了。

这种历史虚无主义思潮不仅否认1949年以前近代中国的革命历史和革命斗争，否认中国共产党领导的革命斗争，其目标所指也包括了1949年新中国建立以后，要否定半个世纪以来党和人民长期奋斗的历史。有人在新中国成立50周年时写文章，把新中国50年形容为风雨苍黄50年，说前30年是腥风血雨的历史，是"集权专制"，中国人"继续处在被奴役的状态中"，罪魁祸首是毛泽东；还有人说新中国前30年是"食人史"。

在这种思潮下，有人公开主张私有化，要求修改宪法，删除现行宪法的序言，把矛头明确指向党和人民长期奋斗、流血牺牲换来的，载入宪法序言的"四项基本原则"。可见这股历史虚无主义思潮，显然不是一般的学术研究，而是加入否定近代中国的革命历史、否定党和人民的奋斗历史、否定社会主义实践和共产主义理想的政治潮流中去了。当前这股历史虚无主义思潮，主要表现在对中国近现代历史的评论中，这表明这股思潮关注的是现实，是中国的未来走向。说穿了，它是通过对中国近现代历史的虚无主义的解说，达到否定近百年革命历史、淆乱人们的思想观念、引诱人们脱离社会主义的长远目标。因此，这股历史虚无主义思潮，是资产阶级自由化思潮在当前的表现，不能不引起我们的注意。

持有历史虚无主义观点的人，把一些简单的道理搞复杂了，意在混淆人们已经取得的对中国近现代史的基本认识。帝国主义侵略，引起人民反抗（一定时期当时的统治者也组织了人民起来反抗），这是中国近代史的基本历史事实，无论是从马克思主义的道理、从国家主权和民族独立的角度，还是从近代中国的长期实践，都应当受到鼓励和肯定。这种对帝国主义侵略勇于反抗的精神，是近代以来形成的民族精神，是一种不可丢弃的宝贵传统，是爱国主义教育的珍贵史料，也是我们今天建设社会主义市场经济、实现社会主义现代化理想的精神动力之一，怎么可以轻易否定呢！由于外国侵略、由于统治者腐败，科技落后，综合国力不如西方资本主义国家，这是事实，中国人面对帝国主义侵略就不要抵抗，就要俯首帖耳、听任宰割，就要甘心做"孙子"，这种道理怎么讲得过去呢。鸦片战争以后历次反侵略战争都失败了，但是中国人没有气馁，面对侵略，继续不屈不挠进行斗争，终于取得了抗日战争的全面胜利。1931年开始的日本侵略中国的战争，是中国近代史上外敌入侵最严重的一次战争，是时间最长、投入兵力最多、敌人深入国土最广阔、中国损失最惨重的一次战争。战争开始前，以及战争全面爆发的整个过程中，敌强我弱的形势基本上没有改变。1937年卢沟桥事变后，日本帝国主义叫嚣三个月之内灭亡中国。中国面临的形势极为险恶。中国共产党人继承中国人民历次反侵略斗争的光荣传统，从国家利益、民族存亡的大局出发，调整政策，推动执政的国民党建立起抗日民族统一战线，发动了全国全面的神圣抗日战争，全国民气振奋，在国际力量的配合下，终于取得了抵抗日本侵略的全面胜利，彻底扭转了中国近代历史发展的方向。如果因为敌强我弱，放弃抵抗，与日本谈判，我们还能够独立地屹立于世界，还能够建设富强的社会主义中国吗！无论是给日本当"孙子"，还是给美国当"孙子"，中国恐怕连半殖民地的地位都保不住，何谈什么独立富强？这个浅显的道理，是普通人都懂得的。

至于以辛亥革命为代表的旧民主主义革命和中国共产党领导的新民主主义革命，哪一个是偶然的因素而不是历史的必然性起作用的呢！有人以为维持清朝政府和国民党政府，说不定中国现代化会更快些。据说让清政府、国民党政府稳定了，就能发展生产力，就能更快地实现现代化。这种看法，不是糊涂、无知，就是别有用心。1949年前的旧中国历届政府，对外屈膝投降、丧权辱国，对内鱼肉人民、拒绝改革，腐败透顶，严重阻碍了生产力的发展，国家落后，人民看不到出路，这样的政府不推翻，国家还有前途吗？社会还能前进吗？新生产力还能引进吗？老百姓的生活还能改善和提高吗？革命可能会带来某些后遗症，但是不革命，国家和社会完全不能进步，历史就要倒退，那样，损失就要大得多。况且，革命不是什么人登高一呼就可以起来的，是统治者不能照旧统治下去了，人民生活不下去了，社会不变革就不能前进了，革命形势才能到来，革命政党才有可能因势利导，推动革命的进行。推翻腐朽的政府，改革旧的、阻碍生产力发展的生产关系，正是为了发展生产力，正是为了推动社会和历史的前进，功不可没。把发展生产力绝对化，认为任何时候都需要绝对维护社会的稳定，保证生产力的发展，即使生产关系束缚了生产力的前进，也要听之任之，不得变动，否则就是破坏社会稳定，就是反对发展生产力，显然是僵化的看法，是违反唯物史观的。当然，人为制造"革命"不可能成功是必然的，"文化大革命"之所以不能称为真正意义的革命就是这个道理。我们党已经对它做出了科学的总结，进一步加深了人们的这种认识。

新中国建立50年来取得的社会进步、经济发展、生产力前进的巨大历史性成就，就是新民主主义革命（甚至包括辛亥革命）带来的结果。企图否定50年的历史性成就，显然不是书斋里做学问的学者研究出来的结论。我们主张，对整个中国历史，对整个中国近现代史，对新中国成立50年来的历史，进行科学的学术研究，发表评论，从不同的角度总结历史经验，对不同的认识开展"百家争鸣"，是正常的学术活动，应该用健康的政治环境、学术环境来保证这种学术活动的进行。但是如果从根本上否定了我们的革命历史，对我们党和人民的奋斗历史采取一种历史虚无主义的、反历史主义的态度，企图煽动人民群众对我们党的失望、对我们正在从事的社会主义事业的失望、对我们的理想和国家前途的失望，恐怕就失去了"百家争鸣"的原意了。某些持有历史虚无主义观点的人们，值得反思和警惕！

十多年前，邓小平同志在《党在组织战线和思想战线上的迫切任务》一文中说过，思想战线上的战士，都应当是人类灵魂的工程师，"作为灵魂工程师，应当高举马克思主义的、社会主义的旗帜，用自己的文章、作品、教学、讲演、表演，教育和引导人民正确地对待历史，认识现实，坚信社会主义和党的领导，鼓舞人民奋发努力，积极向上，真正做到有理想、有道德、有文化、守纪律，为伟大壮丽的社会主义现代化建设事业而英勇奋斗"。他还说，对于思想战线的混乱现象，要开展批评和自我批评，"一定要彻底扭转这种不正常的局面，使马克思主义的和社会主义、共产主义的宣传,特别是在一切重大理论性、原则性问题上的正确观点,在思想界真正发挥主导作用"。① 我们当前和今后相当长的时期,都要为实现有中国特色的社会主义而奋斗,为建设和完善社会主义市场经济体系而努力。理论工作者、历史工作者,要遵照邓小平同志的指示,要遵照江泽民同志关于"三个代表"的要求,高举马克思主义的、社会主义的旗帜,抵制历史虚无主义思潮歪曲党和人民奋斗历史的宣传,用真实的历史知识,引导人民、鼓舞人民投身到建设社会主义现代化的壮丽事业中去,尽到我们的一份责任。

---

① 《邓小平文选》第3卷,人民出版社,1993,第40、46页。

历史虚无主义的若干表象及其实质[*]

中华民族 5000 年的优秀历史传统，尤其是鸦片战争后中国人民反对帝国主义侵略、争取民族独立和国家富强的斗争，新中国建立以后探索中国特色社会主义的艰苦历程，是我们国家和民族弥足珍贵的精神财富，是我们前进道路上的精神力量。如何看待历史特别是如何看待新民主主义革命和社会主义革命与建设的历史，如何看待中国共产党的历史，如何看待党的领袖人物的历史，如何看待中华人民共和国的发展历史，事关国家民族的兴亡。长期以来，我们的思想文化领域、意识形态领域，弥漫着一股历史虚无主义恶毒空气，这种历史虚无主义的种种谬说，对历史不负责任，对社会不负责任，肆意抹杀客观存在的历史，主观臆想随心所欲地构造历史，它对社会造成了严重危害。

一 历史虚无主义思潮的主要表现

半个世纪以来，历史虚无主义思潮在中国数度兴起，其要者如"文革"中盛行的"影射史学"对历史的歪曲，20 世纪 80 年代以《河殇》为代表的宣扬民族历史文化虚无主义的思潮以及侵略有功等，最典型的是所谓"告别革命"的思想。进入 21 世纪以来，历史虚无主义在中国大陆呈现新的样态：它们并不虚无所有的历史，并不否定传统文化，而主要集中体现在中国近现代史（国史）、中共党史领域。这种历史虚无主义有特定的现实指向与意识形态诉求，具体说来有几个方面的表现。

---

[*] 本文是与赵庆云合写的，刊载在《世界社会主义研究》2018 年第 9 期。

在中国近代史领域美化中国近代史上列强的殖民侵略，将殖民侵略与"近代文明"完全等同，对于殖民主义征服给中国人民带来的灾难视而不见。更为极端者，着意美化日本对中国的野蛮侵略，称侵华日军为"友军"，称南京大屠杀的日军野蛮行径为"解放南京"。这种论调彻底抹杀了近代以来中国人民反帝斗争的意义。

继续宣扬否定革命、"告别革命"的主张。"告别革命"论将革命与改良完全对立，一方面认为革命只能破坏而不能建设，是近代中国落后的罪魁祸首，阻碍了中国近代化的进程；另一方面无视革命爆发的社会根源，将革命视为少数革命家人为"制造"的产物。这种历史虚无主义否定了近代以来的中国革命，尤其是中共领导的民族民主革命的必要性与正当性。革命不是某个政党、阶级或个人一时心血来潮就能发动起来的。从根本上来说，近代以来的中国革命是近代中国社会民族危机深重和社会矛盾激化的产物。中国走社会主义道路是历史的必然选择；中国共产党的领导地位是中国人民长期选择的必然结果。二者均不以某个人的主观意志为转移。

有些历史评论和影视剧热衷于对近代历史人物进行"翻案"式的重新评价。这些历史评论和影视剧，对近代以来的统治者多有褒扬，如对慈禧、李鸿章、袁世凯等人一味加以颂扬，把他们放到历史舞台的中心，鼓吹《清帝退位诏书》是"宪法性文件"，而将孙中山等革命者刻意丑化，贬低南京临时政府的历史作用。这些论点颠覆了长期以来形成的有关近代中国历史的知识体系。

在中共党史、中华人民共和国史领域，否定中国自五四以来爱国、革命的传统，将"自由主义"作为当今中国应当继承和发扬的五四传统，将中国人民在五四时期选择马克思主义、选择社会主义，看作脱离以欧美为师发展资本主义的"近代文明的主流"而误入歧途，宣称经济文化落后的中国没有资格选择社会主义道路。歪曲邓小平的改革开放思想，将改革开放说成是对社会主义的否定，是补资本主义的课。

恶意诋毁、攻击中国共产党领导的新民主主义革命，认为中国共产党之所以能战胜国民党夺取全国政权，是利用日本侵略之机消极抗日、发展实力，"放着日本人不打，打自己的小算盘，准备胜利后摘果子"，无视中国共产党在长期革命斗争中经过艰苦卓绝的反对外来侵略和反对国内反动派的斗争获得人民的真诚拥护与支持这一世人皆知的历史事实。

把改革开放前后30年对立起来，否定前30年，对后30年做出片面评价。有人把中国改革开放前30年的社会主义建设说成错误堆积、一无是处，认为改革开放前30年"是一步步倒退，几乎走向毁灭的过程"。还有人鼓吹"宪政中国"，说什么"宪政中国出现以前的中国是旧中国"，完全无视中华人民共和国是在1949年9月中国人民政治协商会议通过的起临时宪法作用的《中国人民政治协商会议共同纲领》的原则上建立的，完全无视1954年第一届全国人民代表大会通过的《中华人民共和国宪法》。

历史虚无主义肆意贬低、全盘否定革命领袖毛泽东，丑化毛泽东这个中国共产党的主要领袖、中华人民共和国的主要开创者、人民军队的主要缔造者，并集中攻击毛泽东思想。有人评价毛泽东使用"功劳盖世，罪恶滔天"的判语。有人在香港出版《红太阳的陨落——千秋功罪毛泽东》（上下卷），对毛泽东以及毛泽东领导下的中国极尽污蔑攻击之能事。此书对于真正意义的学术研究来说毫无价值，却能迎合"非毛"的阴暗潮流。有一个中学历史教师，以轻佻的语言攻击、辱骂毛泽东，是什么"教主""独裁者""恶魔"，肆无忌惮到了无以复加的地步，他的演讲视频及文字在网络上流传甚广。

值得注意的是，互联网如今已日益普及，因其信息传递快、获取便捷、形式新颖，成为民众获取历史知识的重要来源。网络论坛和微博这种自媒体的兴盛，为历史虚无主义思潮的传播提供了极为便捷的平台和渠道。此外，一些历史题材的影视作品根本不顾史学研究成果，对近代历史人物和历史事件加以"戏说""恶搞"，任意裁剪、割断联系，甚至无中生有、捕风捉影，将民众集体记忆中的革命英雄人物形象丑化、滑稽化。这种"戏说""恶搞"的方式，对近代以来中华民族艰难而悲壮的奋斗历程无疑是一种亵渎，是对历史虚无主义思潮的推波助澜，其直接后果是误导大众、造成人们历史认识的混乱，并由此导致人们以轻佻的态度对待历史，对历史缺乏应有的敬畏。

二　历史虚无主义泛滥的原因及其实质

历史虚无主义不是正常的历史研究的产物，甚至不一定是专业的历史学者提出的。对于正常的历史研究来说，由于掌握的史料不一样、个人阅历的差异，或者观察历史的角度不同，不同的学者之间在看待历史人物、历史事件甚至对某一历史时期的认识上存在某些分歧本属正常现象。这些不同的认识，是可以通过百家争鸣的方式加以辨明的，是可以在学术讨论的过程中逐渐接近或形成共识的。但历史虚无主义思潮显然不在这种正常的观点分歧之列，它对中国近代以来的历史进程特别是对中共党史、中华人民共和国史加以全面攻击和彻底否定不是依据历史史料，不是依靠历史论证，而是把一些小事故无限放大，或是捏造事实、故弄玄虚、妄下断语，制造"理论陷阱"，误导读者；有的人甚至站在敌对立场上进行谩骂和攻击。这就涉及历史认识中的大是大非问题。

历史虚无主义思潮在近年来呈不断蔓延之势，其原因主要有以下几方面。

（1）当前社会主义运动处于低潮的现实国际环境是历史虚无主义高涨的大背景。20世纪90年代以后，在东欧剧变这一大气候的影响下，国际上兴起否定十月革命世界历史意义的思潮，所谓马克思主义"过时论"、社会主义"失败论"、历史停留在资本主义时代的"历史终结论"甚嚣尘上。西方资产阶级的意识形态通过各种途径渗入国内是一个明显的事实。

（2）说到底，历史虚无主义是对西方反共势力企图"和平演变"社会主义的一种呼应。苏联解体后，西方开始将和平演变的重点放在中国，中国社会主义建设面临更为严峻的形势。西方敌对势力依恃其文化的强势地位，利用现代传媒等种种手段不断进行渗透，在政治、经济、文化教育等各个领域传播个人主义、新自由主义理论，传播它们的政治观点、价值观念，潜移默化地使人们尤其是青年一代接受其价值观，从意识形态对中国发起没有硝烟的战争。

（3）后现代思潮为历史虚无主义提供了理论支持。历史虚无主义脱离客观历史事实，以唯心主义、实用主义的价值观对历史进行任意的剪裁和重塑，用历史支流或碎片解构认识历史规律的宏大叙事，正与后现代思潮相合。后现代思潮根本否定历史的客观规律性，抹杀历史同文学虚构之间的界限，将历史事实视同纯粹的臆造，诱使人们放弃对客观历史的追寻，陷入历史不可知论的窠臼。同时，后现代思潮也是历史题材文艺作品任意涂抹、"戏说"历史的理论基础。由于这种虚无主义势

（4）历史虚无主义的兴起具有一些国内思想土壤。随着改革开放走向深入，整个社会利益格局发生了深刻调整和变化，由此必然带来思想观念的变化，社会思想日益呈现多元化趋势，国家的主流意识形态日渐受到冲击。通常来说，对历史虚无主义观点的接受，也与人们在现实生活中的切身感受密切相关，一些党员领导干部丧失理想信念、贪污腐化、权钱交易等不正之风，影响人们对于执政党形象的认识，也影响人们对中共历史形象的认识。当前中国社会现实中存在的某些问题，在一定意义上助长了历史虚无主义思潮的影响力。

从思想认识的本质说，历史虚无主义是主观唯心主义在历史观上的表现。从历史研究理论方法看，历史虚无主义的一大特点在于彻底抛弃阶级分析法，背离了唯物史观实事求是的思想路线，抛弃了历史的主流观、大局观，历史发展的本质观，将历史发展归因于某个偶然因素或某个历史人物，抓住历史的支流不放或者无限放大支流，放弃了对历史发展深层原因及历史发展的客观规律的探寻。

20世纪中国历史的主题是救亡图存、人民解放、国家富强和民族复兴。这一个世纪历史的主流和本质，是全国各族人民在中国共产党的领导下，经过艰苦卓绝的斗争，以革命为手段，从根本上扫除中国历史前进的制度障碍，将一个极度贫弱的旧中国逐步变成一个初步繁荣、充满生机和活力的社会主义新中国。20世纪的中国实际历史进程已然有力地证明，在中国共产党领导下，以马克思主义为指导，选择社会主义道路，是历史和人民做出的必然选择。

历史虚无主义具有相当的欺骗性与煽动性，加之各种资本控制的种种媒体，尤其是网络的广泛扩散，对社会舆论、群众心理特别是广大青年的政治认识，有相当强的导向和冲击力。真正严肃坚持"论从史出"的历史专业学者，很少与历史虚无主义者同路。实际上，历史虚无主义的宣扬者，主要还是一些非史学专业的知识分子。他们虽然有时冠以"著名历史学家"的头衔，甚至自诩执史坛牛耳，但其著述一般来说并不看重学术规范，其史料选择带有相当的片面性与随意性，对材料的使用也往往朝着片面化的方向加以解释，著述的呈现形式大多类似于史学随笔与评论，借历史来抒发自己的政治见解，批判现实是其基本特征，有的使用"影射史学"的手段，有的则是赤裸裸的攻击，史学界对他们的著述、言论大多并不认可。然而，因为他们的观点标新立异，时有趋于极端的惊人之论，迎合人们猎奇求新的心理，能吸引不少人的眼球；同时，他们以历史反思、学术研究的名义出现，在人们心目中似乎具有权威性。这些人掌握了相当的话语权（尤其是在网络媒体上），在民众特别是网民中产生相当大的影响。

历史虚无主义者着重在中华人民共和国史、中共党史上做文章，虽然有时以"学术研究"的面目出现，却并非"发思古之幽情"，而是具有很强的现实目的性和明确的政治诉求。历史虚无主义以"重新评价"和"还原历史"为旗号，攻击、否定中共革命的历史，不仅在于以此博取自身的声名，更重要的是以历史为切入点，来质疑、削弱中共执政的历史合法性，其根本目的是从历史依据和逻辑前提上否定马克思主义在当代中国的指导地位、否定中国共产党的执政地位、否定社会主义根本制度，以为另寻"自由主义出路"制造依据。

三　历史虚无主义思潮之应对

历史虚无主义关于中国近代、现代历史的一些观点及论述，颠覆了中国近现代历史原有的话语体系，直接指向中共执政与社会主义制度的历史依据及其合法性，并且事实上对主流意识形态有不可忽视的消解作用。清代思想家龚自珍有言："灭人之国，必先去其史；隳人之枋，败人之纲纪，必先去其史；绝人之材，湮塞人之教，必先去其史；夷人之祖宗，必先去其史。"历史对于国家民族之重要毋庸置疑。如何应对、抑制历史虚无主义思潮的蔓延，需要从多个方面做出努力。笔者以为，至少应从以下几个方面着手。

（1）对历史虚无主义思潮，不能仅停留在政治话语层面的价值批判，而要有更为深入的学理分析与批判。正确区分学术观点的分歧与历史虚无主义，对于"历史虚无主义思潮"的范围不宜泛化，而应有更明确的界定；在回应历史虚无主义思潮时，对于一些"敏感"问题宜正面应对，而不消极回避。以准确的历史事实为依据从事历史研究，这是回击历史虚无主义的关键。从根本上说，历史虚无主义是一种唯心主义思潮，因而在历史研究及历史知识普及中弘扬唯物史观才是治本之策。

（2）加强对学术研究的指导，推动通俗普及历史读物的撰写与出版。学术研究与通俗普及读物之间存在关联互动，但由于影响范围的差异，二者应有不同的标准尺度。近年来，不少学者投身中共革命史研究领域。同时，中国近代史学界呈现重心下移的趋势，不少学者已开始将研究重心转移到民国时期甚至1949年以后，对"文革"前"十七年"的研究也已经产生了不少学术成果。对于这一学术研究的趋势，我们应持肯定、欢迎的态度，并在档案开放等方面予以支持。国史、党史领域历史虚无主义思潮的泛滥，一定程度上同这一领域研究薄弱有关。正因为严肃、扎实的研究并不多见，而大众总是更为关注离自己较为切近的历史，这种历史知识供求之间的矛盾，为某些人提供了歪曲历史的契机和条件。

（3）在形塑公众历史认识方面，现代传播媒体扮演着比学术研究更为重要的角色。具有原创性的学术研究成果，往往只在专业领域传播，影响有限，必须通过通俗读物、影视、文学、网络的传播来影响社会大众层面。电影、文学以及新闻媒体等追求轰动效应，对学术研究成果未能充分消化，且不乏有意无意地断章取义、哗众取宠，对一些偏颇甚至错误的历史认识形成放大效应，因而在历史知识的普及与传播领域，历史虚无主义思潮更为严重。对于历史知识的普及，应有相对于学术研究更为严格的尺度。一方面，提倡和鼓励更多专业历史学者投身历史知识普及工作，以提升历史普及读物的质量，满足大众对于历史知识的需求；另一方面，对于一些历史题材的文学、影视作品，应有更为明确的规范予以引导。

（4）加强历史教育。历史虚无主义思潮影响的一大群体是青年学生。一方面，学生的思想观念尚未定型、易受影响；另一方面，青年学生是国家未来的希望所在，他们的历史认识和历史观念的塑造无疑至关重要。目前高校专门开设了"中国近现代史纲要"课程，可见对于中国近现代史教育给予了高度重视。但必须看到，仅仅依靠学校层次的历史教育，难以抵御历史虚无主义思潮的侵袭，因而更需要在全社会范围内加强历史教育，尤其是要重视发挥广播电视、报刊、网络等大众传媒的历史教育作用。

（5）正人必先正己。必须整顿作风和文风。党和国家的各级领导干部必须严格遵守党纪国法,加强理想信念教育,加强党性锻炼,在推进中国特色社会主义建设中,真正做到全心全意为人民服务。党和国家各级领导干部的作风好了、形象好了,人民群众受益了,各种歪风邪气就无所兴其道,各种历史虚无主义的歪论就难以罄其售。

总之,我们应该认清历史虚无主义思潮的本质,旗帜鲜明地予以抵制和批判;要标本兼治,从学术研究、普及传播、历史教育等方面加以积极引导,使中国近现代历史知识成为我们前行的巨大动力,为建设中国特色社会主义的伟大事业服务。

马克思主义是历史虚无主义吗?[*]

——评《炎黄春秋》发表的三篇有关历史虚无主义文章

近些年学术理论界致力于批评历史虚无主义思潮。从历史事实和理论逻辑上讲清楚历史虚无主义的本质和表现,对于澄清迷雾、巩固中国共产党的领导、巩固社会主义道路、巩固中国特色社会主义核心价值体系都是很有意义的。

所谓历史虚无主义,是一种借否定人民历史和中国共产党的历史而否定中国共产党领导、马克思主义指导、社会主义道路和人民民主专政的政治思潮。这种思潮否定以马克思主义为指导形成的全部历史认识体系,否定中国人民的进步史和中国共产党领导的革命、建设和改革史,以达到否定四项基本原则、搅乱人心的目的。最近,《炎黄春秋》杂志发表了尹保云、马龙闪等学者的三篇文章,试图重新阐述历史虚无主义思潮的内涵、来龙去脉和表现,重新界定历史虚无主义,抢夺批判历史虚无主义的旗帜。这些文章的核心观点,颠覆了人们对历史虚无主义的认识,提出马克思主义就是历史虚无主义,把马克思主义指导的历史认识体系作为教条主义历史虚无主义来批判。这就使我们纳闷:《炎黄春秋》要把矛头指向哪里?是指向历史虚无主义呢还是指向马克思主义?

---

[*] 本文与龚云合写。《红旗文稿》2014 年第 16 期摘要刊登。《求是》杂志 2015 年第 10 期再次摘要发表时题目改为《马克思主义岂是历史虚无主义》。这里刊出的是全文。

一 批判历史虚无主义已不再是单纯的学理探讨

历史虚无主义思潮是自 20 世纪 90 年代中期所谓"告别革命"论发表以来,在中国社会,尤其是学术理论界具有很大影响的政治思潮。学术理论界按照"百花齐放、百家争鸣"的方针,进行了长期的学术批评。最近,《炎黄春秋》一次推出三篇文章,在历史虚无主义定义上故弄玄虚,企图搅浑水,争夺批判历史虚无主义话语权,显现出明显的政治意图。这表明,批判历史虚无主义已经不再是单纯的学理探讨。

唯物主义历史观的创立,是人类认识史上伟大的革命。列宁认为,"马克思的历史唯物主义是科学思想中的最大成果"。[①] 他强调,唯物主义历史观是唯一科学的历史观,在我们还没有看见另一种科学地解释某种社会形态的活动和发展的尝试以前,它始终是社会科学的同义词。[②] 以马克思主义为指导的历史认识体系,实现了历史认识的革命,使人类可以最大限度地实现还原历史真相、科学地探究历史的规律。

但是,有的学者却认为马克思主义就是历史虚无主义,将马克思主义指导下的历史认识体系称为教条主义虚无主义,提出"教条主义的历史虚无主义是迄今为止最大的历史虚无主义"。[③] 他们说:"历史虚无主义在理论上也源远流长。自 19 世纪末以降,一百多年来它以庸俗社会学为理论根基,穿着'革命'的外衣,在理论上以'马克思主义'的面目出现,实际上却是一种小资产阶级左倾幼稚病的根源之一。"[④] "庸俗社会学,按照俄罗斯学者的说法,是把马克思主义关于阶级的理论和方法采取简单化、公式化、绝对化和庸俗化的一种社会政治和文化理论思潮。它的最突出特点,是把马克思主义的阶级论进行绝对化、庸俗化的歪曲,往往把阶级看作是某种孤立的、封闭的、自律的,具有一成不变的东西。庸俗社会学论者不是站在反映论的立场上,从经济基础,从

[①] 《列宁专题文集·论马克思主义》,人民出版社,2009,第 68 页。
[②] 《列宁专题文集·论辩证唯物主义和历史唯物主义》,人民出版社,2009,第 163 页。
[③] 尹保云:《要警惕什么样的历史虚无主义》,《炎黄春秋》2014 年第 5 期。
[④] 马龙闪:《历史虚无主义的来龙去脉》,《炎黄春秋》2014 年第 5 期。

所有社会阶级斗争条件，从社会阶级关系的总和中，从所有这一切的联系和相互影响中引出思想现象，而是把这些现象的内容仅仅归结为'阶级利益'的表现，归结为'阶级'的心理和'阶级'的思想意识。"①"马克思的历史图式与基督教历史图式十分相似。他虽然肯定了资本主义的成就，也认为资本主义是目前世界文明高峰，但他最终还是以一个设想中的未来社会阶段把资本主义的历史否定了。在他的历史观中，从奴隶社会、封建社会到资本主义社会都是'阶级社会'，是人的本性的堕落；资本主义社会无论取得了怎样的成就也是异化的，它的政治制度、经济制度、社会组织与道德观念等等都将被彻底抛弃，陷入历史虚无主义了。"② 这里引出的几段话说明，文章作者再明显不过地把批判历史虚无主义的矛头指向了马克思主义。

上述文章作者不仅把马克思主义说成是历史虚无主义，而且把中共党史上个别时期的"左"倾错误与正常的思想文化运动搅和在一起，把新民主主义革命时期左翼文化运动和新中国成立后的思想文化批判运动也歪曲为历史虚无主义。那位作者说："从中国 20 世纪初否定一切传统文化的'虚无党'，到 20 年代以'太阳社'为代表的一批上海'亭子间'文人，再到解放后的一系列思想文化批判运动，最后发展到'无产阶级文化大革命'的虚无主义思潮，这其中历史虚无主义的传承脉络是十分清晰的。"③ "长期以来，这股思潮高涨泛滥的时间久，而对之切实批判得不多，有些时期，甚至奉它为神圣，实际上把它当成了革命的主流和正统。改革开放以来，新时期对历史虚无主义有不小的冲击和压制，它虽也几经抬头，但始终没有像改革开放前那样发展成主要的危险和潮流。"④

在他们看来：马克思主义指导下的历史认识体系是教条主义历史虚无主义。"教条主义是从马克思的思想中摘除一些教条并加以极端化发展。"⑤ "教条主义把上述马克思历史观进一步片面化、极端化，从而走向极端的历史虚无主义。""在这个理论体系中，它把一个不存在的、

---

① 马龙闪：《历史虚无主义的来龙去脉》，《炎黄春秋》2014 年第 5 期。
② 尹保云：《要警惕什么样的历史虚无主义》，《炎黄春秋》2014 年第 5 期。
③ 马龙闪：《历史虚无主义的来龙去脉》，《炎黄春秋》2014 年第 5 期。
④ 马龙闪：《历史虚无主义的来龙去脉》，《炎黄春秋》2014 年第 5 期。
⑤ 尹保云：《要警惕什么样的历史虚无主义》，《炎黄春秋》2014 年第 5 期。

仅仅是想象中的共产主义作为评判事务的唯一标准,不仅否定了奴隶社会、封建社会、资本主义社会这个漫长的人类历史,也否定了现实世界中的文明榜样。它自信地宣布,从原始社会解体后人类历史上就没有好的事物,充满了剥削、压迫、不平等和阶级斗争,只有到共产主义社会后才会获得彻底解放。这就把马克思主义历史观完全解释成了基督教神学的历史观,陷入极端的历史虚无主义。"① "在我们国家,某些反对历史虚无主义的人,很像尼采式的虚无主义者,在存在论与价值论上滑向虚无主义,因为他们一般不从存在的本体论意义上下功夫,只是否定其他所有的史观/价值,确立和维护自己的史观/价值,当做唯一的存在。他们虽然貌似尼采的那种强力意志,但这种强力并非来自批判者本身,而是来自只允许一种声音存在的举国宣传体制的支撑。"②

在他们看来:教条主义历史虚无主义带来了巨大的灾难。"教条主义历史虚无主义则不同,它一开始就与政治行动结合在一起,一开始就是一种政治意识形态,而不是简单的学术倾向或认识偏差。由于这个原因,它的社会影响和后果也是任何其他的历史虚无主义所不能比拟的。"③ "这种极端的历史虚无主义必然带来严重的现实灾难。在搞了70多年之后,苏联模式突然全面崩溃。非但没有实现它所宣传的伟大历史目标,反倒成了世界现代化历史之树上的一个巨大疤痕。国内有些学者从唯物主义的立场出发,不断地强调原苏联时期的经济与科学成就,据此认为那些批评苏联模式的观点是'历史虚无主义'。这实际上在颠倒黑白。恰恰是这些学者陷入教条主义历史虚无主义的泥坑而不能自拔。他们不知道历史的人本意义,也背叛了马克思主义'人的全面发展'的原则,仅仅把钢铁产量和导弹、核武器当作评判历史进步的标准。"④ "教条主义历史虚无主义给中国带来的危害比原苏联有过之而无不及。尽管在发生1959—1962年的大饥荒之后,毛泽东看到了苏联模式的弊病,希望走中国自己的道路,但是,由于整个意识形态深深陷入历史虚无主义泥潭并已经构建了一个与现代文明树立的苏联模式框架,寻求中国道路也难以找到正确方向,结果反倒是一错再错,直到发生'文化大

---

① 尹保云:《要警惕什么样的历史虚无主义》,《炎黄春秋》2014年第5期。
② 郭世佑:《历史虚无主义的实与虚》,《炎黄春秋》2014年第5期。
③ 尹保云:《要警惕什么样的历史虚无主义》,《炎黄春秋》2014年第5期。
④ 尹保云:《要警惕什么样的历史虚无主义》,《炎黄春秋》2014年第5期。

革命'的灾难。'文化大革命'给中国带来全面的破坏是必然的。因为历史虚无主义的力量超过了中世纪神学,达到了前所未有的极端形态,它不仅否定了所有存在过的和仍然存在着的制度文明(包括苏联'修正主义'),也否定了人类历史上的一切文化积淀,甚至把文物古迹也当作罪恶而加以摧毁。文明观和历史观完全颠倒,善恶美丑失去评价标准,历史没有了方向。这样,无休止的运动、斗争和破坏也就成了日常行为。"①

在他们看来:教条主义历史虚无主义是最大的历史虚无主义。"中国目前需要引起重视的历史虚无主义,仍然是教条主义历史虚无主义。它严重地扭曲了社会历史观,使人们不能对历史和现实做出恰当的理解和判断,从而构成改革开放和社会进步的巨大思想动力。"② "教条主义的本质特征就是不顾事实,不容许科学探讨。只要它存在,它就是最大的历史虚无主义。在新的形势下,教条主义历史虚无主义会与各种既得利益结合,包括一些曾经得益于或者目前还依恋着苏联模式的经济群体和政治群体,也包括接受了它并依附于它的一些知识分子,同时,它作为一种精神鸦片,对部分社会下层和边缘化人口具有一定号召力。在这种局面下,清除工作必然会遭到思想抵制,甚至有人会打着'反历史虚无主义'的口号维护教条主义,这势必对全面深化改革造成种种思想阻力。" "对于教条主义历史虚无主义的本质我们必须有清醒而深刻的认识。一个繁荣昌盛的文明中国不可能建立在一堆虚假历史故事所构筑的思想土壤之上。"③

上述观点表明,这些学者目标明确地挑战中国共产党的指导思想和中华人民共和国的主流意识形态,否认中国革命史和新中国的建国史,这已经威胁到中国共产党的执政安全和新中国的意识形态安全,暴露出这些学者的政治意图。

马克思主义是迄今为止认识人类社会的唯一科学的世界观和方法论,它揭示了人类社会发展的规律和方向,是无产阶级和劳动人民解放的思想武器。以马克思主义为指导的历史认识,使历史研究发生了革命性的变革,科学地认识了人类历史,在推动世界进步和中国人民翻身解

---

① 尹保云:《要警惕什么样的历史虚无主义》,《炎黄春秋》2014年第5期。
② 尹保云:《要警惕什么样的历史虚无主义》,《炎黄春秋》2014年第5期。
③ 尹保云:《要警惕什么样的历史虚无主义》,《炎黄春秋》2014年第5期。

放中发挥了理论指导作用。对于马克思主义历史理论的贡献,英国著名历史学家杰弗里·巴勒克拉夫这样总结道:"马克思主义作为哲学和总的观念,从五个主要方面对历史学家的思想产生了影响。首先,它既反映又促进了历史学研究方向的转变,从描述孤立的——主要是政治的——事件转向对社会和经济的复杂而长期的过程的研究。其次,马克思主义使历史学家认识到需要研究人们生活的物质条件,把工业关系当作整体的而不是孤立的现象,并且在这个背景下研究技术和经济发展的历史。第三,马克思主义促进了对人民群众历史作用的研究。第四,马克思的社会阶级结构观念以及他对阶级斗争的研究不仅对历史研究产生了广泛影响,而且特别引起了对研究西方资产阶级社会中阶级形成过程的注意,也引起了对研究其他社会制度——尤其是奴隶制社会、农奴制社会和封建制社会——中出现类似过程的注意。最后,马克思主义的重要在于它唤起了对历史研究的理论前提的兴趣以及对整个历史理论的兴趣。"① "马克思主义在包括美国在内的绝大多数国家的历史学家当中是产生了最大影响的解释历史的理论。"② 巴勒克拉夫对马克思主义的评价,是对那种认为马克思主义是历史虚无主义、马克思主义指导下的历史认识体系是教条主义历史虚无主义的有力回击。

马克思主义历史唯物主义是人类历史观的伟大变革,但不会结束变革。马克思主义是与时俱进的,历史在前进,马克思主义也不会停滞。马克思主义发展的停滞,就是其生命的终结。马克思主义指导下的历史认识体系虽然在以往的实践过程中存在过公式主义、教条主义、简单化,但其主流却是在不断发展的。给马克思主义及其指导下的历史认识扣上"历史虚无主义"帽子,无视1848年《共产党宣言》发表160多年以来,马克思主义在世界史上无与伦比的巨大影响和马克思主义预言的社会历史的巨大变动,这不是最大的历史虚无主义是什么?

历史虚无主义思潮是一种政治思潮。这是提出马克思主义是"历史虚无主义"的学者也不否认的。这些学者对历史虚无主义的泛化、随意解释,说明了他们在故弄玄虚。他们对历史虚无主义的政治性揭示,倒是说了实情。

---

① 杰弗里·巴勒克拉夫:《当代史学主要趋势》,杨豫译,上海译文出版社,1987,第27页。
② 杰弗里·巴勒克拉夫:《当代史学主要趋势》,第3页。

因此，对历史虚无主义思潮的探讨，就不单纯是一项学理探讨。在当前，反对历史虚无主义思潮有着特殊的紧迫的现实政治意义。

在当下中国，作为一种政治思潮，历史虚无主义思潮有特定的内涵，并不是随便什么人就可以命名的。历史虚无主义思潮的观点集中表现为：第一，否定革命，认为革命是一种破坏性力量，只起到破坏作用，五四运动以后救亡压倒了启蒙，只有资产阶级性启蒙才具有建设性作用；第二，把五四以来中国人民选择社会主义方向视为偏离人类文明主流和走上歧路；第三，认为经济文化落后国家没有资格搞社会主义，新中国建设的社会主义是"农业社会主义"、"封建社会主义"和空想社会主义；第四，认为党的历史是一系列错误的延续和堆积。一句话，历史虚无主义思潮对中国近现代史进行"两个否定"和"一个肯定"：否定中国人民反抗外国侵略和封建压迫的革命斗争历史，否定中国共产党领导中国人民进行的革命斗争史和社会主义建设史，肯定近代中国统治阶级。这种肯定和否定，就是试图动摇中国共产党成立以来的历史合法性。历史虚无主义的实质和要害在于通过否定近代中国人民的革命奋斗，否定中国共产党的历史、新中国的历史进而否定中国共产党的领导和社会主义制度。其名在历史，其剑锋却指向社会现实。

我们反对历史虚无主义思潮，并不是反对学者对历史进行全盘研究，提出新的认识。我们从来不否认没有以马克思主义为指导的历史学者可以在历史研究中得出有价值的认识，也从来没有说不符合马克思主义历史认识的一律都称之为历史虚无主义，并没有把学者通过建立在事实基础上的严肃的历史研究而改变过去的一些认识看作历史虚无主义。我们反对的是对近现代中国历史、中国共产党的历史的本质、主流进行否定的认识。

二 说马克思主义终结历史是一种毫无根据的攻击

马克思主义是在欧洲资本主义发展旺盛的时候产生的，是人类思想发展的总结。《共产党宣言》没有宣布历史终结于共产主义，共产主义也是要发展的，马克思高度评价了资本主义对人类社会的贡献。从历史发展规律说,资本主义被共产主义取代,这种取代是否定之否定,不是简单否定,不是历史虚无主义。这正如资本主义社会代替了封建主义社会,封建主义社会代替了奴隶社会一样,既是基本的历史发展轨迹,也代表人类历史进步的方向,是历史前进的基本规律。

马克思主义认为,资本主义社会是人类社会最后一个剥削阶级社会,资产阶级生产关系是社会生产过程的最后一个对抗形式。资产阶级生产关系的基础是生产资料的资本家所有制。资本主义生产方式是以生产剩余价值为目的的生产方式,它的存在以两个社会阶级的存在为前提,一方面是占有生产资料的资本家阶级,一方面是失去生产资料、仅有自己的劳动力可以出卖的无产阶级。资本和雇佣劳动的关系决定着这种生产方式的全部性质。剩余价值的占有是资本主义剥削的实质,因而资本主义生产关系是对抗性的生产关系。这种对抗从本质上说不是个人的对抗,而是个人生活于其中的社会关系的对抗。生产的社会性和生产资料的资本主义占有之间的矛盾是资本主义生产方式固有的基本矛盾,它包含着资本主义社会中一切阶级冲突的萌芽,决定了资本主义的历史命运。

资本主义生产关系曾经极大地推动了生产力的发展,马克思、恩格斯高度肯定过资本主义的这种历史作用。马克思、恩格斯指出,"资产阶级在历史上曾经起过非常革命的作用","资产阶级在它的不到一百年的阶级统治中所创造的生产力,比过去一切世代创造的全部生产力还要多,还要大。自然力的征服,机器的采用,化学在工业和农业中的应用,轮船的行驶,铁路的通行,电报的使用,整个整个大陆的开垦,河川的通航,仿佛用法术从地下呼唤出来的大量人口——过去哪一个世纪料想到在社会劳动里蕴藏有这样的生产力呢?"[①]

但是,这种社会生产力发展到一定阶段,就不可避免地同狭隘的资本主义私有制发生冲突,达到它们的资本主义外壳不能相容的地步,要求炸毁这个外壳。虽然资产阶级可以在资本主义生产方式容许的范围内通过对生产关系做某些局部的调整来缓和矛盾,但终究不能从根本上克服这种矛盾和对抗。在资产阶级社会的胞胎里发展起来的强大的社会化的生产力,为全社会占有生产资料和共同组织社会化生产准备了物质经

---

① 《共产党宣言》,《马克思恩格斯文集》第 2 卷,人民出版社,2009,第 33、36 页。

济条件，同时，资本主义越发展，无产阶级的力量就越壮大，资产阶级社会造就了置自身于死地的社会力量。因此，资本主义生产方式固有的矛盾决定了它的历史过渡性质，它必然为社会主义所代替。资本主义社会是人类历史上最后一个内在地包含着对抗性的社会基本矛盾和阶级结构的社会形态。马克思、恩格斯在《共产党宣言》中指出："资产阶级的灭亡和无产阶级的胜利是同样不可避免的。"[①]

马克思主义没有终结历史，更从来没有说过历史终结在共产主义社会。马克思主义通过探究人类社会发展的规律，认为人类社会是在不断发展进步的，是在否定之否定中不断向前螺旋式发展的。人类即使到了共产主义社会，也还是要不断发展的。"历史唯物主义不同于历史进化论，也不同于历史循环论。历史唯物主义关于历史螺旋性前进的理论既包括历史进步的客观必然性，又包括历史仿佛复归的辩证现象。历史循环论把历史看作无数互不相关的自我封闭的圆圈，每个圆圈都经历兴起、发展、灭亡的过程，因此历史没有发展、没有进步，只在盛衰兴灭中转圆圈。历史进化论把历史的进步视为自然界的进化，视为简单的直线的没有曲折的上升运动。""历史唯物主义关于社会进步的观念是充满辩证法的历史进步的观念，社会发展从社会形态演变看是进步的上升的过程，而不是循环运动。""无论是社会五形态论或三形态论都是前进运动，社会形态更替中包括曲折、退步、反复、复辟甚至向后的倒退，而且有些现象仿佛回归。""实际上是更高基础上的回归。我们称之为'历史辩证法'，用这种方法观察历史是历史的辩证思维。历史辩证法是历史自身具有的，而不是研究主题强加于历史的。"[②] 认为马克思主义把历史终结于共产主义是对马克思主义的严重歪曲。马克思、恩格斯在谈到共产主义时，把共产主义分成社会主义和共产主义几个不同的阶段，这就说明他们没有把历史终结于共产主义的设想。中国特色社会主义是共产主义学说实践中的产物，我们说的中国社会主义只是社会主义的初级阶段，初级阶段以后怎么发展，这只有靠社会主义、共产主义的实践来解答。怎么可以说马克思主义把历史终结于共产主义呢？那些认为"马克思的历史图式与基督教历史图式十分相似"的人，那些

[①] 《马克思恩格斯文集》第2卷，第43页。
[②] 《谈谈历史唯物主义的方法论问题——访中国人民大学一级教授陈先达》，《马克思主义研究》2014年第6期。

把马克思主义当作基督教神学的人,不是对马克思主义的无知,就是对马克思主义的毫无根据的攻击。

马克思主义本身也是要发展的。与时俱进是马克思主义的鲜明的特点。"历史唯物主义在当代应该发展。当代现实并不是历史唯物主义的单纯试金石,不是仅仅用以验证、说明历史唯物主义正确性的新例证,而是使历史唯物主义更加锋锐的磨刀石。当代现实既是对历史唯物主义基本理论的试金石,又是推动历史唯物主义发展的动力。"① 但是发展马克思主义是在坚持基本原理基础上的发展,任何推倒马克思主义基本原理的所谓重建、重构,不是发展,而是修正,是对马克思主义的虚无。

马克思主义指导下的历史认识也是要发展的。随着马克思主义本身的发展,随着社会主义和共产主义运动的不断发展,随着人们对现实认识的加深,马克思主义历史认识体系会不断发展。这种发展不是否定过去的基本认识,不是简单地"翻案",而是在坚持基本认识上的发展。马克思主义对历史的认识,揭示了历史的本质和主流,是需要坚持的,否则,就是历史虚无主义。

三 历史发展是有规律可循的

人类历史发展是有规律的,历史进程受内在一般规律支配。唯物史观的目的就是要发现那些作为支配规律在人类社会的历史上起作用的一般运动规律。"现代唯物主义把历史看做人类的发展过程,而它的任务就在于发现这个过程的运动规律。"② 正是在人类社会发展规律的作用下,人类历史从低级向高级发展。在马克思主义看来,"一切依次更替的历史状态都只是人类社会由低级到高级的无穷发展进程中的暂时阶段"。③

肯定历史前进的规律,就是要肯定中共带领人民革命、拼搏、奋斗的历史,肯定中华人民共和国取得的与1949年前截然不同的历史成就,

---

① 《谈谈历史唯物主义的方法论问题——访中国人民大学一级教授陈先达》,《马克思主义研究》2014年第6期。
② 《马克思恩格斯文集》第9卷,人民出版社,2009,第28页。
③ 《马克思恩格斯文集》第4卷,人民出版社,2009,第270页。

肯定中国特色社会主义道路对于推进人民福祉所取得成就的历史。因为中国共产党代表了近现代中国历史发展的方向，走社会主义道路是近现代中国历史的选择。历史虚无主义思潮否定的就是这几段历史，不承认历史是前进的，认为资本主义终结了历史，把现代资本主义当作"现实世界中的文明榜样"。这些学者假借批判历史虚无主义，妄图否定马克思主义，否定社会主义，否定共产党的领导，是徒劳的，在历史的大潮面前难以掀起多少浪花。社会主义运动500年的历史证明，虽然出现过波折，甚至是巨大的波折，但是运动的潮头继续向前，没有一种力量是可以阻挡的，这就是历史规律在起作用。

毋庸讳言，有些学者特别是一些历史亲历者发表的文章，有助于我们重新认识过去的历史，特别是走过的弯路，有利于总结历史教训。但是一些学者否认历史规律的存在，把自己亲身经历的历史细节当作历史前进的真实，并试图用这些细节去否定中国共产党历史、新中国历史的主流。真实的历史细节可能是历史前进环节中的一个点，并不等于前进历史的真实，并不能代表历史的全部和本质，无法揭示历史的规律。这些学者对中国共产党和新中国的失误缺乏具体的历史的分析。对于中国共产党在探索革命和建设过程中所犯的错误，必须结合历史条件进行具体分析。打着反思历史的旗号，从暴露、控诉、攻击的目的出发，把中国共产党的历史和新中国的历史描绘成错误的堆积。这是十分有害的，不仅违背了新中国历史前进的方向，也违背了历史前进的逻辑。马克思主义经典作家早就指出：在分析任何一个社会问题时，马克思主义理论的绝对要求，就是要把问题提到一定的历史范围之内。

有的学者脱离客观历史事实，以自己的价值尺度，尤其是政治的价值尺度对历史进行剪裁甚至重塑，背离了最起码的客观性标准，是典型的实用主义，与马克思主义唯物史观根本对立。他们以"价值中立"为标榜，否认马克思主义史学家对历史规律的探寻，强调史学应该与政治保持距离，谩骂马克思主义史学是政治史学，攻击马克思主义史学家为"御用文人"，是"学阀"。[①] 实际上自古以来哪里有离开政治的史学呢？历史虚无主义者自己并不客观，并不中立。他们把近代历史上人民群众的斗争视为"暴乱"，对于敢于反抗的人民英雄、爱国志士一味地

[①] 资中筠：《革新中国传统历史观》，《炎黄春秋》2014年第7期。

苛求，甚至用今天的标准来要求。相反，对待统治阶级的人物，却采取"善待先人"的态度，对统治阶级的行为给予"同情式理解"。把统治阶级对人民的镇压视为维护社会秩序之举。爱憎如此分明，本身就彰显了他们的政治立场、政治诉求。他们的政治诉求就是在现代中国反对四项基本原则这一立国之本，力图扭转现代化建设和改革开放的发展方向，把中国纳入西方资本主义体系中去。所谓告别革命论、历史虚无主义等，都归属于这一体系。历史虚无主义思潮以它自身的特点来表达它们共同的政治诉求。历史虚无主义归根结底，就在于站错了立场，背离了马克思主义的指导，站到了人民的对立面，站在了替历史上的统治阶级说话的立场。历史虚无主义者的观点，实际上成为现实中国的一些人走资本主义道路的舆论前奏。

历史虚无主义者并不是对所有历史都采取虚无的态度，而是从他们的政治需要出发，随意否定扭曲他们想否定的历史。他们的共同特点就是否定中国历史上，特别是近现代史上的一切进步事物和正面人物，否认中国近现代历史发展规律，把历史统统颠倒过来。着重点在于否定革命是近代中国社会矛盾的产物，否定人民革命的历史，把革命说成"破坏"，主张"告别革命"。集中攻击中国共产党执政后的历史，把新中国说成一团漆黑，否认新中国走社会主义道路是中国历史规律的要求。因为中国近现代历史与现实息息相关，特别是革命史、党史，更是直接关系到中国共产党执政的历史依据。显然，直接否定共产党的领导，宪法是不允许的，人民是不答应的。所以他们就采取了从与现实密切相关的中国近现代历史着手，以此为突破口，来颠覆中国共产党的领导、社会主义道路的选择、马克思主义的指导、人民民主专政的必要。

历史虚无主义思潮假借客观公正、还原历史真相之名，对民众具有一定迷惑性和欺骗性，在社会上产生较大的影响。历史虚无主义者的观点在社会上被一些人认可，一定程度上折射了历史虚无主义思潮的影响在扩大，反映了我们这些年来在意识形态管理问题上不敢"亮剑"，存在一些漏洞，值得深思。

历史虚无主义思潮颠倒历史，混淆历史是非，引起人们历史观的混乱，使人们丧失对历史的鉴别力。事实证明，这种是非判断标准的颠倒，必然会在社会上造成极大的思想混乱，削弱对马克思主义的信仰，丧失对共产党的信任，降低对社会主义的信心。这将导致社会主义根基和共产党基础的坍塌。苏联解体前民众的冷漠态度,就是历史虚无主义的恶果。党的十八大提倡道路自信、理论自信、制度自信,历史虚无主义思潮恰恰是破坏这种自信,开中国特色社会主义前进的倒车。

总体来看,历史虚无主义的目的不在于总结历史教训,而在于通过历史虚无主义的认识论否认中国共产党执政的历史合法性,离间民众对中国共产党的认同,消解人们对马克思主义、社会主义的信心。这些观点如果任其发展下去,将会严重影响到中国共产党的执政安全,影响到中国人民选择的历史道路,导致开历史的倒车。

鉴于历史虚无主义思潮的严重政治危害,我们既要重视对其进行学理批判,通过说理,让群众看清事实的真相,增强对中国共产党和社会主义的信心,又要对极少数具有明显政治意图的历史虚无主义者,特别是公开把马克思主义理论作为攻击对象的人,进行必要的党纪国法的处理。对于那些严重违反党纪的个别党员,要用党纪来约束,不让他们成为党纪的例外。一个政党用党纪处理自己的党员,这在任何国家都是很普通的,不要怕海外少数人说三道四。对于那些违背宪法和法律的人,要严格依照法律进行处理。这是任何一个法治国家都会做的。《美国法典》第18篇第2385条规定:"任何蓄意鼓吹、煽动、劝说或讲授推翻或摧毁美国政府的行为,包括因此而印刷、出版、发表、传递、出售、分发或公开展出任何书写或印刷品,都要处20年徒刑或2万美元罚款,或者两者并罚。"[①] 在这个问题上,我们要敢于"亮剑",不能做开明绅士。

我们可以明确地指出:《炎黄春秋》最近发表的三篇有关历史虚无主义的文章,打着批判历史虚无主义的旗号,攻击的是马克思主义的基本理论,矛头指向的是中国社会主义道路,指向的是坚持中国特色社会主义的中国共产党的领导。这种倾向罔顾基本的历史事实,理论完全是苍白的,手段是极其恶劣的,应当引起学术理论界的关注。

---

① 转引自周新城《围绕改革问题马克思主义同反马克思主义的斗争——改革开放30年历程的回顾与总结》,中国社会科学出版社,2010,第163页。

对近代史研究若干观点的辨析[*]

——兼谈新编《中国近代史》教材的指导思想

《中国近代史》教材是"马克思主义理论研究和建设工程"（以下简称"马工程"）办公室主导下的49种重点教材之一。由"马工程"办主导编写高校重点教材，体现了中共中央用马克思主义理论，特别是中国实践中的马克思主义指导教材编写的努力。

（1）既不采用"革命史观"，也不采用"现代化史观"，而是在唯物史观指导下，按照近代中国历史进程来编撰历史。

近20年来，学术界有"革命史观"与"现代化史观"（或者"革命范式"与"现代化范式"）的提法。有人主张否定"革命史观"（"革命范式"），提倡"现代化史观"（"现代化范式"），有人主张用"现代化史观"代替"革命史观"。

以往研究中国近代史，确有重视革命历史的一面。但是，用"革命史观"（或者"革命范式"）概括或者评价以往的中国近代史研究，不是一个很准确的概括。范文澜以后的"中国近代史"，从来不是只讲革命，反革命也讲了，中间势力也讲了，经济、思想文化都讲了。刘大年批评以往的中国近代史，包括拥有众多读者的范文澜著《中国近代史》，认为这些著作一般带有纪事本末的特点，而且内容偏重于政治史。他认为，在近代中国，帝国主义、中国社会各阶级的相互关系以及它们的矛盾斗争各有特点。其中社会经济状况、阶级斗争、意识形态是结合在一起的。因此，新的著作要求根据历史演变的时间顺序讲述事件，不

---

[*] 本文刊载于《北京日报·理论周刊》2014年9月15日。

只讲政治事件，也要讲经济基础、意识形态，不只讲汉族地区的历史，也要讲出国内各民族在斗争中与全国的联系和相互关系。我认为，这个批评在学术上是很中肯的。说以往的近代史研究偏重政治史，而不说偏重革命史，这要比批评"革命史观"更为客观一些。但是，近代中国历史的基调是革命（费正清也指出过），革命的多次发生以及革命事件对历史发展进程的影响也是显而易见的。当然，在20世纪90年代"告别革命"论出来以后，提出所谓"革命史观"概念，就有全面否定以往近代史研究的意思。

中国近代史研究的"现代化范式"，实际上是蒋廷黻在1938年出版的《中国近代史》一书中提出的。在蒋廷黻看来，近代化是近代中国的历史主题，中国近代化就是在与外部世界交往中，学习西方，摆脱中古的落后状态，全面地走上政治、经济、文化、外交等变革之路，完成民族复兴的使命。从这一观点出发，他以中西关系为中心，以近代化为主线，建构了他的中国近代史分析框架。走向近代化，是贯穿全书的主线，也是他评价近代中国一切人和事的标准。

在中国近代史研究中提出现代化问题，不是没有一点新意，但是，在日寇深入国土，全国人民处在悲壮的抗战热潮中，中国近代史研究中的现代化范式问题的提出，几乎得不到什么喝彩。另一方面，蒋著在保卫大武汉的时候所提出的其他一些观点，比如对林则徐的"民心可用"的强烈批判，对抗战低调的提倡，等等，无异于对抗战热潮泼冷水，引起一些爱国主义者的批判。

近代中国有两大历史主题，即独立和富强。这个历史过程，也就是中华民族为民族复兴而奋斗的历史过程。从这个角度说，所谓革命史观，所谓现代化史观，都不是指导历史研究的正确史观。指导历史研究的正确史观，是马克思主义的唯物史观。按照唯物史观考察近代中国历史，应该认识到，反帝反封建是近代中国的历史主题，旧民主主义革命和新民主主义革命是贯穿近代中国历史的真正的主线，现代化进程在近代中国虽然在缓慢进行，却从来没有居于主导地位。在近代中国，革命和改革才是历史发展的主调。因此，现代化史观把现代化进程作为历史发展的主流，是不妥当的。按照唯物史观，现代化进程在中国社会发展中成为主流，是在1949年10月中华人民共和国成立之后，特别是在国家政权巩固、社会经济全面恢复并有所发展之后。

因此,《中国近代史》教材的编写,既不采用"革命史观",也不采用"现代化史观",而是在唯物史观指导下,按照近代中国历史进程来编撰历史。

(2)"半殖民地半封建社会"的提法是我们观察近代中国历史问题的一个出发点,并不需要重新构建一个新的理论体系。

关于近代中国的社会性质问题。前些年,一些文章发表了一些意见,与以往的"半殖民地半封建社会"的说法有较大的差距。有些文章认为辛亥革命之前的中国是封建社会,辛亥革命以后的中国是资本主义社会,辛亥革命之前或之后,无论如何都不是半殖民地半封建社会。还有的作者认为,"半殖民地半封建社会"的说法是一个失误,需要从根本上加以否定,并重新构建一个新的理论体系,从而为中国近代史的研究提供一个新的设想或新的理论基点。原来的"半殖民地半封建社会"的说法是不是真的不妥当、不科学,是不是真的需要一种新的说法来代替它?

我认为,"半殖民地半封建社会"的提法是我们观察近代中国历史问题的一个出发点,因为它反映了近代中国的基本国情。中国人认识到这一点,是经过了很长时间的奋斗和努力的,并不是从一开始就得出了这个看法。孙中山曾经提过"中国是一个次殖民地的社会"。中国共产党成立后,对这个社会性质的认识也经过了一个历史过程,一直到30—40年代才有了比较明确的认识。已过世的陈翰笙先生当年领导一些学者对中国的农村做过许多调查和考察,对中国社会性质问题做过许多思考和研究,提出了"半封建半殖民地"的说法,以致引起了30年代关于中国社会性质问题的大论战。中国共产党人在认识中国社会性质的问题上,付出了很多的心血和精力,"半殖民地半封建"这一认识的得来是非常不容易的。20世纪30年代末40年代初,毛泽东在他的《中国革命和中国共产党》《新民主主义论》等著作中都论述了近代中国社会性质问题,并将此作为近代中国革命的一个根据,一个出发点,认为只要明确了近代中国社会的性质,就能够确定近代中国革命的对象、任务、性质、动力和前途等。实际上中国共产党就是在正确地认识近代中国社会性质的过程中,成功地在战略和策略上处理了新民主主义革命中的各种复杂问题。新中国成立后,国内学者特别是近代史研究的学者对这一认识的正确性也进行了大量的研究和论证。当然学者们的这种研究也有不少缺陷，但是如果因为过去的研究中存在着不适当之处，就要对有关近代中国社会性质的这一基本论断提出否定的意见，这是不妥的。

半殖民地半封建社会性质，是几代学者通过学习马克思主义理论，通过复杂的研究过程得出的认识，这个认识，已经成为中国近代史的规律性认识。编写《中国近代史》教材，从这个规律性认识出发，展开历史的叙述，对于读者，对于大学历史学科的学生，更能够掌握近代中国历史的本质，而不致为某些人的历史虚无主义的观点所左右。

（3）从中国近代史的全局衡量，要考虑三次革命高潮概念的作用，在《中国近代史》教材写作中贯彻了七次革命运动高潮这一思想。

以往60年的中国近代史研究中，有一个"革命高潮"的概念。1954年胡绳在《历史研究》创刊号上提出"三次革命运动的高涨"的概念，为近代史学界大多数学者所接受，但是习惯上，大家多习称为"三次革命运动高潮"。20世纪80年代以来，不少学者提出了商榷性的意见。

1984年章开沅在《历史研究》第3期发表文章，主张放弃"三次革命高潮"的概念，他认为，1919年以前存在三次民族运动高涨，实际上他所列出的三次民族运动高涨的标志与胡绳所说三次革命运动高涨的标志是完全相同的。戚其章在1985年第6期《历史研究》发表文章，反对"两个过程"的提法，认为"只有推动社会变革的国内阶级斗争才能体现中国近代史的基本线索"。他提出，在中国近代史上，只有太平天国、维新运动和辛亥革命才能体现基本线索，洋务运动和义和团运动不能列入基本线索的标志之内。他虽然回避了"革命高潮"的概念，但实际上并无反对之意。李时岳是这一派意见的主要代表，他于1980年、1984年在《历史研究》相继发表文章，表示赞成基本上用阶级斗争的表现作为基本线索的标志，认为要重视近代史上资本主义经济发生发展的意义，给予资产阶级政治运动应有的政治地位，提出了农民战争、洋务运动、维新运动、资产阶级革命"四个阶梯"的论点。他在中国近代史的宏观思路上提出了不少有价值的参考意见，对胡绳的观点有不少商榷，但在实质上并没有反对"三次革命高潮"的概念，只是要求把"洋务运动"列入，称为"四个阶梯"或称为"中国近代史的进步潮流"而已。

我在1984年发表《中国近代史的"两个过程"及有关问题》(《历史研究》1984年第4期),没有对三次革命高潮正面表示意见。但在1998年《近代史研究》第2期发表的文章中认为,胡绳提出的三次革命高潮的概念是中国近代史中很重要的概念。从政治史或者革命史的角度来观察,这个概念的提出,是反映历史实际的。固然,从经济史、思想史、文化史或者从近代化史的角度观察中国近代史,可以从各相关专业的需要出发提出不同的、反映各相关专业历史实际的某些概念,但是,从中国近代史的全局衡量,恐怕都要考虑三次革命高潮概念的作用,把三次革命高潮概念完全撇开不用,恐怕是难以反映历史真实的。但是,胡绳当初提出这个概念的时候,所处理的对象是中国近代史的前半期,即1840—1919年。把中国近代史的下限放在1949年9月,则胡绳所提中国近代史的三次革命高潮的概念之不符合实际,是很明显的。从这个角度对三次革命高潮论所做的批评,是完全有道理的。因此,从中国近代史的全局考虑,有必要重新考虑中国近代史上的革命高潮问题。我在那篇文章里提出了七次革命运动高潮的看法。这七次是:太平天国革命运动、戊戌维新和义和团运动、辛亥革命、新文化运动和五四运动、1927年国共合作的大革命、全民族奋起的抗日战争、解放战争的胜利和中华人民共和国的成立。我认为,这七次革命运动高潮对整个中国近代历史进程是具有主导作用的。鉴于学术界有不同的声音,我在《中国近代通史》中,没有把七次高潮列入章节标题,但是在写作中贯彻了这一思想。

《中国近代史》教材导论一开篇写了这样一句话:"勤劳勇敢的中国人民,不畏强暴,前仆后继,为反抗帝国主义、封建主义的侵略和压迫进行了不屈不挠的斗争,掀起了一次次革命高潮,终于在中国共产党领导下,洗刷了百年耻辱,取得了新民主主义革命的胜利,建立了新中国,奠定了当代中国走向繁荣富强、实现民族复兴的根本基础。"从这里看,《中国近代史》教材虽然没有列入七次革命高潮的具体说法,但是明确了近代中国存在着一次次革命高潮的观点。实际上,这本教材全书贯穿了这一观点。

"十四年抗战"概念取代"八年抗战"，史学界远未形成共识[*]

近来因教育部基础教育二司向全国教育部门发出《关于在中小学地方课程教材中全面落实"十四年抗战"概念的函》，引起了媒体和新媒体广泛关注，有一些学者在报刊撰文认为，"十四年抗战"概念已经在史学界形成共识。这个论断是很不严谨的，据我所知，史学界并未形成这样的"共识"。

论者为了说明已经形成了这样的"共识"，列举了近年出版的几本有关抗日战争的书，都是主张十四年抗战的，这不假。但是为什么不引用那些不主张十四年抗战的书呢？我举四个例子。（1）1997年出版的刘大年主编的《中国复兴枢纽——抗日战争的八年》，如标题所示，就是主张抗战八年说的；（2）张海鹏主编的《中国近代通史》十卷本（2007年版），第八卷以内战与危机叙述1927—1937年的历史，第九卷以抗日战争叙述1937—1945年的历史；（3）中共中央党史研究室著《中国共产党历史》第一卷（1921—1949），2011年版，第三编标题为"党在土地革命战争时期（1927年8月—1937年7月）"，第四编标题为"党在全民族抗日战争时期（1937年7月—1945年8月）"；（4）张海鹏作为首席专家主持编写的高校《中国近代史》教材，第十一章标题是"日本发动侵华战争与中国局部抗战"，第十二章标题是"全民族抗战的坚持与胜利"，分别叙述1931—1936年、1937—1945年的中国

---

[*] 本文原载《中国社会科学院思想理论动态》2017年1月25日，题为《以"十四年抗战"取代"八年抗战"引起有关历史学者关注》，红色文化网（http://www.hswh.org.cn/wzzx/llyd/ls/2017-01-29/42367.html#close）刊出，题为《对教育部〈通知〉的质疑——"十四年抗战概念"取代"八年抗战"远非史学界共识》。

历史。其中，第三本是经过中共中央审定的，第四本也是经过中央领导同志审定的。应该说，这几本书在史学界都是比较重要的，怎么可以视而不见呢？

有关抗战起点的观点，中国史学界向来认为 1931 年九一八事变开始了日本军国主义侵略中国的历史，同时也开启了中国局部抗战的历史；1937 年七七事变，开始了日本全面侵华的历史，也开启了中国全面抗战的历史。用局部抗战和全面抗战来概括 1931 年以后至 1945 年的中国历史，是准确的、严谨的、符合历史事实的，可以完整地、全面地解释这一段中国历史。用"十四年抗战"概念，就不可能准确概括 1931—1945 年的历史，只要稍微懂一点中国近代史，或者中共党史，不难理解这一点。

教育部的通知，要求"对中小学地方课程教材进行全面排查，凡有'八年抗战'字样，改为'十四年抗战'，并视情况修改与此相关的内容，确保树立并突出十四年抗战概念"。这个通知，在网络上公开发出，引起了有关抗战史学者的深深忧虑，这个通知要求将会把一个成熟的学术概念弄得混乱不堪。据了解情况的学者说，中学教科书中引用《没有共产党就没有新中国》的歌词"他坚持了抗战八年多"也要修改。闻者只能哑然失笑。学者们担心，今后这个问题会变成政治问题，学术讨论将会变成禁忌。

"八年抗战"，已经是一个成熟的政治概念和学术概念。如果用"十四年抗战"作为一个概念取代"八年抗战"，将会遇到一系列难以克服的困难，在历史上将难以做出交代。

首先，毛泽东同志亲自主持，经过中央批准的《毛泽东选集》四卷，就是按照第一次国内革命战争时期、第二次国内革命战争时期、抗日战争时期、第三次国内革命战争时期分卷编辑的，这里的抗日战争时期就是指的八年抗战的抗日战争时期。

其次，1945 年 4 月中共中央通过的《关于若干历史问题的决议》，1981 年 6 月通过的《中国共产党中央委员会关于建国以来党的若干历史问题的决议》，都是按照八年抗战来划分历史时期的。

学者们担心，中小学教材改了，大学教材势必也要改，那样引起的麻烦和困扰就大了。大学生会思考，他们会提出问题，他们在中小学学的是"十四年抗战"，到了大学怎么会变成八年抗战？如果大学教材也改了，大学生还会提问，为什么《毛泽东选集》和党的两个历史问题决议还是八年抗战？是《毛泽东选集》、党的两个历史问题决议不对呢，还是"十四年抗战"概念不对？一些别有用心的人会通过网络提出问题，究竟是谁在篡改历史？

战争是国家行为。中国抗日战争是中国国家与日本国家的战争行为。1937年7月7日以前，没有发生这样的国家行为。应该明确，日本侵华十四年史，不等于中国抗战十四年史，这是两个完全不同的概念。如果从日本企图灭亡中国，变中国为殖民地，早在甲午战争就开始了。1931年九一八事变开始，日本再次侵华，中国国内也有抗日活动，但中日两国之间没有战争行为。不仅没有战争行为，中日两国之间的外交关系还从公使级提升到大使级。面对日本侵华，中国在干什么？

国民党政府对于日本侵略，主导政策是两项：一是寄托国际调停，二是"攘外必先安内"。无论是九一八事变，还是"一·二八"上海抗战，都是在国际调停下不了了之，实际上国际调停等于承认了日本侵略。所谓"攘外必先安内"，就是抗日必以镇压、消灭国内反对派为前提。这时候的国内反对派，最重要的是中国共产党，其次有福建事变的领导人李济深、蔡廷锴等人。这些人主张与红军和好。

蒋介石自1927年发动四一二反革命政变以来，处理国家事务的最重要之点是消灭红军和共产党。共产党自南昌起义、秋收起义后建立井冈山革命根据地（中央革命根据地），遭到蒋介石一次乃至五次大"围剿"（镇压部队在20万至100万之众），以至于中共中央在上海不能立足，以至于中央红军、鄂豫皖红军不得不在1934年离开根据地，开始艰苦卓绝的长征。这时候国内最大的政治是国民党政府力图消灭红军和共产党。国民党政府没有抗日的愿望，共产党在国民党政府大军镇压下在求生存，虽然多次发表抗日宣言，但是毕竟斗争对象是国民党政府，是蒋介石。红军在长征中，国民党政府调动数十万乃至上百万大军围追堵截，必置红军于死地而后快。

红军长征到达陕北，摆脱了国民党政府的围追堵截，成功地生存下来。面对日本侵略的扩大，中共这时候才有机会认真思考抗日问题。这时候才有张学良、杨虎城发动西安事变，中共成功地处理西安事变，逼迫蒋介石达成"停止内战，一致抗日"。这时候才有中共"反蒋抗战"到"逼蒋抗战"的转变，才有七七事变后"拥蒋抗战"的事实发生。

如果以"十四年抗战"概念取代"八年抗战"概念，怎么向历史、向人民解释共产党和红军的奋斗，如何解释十年土地革命战争，如何解释长征，如何解释西安事变的发生？如果承认抗战是国家行为，如果承认"十四年抗战"概念，那就是说自1931年九一八事变发生，中国就开始了国家行为的抗战，为什么共产党和红军要反对对日进行抗战的国民党政府？我们可以寻求合理的解释吗？习近平总书记在红军长征胜利会师80周年大会上讲话，政协主席俞正声在纪念西安事变80周年大会上讲话，都高度肯定了红军长征和西安事变的伟大历史意义。这些都发生在所谓"十四年抗战"概念的时间范围内。如果肯定"十四年抗战"概念，红军长征和西安事变还值得纪念吗？

很明显，以"十四年抗战"概念取代"八年抗战"概念，将会涉及中共党史上的重大问题的解释，将会涉及中国近代历史的解释，绝不是一个小问题。教育部基础教育二司的决定显然是不慎重的，导致的后果将是倾覆性的。

主张"十四年抗战"说的学者认为，承认"十四年抗战"，就可能承认东北抗联的抗日斗争，肯定国内发生的江桥抗战、察哈尔抗战、绥远抗战等。这个说法是站不住脚的。"八年抗战"说丝毫没有否认东北抗联以及江桥抗战等的历史，这些已经在局部抗战的概念中或者将在"八年抗战"概念下得到合理解释。而按照"十四年抗战"说，这些将会得不到合理解释。察哈尔抗战的领导人冯玉祥、吉鸿昌都被国民党政府逼走了，吉鸿昌甚至被枪毙。这些按照"十四年抗战"说是难以做出解释的。

主张"十四年抗战"说的学者还认为，这样可以更深入揭露日本帝国主义侵华行为。这样说也是站不住脚的。日本侵华行为与中国抗战行为不是一个概念。揭露日本侵华用局部抗战和八年抗战都可以得到合理解释。

从学术的角度说，无论是"八年抗战"还是"十四年抗战"，都是可以讨论的，学者们尽可以发表不同意见，深入开展讨论有利于推进学术的进步。但是现在通过教育部政府行为发出通知，学者们担心，今后学术讨论是否可以正常进行了。

2017 年 1 月 21 日

论台海两岸暂时分离的由来[*]

——评台湾当局"台海两岸关系说明书"

台湾当局于1994年7月初发布"台海两岸关系说明书"(以下简称"说明书"),意在宣示政治立场,说明对中国统一的态度与看法,为争取加入联合国造势。"说明书"在"前言"之后,首列"台海两岸分裂分治的根源与本质",把台湾问题产生的责任推到中共身上,显然歪曲历史,混淆视听,不可不加评论。

有必要首先列举该"说明书"在回顾历史时所犯的历史地理方面的常识错误。第一,"说明书"说,1949年,"中国遂以台湾海峡为界暂时形成分裂分治之势"。1949年,国民党政府及其军队被人民革命力量击得粉碎,其残余力量退往台湾,并据有台澎金马等地。台澎在海峡之东,金马在海峡之西,金门逼近厦门,马祖逼近福州,何谓以台湾海峡为界?何人为之划界?显然,"为界"之说,是用地理常识的错误掩盖了"两个中国"的曲笔。第二,孙中山先生"创著三民主义",开始于1905年同盟会成立之时,完成于1924年国民党"一大"。"说明书"把它安排在"中华民国建国初期"之下来叙述,显然是常识错误。"说明书"认为民生主义"并欲防止资本主义与共产主义之弊端",貌似公允,实是曲解。孙中山先生认为,他的民生主义就是社会主义,"是对资本家打不平的",他在1924年反驳一些国民党党员的"在中国只要三民主义就够了,共产主义是决不能容纳的"说法,指出,共产主义是最高理想,"共产主义是民生的理想,民生主义是共产的实行",民生主

---

[*] 本文发表于《光明日报》1994年9月28日第3版"理论经纬"。收入国务院台湾事务办公室新闻局编《两岸关系与和平统一——一九九四年重要谈话和文章选编》,九洲图书出版社,1995。

义就是共产主义，共产主义是民生主义的好朋友。这些言论大多出自孙中山在 1924 年的"三民主义"演说，是白纸黑字印在书上的。可惜孙中山去世后，国民党抛弃了孙中山的民生主义 - 社会主义学说，把"三民主义"变成了专制主义。第三，"说明书"说："民国八年，列宁所领导的布尔什维克在'十月革命'中夺取政权，苏联共党并成立第三国际，推动世界革命，邻近的中国便首当其冲。"这句话至少有两处常识错误：其一，十月革命是 1917 年（民国 6 年）发动的；其二，第三国际于 1919 年成立时，苏联共产党尚未产生。应当指出，这时的中国是在北洋军阀的统治下，中国国民党和稍后成立的中国共产党都不是执政党，也都不是"合法"存在的政党。这两个政党都获得了共产国际的帮助。所谓"首当其冲"云云，是不妥的。共产国际在半个世纪前已经解散，早已是一个历史名词，它对中国的革命事业固然有瞎指挥的地方，但它对当时幼稚的中国革命党人处理中国革命问题是有不少正确指导的，今天如果忘记或否定这一点，恐怕要被指责为忘恩负义。

"说明书"指出 1912 年成立的中华民国，是有独立主权的。这个事实不存在争议。强调这一点，意义何在呢？意在说明共产主义在中国的萌芽和发展，中国共产党的成长、壮大，并走上武装夺取政权的道路，1931 年 11 月中共在赣南成立"中华苏维埃共和国"，"代表中国再度分裂的开始"；意在说明 1949 年 10 月建立中华人民共和国，终于在台海两岸形成分裂之势。总之，是要说明中华民国成立后，国内闹分裂的责任在中共，中共大逆不道。

如果这个逻辑站得住，势必要提出一个问题：中华民国是怎样成立的？中华民国成立前大清帝国是不是一个主权国家？1840 年鸦片战争后，中国逐步走上半殖民地道路，但大清帝国毕竟还不是一个完全殖民地国家，它的独立主权虽然受到帝国主义侵害，在一定程度上，它还是一个主权国家。依以上逻辑，大清的遗老遗少不是也可以批评孙中山领导的中国革命同盟会推翻清王朝、建立中华民国是分裂、是大逆不道吗？我们当然不同意这个观点。我们要十分明确地肯定推翻清王朝、建立中华民国在中国历史上的革命意义。清王朝作为一个封建王朝，腐朽落后，以人民为敌，在外国侵略面前妥协退让，不能负起保卫人民利益的责任，给国家带来一系列耻辱。以同盟会为代表的革命党人发动武装斗争夺取政权，完全是正义的行动。可惜的是，由于革命党人的软弱，中华民国南京临时政府存在不过三个月,就将政权拱手让给袁世凯,造成此后军阀割据、国家分裂的可悲局面。

1949年成立的中华人民共和国,与1912年成立的中华民国,在形式上有相似之处,像中华民国继承大清帝国的版图、人民和主权一样,中华人民共和国继承了中华民国的版图、人民和主权。中华人民共和国成立,表明国家权力转移到占人口大多数的工农和全民族手中。台湾当局不承认这一点,说什么中共(按:台湾当局惯以中共代指中华人民共和国)不代表中国,简直是令人笑掉大牙的常识错误。1971年中华人民共和国恢复其在联合国的合法席位,今天有159个国家与中华人民共和国建立外交关系,表明国际社会普遍认定中华人民共和国政府是唯一代表中国的合法政府和台湾是中国的一部分这一客观事实。造成新中国政府不能依国家主权原则在台湾实施统治的,恰恰是台湾当局,谈论台湾问题由来的根源,不能不指出这一点。中华民国的法统1949年10月已经断绝。台湾当局今天以"中华民国"名义在台湾维持统治是缺乏法理依据的。按国际法,国家主权不能分割是一个根本原则。一个国家的主权,既不容外国干涉,也不能由国内某地区、某部分人加以侵夺。中华人民共和国政府迄今未能完全完成国家的统一,台湾当局的分裂行为是一个重要的原因。"说明书"要求讨论两岸关系搁置主权,是实行分裂政策而又不便说明的软弱借口。

那么,中华人民共和国成立之前,在中华民国时期,国家分裂的责任是否能推到中共身上呢?前面说过,北洋军阀统治时期,中国国民党和中国共产党都不是"合法"存在的政党。在共产国际帮助下,中国国民党改组为革命性的政党。共产党员以个人身份参加国民党,实现了国共第一次合作,以共同反对北洋军阀的统治,进而取得了北伐的重大胜利。此时,国民党背叛了人民革命,中山舰事件发生了,"清党案"通过了,"四一二"政变与"七一五"分共接连发生,国共合作破裂。北伐胜利果实为国民党所攫取,共产党被打入血泊之中。从历史的眼光来看,分裂的责任应当由国民党来承担。

国民党在攫夺北伐胜利果实的基础上,在南京成立国民政府。共产党人从血泊中站起来,总结历史教训,开展独立自主的革命斗争。于是有南昌起义、长沙暴动、广州起义、井冈山的割据,以至"中华苏维埃共和国"的建立。对中央根据地,蒋介石指挥大军发动五次所谓"围剿",迫使红军做出二万五千里的大转移,中共力量损失惨重。

九一八事变发生后,蒋介石政权本着"攘外必先安内"原则,秉持不抵抗主义,使日寇得以占领东三省,进入华北。中共领导红军在长征途中,鉴于外敌入侵,国难当头,发表宣言,呼吁国民党组织全国统一的国防政府,组成全国统一的抗日联军,共赴国难,抗日御侮。随后又发布《抗日救国十大纲领》,努力推动国共合作和抗日民族统一战线的成立。西安事变后,国民党政府也被迫相机调整政策,红军被改编为国民革命军序列的八路军和新四军,中共中央所在地的陕甘宁边区被承认为国民政府统治下的陕甘宁边区政府,随后,晋察冀边区政府也作为"中华民国的组成部分"批准建立。共产党坚持全面抗战路线,放手发动群众,八路军、新四军深入敌后,开辟广大的敌后战场,给日寇以极其沉重的打击,给国民党政府的正面战场以有力的战略配合。只是国民党执行片面抗战路线,消极抗战,积极反共,甚至背着共产党,多次与日本侵略者秘密谈和,企图以共同反共为前提,出卖国家利益,导致正面战场节节败退。

抗战期间,中共由于放手发动群众,团结一切抗日的人士积极抗战,政治和军事影响扩大,得到国内国际广泛承认。1945年5月共产党主张废除国民党一党专政,建立民主联合政府,将中国建设成为一个独立、自由、民主、统一和富强的新国家,但不为国民党所接受。1945年秋经国共谈判签订《双十协定》,国民党承认和平建国的方针和人民的某些民主权利,承认避免内战,两党和平合作建设新中国。但是,国民党不能容允边区政府的存在,随即撕毁协定,发动内战。1946年1月,国共双方在美国调停下签订《停战协定》,政治协商会议通过改组政府组织、召开国民大会、实行和平建国纲领等决议。若依此形势发展,中国有可能走上和平民主建设新阶段。但是不到半年,蒋介石悍然撕毁《停战协定》和政协决议,向中共领导的解放区发动全面进攻。大规模内战爆发。国民党再次违背民意,要把共产党领导的人民革命势力打倒在血泊之中。应当由谁来承担分裂的责任呢?1946年1月的政协决议,是国民党、共产党及其他各党派联合协议的大宪章。国民党背叛这一宪章的原则,召开一党独大的非法国民大会,通过所谓宪法,把独裁"合法"化,把内战"合法"化,把分裂"合法"化,难道也要中共承担分裂的责任吗?

"说明书"说:"抗战胜利后,共产党利用中国人民精疲力尽之际,武装叛乱,席卷大陆。"此话颠倒黑白。国民党撕毁《双十协定》《停战协定》，违背政治协商会议要求和平建国的民意，悍然发动内战，不是共产党武装叛乱，而是国民党破坏和平。共产党只有100万军队，没有外援，国民党有400万军队，又有美国的强有力支持。怎么只用三年时间就被共产党席卷大陆？共产党领导的地方政府怎么在1949年10月一举变成中央政府，建立起对全中国的统治地位？国民党的失败是民心丧失的最好证明。国民党罔顾民意，不识大势，应负分裂国家的责任。

两岸关系的现状完全不同于东西德国。后者是国际的协议，前者是中国人民统一祖国的意愿尚未最后实现。某些外国势力干涉中国内政，或支持台湾某些势力制造"两个中国""一中一台"，或支持另一些势力制造"台湾独立"，是阻碍中国和平统一的主要因素。"说明书"隐瞒了这个事实真相，反而嫁祸于人，非不知也，有所讳也。

"说明书"以"三民主义中国"与"共产主义中国"之争为词，说这是"中国往何处去"的本质。此说也是了无新意。共产主义是中国人民长期追求的远大理想，前已指出，孙中山先生也是同意的。至于三民主义，国民党在大陆没有实行，在台湾何曾实行？拉大旗作虎皮，实在没有多少号召力，连生活在台湾的老百姓也说服不了。倒是毛泽东于1940年在《新民主主义论》中，1945年在《论联合政府》中，1949年在《在中国共产党第七届中央委员会第二次全体会议上的报告》和《论人民民主专政》中，一再指出，孙中山的三民主义的政治原则与共产党的最低纲领是基本上一致的，表示完全同意"非少数人所得而私"的民权主义，完全同意"耕者有其田"和"使私有资本制度不能操纵国民之生计"的"节制资本"主张，准备加以实行。事实上，新中国建立以后，在共产党领导下，孙先生这些主张，都得到了实现。

今天，中国经过改革开放，在实践中又总结出了以邓小平名字命名的建设有中国特色的社会主义理论。在这一理论的指导下，中国的改革既坚持了社会主义原则，又吸收、借鉴世界各国包括资本主义发达国家所创造的一切先进文明成果，从而造就了当今世界上最为活跃的一大块现代化发展的热土，大大改变了中国的面貌，大大改善了十二亿人民的生活素质。这种情形，还将以其高速发展的趋势，继续令世人震惊，包括中国台湾、香港、澳门在内的大量投资者也从中多多受益。"中国往何处去"，还用得着更多争论吗？"说明书"作者闭眼不看事实，怎么能为中国的统一说出正确的见解呢？

近年来中国近代史研究中的
若干原则性争论*

　　1840—1949年的近代中国历史,是中国历史上空前复杂、生动、始终变动不居的转折时期。中国从强盛的位置中衰弱下来,以致落后挨打,成为弱不禁风的"东亚病夫",几乎连半殖民地半封建的地位都保不住,几乎被帝国主义瓜分,几乎变成一个或多个帝国主义的殖民地。中国在自己优秀的历史文化传统支持下,在西方先进思想尤其是马克思主义、列宁主义思想指导下,在中国的先进阶级及其政党的奋斗中,在众多仁人志士、社会精英和人民群众的奋斗中,终于挽狂澜于既倒,不仅摆脱了即将沦为殖民地的不幸命运,也摆脱了半殖民地半封建社会的历史困境,把中国引向了独立自主的民主国家之坦途,引向了建设有中国特色的社会主义现代化国家之坦途。这样的社会历史变化——在短短的一个多世纪中,社会性质迭起变化,国家主体、政权主体、社会文化思想的主体迭起变化,在中国5000年的历史发展中,可能是仅见的。

　　对这一段错综复杂的历史的研究,很早就开始了。但在1949年前的旧中国,在那时"书不读三代以下"的学术氛围和政治氛围下,中国近代史研究是不受重视的。少数的中国近代史研究者,不管持何种观点,都可能被讥为"政治",难以在学术界发展起来。新的人民的中国建立以后,这种现象迅速得到扭转。极有象征意义的是,以范文澜为首的、来自延安和华北解放区的部分史学工作者,在1950年5月组建了中国科学院近代史研究所(今中国社会科学院近代史研究所的前身),

---

* 本文作于1996年8月,原载《炎黄文化研究》1996年第3期;后发表于《马克思主义研究》1997年第3期。

几乎是新中国建立的第一个国家研究机构（连同自然科学在内）。社会历史的大转折，革命大潮的猛烈推动，要求人们去探求这种历史变化的深刻原因。这种原因当然可以从中古以前的中国历史中去寻找，那要间接得多了。于是中国近代史成为建立很晚但发展很快且为社会所关注的热门学科。因为现实的中国是直接从近代中国而来，中国近代史学科的建设，不仅有学术发展本身的需要，而且受到现实需要的推动。这就是说，中国近代史学科建设，不仅要讲究科学性，而且要注意现实性、革命性。正确处理两者的结合，始终是中国近代史学科建设中应该注意的问题。

在中国近代史学科建设的将近半个世纪的时光里，成绩是众所周知的。一批又一批中国近代史学者成长起来，还发表了数以万计的学术论文，出版了数以千计的近代史著作。在以往的研究和讨论中，学者们尽管对中国近代史的学科体系有不尽相同的主张，对近代史上的若干问题有不尽相同的认识和解说，但在涉及中国近代史的若干重大原则性问题上，却相对取得了较为一致的认识。从事中国近代史研究的绝大多数学者热烈研读、努力熟悉马克思主义、毛泽东思想的基本理论，尝试、探索用历史唯物主义原理指导近代史的研究，在批判旧中国封建买办阶级史学关于中国近代史的体系、见解方面取得了重要进展，接受了基本上用马克思主义的阶级斗争观点分析、研究近代中国历史的理论。这就使中国近代史的研究获得了正确的方向，包括正确的政治方向和正确的学术方向。在这一方向指导下，中国近代史学界对近代中国社会的性质，对帝国主义侵略中国的性质，对帝国主义与中国封建统治者相结合反对、镇压人民革命，对近代中国的历史发展道路，对国共两党从联合到对抗的力量消长变化和政权更迭，大体取得了共识。

当然，在学术研究的范围内，由于掌握史料的情况不同，研究者社会阅历的不同，对历史发展的辩证认识不同，对历史研究的目的认识不同，尤其是对唯物史观的领会差异，在研究过程中难免见仁见智，对一些重大问题产生不同认识。如对中国近代史发展的基本线索，对近代史上农民阶级、资产阶级作用的认识，对近代中国发展道路的认识，对民族独立与近代化发展关系的认识，等等，研究者的见解实际存在着差异。这些或许都是难免的，尽可以继续研究，继续讨论。

近十年来，尤其是近数年来，近代史研究的各个学科都很活跃，新见迭出，不少研究领域取得了进展，也提出了一些值得思考的重要问题。其中有些涉及中国近代史研究中的原则性、方向性问题，不能不引起人们的关注。提出这些问题的人，有些是专门从事近代史研究的学者，有些也不尽然，反映了社会各方面对近代中国历史走向的关心。以下提出几个原则性问题来进行讨论。

一 关于近代中国的社会性质

近代中国社会是半殖民地半封建社会，这是我们以马克思主义为指导研究中国近代史的根本观点，或者说，正确认识近代中国社会的性质是研究中国近代史的出发点。中国的旧民主主义革命没有取得成功，不能正确认识中国社会性质是原因之一。中国新民主主义革命的战略任务的提出和实现，就是建立在对近代中国社会性质的基本分析之上的。

关于中国的社会性质，早在 1912 年和 1919 年，列宁在自己的文章中分别提到中国是半封建的国家和半殖民地国家，他是从过渡阶段的社会这样的角度分别提到这两个"半"的，但未做论证。中国人接受这样的观点，是在中国共产党成立之后。最近有人查考，中共中央在自己的文件中正式提出完整的半殖民地半封建概念是在 1929 年 2 月（《近代史研究》1996 年第 4 期陈金龙《"半殖民地半封建"概念形成过程考析》），那是在中共六大以后。与此同时，中国的思想理论界还爆发了一场关于中国社会性质问题的大论战。中国共产党人在马克思列宁主义指导下，对中国社会性质和革命性质问题进行了严肃思考和理论创造。1939 年底和 1940 年初，毛泽东连续发表《中国革命和中国共产党》《新民主主义论》等指导性论著，系统地、科学地、正确地解决了中国社会性质问题。他不止一次强调指出：只有认清中国社会的性质，才能认清中国革命的对象、中国革命的任务、中国革命的动力、中国革命的性质、中国革命的前途和转变。总之，只有认清中国社会性质问题，才能解决近代中国历史发展的基本规律问题。从此以后，中国共产党的理论工作者，以及在中国革命成功的推动下愿意接受马克思主义指导的史学工作者，在中国社会性质问题上，都认同了近代中国是半殖民地半封建社会的观点。

对这个认识，近年有人质疑。有的文章认为，帝国主义"破坏了中国的国家主权和领土完整，但没有也不可能改变中国的社会性质"，因而辛亥革命之前的中国仍是封建社会，辛亥革命以后的中国是半封建或半资本主义社会（也有文章认为是资本主义社会），辛亥革命之前和之后，无论如何都不是半殖民地半封建社会，因此对半殖民地半封建社会"这个说法究竟是否恰当，似有必要重新加以研究"。广州《学术研究》1988年第6期开辟"中国近代社会性质讨论"专栏，发表该刊记者关于《中国近代社会性质的再认识》的报道，用的第一个标题就是"毛泽东'两半'论的权威面临挑战"，认为"两半论"是"失误"，"延误了我们反封建历史任务的完成"。报道指出，某研究员对"两半论"提出了直接的驳难。同期还发表该刊另一位记者写的《关于近代中国社会性质问题答记者问》。其中有一段对话，记者问："您的意思是不是说，应该否定'半殖民地半封建'这一理论概括，提出新的概括，以突破现存的近代史的框架，探索新的架构呢？"某答："显然有这样的意图，确切地说，重新检讨'半殖民地半封建'这一提法，是要为设计新的近代史构架寻找理论基点。"

质疑者说"要为设计新的近代史构架寻找理论基点"。我们还是不知道，他要设计的新的近代史构架是什么，支持这一构架的理论基点找到了没有。但是，我们对论者所谓"半殖民地半封建"理论，"延误了""反封建历史任务的完成"却百思不得其解。前已指出在革命中，认清了中国社会的性质，就认清了中国革命的任务、革命的对象。中国革命的任务就是反帝反封建，这是由半殖民地半封建社会性质本身所规定了的。所谓"推翻三座大山"云云，不就是指完成了反帝反封建的革命任务吗？我们倒是要问，如果否定"半殖民地半封建"这一理论概括，在中国近代史研究中，能够正确坚持反帝反封建的观点吗？

以上质疑，在研究者中不是没有影响的。一篇题为《中国近代史研究需要理论的突破》的文章认为："以新民主主义的理论原原本本地指导通史性的近代史研究，……值得推敲。"推敲之后，作者提出"半殖民地半封建的道路从本质上说是一条中国式的，或大体适合中国国情的资本主义道路"。[①] 作者在这里把半殖民地半封建社会性质改称为半殖

---

① 郭世佑：《中国近代史研究需要理论的突破》，《史学理论研究》1993年第1期。

民地半封建道路,把一种社会性质的事实认定改称为中国式的、大体适合中国国情的资本主义道路这样一种带有感情色彩的价值判断。这样一来,这种所谓"半殖民地半封建道路",又是中国式的,又是适合中国国情的,又是符合发展资本主义要求的,这不是很好吗?这里还能够引出反帝反封建的革命任务吗?我不知道,这是不是前述"失误"论者所要寻找的那样一种"理论基点"?

二 关于近代中国的反帝斗争

鸦片战争以后,资本帝国主义对中国的侵略,几乎写满了整个中国近代史。研究者分析了帝国主义侵华的大量史实,出版了不少研究帝国主义侵华历史的著作。帝国主义侵略中国的历史,似乎已经家喻户晓了。在这方面,似乎已经没有什么不同意见了。其实也不尽然。

1985年,哈尔滨有一本学术刊物发表文章,认为鸦片战争后"资本主义终于打入了封建主义禁锢着的神圣王国",是好事,应当"大恨其晚",如果再早一点,"我们中国就远不是如此的面貌了"。在该文作者看来,由于资本主义文明是先进的,资本主义列强侵略落后的封建中国时,中国只能敞开大门让其侵略,绝不能反抗,多出几个林则徐似的民族英雄也无济于事,不过延缓接受资本主义文明的时间罢了。这是我所见第一篇对帝国主义侵略质疑的文章。我曾撰文商榷,该文发表于《红旗》杂志1987年第6期。但此后这种观点似乎并未收敛,且更加泛滥起来。鼓吹不要抵抗外国侵略的言论,时不时就会在报刊上出现。有人甚至认为,连抗日战争都不要抗才好。有人说,中国要富强康乐,先得被殖民一百五十年。近年来,这种观点还有更多的散布。有人研究了鸦片战争的历史,得出结论说,明知打不赢,就不要抵抗。有人指出,"鸦片战争是在执行一种历史的使命","从某种意义上说,是鸦片战争一声炮响,给中国送来了近代文明"。有人写道:"我曾开玩笑说过,如果中国当时执行一条'孙子'战略(不是《孙子兵法》的孙子,而是爷爷孙子的孙子),随便搭上哪一条顺风船,或许现在的中国会强盛得多。比如追随美国,可能今天我们就是日本。"

还有人将这种思考加以提升,提出"阶级斗争、反侵略"史观,

"对中国社会的正常发展的确带来了很大的灾难"。有人说，应"按照价值论而非道德论法则去裁决和评价'世界走向中国'的历史问题"，认为按反帝史观，"只是更多地从'侵略反侵略'、'压迫与反压迫'、'奴役与被奴役'这个正义与非正义的道德立场出发去审视"历史，得出的结论是"消极的、片面的、情绪化的彻底否定"。

以上否定反帝斗争的意见，概括起来有两点糊涂认识：其一是面对外国侵略，中国落后，肯定打不赢，打不赢就不要打，学习日本处理"黑船事件"的经验，与外国和平谈判，对中国的发展更有利；其二是帝国主义侵略中国，是在强迫中国走向近代化，西方资本主义文明"构成了中国社会政治、经济、思想、文化等各方面实现变革的物质基础"，如果强调反帝斗争，强调反侵略史观，岂不就是反对中国的近代化，反对西方文明这个中国"实现变革的物质基础"吗？

这是需要辨析的。我在《也谈外国侵略与近代中国的"开关"》（载《红旗》杂志 1987 年第 6 期）一文中，根据马克思《不列颠在印度的统治》和《不列颠在印度统治的未来结果》两文和列宁的有关论述，已经答复了上述问题，此处不再重复。这里只简略指出两点。第一，反帝斗争与外国侵略一样，都充满了近代中国史册。反帝斗争是近代中国社会进步的力量源泉之一，是近代历史留给中国人民的宝贵精神财富。中国的反帝斗争是随着鸦片战争的爆发而展开的。所谓反帝斗争，不仅包括实际的反帝运动、武装斗争，也包括思想家、理论家、政治家的反帝设计、反帝思想的提炼，还包括民族的实业家同帝国主义的经济侵略争夺经济平等权和争夺利权的斗争。这种反帝斗争，在初期是原始的、低级的，甚至是野蛮的（像义和团反帝那样），但它确是反帝斗争。随着经验的积累、理论的总结，中国人民的反帝斗争水准不断有所提高。假设中国停止反帝，或者如日本那样，对外国的侵略一开始就不反抗，情况可能如何呢？中国和日本不同。不仅历史背景不同、地理环境不同，而且所承受的帝国主义压力大为不同。假设中国的统治者与日本的统治者一样能够励精图治，振作自救，帝国主义是否能允许呢？有一个现实的例子。孙中山领导推翻清朝统治，按西方的模式建立中华民国，发布一系列建设资本主义的政策措施，却谋求西方各大国的支持而不可得。西方的老师不支持中国的学生。它们宁可支持代表腐朽落后势力的袁世凯，也不支持代表进步势力的孙中山。如果中国停止抵抗，中国绝对得不到日本那样的境遇，中国早就成了完全的殖民地了。中国成了殖民地，还能得到发展吗？抗日战争中中国不抵抗，日本不是早就灭亡中国了吗？

第二，走向近代化，是时代向中国提出的要求，也是近代中国的历史任务。《共产党宣言》在说到欧洲资产阶级的历史作用时，指出："它的商品的低廉价格，是它用来摧毁一切万里长城、征服野蛮人最顽强的仇外心理的重炮。它迫使一切民族——如果它们不想灭亡的话——采用资产阶级的生产方式，它迫使它们在自己那里推行所谓文明，即变成资产者。一句话，它按照自己的面貌为自己创造出一个世界。"廉价的商品以及造成这种商品的资产阶级的生产方式，确是人类文明发展到那个时候的最重要的贡献。但是，当欧洲资产阶级向亚洲、向中国推销这一切的时候，它首先使用的是另一种特殊的商品——鸦片及大炮，是要屠人之城，灭人之国。马克思、恩格斯虽然从历史发展的角度肯定了资本主义文明的进步作用，但并不表示他们肯定落后国家应当欢迎资本主义国家侵略，相反，他们高度评价亚洲殖民地半殖民地国家反对资本主义列强的侵略政策，支持中国人民反对英国发动的"极端不义的战争"。列宁则评价殖民地半殖民地国家反对帝国主义的民族战争是不可避免的、进步的、革命的。这种民族战争的胜利，不仅促成国家的独立、解放，也促进了本地区资本主义的生长、发展，促进了本地区社会的进步。

因此，中国走向近代化，如果走进的是殖民地化，是畸形的近代化，那并不能给中国人带来幸福，不可能做到富国利民。中国要摆脱落后，的确要向西方学习，要走向近代化，这种近代化不是西方列强给我们设置的近代化，而是中国人自己争取来的近代化。这只有在中国摆脱帝国主义侵略、国家独立以后才有可能实现。所谓独立富强，只有先独立，而后才可富强。近代以来中国的历史发展轨迹就是这样昭示人们的。不加分析地说"世界走向中国"，并不能给今天的读者带来有关近代中国历史的真实知识。

三 关于近代中国的反封建斗争

同反帝斗争一样，反封建斗争始终是近代中国的基本问题之一。多少仁人志士为此抛头颅、洒热血，多少社会精英为争民主、反独裁而前仆后继、奋不顾身。他们是推动近代中国一步一步走向光明的大智大勇之士，是创建中华人民共和国的英雄豪杰。"俱往矣，数风流人物，还看今朝。"今朝的英雄人物，是从历史中走过来的。他们的英雄业绩，理应得到后人的铭记与尊崇。

但是，在我们的一些历史论著中，这些英雄的业绩被贬斥，被否定，已经到很严重的程度了。1989 年，北京的书店里摆出了新版《中国哲学史新编》第 6 册。该册评论了太平天国历史，我以为这是解放后第一次彻底否定太平天国的反封建斗争。该书认为太平天国搞的是"神权政治"，退回到中世纪，闹了十几年只是"一个笑话"，没有任何进步意义，只有曾国藩镇压太平天国的战争才是进步的。同年《新观察》发表专访，谈《中国哲学史新编》第 6 册的特点，作者开宗明义就说"否定了太平天国，给曾国藩翻案"。中国社科院近代史所学者朱东安在 1990 年发表文章给予反驳，此后似无响应者。其实，贬太平天国、洪秀全，尊湘军、曾国藩，在 1949 年前的中国是占统治地位的，是流行观点，并不奇怪。今天，在史学家们用马克思主义观点做指导翻了太平天国、曾国藩的案以后，在部分著作中这个案再次被颠倒过来，作为新观点加以流传，倒是奇怪了。1994 年北京的一本同仁刊物发表青年学者的文章《无本者竭，有本者昌》，对太平天国做了鞭挞，对曾国藩及其率领的湘军做了高度赞扬，是上述观点影响青年研究者的明显例子。

爆发于 19 世纪 50 年代的太平天国起义，毋庸讳言，其本身有许多缺点，但它毕竟对腐朽的封建王朝发动了长达 14 年之久的猛烈冲击，加速了封建制度的崩溃，它无论是在勇敢冲击清王朝方面，还是在同外来侵略者的斗争方面，都给后来的革命者提供了鼓舞力量的源泉。太平天国起义时及被镇压后，太平天国都被统治者咒为"发匪""长毛"，太平天国自身的历史文献几乎被焚毁殆尽，老百姓中有几个能知道"发匪""长毛"就是太平天国？与曾国藩不同，谭嗣同冲破禁网，赞扬了太平天国。孙中山在从事反清活动中常以"洪秀全第二"自命。蒋介石"围剿"红军，以曾国藩自况，而以石达开指红军。范文澜在延安编写《中国近代史》，则给了太平天国很高的评价，而给曾国藩以严肃批判。这些说明，站在不同立场上的人，对太平天国有截然相反的评价。新中国成立以后,历史学者对太平天国的评价,一般说来较以前更符合历史真实一些。由于现实政治气氛的影响,有时评价高些,有时评价低些,都是可以理解的。"文革"后史学界拨乱反正,对太平天国及其人物的研究,批评了"左"的倾向,更加实事求是了。但也有人着力研究太平天国政权的封建化问题,结论是太平天国农民政权与封建专制政权一样,这就为否定太平天国打下了基础。有人甚至由此联想到对中国历史上农民运动的看法,提出"试看历史上各种聚众造反的农民领袖哪一个提出过能推动生产力发展的先进思想,或有别于建立君主专制王朝的政治理想呢?"表示"很难得出农民运动是推动历史前进的动力这个普遍意义的结论"。还有人专门著文,对解放后有关农民战争史的研究,从指导思想到研究方法再到史料运用,全面加以否定,尤其不赞成用阶级观点分析封建社会的矛盾关系,否定"中国古代社会(即被称为封建社会)中的主要矛盾是地主阶级对农民阶级的剥削和压迫",提出"在中国古代社会里,社会的基本矛盾不能简单地归结为地主阶级和农民阶级的矛盾,而是皇帝官僚集团与该集团以外的全体社会成员的矛盾"。这就离马克思主义的基本常识太远了。

前面提到孙中山以"洪秀全第二"自任。这表明孙中山在组织、推动辛亥革命的过程中,是以太平天国反对清朝专制统治的精神为鼓舞力量的。孙中山发动辛亥革命,以三民主义相号召,其主要目标是反对封建专制,在这方面,国内外学者的意见,是基本一致的。令人惊异的是,近年来否定辛亥革命的言论多起来了。1992 年《求索》杂志发表《关于辛亥革命"避免论"的几点思考》,认为辛亥革命"给社会造成的破坏大于建设",打断了"一个社会进行现代化建设的重要条件","当初如若避免这场革命,中国很可能已成为当今世界头号强国"。① 还有人认为,孙中山和革命党人"超越了社会发展所必然要经过的阶段,而陷入了一种理想主义的误区",或者说"陷入了革命的误区","实际上开启了 20 世纪中国政治浪漫主义的先河"。以至于说,"人们有理由怀疑,资产阶级的共和革命是否合乎中国国情,资产阶级的民主政治在中国(是)否有其发展前途,中国的现代化发展在当时是否必然要推翻帝制?"如果共和革命不合乎中国国情,民主政治在中国没有发展前

---

① 陈小雅:《关于辛亥革命"避免论"的几点思考》,《求索》1992 年第 6 期。

途，在中国发展现代化不必要推翻帝制，辛亥革命当然就是多余的了，反帝反封建当然是不必要的了。

用明确的语言否定辛亥革命的，是1994年《东方》发表的李泽厚、王德胜《关于文化现状、道德重建的对话》。在那个对话里，李泽厚说："辛亥革命是搞糟了，是激进主义思潮的结果……自辛亥革命以后，就是不断革命：'二次革命'，'护国、护法'，'大革命'，最后就是49年的革命，并且此后毛泽东还要不断革命"，"现在应该把这个观念明确地倒过来：'革命'在中国并不一定是好事情"。[①] 为此，李泽厚、刘再复在"回望二十世纪中国"的时候，1995年在香港出版了一本大字标题为《告别革命》的书。这里没有篇幅谈《告别革命》，只是指出，该书几乎否定了历史上的一切革命，当然也否定了近代中国的一切革命。这就不是理论的误区、学术方向的误区，而是作者们政治倾向的误区了。近代中国的革命，都是反帝反封建的革命。革命错了，反帝反封建当然要不得了。辛亥革命及辛亥以后的所有革命都搞糟了，中华人民共和国的成立还有什么合理性可言呢？亡其国必先亡其史，言之不虚也。区区此心，神明共鉴，我想这总不是乱打棍子吧。

四　关于近代历史人物的评价

承认中国近代史的基本内容是反帝反封建斗争的人，大抵上也会承认，是否反帝反封建，应视为评价近代中国历史人物的主要标准。由于对中国近代史发展的基本线索的认识不同，人们对历史人物的评价也有了差异。以往被正面称赞、肯定的历史人物，往往受到批评，从林则徐、洪秀全、孙中山到鲁迅、毛泽东；以往受到批评或基本否定的人物，现在则受到称赞、颂扬。这表明一些评论者观察问题的角度变了，史观变了。

曾国藩、左宗棠、胡林翼、李鸿章等以镇压太平天国起家，清末以后被主流舆论称颂为"中兴名臣"，直到蒋介石"剿共"，仍把曾、左、胡、李治兵语录置于案头。新中国成立以后，史学家站在人民的立场上

[①]　李泽厚、王德胜：《关于文化现状、道德重建的对话》，《东方》1994年第5—6期。

对他们展开了批判，也不都是一棍子打死，如对左宗棠，肯定了他从外国侵略下收复新疆的爱国正义行动。对这些人从事的洋务活动，除了对他们的主观意图有所分析外，对他们在客观上推进了中国的近代化事业，也给予了相当的肯定。应当说，对这些人的批判，大方向基本上是正确的；对某些把握不准的地方，对某些过火的地方，给予纠正也是必要的。现在出现的情况是，对以往研究中过左的地方，反弹过分了，出现了整个翻案的情况。

对历史人物评价的翻案，集中在曾国藩身上。有的研究者说，曾国藩继承了"以天下为己任的爱国主义精神"，是"变革开路的人物之一"，"所谓曾氏是镇压革命力量的刽子手的罪名难以成立"；"曾国藩不但没有'卖国投降'，而且显示了不顾个人屈辱而为国宣劳的爱国情怀"。有人要求重新确立曾国藩的历史作用和地位，认为应把他划在近代进步和爱国人物之中，"其重要性，在中国近代历史前六十年里几乎无人可与之相比"。前已指出，有的著作开宗明义就标明为曾国藩翻案。湖南作家写了一部历史小说《曾国藩》，引起轰动，有人评价它是"从政必读的教科书"，说它的最重大意义"是中国文学敢于突破狭隘的阶级偏见，自觉走向理性、良知和责任的新里程碑"；有的评论小说作者写的有关曾国藩的文章，"发表在一些理论刊物上，如石破天惊，引起文史界的震动"，"如此观点鲜明地公开地为曾国藩罪名辩解……可能是建国以来第一人"。1995年11月在湖南双峰县（曾国藩家乡）举行了有关曾国藩的全国性学术讨论会，据说，有人在大会发言中要求"推翻范文澜加给曾国藩的诬蔑不实之词"。

马克思主义者也是可以批评的，马克思主义的史学家当然也是可以批评的。范文澜对曾国藩的研究、评价，不是不可以批评和讨论的，曾国藩的一生不是不可以重新认识和评价的。问题是站在什么立场和出发点上，要不要对历史人物做基本的阶级分析，要不要对人物所处的历史时代及其发挥的作用做总体的把握。如果对此完全置之不顾，恐怕很难说是客观公正的了。

不仅对曾国藩是这种态度，对李鸿章也是这种态度。人们说，金无足赤，人无完人。可是有的研究者说，看完了李鸿章的全部材料，几乎找不到他的一条缺点。有人说，李鸿章"为中国近代化开的药方是切合中国实际的"，"是可以挽救中国的"。有人评论李鸿章的是是非非，为他的一生全面开脱，包括他签订对外条约，如《越南条款》、《马关条约》、《中俄同盟密约》和《辛丑和约》时的责任。签订屈辱的不平等条约，主要责任当然在腐朽的封建朝廷，在朝廷的最高执政者，但李鸿章作为对外交涉的首席（实际上的）大臣，就能脱掉干系吗？为什么驻俄公使杨儒宁可死在莫斯科，也不在屈辱条约上签字呢？我们还记得1982年9月24日邓小平与英国首相撒切尔夫人谈话时，代表中国政府表达了收回香港主权的强烈愿望，他说：如果不收回，就意味着中国政府是晚清政府，中国领导人是李鸿章！多么义正词严。查一查历史，代表清政府在涉及香港的第三个不平等条约《展拓香港界址专条》上签字的，正是李鸿章。我们当然要谴责清政府，如果因此而不谴责李鸿章，我们能对历史做出交代吗？

还有人为慈禧翻案，说"西太后的认识与主张并无大错"，"如果以此为共识，中国的未来与发展可能将是另外一个样子"；"西太后确曾真诚地主张进步与革新"。数十年来一直遭世人唾骂的袁世凯，现在也有人对他加以称颂。有的文章不仅大力表彰袁世凯一生的"丰功"和"业绩"，连"坚决抵制和反对二十一条"也成为他的功劳，甚至把陈独秀、李大钊、胡适、鲁迅、蔡元培等人的成功，把毛泽东、周恩来的成长都归功于"袁氏北洋政府政治上的宽松政策"。这恐怕是"劝进"袁世凯以来未曾见过的颂袁奇文！与颂袁相映衬的，是贬孙中山。有人指出过这种"扬袁抑孙"现象。扬袁："袁世凯推行的发展资本主义经济的政策，正反映了当时社会历史发展的趋势。"抑孙：孙中山的主张"根本与国情大相径庭"，孙中山应对"民初的社会动乱、阁潮迭起"负责。有人甚至在讨论西南军阀陆荣廷时，也把陆荣廷与孙中山相比较，陆荣廷那么高大，孙中山如此渺小。评论者的立场、感情何其鲜明。

对历史人物、历史事件的研究、讨论，当然应该提倡百家争鸣，应当由研究者根据事实自由地展开评论，不可以用行政手段加以打压或干预。在研究过程中，即使不同意马克思主义，总也要秉持一种健康的、客观的态度，否则，你根据什么去臧否人物呢？对袁世凯、孙中山的评价，应该说都已盖棺论定了。在这上头做翻案文章，是故意猎奇，还是幼稚无知，抑或是另有所图？真是令人难以理解。

历史的中国发展成了现实的中国，现实的中国是从历史中不间断地走过来的。这一点不会有人有疑义。观察、研究历史中国，要用马克思主义的方法，观察、研究现实中国，也要用马克思主义的方法。这一点也不会有大疑义。同是用马克思主义的方法做研究，从历史中国和现实中国中是否能得出共同的结论呢？回答是否定的。因为现实的中国毕竟不是历史的中国。两者有了质的不同。我们过去滥用阶级斗争方法，吃了苦头，我们批评"以阶级斗争为纲"是完全正确的。尽管我们不能说，今天观察社会现实，可以完全不用阶级分析方法，但应该说，基本上可以不必用阶级分析法。如果把这种认识放到历史的中国去，认为观察近代中国历史也不必用阶级分析方法，那就不对了。当然，观察近代中国历史，也不能以阶级斗争为纲，不能说时时、事事、处处都是阶级斗争，但是基本的方法还是阶级分析法。

在现实的中国，我们今天讲生产力标准，讲以发展经济为中心，这是完全必要的，是不能动摇的。把这种认识放到近代中国去，以为中国近代也要讲生产力标准，也要以发展经济为中心不动摇，那就不妥当了，因为近代中国还不具备这样做的条件，这个条件就是国家独立，人民做主人。那个时候不具备这个条件，就要争取，就要革命，就要斗争。当然那个时候也要吃饭，也要生产力，也要发展经济，但不能唯一，不能做中心。

在现实中国，我们今天讲稳定压倒一切，是要保证经济建设有一个安定的环境，才能使经济建设真正成为中心。如果把这个认识套到近代中国，认为那时候也应该是稳定压倒一切，是要保守主义，当然洪秀全、孙中山是捣乱了，要受批判了，而曾、胡、左、李等中兴名臣以及民国初年的袁世凯要受赞扬了。事实上，近代中国不能讲稳定，讲稳定，就是站到腐朽的封建朝廷一边，站在帝国主义所支持的落后势力一边，站到了革命的反面。

用马克思主义做指导研究中国近代史，就要从近代中国的国情出发，而不能从现实中国的国情出发。这是个浅显的道理。如果不注意领会这个浅显的道理，我们研究中国近代史，就可能发出不和谐的声音，就可能找不到历史的真谛。当然，我们研究中国近代史，也要看到，近代中国发展的结果，就是现实的中国。如果我们孤立地观察、研究近代中国，看不到近代中国往现实中国合乎逻辑的发展，我们的研究也可能发出不和谐的声音，也可能找不到历史的真谛。

中国近代史的研究还要继续进行，还要往前发展。中国近代史研究中若干原则性问题的不同意见还会不断出现。讨论是必要的，正常的。摆事实，讲道理，会把人们认识上的差异拉近一些。各种意见都讲出来，相互砥砺，相互切磋，相互问难，可能会使我们对中国近代史的研究更加靠近真相，也更加接近真理，从而促进学术研究的发展。兹依据百家争鸣的精神，提出以上看法，仅是个人一孔之见，供有兴趣的朋友们参酌。

关于中国近代史若干重大
热点问题的讨论[*]

有关中国近代史的学术研究，正在学术界广泛、深入地进行。近代中国的历史又是社会各方面所关注的对象。对中国近代史发表见解的人，许多并不是专业的历史研究者。他们的意见通过报纸杂志、电视剧在各种媒体上传播，其影响往往比专业历史研究者的研究成果要大得多。本文不是专门的中国近代史研究领域的学术综述和评论，而是对若干在社会上产生广泛影响的观点（包括专业和非专业的人士所发表的）加以介绍和评论。

改革开放以后，中国近代史研究领域思想活跃，异彩纷呈，这当然是好现象。但是有一些人士由于对改革开放政策和社会发展方向的不正确的理解，也产生了一些对中国近代历史现象的不大正确的看法，引起了讨论。也有一些是学术界的正常讨论，其讨论情况对理解中国近代的历史是有意义的。

关于近代中国"开关"的讨论

20年前，有文章讨论所谓"开关"问题，认为英国以资本主义文明打开了中国的大门，如果中国不抵抗，中国早已现代化了。这篇文章说，鸦片战争打开了中国的大门，"资本主义终于打入了封建主义禁锢

---

[*] 本文是为中国社会科学院经济学家何秉孟组织的哲学社会科学领域热点问题课题撰写的，原载何秉孟、高翔主编《理论热点：百家争鸣12题》，社会科学文献出版社，2007。

着的神圣王国",是好事,应当大恨其晚,如果来得早一点,"我们中国就远不是如此的面貌了"。这种观点还认为:"科学是无国界的,文明是无国籍的。难道为了'抗拒'外国,宁肯让我们中华民族退到刀耕火种不成?"它似乎要告诉人们:由于资本主义文明是先进的,资本主义列强侵略落后的封建中国时,中国只能敞开大门让其侵略,绝不能反抗,多出几个林则徐似的民族英雄也无济于事,不过延缓接受资本主义文明的时间罢了。① 这样提出问题,不仅涉及怎样看待资本帝国主义侵略对中国社会历史发展所起的作用,而且涉及中国人民要不要抵抗外国侵略的问题。这当然是一个极为严肃的问题。这是我所见改革开放以后最早提出的近代中国不要抵抗侵略的见解。

这篇文章的发表,引起了当时中国社会科学院院长胡绳的注意。近代史研究所曾为此文召开过一次座谈会,当时近代史研究所的《中国近代史学术动态》刊载了这次座谈会的纪要。② 座谈会后,我本人曾撰写一篇商讨文章,题为《也谈外国侵略与近代中国的"开关"》,发表于《红旗》杂志1987年第6期。

这篇鼓吹对外国侵略不要抵抗的文章,显然是把资本主义文明的传播与侵略混为一谈了,是把改革开放以后引进西方资本主义的生产技术和管理方式与100多年前清政府被迫引进资本主义文明混为一谈了。今天的开放政策,是在马克思主义指导下为建设具有中国特色的社会主义而提出的,是在"一个中心,两个基本点"的前提下,为了实现社会主义的四个现代化而采取的主动行动,它同清末在资本帝国主义侵略下,腐败的清政府被迫实行开关不能相提并论。因而在探讨近代史上的"开关"问题时,必须注意区分不同历史时期两种"开关"的不同出发点(或历史前提)和后果,不能有意无意地把它们混淆起来。

早在1847年,在欧洲资本主义发展的上升期,在马克思、恩格斯合著的《共产党宣言》里,马克思主义的创始人不仅预言了资本主义的必然灭亡,共产主义的必然实现,而且高度评价了资本主义在历史发展进程中的积极作用,指出了资本主义正在世界各地推广它的制度。但是,马克思、恩格斯从来没有批评或者剥夺落后国家抵抗资本主义文明

---

① 吕兴光:《应当如何认识近代史上的"开关"》,《北方论丛》1986年第3期。
② 《怎样看待资本-帝国主义侵略对中国社会历史发展的作用——学术座谈会纪要》,《中国近代史学术动态》1986年第2期。

侵略的任何手段，而是高度称赞这种抵抗侵略的正义性。他们是把资本主义生产方式的进步性和殖民主义侵略的野蛮性区分开来看待的。

资本主义生产力创造的物质财富比封建主义社会长期积累的财富还要多，这是事实。这就是说资本主义生产方式比封建主义生产方式进步。这是历史发展的辩证法。虽然近代中国的先进分子在逐步认清这一点后，努力学习资本主义的生产方式和社会政治学说，但是，用大炮和鸦片来打开中国的大门，不能看作是一种文明的行为。即使是一种最好的制度也不能用武力形式强迫别人接受，就好像今天美国用最先进的武器在中东推行美国式民主，受到世界广泛质疑和反对一样。况且，美国式民主是不是具有普遍性价值，也是遭到广泛质疑的。英国用非法的鸦片走私和军舰、大炮强行打开中国的大门，以便进行野蛮的掠夺。这是中国被迫开关的直接原因。鸦片贸易是赤裸裸的掠夺，不带有任何传播资本主义文明的性质。西方有些学者把鸦片战争称为"争取平等通商权利的战争"，而讳言鸦片对中国人民的侵略和毒害，是出于对殖民主义侵略的辩护，是对可耻的鸦片贸易的美化。在这里，武力开关、鸦片走私和侵略几乎是同一含义。它给中国带来了什么后果呢？除了《南京条约》成为此后资本帝国主义侵略中国并与中国签订一系列不平等条约的范本，使中国走上半殖民地半封建的道路，因而从一个重要方面规定了此后中国历史发展的方向外，并没有立即给中国带来资本主义。英国那时开始工业革命还不到一个世纪，它的经济实力还不允许它向中国大量输出资本主义的生产技术，它所关心的主要是通过超经济的办法实现其对华掠夺。就贸易关系而言，这期间进口的棉布和棉纱较之鸦片战争前，有的只略有上升，有的甚至减少了。列强对华进行经济掠夺最得心应手的手段仍然是鸦片贸易。鸦片在中国的进口贸易中仍占第一位，由于从非法转到公开，进口数量成倍增长。资本帝国主义入侵中国，绝不是要把落后的中国变成先进的中国，而是要变成它们的半殖民地或殖民地。中国资本主义之不能迅速发展和自给自足的封建经济不能迅速解体，是与帝国主义在华的政治经济利益相合拍的。资本帝国主义的侵入，并没有给中国带来资本主义大发展的前景。

所谓鸦片战争，是英国发动的侵略中国的战争。清政府反击英国的侵略是正义的，虽然这种反击失败了。广东等各地人民在得不到政府支持下主动起来抵抗英国军队的进攻，无疑是正义的。林则徐作为钦差大臣发动广东民众抵抗侵略，无疑是爱国主义的行为，应该得到后人的尊敬，轻蔑地耻笑林则徐的行为，是无知的，也是不尊重历史的表现。

说中国早点"开关"，中国就远不是如此的面貌了，就早已现代化了，也是一种无知的妄想。资本帝国主义强行进入中国那种"开关"，无论早晚，情形都差不多，早的话情况甚至可能更坏一些。印度是最有力的例证。早在16—17世纪，印度的门户就被打开，在18世纪中叶，印度成为英国的殖民地，其开关可谓早矣。印度的面貌如何呢？是不是比中国的情形更好些，比中国少受一些屈辱？稍有历史知识的人都知道，印度的情形显然不是那样。在征服印度的过程中，以及变印度为殖民地的整个18世纪内，英国在印度进行了赤裸裸的暴力掠夺，其攫夺所得，大大超过了贸易所得。印度殖民地的存在，构成了18世纪英国原始积累的重要来源。不仅如此，在把印度变成自己的商品销售市场和原料产地的过程中，英国还有意保存和利用了当地的封建土地关系，野蛮地剥削和掠夺印度农民，使那里土地荒芜，农业衰落，饥荒频仍，尸骨枕藉。印度人民非但没有享受资本主义文明带来的幸福，反而比以往受封建统治更痛苦，陷入更赤贫的境地。历史事实就是这样：在西欧同封建主义进行过殊死搏斗的资本主义文明，到了亚洲又同落后的封建主义携起手来；欧洲文明的资产阶级在亚洲干出了很不文明的事情。英国侵略印度的结果，何曾给印度人民带来什么好处?！还有，数百万印第安人被屠杀，成千万黑人被贩卖，成百万华工被运往世界各地，这不都是欧洲资本原始积累时期、资本主义发展上升时期创造的"奇迹"吗？可见，主动开关与被动开关，情况是绝不相同的。主动开关，主权在我；被动开关，主权为人所控制。事实上，近代以来，资本主义各国包括那些口称自由贸易的先进资本主义国家，都从本国的利益出发，实行着贸易保护政策，即时而开关，时而闭关，在一些贸易上开关，在另一些贸易上闭关的政策。中国在鸦片战争后被动开关，被迫协定关税，一个主权国家的起码的权利为列强所夺，中国人甚至不能主持本国管理海关的行政机关。中国的"关"是开了，可是这个"关"丝毫不能起到保护中国工、农、商业的利益的作用，中国能从这个开关中得到什么好处呢？还不说从《南京条约》开始，中国几乎被迫同当时所有帝国主义国家签订了一系列不平等条约，单是赔款一项，仅从《南京条约》、《北京条约》、《马关条约》、《辽南条约》和《辛丑条约》的字面规定上略加统计，就达七亿多两白银；至于涉及政治、经济、军事、文化方面的所谓条约权利和领土的损失，就不是这里所能道其万一的了。我们评价中国近代开关的好与坏，绝不能撇开这些客观存在的历史事实，而凭着主观设想来发议论。

关于太平天国性质的讨论

太平天国是中国进入近代以后爆发的一次伟大的农民战争，也是中国历史上规模最为巨大的农民战争之一，又是一次带有新的时代特点、与历史上的农民战争有区别的农民战争。太平天国农民战争推动历史进步的作用是明显的。1949 年新中国建立以后，我国学术界对太平天国历史的研究不断掀起高潮，同时对太平天国的评价也有拔高的现象，尤其是在"文化大革命"中，这种拔高现象更为明显，这样在太平天国历史的研究中就出现了违背历史事实的现象。"文化大革命"结束以后，历史学界拨乱反正，逐渐纠正了太平天国研究中不正确地拔高太平天国的不良学风。同时，太平天国的研究，也逐渐走向退潮。这本来也是学术发展的正常现象。

20 世纪 80 年代末，又出现了极力贬低太平天国的情况。北京大学哲学系著名教授冯友兰出版《中国哲学史新编》第 6 册，把太平天国贬为"神权政治"，认为这种"神权政治"是历史的反动和倒退；认为太平天国如果成功，中国将会退到中世纪的黑暗时代，曾国藩率领湘军打败了太平天国，避免了中国倒退到"神权政治"的黑暗时代，是挽救了中国的命运。中国社会科学院近代史研究所朱东安研究员曾著文反驳。[①] 近年来，否定太平天国地位和历史作用的声音又有升高。2000 年百花文艺出版社出版复旦大学中文系教授潘旭澜著《太平杂说》，2001 年史式发表《让太平天国恢复本来面目》，这一书一文是一个标志。《太平杂说》指斥洪秀全是"暴君""邪教主"，认为洪秀全"披着基督教外衣，拿着天父上帝的幌子，以中国奴隶主和封建帝王的腐朽思想、条规，对他控制下的军民实行极其残酷的剥夺与统治，实际上是一

---

① 朱东安：《"神权政治说"质疑》，《历史研究》1990 年第 5 期。

种极端利己主义的政治性邪教"。① 还说洪秀全"为了当天王而造反，他的邪说和暴政，造成了一场旷日持久的大劫难，就应当恰如其分地称之为邪教主和暴君"。② 史式则拿当今评价"邪教"的标准与太平天国相比附，认为"太平天国正是不折不扣的邪教"。③ 这是拿现实政治中某些现象与历史上类似的现象相比附的结果，而这种比附是不恰当的。把太平天国看作邪教，正是太平天国的敌手当时的看法。奉曾国藩之命编纂的《贼情汇纂》就说："从来叛逆多借邪教倡乱，而粤匪为尤甚也。"④

对于这种彻底否定太平天国的见解，学术界许多人发表了不同意见。南京大学历史系教授、太平天国历史学会会长方之光提出的观点具有一定代表性。方之光认为，应当坚持马克思主义关于人民群众是历史创造者的唯物史观，从史实与史观结合的大历史范畴，实事求是地评价农民战争中的平均主义、宗教观，分析中国封建社会中推动历史前进的动力。他还指出：对造成"中华民族史无前例大灾难"的究竟是帝国主义和封建主义还是人民的反侵略反封建起义和革命的看法，是一个大是大非问题，在这个问题上也应当坚持人民群众是历史创造者的唯物史观，批判帝王将相创造历史的唯心史观。作者认为太平天国农民起义者所奉行的天道观与封建皇帝的天道观是对立的。清王朝和曾国藩等的天道观，是要保卫封建专制制度的纲常名教，洪秀全等农民起义领袖的天道观是要打破维护帝制的纲常名教，实行"天下为公"的"公平正直之世"。作者认为，否定太平天国，为曾国藩翻案，实质上就是为阻碍中国历史发展的清朝统治者翻案。⑤

中国社会科学院研究员夏春涛在新著《天国的陨落——太平天国宗教再研究》中，以八章篇幅研究了太平天国上帝教的兴起、传播及其陨落后，又以一章（最后一章结束语）篇幅发表了有关太平天国"邪教"的见解，他的结束语题名为"太平天国宗教'邪教'说辨正"。作者研

---

① 转引自夏春涛《天国的陨落——太平天国宗教再研究》，中国人民大学出版社，2006，第446页；又见潘旭澜《洪秀全的政治性邪教》，《江汉论坛》2006年第3期。
② 潘旭澜：《关于洪秀全答"商榷者"》，《学术争鸣》2005年第9期。
③ 史式：《让太平天国恢复本来面目》，《开放时代》2001年1月号。
④ 张德坚：《贼情汇纂》第9卷，中国史学会编《太平天国》第3册，神州国光社，1952，第251页。
⑤ 方之光、毛晓玲：《太平天国"引发了中华民族史无前例的大灾难"吗？——与潘旭澜教授商榷》，《探索与争鸣》2005年第9期。

究了中国历史上有关"邪教"定义的渊源,认为宗教上的正邪之争自古有之,大约在唐宋时期便形成"邪教"概念,"邪教"成为官方贬斥民间宗教的代名词。民间宗教被指斥为"邪教",主要有宗教与政治两方面的因素,而以政治因素为主。历代封建王朝将民间宗教视为"邪教",纯粹出于维护自身统治的政治需要。民间宗教是社会矛盾日益激化的产物,本质上反映了封建时代被压迫者的意识形态和社会组织。封建暴政是酝酿民间宗教的温床,民间宗教的兴起又是对封建暴政的无声的抗议和挑战。夏春涛认为:尽管民间宗教是一种落后的斗争武器,带有与生俱来的封建色彩,无力或无法最终超越封建统治秩序,建立起一个真正公平合理的社会,但它反抗封建暴政斗争的正义性与合理性是不容否认的。因此对于历史上民间教门反社会、反政府的行为,既不能一概肯定,也不能一概否定,必须做出具体分析。民间宗教也是一种宗教,它与传统宗教并无所谓正与邪之分。这与当今打着宗教名义建立的祸国殃民的非法组织是不同的。[①] 至于太平天国的上帝教,夏春涛认为,它是一种典型的民间宗教组织,这种组织在西方基督教的渗透下,又具有与以往迥然不同的特点。与基督教相比,上帝教具有鲜明的形而下色彩,它从属于世俗的政治斗争,是太平天国的指导思想和理论基础,其主旨并不是追求个人的精神超脱、灵魂不朽,或实现无区分的人类博爱,而是以斩邪留正、营建人间天堂为己任。太平天国政权与西方中世纪的神权政治也不可相提并论。洪秀全所代表的太平天国与曾国藩所代表的清朝统治阶级之间的战争,绝不是什么神权与人权之争,而是两个对立的政权、两个对立的阶级之间的殊死决战。太平天国颁布的《天朝田亩制度》,描绘了一个"有田同耕,有饭同食,有衣同穿,有钱同使,无处不均匀,无人不饱暖"的理想前景,无疑是封建社会里农民所能萌发的最为美好的公平社会。[②] 实际上,太平天国所要破坏的是一个人压迫人、人剥削人的旧社会,所要建立的是一个没有压迫、剥削的公平正直的新社会。这与所谓反社会、反人类是根本不同的。忽略了这一点,就是忽略了肯定太平天国的历史前提。

[①] 参见夏春涛《天国的陨落——太平天国宗教再研究》,第 439—444 页。
[②] 参见夏春涛《天国的陨落——太平天国宗教再研究》,第 446—448 页。

关于第二次鸦片战争和义和团
反侵略问题的讨论

鸦片战争以后的近代中国,存在一个资本帝国主义侵略中国和中国人民、中国政府反侵略的事实。这是近代中国历史上的一个基本事实。中国的近代史学界,也在努力通过学术的研究,以大量的历史资料为依据,从史学的规范上论证这一事实,恢复这一历史事实的本来面目。这是众所周知的。其实,不仅1949年以后中华人民共和国的历史书是这样写的,1949年以前很长时间里,许多历史著作也是这样写的。就是今天西方国家的历史学家,在研究中国的近代历史的时候,也都承认近代中国的这一基本历史事实。美国已故著名的历史学家费正清主编的《剑桥中国晚清史》,也大体上如实地记载了这个历史事实。

关于第二次鸦片战争和义和团的反侵略问题,中国近代史学界的认识并无根本分歧。2006年1月,有一位客串中国近代史研究的教授在《中国青年报》"冰点"栏目发表《现代化与历史教科书》,集中评论中国近代史上的反侵略问题,引起广泛关注。这篇文章不仅对义和团反帝斗争大张挞伐,而且对第二次鸦片战争时期的反侵略问题也提出了质疑,问题提得似乎振振有词,对一些缺乏近代史知识的青年读者产生了误导。

这篇文章名义上针对我国中学历史教科书,实际上是针对我国学术界研究中国近代史所取得的基本结论。我尊重作者发表见解的权利,但我不能赞同作者的见解。为此,我曾在2006年3月1日的《中国青年报》"冰点"栏目发表《反帝反封建是近代中国的历史主题》一文,对上述文章加以评论。照《现代化与历史教科书》那篇文章的说法,如果清政府好好与英法等有关国家谈判,遵守条约规定好好与外国谈判修约,不要在广州搞什么反入城斗争,不要在大沽口反抗英法军舰的侵略,不要指定英法代表进京换约的路线,火烧圆明园的事就不会发生了,第二次鸦片战争就打不起来了。作者说:"1858年,大沽被占,英法侵略者兵临天津城下,英法俄美等国先后迫使清政府签订了《天津条约》。虽然丧失了不少权利,问题总算有个着落,双方还议定翌年在北京互换批准书,彻底完成法定程序。如果照双方的协议办理,导致火烧圆明园的英法联军再一次入侵是有可能避免的。""从后果看,这一仗显然打错了。……如果不打,不是对中国更有利吗?"① 其实,第二次鸦片战争的发生,主要不是修约和广州入城问题,而是侵略和反侵略问题。入城问题和修约问题只是两个表面原因,不是根本原因。根本原因是资本主义侵略者的利益最大化未能得到满足!《南京条约》等一系列不平等条约签订后,西方列强虽然从中国取得了许多特权,但它们还要取得更多的特权。它们还要求在中国实现鸦片贸易合法化,要求在中国全境通商,要求在北京设立使馆。谋求在华的全面经济与政治利益,是它们的根本利益所在。这个根本利益拿不到手,新的一场侵略战争迟早是要爆发的,问题只在发动战争的时机和借口而已。所谓"马神甫事件""亚罗号事件"就是这样的借口。

要求修约,是西方列强企图从中国拿到更多权益的策略手段,换句话说,是进一步扩大对华侵略成果的策略手段。早在 1853 年,英国就利用最惠国待遇和中美《望厦条约》第 34 款有关 12 年后贸易及海面各款稍可变更的规定向中方提出修约要求。这年 5 月,英国政府训令驻华公使文翰提出修订《南京条约》问题,要他向中方提出:中国应毫无保留地给英国人开放全部城市和港口,英国人走遍全中国不受任何限制。其实,研究帝国主义侵华历史的学者早已指出,英国要求修订《南京条约》是没有任何根据的,因为《南京条约》是一项政治条约,不是商约,没有修订的规定;而修约本身不能包括在最惠国待遇之内。英国利用中国政府不了解欧洲人的国际关系知识,加以蒙哄和欺诈,清政府只有被牵着鼻子走了。1855 年,美国任命传教士伯驾为驻华公使,给伯驾的任务,是要他从清政府取得公使驻京、无限制扩大贸易以及取消对个人自由的任何限制等三项主要权利。伯驾在来华前,遍访了伦敦和巴黎外交部,取得了一致意见。英国驻华公使包令说:"用孤单的行动而不伴以强大的军事压力,就没有希望从中国取得任何重要的让步。"② 这就是说,用战争手段达到逼迫清政府同意修约的目的,已经是既定决策。第二次鸦片战争就是在这样的历史背景下发生的。把清政

---

① 参见袁伟时《现代化与历史教科书》,《中国青年报》2006 年 1 月 11 日。
② Hosea Ballon Morse, *The International Relations of the Chinese Empire*, Shanghai, 1910, p. 687.

府拒绝修约作为第二次鸦片战争发生的根本原因,是不妥的。

20世纪初法国的研究者研究了资料后指出:包令"要向中国启衅,不愁找不到合法的借口;如果需要的话,他还有本领找到比劫持'亚罗'号更好的借口"。① 这就是说,马神甫事件、亚罗号事件,只不过是英、法发动侵华战争的借口,发动战争是为了取得在谈判桌上拿不到的修约权利,而取得修约权利,则是为了在中国得到更大的政治、经济利益。这些利益,通过《天津条约》和《北京条约》都拿到了。清政府当时即使不懂得欧洲人的国际法知识,也不同意修约,实际上含有反侵略的意义,即使在今天的角度,也是应该加以肯定的。

外人入城问题,在当时是一个相当复杂的问题,绝不是像今天这样看起来是小事一桩。《南京条约》第二款规定:"自今以后,大皇帝恩准英国人民带同所属家眷,寄居大清沿海之广州、福州、厦门、宁波、上海等五处港口,贸易通商无碍;且大英国君主派设领事、管事等官,驻该五处城邑。"这就是说,一般英国人(包括商人、传教士、旅行者及其家属)可以居住在港口,英国女王任命的外交官则可以住在城邑。中方认为,按中文字义,城邑不一定指城内,条约未给英国人入城的权利。《南京条约》英文本把中文本中的"港口"和"城邑"通通翻译成Cities and Towns。英方认为Cities and Towns就可以指城内,因此,英国外交官和一般英国人都可以入城。中英双方在条约约文的理解上产生歧义。按照欧洲人的国际法,《南京条约》的两种文本(当时没有第三种文本)具有同等的法律效力。条约签字时未声明以哪种文本为准,在文本的解释产生歧义时,应允许各执己见。事实上,这两个文本都是英国提供的。英国人提供的中文约本,把港口和城邑区别对待,说明港口和城邑不是一处地方。这就造成了入城和反入城的同一法律来源的不同解释。在中方看来,英国人要求全面履行条约的理由不充分。其实中国官方在英国的压力下,已经同意英国人可以入城。但是广州城厢内外社团、士绅坚决不同意英国人入城,甚至不惜开战,官方只得以"民情未协"为由,推迟入城的时间。有学者认为,入城并不能给英国人带来多少实际利益,英国人更多侧重于心理方面。在英国人看来,他们是"高

---

① H. Cordier, *L'Expedition de Chine de 1857 – 1858*, Paris, 1905, pp. 51 – 52,转引自中国史学会主编《中国近代史资料丛刊·第二次鸦片战争》第6册,上海人民出版社,1978,第54页。

等民族",拒绝入城是对他们的侮辱,他们企图用入城的手段来击垮清政府力图保持的"天朝"颜面。因此,从历史的角度看,广州民众的仇外情绪当时有其存在的合理性,广州民众反入城斗争当时有其发生的条件。① 这个评论是客观、公允的。从今天的角度看,如果发生类似入城问题,完全可以拿到谈判桌上加以讨论,或者签订补充协议,加以明确规定,用不着使用战争手段。在当时英国的炮舰政策下,修约也好,要求入城也好,都是一种侵略手段。

前述文章指责义和团的行为是"敌视现代文明和盲目排斥外国人以及外来文化的极端愚昧的行为",说义和团犯了反文明、反人类的错误,"这些罪恶行径给国家和人民带来莫大的灾难",是中国人不能忘记的国耻。对义和团的这种看法,显然不是历史主义的,对义和团的历史评价显然是不公平的。义和团以"扶清灭洋"为基本的口号,表现了反对帝国主义侵略的精神和反帝斗争的原始形式,表现了中国人民朴素的爱国主义,是中国人民民主主义革命的先驱。1955 年 12 月,周恩来总理在北京各界欢迎德意志民主共和国政府代表团大会上讲话,特别指出:"1900 年的义和团运动正是中国人民顽强地反抗帝国主义侵略的表现。他们的英勇斗争是 50 年后中国人民伟大胜利的奠基石之一。"② 这个评价,是符合近百年来近代中国的历史进程的实际的。当然,义和团的"灭洋"具有不可否认的笼统排外主义的倾向。所谓"灭洋",是对洋人、洋教、洋货、洋机器采取一概排斥的态度。为什么一概排斥?农民看到了鸦片战争以后,一系列不平等条约的签订,加给中国的危害。义和团的传单说:"只因四十余年内,中国洋人到处行。三月之中都杀尽,中原不准有洋人。余者逐回外国去,免被割据逞奇能。"③ 他们表示:"最恨和约,误国殃民。"④ 这些认识,表明农民已经认识到了帝国主义侵略的严重后果,同时也反映了那时的中国人对外国侵略的认识水平。那时的中国人(不仅是农民)还不能了解资本主义在世界历史上

---

① 参见茅海建《近代的尺度——两次鸦片战争军事与外交》,上海三联书店,1998,第 106、114 页。
② 参见《人民日报》1956 年 12 月 12 日。
③ 佐原笃介:《拳乱纪闻》,中国史学会主编《义和团》(一),上海人民出版社,1957,第 120 页。
④ 佐原笃介:《拳乱纪闻》,《义和团》(一),第 112 页。

的作用，不了解资本主义生产方式比封建主义生产方式先进，他们把侵略中国的洋人，与洋机器等同起来。对西方资本主义和资本帝国主义侵略者有比较正确的认识，需要等到五四运动以后。因此，在看待义和团的历史作用的时候，要小心谨慎地加以分析，不要在倒洗澡水的时候，把婴儿也一起倒掉了。这就是说，义和团的斗争反映出来的农民的落后、愚昧的一面，这是脏水，可以倒掉；但是义和团的斗争所反映出来的反对外国侵略的精神的一面，是应该肯定的，如果把这一点也否定了，就等于是倒洗澡水，连同婴儿一起倒掉了。我们总结历史经验的时候，千万不要犯这样的错误。其实，这个问题，不仅农民如此，西方早期工人阶级也有这种情况。工人不能认识自己遭受剥削的原因，就痛恨机器，把机器砸了，也是常事。马克思、恩格斯指出过这种现象：工人阶级"不仅仅攻击资产阶级的生产关系，而且攻击生产工具本身；他们毁坏那些来竞争的外国商品，捣毁机器，烧毁工厂，力图恢复已经失去的中世纪工人的地位"。[①] 这是工人运动的初级阶段。列宁评论说："这是工人运动最初的、开始的形式，这在当时也是必要的。"[②] 我们总不能说欧洲的工人阶级也是反对现代文明的吧。我们在这里是要阐述义和团的历史作用，不赞成无原则地为义和团辩护，也不赞成无原则地把义和团骂倒。我们只是说明在一定的历史条件下，会发生一定的历史事件；认识历史事件都要以一定的时间、地点为转移。

前述"冰点"栏目上的那篇文章说："义和团烧杀抢掠、敌视和肆意摧毁现代文明在前，八国联军进军在后，这个次序是历史事实，无法也不应修改。"[③] 我们要问，作者在这里所说的这个次序，究竟是不是历史事实呢？我看不是历史事实。在义和团起事以前，列强在华瓜分势力范围、抢夺租借地，中华大地正面临被瓜分的危机。这是全世界都看到的事实，也是那时的中国人所忧心忡忡的事实。这个事实在前，义和团起事在后。难道这个次序不是客观事实吗？[④]

---

① 《共产党宣言》，《马克思恩格斯选集》第1卷，人民出版社，1995，第39页。
② 《社会民主党纲领草案及其说明》，《列宁全集》第2卷，人民出版社，1984，第86页。
③ 袁伟时：《现代化与历史教科书》，《中国青年报》2006年1月11日。
④ 限于篇幅，这里不详加论证。具体论证可参见张海鹏《反帝反封建是近代中国的历史主题》，《中国青年报》2006年3月1日。

以农民为主体组成的松散组织义和团，其本身愚昧、落后，有许多缺点，没有先进阶级的指导，带有时代和阶级的局限性。但是必须指出，义和团的笼统排外主义实质上是农民阶级有历史局限性的民族革命思想，也是中国人民反抗帝国主义侵略的原始形式。它反映了中国人民反帝斗争初期的共同特点，义和团运动不过是它的典型代表和集中表现。我们今天肯定义和团的历史作用，是肯定基本的历史事实，是肯定历史事实中的积极因素，不是要宣扬、提倡义和团的组织形式和思想倾向中那些愚昧、落后的方面。这是毋庸置疑的。因此，对义和团的排外主义，不应采取简单回避或全盘否定的态度，而是需要进行科学的阶级分析和历史考察，对它做出合情合理的解释。

关于走向共和问题的讨论

《走向共和》是 2003 年 5—6 月在中央电视台黄金时间热播的一部长达 59 集的电视连续剧。由于在中央电视台第一频道的黄金时间播放，加上播放前、播放中的强力推荐，声称它是历史正剧，《走向共和》在 SARS 流行的时候，吸引了大批观众，获得了创纪录的收视率。

《走向共和》的编导们发表过一些意见。该剧的一位编剧说："这部电视剧中所提到的中国经历的几大历史事件都是绝对真实的，毫无虚构。……所以这部电视剧才可以被人叫做历史正剧。最初策划这部电视剧时定的调子就是'找出路'，不论是在野的在朝的，当时的人无论出于什么目的，都是在为中国找出路。"① 该剧的总策划说："不仅仅是李鸿章，包括慈禧、袁世凯的定位，都是严肃的挑战。我们从一开始就要求自己，以历史唯物主义为指导，以史学成果为依据，特别重视近 20 年的新成果、新结论。"这位总策划还说，为什么要"走向共和"，实际上直到现在为止我们仍在大步走向共和。你问《走向共和》好在哪，我想第一，把这个戏的主题点出来了；第二，把戏的主线贯穿起来了；第三，它是"现在完成进行时"，我们一直走到现在，还在走，人们在

---

① 佟奉燕：《〈走向共和〉为反面人物翻案 将历史教材重写？》，《北京晨报》2003 年 5 月 8 日。

读"走向共和"这四个字的时候,就是想我们现在是不是在走向共和。虽然我们不主张历史剧干预现实,实际上以史为鉴是有意义的。我把它叫作"探讨历史,观照现实"。① 导演坦言:"《走向共和》是一部观点戏,为观众提供一种看历史的新的角度,观点抓住了,就一定引起争论。我们对那个时期主要历史人物新的诠释,对大的历史事件的重新评价都会带来冲击。但我们的理解都是有史料支撑的。"②

这部电视剧号称历史正剧,实际上是编导们在随意玩弄拼接历史的"七巧板",反映他们想象中的近代历史,试图牵着观众的鼻子走,不仅歪曲了近代的历史,也严重误导了观众,是历史唯心主义在影视创作上的反映。

"走向共和"是从清末到民国时期一个十分重要的历史题材,如果尊重历史、尊重历史唯物主义,本可以拍出一部对观众很有教育意义的历史巨片。但是编导偏要挑战历史教科书,要"决胜"历史观,打出"人性"旗号,全面为近代历史翻案,不可避免地引起了观众的注意和批评。有的网民评论:该剧在廓清历史真相的旗帜下,灌输错误的历史知识,其负面影响比公开申明是"戏说"的肥皂剧更甚。有的认为该剧隐喻了中华民族的前途和命运,在于它的现实意义;有人认为该剧用现代化史观代替了革命史观;有人指出它是基于洋务立场的解读,与阶级斗争史观针锋相对。这些评论在一定程度上指出了这部电视剧创作的问题所在。

在这部电视连续剧播放过程中以及以后,一些历史学者发表了评论意见。主流评论意见是:这部电视连续剧歪曲历史事实,是以唯心史观为指导的、冲击唯物史观的文艺代表作。我写过评论文章,对这部电视剧所反映的历史观做过分析。③ 事后,中国史学会和教育部高等学校社会科学发展研究中心召开了讨论会,会后出版了文集。④ 这里再从中国

---

① 郑佳明:《〈走向共和〉是一部民族大戏》,《新民周刊》2003 年 5 月 4 日。
② 杨文杰:《〈走向共和〉是部观点戏》,《北京青年报》2003 年 4 月 29 日。
③ 参见张海鹏《电视剧〈走向共和〉引起观众历史知识的错乱》,《中国社会科学院要报》第 40 期(总 2584 期),2003 年 5 月 28 日;《是一部历史政论剧,而不是历史正剧》,《高校理论战线》2003 年第 6 期;《历史电视剧〈走向共和〉宣扬什么历史观》,《马克思主义研究》2003 年第 5 期。
④ 参见李文海、龚书铎、梁柱主编《近代中国是怎样走向共和的?——大型电视剧〈走向共和〉引发的思考》,华龄出版社,2003。

近代史的角度做些评论。

《走向共和》从洋务运动开篇,是告诉人们,从洋务运动开始中国就在走向共和了。命题似乎很新,但是这样的认识是不正确的。在历史学界,对洋务运动的研究,评价分歧很大。对洋务运动引进了西方的生产方式,为此后中国的社会进步客观上打下了一定的物质基础,大家的认识是相近的。但是对洋务运动的性质却评价各异。分歧最大的是两种:一种认为洋务运动带有资本主义的性质,是进步的运动;一种认为洋务运动是地主阶级的自救运动,它所寻找的出路是避免清朝统治的灭亡。带有资本主义的性质是比较激进的认识,但这种认识也只是从经济运动的角度着眼,完全没有上升到政治制度的层面。19世纪70—90年代的早期改良主义思想家批评洋务派,恰恰是他们不注意引进西方的政治制度,只注意"西艺"的皮毛。认为走向共和从洋务运动开始,是电视剧编导者的想象。

电视剧的一位编剧说:"如果这部电视剧定位是'一部带有崇高悲剧意味的英雄史诗',那么我们的先辈就是史诗中的悲剧英雄!在中华民族走向共和的漫漫长途上,每一个探索者都值得我们永远尊敬和怀念。我在给主要人物如李鸿章、慈禧、光绪、张之洞、袁世凯、孙中山他们定位时,脑海里浮现的是一个个有血有肉的鲜活形象。"这就是编剧给《走向共和》定下的基调。这一基调完全抛弃了最起码的阶级分析,把主张共和的革命派与反对共和的统治阶级混为一谈,认为他们都是探索者,大家都在走向共和。在这样完全错误的历史认识指导下,编导者给慈禧、李鸿章、袁世凯套上了"悲剧英雄"的光环,给予他们舞台的中心地位,加以歌颂;反过来却对真正主张并且努力实行共和的英雄孙中山等人进行了丑化。这是完全不符合历史事实的。

电视剧凭空捏造了一些情节,试图说明孙中山等革命派与清朝统治阶级的大人物共商"共和"大计。最突出的是安排了孙中山会见李鸿章和宋教仁会见袁世凯。历史事实是:孙中山1894年夏游历天津,曾上书北洋大臣、直隶总督李鸿章,建议模仿西方国家,改良政治,发展工农业生产,认为这才是治国之大本,如果专搞"船坚炮利",就是"舍本而图末"。孙中山希望通过清政府中最有权势的官僚,采取一些资本主义的改良措施,达到国家富强的目的。但是他根本没有得到李鸿章接见,他的建议也根本不为李鸿章所理睬。通过这次上书的挫折,以及对北京官场政治腐败的观察，孙中山才理解了改良这条路是走不通的，才下了推翻清政府、根本改造社会的决心。他1894年11月在夏威夷创建了以推翻清政府为目的的中国早期资产阶级革命小团体兴中会。在《兴中会章程》里，孙中山第一次提出了"振兴中华"的口号。随后又在会员誓词中明确提出"驱除鞑虏，恢复中华，创立合众政府"的主张，已经表明了革命的志向。电视剧却设计了李鸿章在家里接待孙中山并侃侃而谈革命的情节，以烘托孙中山与李鸿章共倡共和的气氛。这是在捏造事实，误导观众。

1909年皇族内阁成立后，袁世凯被逐出京城，在河南安阳洹上村养"足疾"，这是事实，但是电视剧设计了同盟会的重要干部宋教仁到洹上村拜访袁世凯，劝袁世凯反正革命，感情甚笃，好像是过从甚密的老朋友，这是没有任何历史根据的。我们知道宋教仁长期在日本从事反清革命活动，大约1909年回到东北调查所谓"间岛问题"，写出了有关"间岛问题"的长篇报告，送交清政府。此事曾不为内外所理解，革命派内部认为他为清政府服务，日本认为他是奸细。此后他又返回日本，直到1911年1月回到上海，建立同盟会中部总会，主持《民立报》，开展革命宣传活动。历史上不曾有过宋教仁到洹上去拜访袁世凯这样的事情。

电视剧还安排了1912年孙中山到北京，专门去皇宫朝拜已经下台的皇帝的母亲隆裕太后的情节。只是在参与审片的有关学者的坚决主张下被删去。这个情节设计，与孙中山拜访李鸿章、宋教仁拜访袁世凯一起，意在说明在朝的、在野的，都在寻求共和的出路。这是根本违背历史真实的，这是历史上未曾发生也根本不可能发生的情节。艺术创作允许虚构，但应是符合历史发展的逻辑的，是虽无记载但可能发生的，是一种合理的推导。违背历史逻辑的虚构，是不合理的，是违背历史真实的。

这部电视剧违背历史事实的地方很多，尤其是在为了歌颂李鸿章而设计的一些重大情节上，这里不再一一列举。为了编导者们心中的历史，肆意编造和剪裁，哪里有一点历史唯物主义的影子呢？

在半殖民地半封建的中国社会，帝国主义的侵略和封建制度所造成的腐败与落后，是中国社会难以进步的基本原因。这不仅是史学界的共识，也是整个社会的共识，这种共识尤其为旧民主主义革命到新民主主义革命的全部历程所证明。如果说近代中国走向共和是一部英雄史诗，那是对的，因为从旧民主主义革命到新民主主义革命，人民群众在先进阶级领导下反对帝国主义侵略、反对封建腐败统治的斗争历程的确是一部英雄史诗。在近代中国，人民群众、代表人民群众最大利益的政治势力创造的是走向共和的历史，帝国主义者、封建统治者创造的是维护半殖民地半封建秩序、反对共和的历史。这是两种不同性质的历史。换一个说法，近代中国不同的阶级和集团是在寻找不同的出路，而不是一个共同的出路。如果认为不论在野的、在朝的都在为中国找出路，把"找出路"认为是所有的人都在寻找一个共同的出路，那是很大的错误。这是对历史发展完全错误的理解。实际上，代表中国资产阶级利益的孙中山等革命派寻找的是推翻专制、建立"共和"的出路；中国资产阶级的另一翼代表康、梁等寻找的是建立君主立宪那样的出路；封建统治者包括李鸿章、慈禧、光绪、袁世凯等人寻找的是如何维护统治又能有所改进那样的出路（即使在1905年开始的所谓预备立宪，统治者追求的也是在"皇位永固"前提下的立宪）；帝国主义者并不同意在中国建立共和制度，实行资本主义制度，也不愿意中国继续在颟顸的统治者底下维持统治，而是要在半殖民地半封建秩序下，允许资本主义生产力有一定引进，以满足帝国主义列强共同统治中国的需要。北洋军阀以及袁世凯的帝制自为是这种需要的反映。难道袁世凯的帝制自为与军阀混战和孙中山的护国、护法斗争都是在为中国寻找共同的出路吗？如果以这种逻辑推论，大革命失败后，中国的两大政党国民党和共产党寻找的都是共同的出路吗？这是不对的，它们寻找的是不同的出路。以蒋介石为代表的中国国民党所寻找的中国出路，绝对不是以毛泽东为代表的中国共产党所寻找的中国出路。这难道还有什么可以怀疑的吗？

策划者不仅把共和作为贯穿全剧的主线，而且认为共和是现在完成进行时，一直走到现在，我们还在走向共和。这就是说，我们现在还没有完成共和。这叫作"探讨历史，观照现实"。显然，这是把共和政治作为中国的唯一选择、唯一出路，也是中国唯一追求的政治方向。中国共产党在新民主主义革命时期形成了以毛泽东的名字命名的新民主主义革命理论。这个理论告诉我们，孙中山是中国革命的先行者，他所开创的是资产阶级的共和国。这在中国历史上是空前进步的。这个共和国虽然以"三民主义""五权宪法"为标榜，但实际上遵循的仍旧是资产阶级的三权分立原则。新民主主义革命所追求的不是这个资产阶级共和国，这个共和国已经过时了。新民主主义共和国不同于资产阶级共和国，其前途是社会主义共和国。经过多年的发展，我国已经建立了以人民代表大会制度为根本标志的中华人民共和国，这个共和国的经济制度是社会主义市场经济。我们的经济制度还需要改革，我们的政治制度还需要完善，但是我们绝对不是在走向资产阶级的共和国。笼统地说我们今天还在走向共和，要用共和来观照现实，透露出仍旧在把资产阶级共和国作为理想，思想还停留在辛亥革命那个时代。如果这个分析是准确的，那么，编导者、策划者究竟要通过电视剧把观众引到哪里去呢？究竟要观照什么样的现实呢？

就《走向共和》这部电视剧而言，它试图反映清末民初重大的历史事件，刻画一系列处在当时政治高层的最主要的历史人物。为了这一点，首先应该把握这个时期的历史本质。这个时期的历史本质或者历史发展的总趋势，就是在帝国主义和封建主义统治下，人民中间积累起来的反对帝国主义侵略和反对封建专制主义的思想和力量逐渐增长，终于在甲午战败以后，迅速产生了两种改造中国社会的主张。一种是以康有为、梁启超为首的改良思潮以及在这种思潮指导下的政治行动，"公车上书"是其发端，戊戌变法的失败是其终结。另一种是以孙中山、黄兴为首的革命思潮以及在这种思潮指导下的政治行动，形成资产阶级政党（包括早期的兴中会、华兴会和光复会以及在此基础上产生的中国同盟会在内）为其发端，武昌起义、中华民国南京临时政府成立和清朝专制帝制结束为其结果。这两种政治思潮和政治行动几乎是同时起步，并先后登台演出一出出历史活剧。清朝专制政府（包括慈禧太后、李鸿章、袁世凯等要人在内）对这两种政治思潮和政治行动是坚决反对的，是镇压的。这是这段历史的基本线索，也是这段历史的本质。表现这段历史的文艺作品可以有各种不同的创作思路和表现手法，既然以历史正剧为标榜，就不应该违背这个历史本质。

从反映历史本质来说，电视剧《走向共和》作为历史正剧是不成功的。任何历史著作或者文艺作品，不可能复原历史过程的每一个细节。我们可以做到的是根据经过鉴别的史料复原历史过程的本质特点。如果撇开历史过程的本质特点，去反映人的人性的一面，反映作为女人或者男人的一面，这对于后人认识历史、从历史经验中吸取有益的东西,有什么帮助呢?这个电视剧调动一切艺术手段,塑造慈禧、李鸿章、袁世凯人性的光辉的一面,反过来却揭露康有为、梁启超、孙中山人性的另一面,尤其对孙中山,把他刻画成一个小丑、疯子、骗子,完全与历史本质相违背,与我们对20世纪中国历史的三个伟大人物的认识相反。按照《走向共和》的字面看,主角应该是孙中山,实际上孙中山变成了丑角,主角让位于孙中山等革命派革命的对象。这种艺术形象的颠倒,已经引起了观众历史知识的错乱,使得一些观众怀疑历史教科书的准确性。

《走向共和》是为了表达某种历史观点的政论剧。它是编导者们心目中的近代史,而不是真实存在的近代史,它是唯心史观影响下的文艺作品。为了坚持先进文化的前进方向,繁荣社会主义文艺创作,解剖《走向共和》的创作思路,分析近代中国历史的本质,坚持历史唯物主义精神,是我们需要做的工作。

关于近代社会性质问题的讨论

近代中国社会是半殖民地半封建社会,这是指导研究中国近代史的根本观点,或者说,正确认识近代中国社会的性质是研究中国近代史的出发点。中国的旧民主主义革命没有取得成功,不能正确认识中国社会性质是原因之一。中国新民主主义革命的战略任务的提出和实现,就是建立在对近代中国社会性质的基本分析之上的。

关于中国的社会性质,早在1912年和1919年,列宁曾在自己的文章中分别提到中国是半封建的国家和半殖民地国家,他是从过渡阶段的社会这样的角度分别提到这两个"半"的,但未做论证。中国人接受这样的观点,是在中国共产党成立之后。1922年7月,在中共"二大"通过的《关于"国际帝国主义与中国和中国共产党"的决议案》和《关于议会行动的决案》,已经开始出现"半殖民地"概念。同年9月,蔡和森在《统一、借债与国民党》和《武力统一与联省自治——军阀专政与军阀割据》等文章中,明确地使用了"半殖民地""半封建"概念来说明中国社会的性质。在此前后,陈独秀、邓中夏、萧楚女、李大钊、罗亦农等人均明确认识到中国是半殖民地社会。1926年,蔡和森在《中国共产党史的发展（提纲）》中提到"半殖民地和半封建的中国""半封建半殖民地的国家"，是目前所能查考到的最早将两"半"概念联结起来的完整表述。中共中央在自己的文件中正式提出完整的半殖民地半封建概念，是在1929年2月的《中央通告第二十八号——农民运动的策略》中，那是在中共六大以后。[①] 与此同时，中国的思想理论界还爆发了一场关于中国社会性质问题的大论战。中国共产党人在马克思列宁主义指导下，对中国社会性质和革命性质问题进行了严肃思考和理论创造。1939年底和1940年初，毛泽东连续发表《中国革命和中国共产党》《新民主主义论》等指导性论著，系统地、科学地、正确地解决了中国的社会性质问题。他指出："自从一八四〇年的鸦片战争以后，中国一步一步地变成了一个半殖民地半封建的社会。"[②] "帝国主义列强侵略中国，在一方面促使中国封建社会解体，促使中国发生了资本主义因素，把一个封建社会变成了一个半封建的社会；但是在另一方面，它们又残酷地统治了中国，把一个独立的中国变成了一个半殖民地和殖民地的中国。"[③]这是对于近代中国社会性质最经典的表述。毛泽东不止一次强调指出：只有认清中国社会的性质，才能认清中国革命的对象、中国革命的任务、中国革命的动力、中国革命的性质、中国革命的前途和转变。总之，只有认清中国的社会性质问题，才能解决近代中国历史发展的基本规律问题。从此以后，中国共产党的理论工作者，以及在中国革命成功的推动下愿意接受马克思主义指导的史学工作者，在中国的社会性质问题上，都认同了近代中国是半殖民地半封建社会的观点。

对这个认识，近些年有人开始质疑。有的文章认为，帝国主义"破坏了中国的国家主权和领土完整，但没有也不可能改变中国的社会性质"，因而辛亥革命之前的中国仍是封建社会，辛亥革命以后的中国是半封建或半资本主义社会（也有文章认为是资本主义社会），辛亥革命

---

① 参见陈金龙《"半殖民地半封建"概念形成过程考析》，《近代史研究》1996年第4期；陶季邑《关于"半殖民地半封建"概念的首次使用问题》，《近代史研究》1998年第6期；李洪岩《半殖民地半封建理论的来龙去脉》，《中国社会科学院近代史研究所青年学术论坛（2003年卷）》，社会科学文献出版社，2005。
② 《中国革命和中国共产党》，《毛泽东选集》第2卷，人民出版社，1991，第626页。
③ 《中国革命和中国共产党》，《毛泽东选集》第2卷，第630页。

之前和之后，无论如何都不是半殖民地半封建社会，因此对半殖民地半封建社会"这个说法究竟是否恰当，似有必要重新加以研究"。还有人对"两半论"提出了直接的驳难，认为"两半论"是"失误"，"延误了我们反封建历史任务的完成"。① 有记者采访某研究员，问："您的意思是不是说，应该否定'半殖民地半封建'这一理论概括，提出新的概括，以突破现存的近代史的框架，探索新的架构呢？"某答："显然有这样的意图，确切地说，重新检讨'半殖民地半封建'这一提法，是要为设计新的近代史构架寻找理论基点。"②

质疑者说"要为设计新的近代史构架寻找理论基点"。质疑者要设计的新的近代史构架是什么，支持这一构架的理论基点找到了没有，始终未见下文。但是，我们对论者所谓"半殖民地半封建"理论，"延误了""反封建历史任务的完成"却百思不得其解。前已指出在革命中，认清了中国社会的性质，就认清了中国革命的任务、革命的对象。中国革命的任务就是反帝反封建，这是由半殖民地半封建社会性质本身所规定了的。所谓"推翻三座大山"，不就是指完成了反帝反封建的革命任务吗？我们倒是要问，如果否定"半殖民地半封建"这一理论概括，在中国近代史研究中，能够正确坚持反帝反封建的观点吗？

以上质疑，在研究者中是有影响的。一篇文章认为："以新民主主义的理论原原本本地指导通史性的近代史研究，……值得推敲。"推敲之后，作者提出"半殖民地半封建的道路从本质上说是一条中国式的，或大体适合中国国情的资本主义道路"。③ 作者在这里把半殖民地半封建社会性质改称为半殖民地半封建道路，把一种社会性质的事实认定改称为中国式的、大体适合中国国情的资本主义道路这样一种带有感情色彩的价值判断。这样一来，这种所谓"半殖民地半封建道路"，又是中国式的，又是适合中国国情的，又是符合发展资本主义要求的，这不是很好吗？这里还能够引出反帝反封建的革命任务吗？

---

① 《中国近代社会性质的再认识》，广州《学术研究》1988年第6期。这篇报道用的第一个标题就是"毛泽东'两半'论的权威面临挑战"。
② 《关于近代中国社会性质问题答记者问》，广州《学术研究》1988年第6期。
③ 郭世佑：《中国近代史研究需要理论的突破》，《史学理论研究》1993年第1期。

关于中国近代史研究模式的讨论

中国近代史作为20世纪中国历史学的一个重要分支学科，是中国近代社会转型和学术转型的产物。在几代学者探索、争鸣的基础上，确立了把半殖民地半封建社会大约110年的中国历史作为中国近代史学科的研究对象。这种认识，是在马克思主义基本原理指导下得出的，是以对近代中国的社会经济形态与近代中国的社会性质的考察为出发点的，是符合近代中国历史进程的科学的学科体系。运用现代化理论研究近代中国的历史，具有一定的积极意义，但简单地以现代化范式替代革命史范式，未必是正确的思考方向。

1840—1860年，通过两次鸦片战争，以《南京条约》和《北京条约》为标志，中国被迫签订了一系列不平等条约，形成了束缚中国发展进步的不平等条约体系。正是这个条约体系，使中国由一个独立的封建社会逐步"沉沦"为半殖民地半封建社会。1895年的《马关条约》和1901年的《辛丑条约》，使中国完全形成了半殖民地半封建社会。在近代中国110年的历史进程中，由中国的革命政党推动的包括旧民主主义革命和新民主主义革命在内的革命，组成了近代中国社会发展进步的主旋律。这个革命主要是反对帝国主义侵略，以谋求民族独立；反对封建专制，以谋求国家的民主进程。在基本上完成了这个任务后，在人民掌握了国家的主权后，国家的现代化事业才能够比较顺利地进行。这是积110年及其后56年的历史经验所证明了的。凡是尊重历史的人，无不尊重这样的历史经验。

有一种认识，以为今天已经全面引进资本主义生产方式和管理技术了，已经加入世界贸易组织了，已经和国际接轨了，已经在走向全球化了，我们看待历史，就不要再讲侵略反侵略了。所以，在中国近代史研究领域，有一种观点很流行，叫作现代化史观。他们主张用现代化史观取代中国近代史研究中长期形成的"革命史观"，用现代化史观统率近代史研究。

有的学者已经明确提出现代化是中国近现代历史发展的主题。[1] 有

---

[1] 陈勤、李刚、齐佩芳：《中国现代化史纲》上册，广西人民出版社，1998，第6页。

的学者认为用现代化史观考察鸦片战争以来的历史进程，不仅包纳了百年的反帝反封建的革命斗争，而且涵盖了像戊戌变法这样的改革运动和其他众多的社会变迁，这就比革命史观广泛得多，也较接近历史的真实。① 显然，这位作者是希望，在考察近代中国历史时，用现代化史观取代革命史观。

主张用现代化范式取代革命史范式，《重新认识百年中国——近代史热点问题研究与争鸣》体现了这种趋势。该书主张"一百年来的中国近代史其实是一场现代化史"，试图用这种观点重新解释近代中国的历史进程。在这种范式下，洋务运动成为"近代中国的第一次现代化运动"，② 戊戌维新运动的失败与变法派人士所做出的激进主义政治选择的失误有关，③ 义和团运动"貌似爱国，实属误国、祸国"，④ 辛亥革命的前提条件不足以成立，"完全是近代中国特殊历史条件下革命志士鼓吹、争取的结果"，⑤ 等等。这些用现代化范式重新审视过的观点是否符合历史的真实，已经有学者提出了讨论。⑥ 这里要指出：用现代化范式替代革命史范式，其结果，对近代中国历史进程的基本面貌的解释，与人们通常熟知的中国近代史知识完全相反，不能认为是正确的替代。一位主张研究中国近代的现代化进程的美国著名资产阶级学者费正清在他的《观察中国》一书中指出，"帝国主义的侵略使中国人民蒙受了耻辱，正是这种耻辱唤起了中国的民族主义并激发了二十世纪的中国革命"，"革命是近代中国的基调，美国人要想了解这一点，必须首先要懂得中国的历史"。⑦ 这是一个符合基本历史事实的观察，因而是一个正确的观察。费正清是一位生活在最先提出现代化理论的国家的学者，而且并不反对采用现代化的研究方法研究中国近代史，他的结论何以与我们主张现代化范式的学者相差如此之远？是现代化范式出了问题，还

---

① 李喜所：《戊戌变法百年再审视》，《历史教学》1998年第7期。
② 冯林主编《重新认识百年中国——近代史热点问题研究与争鸣》上册，改革出版社，1998，第3页。
③ 冯林主编《重新认识百年中国——近代史热点问题研究与争鸣》上册，第53页。
④ 冯林主编《重新认识百年中国——近代史热点问题研究与争鸣》上册，第81页。
⑤ 冯林主编《重新认识百年中国——近代史热点问题研究与争鸣》上册，第171页。
⑥ 参见吴剑杰《关于中国近代史"新范式"的若干思考》，《近代史研究》2001年第2期。
⑦ 费正清：《观察中国》，袁晓梅等译，四川人民出版社，1992，第13、96页。

是我们主张此一范式的学者在运用中过于标新立异、不求甚解，值得检讨？

以现代化为主题来叙述历史，近代中国的历史主题不再是反帝反封建了，而是现代化了，不再去讲什么阶级斗争了，不再去讲什么革命甚至改革了，当然也不再去讲帝国主义侵略和人民的反侵略了。在这种史观下，近代中国的地主阶级和农民阶级不见了，资产阶级和无产阶级不见了，皇帝和官僚不见了，打倒列强不见了，革命也告别了，让慈禧太后去搞她的现代化，让慈禧太后、李鸿章去走向共和，什么旧民主主义革命、新民主主义革命，都可以变得子虚乌有了；在这种史观下，强调的是第一家外资怎样进入的，第一个电灯何时安装的，第一条马路何时修的，第一条铁路何时建的，第一家银行何时开的……

总之，在现代化史观下，我们所了解的近代中国，中外史家基本上认同的以革命为基调的中国，面目全非了。

人类的历史进程是客观存在的，历史学家的责任，是对这一客观存在的历史进程做出研究，正确地复原、描述并且解释历史，把握历史发展的主题，照顾历史发展主题周围的方方面面，在尽可能准确地复原历史进程的同时，总结历史过程的经验教训，给后来的人以必要的启迪。

我认为，所谓革命史观，所谓现代化史观，都不是指导历史研究的正确的史观。指导历史研究的正确史观，是马克思主义的唯物史观。按照唯物史观考察近代中国历史，应该认识到，反帝反封建是近代中国的历史主题，旧民主主义革命和新民主主义革命是贯穿近代中国历史的真正的主线，现代化进程在近代中国虽然在缓慢进行，却从来没有居于主导地位。在近代中国，革命和改革是历史发展的主调，但如果认为近代中国历史上只有革命和改革也是不完全的认识，近代中国还有现代化进程的萌发，资本主义的社会政治学说和生产力因素已经传入，马克思主义的社会政治学说已经传入，无产阶级政党已经组成，现代化学说里主张的现代性的增长，传统社会因素的剥落，正在发生。主导中国两千年的儒家学说面对西方传入的思想政治学说（包括资产阶级学说和无产阶级学说），并无招架之力。但是，现代化进程没有成为社会发展的主流。因此，现代化史观把现代化进程作为历史发展的主流，是不妥当的。按照唯物史观，现代化进程在中国社会发展中成为主流，是在1949年10月中华人民共和国成立之后，特别是在国家政权巩固、社会经济全面恢复并有所发展之后。在这个时候，现代化进程是主要方向，阶级斗争是次要方向。在这个时候，把阶级斗争当成主要方向，提出"以阶级斗争为纲"是错误的。这就是"文革"错误的基本的理论说明。在1956—1976年，国家社会经济有了飞速的发展，社会主义的经济基础基本奠定，但是政治运动不断，而且是在"以阶级斗争为纲"指导下进行的，这就冲击了现代化进程，影响了现代化进程，延缓了国家社会经济发展的速度。这是一个教训。1978年以后，国家政权把现代化进程作为社会发展的主要方向，以经济建设为中心，才取得了举世瞩目的发展成就。

从西方传来一种说法：一切历史都是当代史。如果说一切历史都是当代有思想的人写出的，上述说法有一定的意义。但是，这种说法会给人以误导，以为历史是依当代人的愿望随意改写的，从中可以嗅出唯心史观的味道来。

写历史，是写过去的政治、过去的经济、过去的文化，不是写今天的政治、今天的经济、今天的文化。因此，过去的政治、过去的经济、过去的文化不等于今天的政治、今天的经济、今天的文化。这是历史与现实的基本区别。司马光著《资治通鉴》，是要让最高统治者借鉴历史上的经验。从借鉴历史经验的角度说，历史对于现实的意义，今天仍是这样的。但是历史对于现实，仅止于借鉴，提出更多的要求是不合适的。历史为现实服务，不是说为现实政治做简单的服务，所谓服务，是从借鉴历史经验的意义上说的。

另外，写历史也不能从现实的需要改铸历史。今天我们在搞现代化，用现代化的框架改写历史是不行的。今天我们以经济建设为中心，放弃了"以阶级斗争为纲"的路线，不能说历史上就不存在阶级和阶级斗争。今天党中央提出建设和谐社会，我们在历史书上也去构建一个和谐社会的形象，这是历史书吗？为了集中精力发展经济，我们今天强调社会稳定，难道我们要在历史书上也强调社会的稳定吗？

历史上从来没有两个完全相同的人物，也没有两个完全相同的事件。如果有类似的历史人物、类似的历史事件，也是在不同的历史时代、不同的地点发生的，因而它在历史上所造成的影响也是完全不同的。简单地类比也是很危险的。

研究和解读历史，是非常严肃的事情。把研究和解读所得用通俗的文字介绍给广大读者，更应该对社会、对读者抱着非常负责的态度。有人或许以为，历史不过是过去的事情，可以随人俯仰，公说公有理，婆说婆有理而已。这种态度显然是不对的。历史过程、历史规律是怎么样就怎么样，历史事实是怎么样就怎么样，并不能由人做任意的解释，这才是历史唯物主义的态度。同时，历史进程充满矛盾的运动，复杂的事件是由各种各样具体的事件组成的，我们在分析、研究历史事件时不能把握尽可能多的史料，不能把事物提到一定的历史范围内，不能抓住历史过程的本质方面，不能对历史现象做出阶级的、辩证的分析，我们就不能从纷纭的历史现象中理出头绪，把握历史过程的基本规律。如果不尊重历史事实，对历史事实、历史过程做任意的裁剪与解释，那就是历史唯心主义。

如何认识近代中国的反侵略问题[*]

——与一些流行的观点商榷

鸦片战争以后的近代中国,存在一个资本帝国主义侵略中国和中国人民、中国政府反侵略的事实。这是近代中国历史上的一个基本事实。凡是上过中学历史课的人,无不知道这个历史事实。中国的历史学界,特别是中国的近代史学界,也在努力通过学术的研究,以大量的历史资料为依据,从史学的规范上论证这一事实,重建这一历史事实的本来面目。这是众所周知的。其实,不仅1949年以后中华人民共和国的历史书是这样写的,1949年以前很长时间里,许多历史著作也是这样写的。就是今天西方国家的历史学家,在研究中国的近代历史的时候,也都承认近代中国的这一基本历史事实。美国已故著名的历史学家费正清主编的《剑桥中国晚清史》,也大体上如实地记载了这个历史事实。

但是,在最近20年来,在国家进入史无前例的空前规模的现代化进程的时候,我国的思想界、学术界却出现了挑战这一历史事实的种种议论和见解。

1986年,有一个刊物发表文章,提出一种见解:鸦片战争打开了中国的大门,"资本主义终于打入了封建主义禁锢着的神圣王国",是好事,应当大恨其晚,如果来得早一点,"我们中国就远不是如此的面貌了"。这种观点还认为:"科学是无国界的,文明是无国籍的。难道为了'抗拒'外国,宁肯让我们中华民族退到刀耕火种不成?"[①]它似乎要告诉人们:由于资本主义文明是先进的,资本主义列强侵略落后的

---

[*] 本文原载于沛主编《马克思主义史学理论论丛》第1辑,中国社会科学出版社,2010。

[①] 吕兴光:《应当如何认识近代史上的"开关"》,《北方论丛》1986年第3期。

封建中国时，中国只能敞开大门让其侵略，绝不能反抗。这样提出问题，不仅涉及怎样看待资本帝国主义侵略对中国社会历史发展的作用，而且涉及中国人民要不要抵抗外国侵略的问题。这当然是一个极为严肃的问题。

1989年，又有人提出，中国如果经历300年殖民地，就现代化了。说这种话的人，似乎中国近代只经历了100多年的半殖民地，不过瘾，如果对外来侵略不抵抗，经过300年殖民地，何须现在搞什么现代化，中国在殖民地时代早就现代化了。

后来又有人说，鸦片战争时期，中国人应该学习日本的"黑船事件"，对美国的侵略不抵抗，中国就更好了。

2006年1月，又有某教授在《中国青年报》"冰点"栏目发表《现代化与历史教科书》一文，集中评论中国近代史上的反侵略问题，引起广泛关注。这篇文章名义上针对我国中学历史教科书，实际上是针对我国学术界研究中国近代史所取得的基本结论。我尊重作者发表见解的权利，但我不能赞同作者的见解。为此，我曾在《中国青年报》"冰点"栏目发表《反帝反封建是近代中国的历史主题》一文，对上述文章加以评论。

以上简略介绍了最近二十年来在近代中国反侵略问题上的几种主要不同意见。下面，针对流行的这些不同观点做出一些分析，再分析一下产生这些不同观点的思想上的原因，或者稍微涉及中国近代史研究的方法论问题。

关于近代中国的"开关"：传播文明与侵略的辩证

20年前，有文章讨论所谓"开关"问题，认为英国以资本主义文明打开中国的大门，如果中国不抵抗，中国早已现代化了。多出几个林则徐似的英雄也没有用，不过延缓中国接受资本主义文明的时间罢了。这是改革开放以后最早提出的近代中国不要抵抗侵略的见解。

显然，这是把资本主义文明的传播与侵略行为的关系弄混了。1847年，在欧洲资本主义发展的上升期，马克思、恩格斯合著了著名的《共产党宣言》,在这篇名著里,马克思主义的创始人不仅预言了资本主义的必然灭亡和共产主义的必然实现,而且高度评价了资本主义在历史发展进程中的积极作用,指出了资本主义正在世界各地推广它的制度。但是,马克思、恩格斯从来没有批评或者剥夺落后国家抵抗资本主义文明侵略的任何手段,而是高度称赞这种抵抗侵略的正义性。他们是把资本主义生产方式的进步性和殖民主义侵略的野蛮性区分开来看待的。

资本主义生产力创造的物质财富比封建主义长期积累的财富还要多,这是事实。这就是说资本主义生产方式比封建主义生产方式进步。这是历史发展的辩证法。虽然近代中国的先进分子在逐步认清这一点后,在努力学习资本主义的生产方式和社会政治学说,但是,用大炮和鸦片来打开中国的大门,不能看作是一种文明的行为。即使是一种最好的制度也不能用武力形式强迫别人接受,就好像今天美国用最先进的武器在中东推行美国式民主,受到世界广泛质疑和反对一样。况且,美国式民主是不是具有普遍性价值,也是遭到广泛质疑的。英国用非法的鸦片走私和军舰、大炮强行打开中国的大门,以便进行野蛮的掠夺。这是中国被迫开关的直接原因。鸦片贸易是赤裸裸的掠夺,不带有任何传播资本主义文明的性质。西方有些学者把鸦片战争称为"争取平等通商权利的战争",而讳言鸦片对中国人民的毒害,是出于对殖民主义侵略的辩护,是对可耻的鸦片贸易的美化。在这里,武力开关、鸦片走私和侵略几乎是同一含义。它给中国带来了什么后果呢?除了《南京条约》成为此后资本帝国主义侵略中国并与中国签订一系列不平等条约的范本,使中国走上半殖民地半封建的道路,因而从一个重要方面规定了此后中国历史发展的方向外,并没有立即给中国带来资本主义。资料表明,"开关"以后二三十年,列强为了侵略的需要,虽在中国的开放口岸建立了若干加工工业和修造业企业,但都不是直接影响中国国计民生的大规模的资本主义企业。这些企业对中国封闭似的自给自足的小农经济的影响是微乎其微的。英国那时开始工业革命还不到一个世纪,它的经济实力还不允许它向中国大量输出资本主义的生产技术,所关心的主要是通过超经济的办法实现其对华掠夺。就贸易关系而言,这期间进口的棉布和棉纱较之鸦片战争前,有的只略有上升,有的甚至减少了。列强对华进行经济掠夺最得心应手的手段仍然是鸦片贸易。鸦片在中国的进口贸易中仍占第一位,由于从非法转到公开,进口数量成倍增长。后来中国兴起近代工业，当然与"开关"后西方资本主义的影响有直接关系，但主要取决于中国内部日益滋生的实际需要。资本帝国主义的入侵，绝不是要把落后的中国变成先进的中国，而是要变成它们的半殖民地或殖民地。中国资本主义是在封建主义和帝国主义的夹缝中艰难成长的。帝国主义不是要中国发展成为它的商品竞争对手，而是要中国成为它的原料供给地和商品市场。因此，它既要在中国适当发展资本主义，又要使中国基本上保持传统的生产方式。中国资本主义之不能迅速发展和自给自足的封建经济不能迅速解体，是与帝国主义在华的政治经济利益相合拍的。资本帝国主义的侵入，并没有给中国带来资本主义大发展的前景。它对中国资本主义的发展虽然起到了某些促进的作用，但主要的是起了阻碍作用。

因此我们说，所谓鸦片战争，是英国发动的侵略中国的战争。清政府反击英国的侵略是正义的，虽然这种反击失败了。

第二次鸦片战争的发生：主要不是修约和广州入城问题，而是侵略和反侵略问题

批评中学历史教科书的作者把"让英国官员和商人可以自由进入广州城"（即外人入城问题）和修约问题作为引发鸦片战争的两个根本原因。① 其实，入城问题和修约问题只是两个表面原因，不是根本原因。根本原因是资本主义侵略者的利益最大化未能得到满足！《南京条约》等一系列不平等条约签订后，西方列强虽然从中国取得了许多特权，但还要取得更多的特权。它们还要求在中国实现鸦片贸易合法化，要求在中国全境通商，要求在北京设立使馆。澳大利亚社会科学院院士黄宇和教授近年的最新研究成果证明，英国之所以发动这场战争，很大程度是要强迫清政府把鸦片贸易合法化，以保障当时英国在华最大的经济利益——鸦片贸易。② 谋求在华的全面经济与政治利益，是它们的根本利

---

① 袁伟时：《现代化与历史教科书》，《中国青年报》2006年1月11日。
② 参见 J. Y. Wong, *Deadly Dreams: Opium, Imperialism, and the "Arrow" War (1856–60) in China*, Cambridge University Press, 1998。

益所在。这个根本利益拿不到手,新的一场侵略战争迟早是要爆发的,问题只在发动战争的时机和借口而已。这个根本原因,我国中学历史教科书清楚记载着:"鸦片战争以后,英、法、美三国不满足既得利益。他们企图进一步打开中国市场,扩大侵略权益。1954 年夏,英国首先提出修改条约的要求,谋求增加沿海通商口岸、允许外国人在内地自由贸易等特权。"① 这样的写法,简明地写出了发动第二次鸦片战争的真正原因,揭示了历史事件的本来面目,是符合历史事实的。

有人以为,从今天的角度看,修约和入城问题,小事一桩,都不应该成为问题,为什么要反对呢?这样的认识,是缺乏历史知识的表现。

要求修约,是西方列强企图从中国拿到更多权益的策略手段,换句话说,是进一步扩大对华侵略成果的策略手段。早在 1853 年,英国就利用最惠国待遇和中美《望厦条约》有关 12 年后贸易及海面各款稍可变更的规定向中方提出修约要求。《望厦条约》即中美《五口贸易章程:海关税则》,是中美之间缔结的一项商约。它的第 34 款规定:"合约已经议定,两国各宜遵守,不得轻有更改;至各口情形不一,所有贸易及海面各款恐不无稍有变通之处,应俟十二年后,两国派员公平酌办。又和约既经批准后,两国官民人等均应恪遵,至合众国中各国均不得遣员到来,另有异议。"② 这里非常明确地规定了《望厦条约》"不得轻有更改",中美两国"均应恪遵",美利坚联邦各州("至合众国中各国")不得派人前来对此另有异议。在什么情形下可以在 12 年后"稍有变通"呢?条件只是因为"至各口情形不一",涉及贸易及海面各款时,可以稍加修订。这实际上指的只是细小的修订。美国以及各国清楚这一点。中方也清楚这一点。1855 年 5 月,美、英、法三国公使先后照会两广总督叶名琛,要求在北京修订《望厦条约》,为此清政府指示说:"各夷议定条约,虽有十二年后公平酌办之说,原恐日久情形不一,不过稍为变通,其大段断无更改。"③ 清政府的认识是合理合法的,英、法、美各国都没有提出大段修改条约的权利;即使稍加修订,也需要通过外交途径,与清政府商议,"公平酌办"。如果清政府不同意修订,只好等待。以武力逼迫签订的条约是无效的。马克思曾经援引前任香港首席检察官致伦敦《晨星

---

① 人民教育出版社历史室编著《中国历史》第 3 册,人民教育出版社,2001,第 44 页。
② 参见王铁崖编《中外旧约章汇编》第 1 编,三联书店,1957,第 56 页。
③ 贾桢等纂《筹办夷务始末(咸丰朝)》第 13 卷,第 14 页。

报》的声明，那份声明说："无论这个条约是怎样的，但既然英国政府及其官吏采取了强力行动，它早已失去了效力，因而大不列颠王国至少已没有权利享受这个条约所赋予它的优先权和特权。"①

1853年5月，英国政府训令驻华公使文翰提出修订《南京条约》问题，要他向中方提出：中国应毫无保留地给英国人开放全部城市和港口，英国人走遍全中国不受任何限制。其实，研究帝国主义侵华历史的学者早已指出，英国要求修订《南京条约》是没有任何根据的，因为《南京条约》是一项政治条约，不是商约，没有修订的规定；而修约本身不能包括在最惠国待遇之内。② 英国利用中国政府不了解欧洲人的国际关系知识，加以蒙哄和欺诈，清政府只有被牵着鼻子走了。

1854年，英国、美国、法国都积极活动修约。法国驻华公使布尔布隆会见英国驻华公使包令后，认为包令正"十分急切地想以重要行动来标志他的到华，急于想一下子解决与一个极端复杂的任务有关的各项问题"，③ 这种说法是外交辞令，实际上是想以战争行动解决修约问题。但是对于英国来说，采取战争行动解决修约问题的时机还没有成熟。最大的原因是，英、法联盟正与俄国为分割和奴役土耳其进行克里米亚战争，英国的军力布置在克里米亚战场上。1855年，美国任命传教士伯驾为驻华公使，给伯驾的任务，是要他从清政府取得公使驻京、无限制扩大贸易以及取消对个人自由的任何限制等三项主要权利。伯驾知道，《望厦条约》只规定了12年后做细小的修改，但他认为，"为了达到各国政府的最大利益，不仅细小的修改，而且激烈的变更是必不可少的"，为此"必须采取强硬手段"。④ 伯驾在来华前，遍访了伦敦和巴黎外交部，取得了一致意见。1855年8月，伯驾希望北上渤海湾，逼迫北京政府举行修约谈判。包令说："用孤单的行动而不伴以强大的军事压力，就没有希望从中国取得任何重要的让步。"⑤ 这就是说，用战争手段，

---

① 转引自《新的对华战争》，《马克思恩格斯选集》第2卷，人民出版社1972，第44页。
② 丁名楠、余绳武等：《帝国主义侵华史》第1卷，人民出版社，1973，第118页。
③ W. C. Costin, *Great Britain and China 1833–1860*, Oxford U. P., 1937, p. 187，转引自丁名楠、余绳武等《帝国主义侵华史》第1卷，第119页。
④ W. C. Costin, *Great Britain and China 1833–1860*, Oxford U. P., 1937, p. 195.
⑤ Hosea Ballon Morse, *The International Relations of the Chinese Empire*, Shanghai, 1910, p. 687.

达到逼迫清政府同意修约的目的,已经是既定决策。关于这一点,我再引用下面的材料加以证明。研究远东国际关系的历史学家、苏联人纳罗奇尼茨基写道:"还在1850—1854年,英国政府已在考虑对中国发动新的战争。1850年9月29日,巴麦尊写道:很快就可以通过对扬子江下游重要据点的占领以及切断大运河的交通来对中国实行'新的打击'。他写道:'中国人在对唯一能使他们信服的论据——大棒论据退却以前,就不仅应该看到这根大棒,而且应该感到这根大棒确实打在自己的背上'。1851年9月,巴麦尊询问包令究竟在什么时候最宜切断对北京的大米供应,中止大运河和长江会合处的粮食运输。"① 战争已经逼近中国人的头上了,可惜当时的中国政府还浑然不知。

1856年3月,克里米亚战争结束。英、法、俄作为克里米亚战场的对手,都把各自的军舰移师中国,在中国战场上成为合作的伙伴。这时候,马神甫事件发生了,亚罗号事件发生了。这便成为英、法发动对华战争的好借口。其实,殖民主义者要寻找侵略中国的借口是不难的。20世纪初法国的研究者研究了资料后指出:包令"要向中国启衅,不愁找不到合法的借口;如果需要的话,他还有本领找到比劫持'亚罗'号更好的借口"。② 这就是说,马神甫事件、亚罗号事件,只不过是英、法发动侵华战争的借口,发动战争是为了取得在谈判桌上拿不到的修约权利,而取得修约权利,则是为了在中国得到更大的政治、经济利益。这些利益,通过《天津条约》和《北京条约》都拿到了。清政府当时即使不懂得欧洲人的国际法知识,也不同意修约,实际上含有反侵略的意义,即使在今天的角度,也是应该加以肯定的。

外人入城问题,在当时是一个相当复杂的问题,绝不是像今天这样看起来是一个极为简单的问题。《南京条约》第二款:"自今以后,大皇帝恩准英国人民带同所属家眷,寄居大清沿海之广州、福州、厦门、宁波、上海等五处港口,贸易通商无碍;且大英国君主派设领事、管事等官,驻该五处城邑。"这就是说,一般英国人(包括商人、传教士、

---

① 参见 А. Л. Нарочницкий, Колониальная Понитика Капиташстических Держав на Дальнем Востоке 1860 – 1895,莫斯科,1956,第71页,转引自中国史学会主编《中国近代史资料丛刊·第二次鸦片战争》第6册,上海人民出版社,1978,第18页。

② H. Cordier, *L'Expedition de Chine de 1857 – 1858*, Paris, 1905, pp. 51 – 52, 转引自《中国近代史资料丛刊·第二次鸦片战争》第6册,第54页。

旅行者及其家属）可以居住在港口，英国女王任命的外交官则可以住在城邑。中方认为，按中文字义，城邑不一定指城内，条约未给英国人入城的权利。《南京条约》英文本把中文本中的"港口"和"城邑"通通翻译成 Cities and Towns。英方认为 Cities and Towns 就可以指城内，因此，英国外交官和一般英国人都可以入城。中英双方在条约约文的理解上产生歧义。按照欧洲人的国际法，《南京条约》的两种文本（当时没有第三种文本）具有同等的法律效力。条约签字时未声明以哪种文本为准，在文本的解释产生歧义时，应允许各执己见。事实上，这两个文本都是英国提供的。英国人提供的中文约本，把港口和城邑区别对待，说明港口和城邑不是一处地方。这就造成了入城和反入城的同一法律来源的不同解释。在中方看来，英国人要求全面履行条约的理由不充分。其实中国官方在英国的压力下，已经同意英国人可以入城。但是广州城厢内外社团、士绅坚决不同意英国人入城，甚至不惜开战，官方只得以"民情未协"为由，推迟入城的时间。有学者认为，入城并不能给英国人带来多少实际利益，英国人更多侧重于心理方面。在英国人看来，他们是"高等民族"，拒绝入城是对他们的侮辱，他们企图用入城的手段来击垮清政府力图保持的"天朝"颜面。因此，从历史的角度看，广州民众的仇外情绪当时有其存在的合理性，广州民众反入城斗争当时有其发生的条件。[①] 这个评论是客观、公允的。反入城斗争坚持了差不多15年时间，中英之间有多次交涉，这样复杂的事件，要在中学历史教科书里解释清楚是难以做到的。历史教科书的编者从少年学生的接受程度出发，不讲入城、反入城问题是可以理解的。从今天的角度看，如果发生类似入城问题，完全可以拿到谈判桌上加以讨论，或者签订补充协议，加以明确规定，用不着使用战争手段。在当时英国炮舰政策下，修约也好，要求入城也好，都是一种侵略手段。

除了修约和反入城问题以外，还有一个大沽口作战的问题。当法国人知道清政府已经在大沽口设防，仍然决定与英国公使乘炮舰从大沽口溯白河到天津。法国公使布尔布隆报告法国政府说，他们不但能应付困

[①] 参见茅海建《近代的尺度——两次鸦片战争军事与外交》，上海三联书店，1998，第106、114页。

难,并且预先要激起某些困难,使自己处于更加有利的地位。① 英国公使普鲁斯给英国政府报告说:"我们不得不在天津给予中国政府另一次教训……我一定要使清朝皇帝及其大臣相信:一旦我提出要求,就定要把它索取到手,如不顺从我的要求,我已准备凭借武力威胁来索取。"② 普鲁斯声称"定行接仗,不走北塘",坚持经大沽口溯白河进北京。英法联军在充分准备下(仅英国舰队就有战舰、巡洋舰、炮艇共十余艘,士兵2000人),③ 1859 年 6 月 25 日下午向大沽炮台突然发动进攻。大沽守军进行了坚决回击,激战一昼夜,击沉击毁英法兵船十多艘,毙伤英国士兵 464 人,法军 14 人,英国舰队司令也受了重伤,不得不狼狈撤走。英法军舰首先向大沽炮台开炮,大沽守军回击,完全是正义的。毋庸置疑,大沽事件的责任完全在侵略者一方。一贯同情被侵略国家的无产阶级革命领袖马克思在 1859 年 9 月 13 日评论道:"即使中国人应该让英国和平的公使前往北京,那末中国人抵抗英国人的武装远征队,毫无疑义地也是有道理的。中国人这种行动,并没有破坏条约,而只是挫败了英国人的入侵。"④

实际上,清政府已经同意在北京换约,并且安排了大臣到北塘迎接英法公使,安排了沿途招待照料,在北京城内安排了公使住处。清政府从安全出发,指定了公使进京的路线,规定可带随从,不准带武器。这些安排完全合乎当时国际关系的准则。欧洲人制定的国际法没有规定可以携带武器到他国首都去交换条约批准书。

关于义和团与八国联军侵华:义和团起义是反侵略的行为,不是敌视现代文明

有人指责义和团的行为是"敌视现代文明和盲目排斥外国人以及外

---

① de Bourboulon to Walewski, May 1859,转引自丁名楠、余绳武等《帝国主义侵华史》第 1 卷,第 147 页。
② Bruce to Malmesburg, June 1859,参见 Correspondence with Mr. Bruce, Her Majesty's Envoy Extraordinary and Minister Plenipotentiary in China, pp. 9 – 10,转引自丁名楠、余绳武等《帝国主义侵华史》第 1 卷,第 148 页。
③ 参见中国社会科学院近代史研究所编《中国近代史稿》第 1 卷,人民出版社,1978,第 197 页。
④ 《新的对华战争》,《马克思恩格斯选集》第 2 卷,第 43 页。

来文化的极端愚昧的行为",说义和团犯了反文明、反人类的错误,"这些罪恶行径给国家和人民带来莫大的灾难",是中国人不能忘记的国耻。① 对义和团的这种看法,显然不是历史主义的,对义和团的历史评价显然是不公平的。义和团是农民的松散的组织,没有公认的领袖,也没有统一的指挥,他们往往以坛口为单位,其主要的坛口有比较严密的组织纪律,比较小的坛口,未必能够接受大的坛口的约束,在行动中难免有乱打乱杀的现象。义和团以"扶清灭洋"为基本的口号,表现了反对帝国主义侵略的精神和反帝斗争的原始形式,表现了中国人民朴素的爱国主义,是中国人民民主主义革命的先驱。1955 年 12 月,周恩来总理在北京各界欢迎德意志民主共和国政府代表团大会上讲话,特别指出:"1900 年的义和团运动正是中国人民顽强地反抗帝国主义侵略的表现。他们的英勇斗争是 50 年后中国人民伟大胜利的奠基石之一。"② 这个评价,是符合近百年来近代中国的历史进程的实际的。当然,义和团的"灭洋"具有不可否认的笼统排外主义的倾向。所谓"灭洋",是对洋人、洋教、洋货、洋机器采取一概排斥的态度。为什么一概排斥?农民看到了鸦片战争以后,一系列不平等条约的签订加给中国的危害。义和团的传单说:"只因四十余年内,中国洋人到处行。三月之中都杀尽,中原不准有洋人。余者逐回外国去,免被割据逞奇能。"③ 他们表示:"最恨和约,误国殃民。"④ 可见,农民已经认识到了帝国主义侵略的严重后果,同时也反映了那时的中国人对外国侵略的认识水平。那时的中国人(不仅是农民)还不能了解资本主义在世界历史上的作用,不了解资本主义生产方式比封建主义生产方式先进,他们把侵略中国的洋人与洋机器等同起来。对西方资本主义和资本帝国主义侵略者有比较正确的认识,需要等到五四运动以后。因此,在看待义和团的历史作用的时候,要小心谨慎地加以分析,不要在倒洗澡水的时候,把婴儿也一起倒掉了。这就是说,义和团的斗争反映出来的农民的落后、愚昧的一面,是脏水,可以倒掉;但是义和团的斗争所反映出来的反对外国侵略

---

① 袁伟时:《现代化与历史教科书》,《中国青年报》2006 年 1 月 11 日。
② 参见《人民日报》1956 年 12 月 12 日。
③ 佐原笃介:《拳乱纪闻》,中国史学会主编《义和团》(一),上海人民出版社,1957,第 120 页。
④ 佐原笃介:《拳乱纪闻》,《义和团》(一),第 112 页。

的精神的一面,是应该肯定的,如果把这一点也否定了,就等于是倒洗澡水,连同婴儿一起倒掉了。我们总结历史经验的时候,千万不要犯这样的错误。其实,这个问题,不仅农民如此,西方早期工人阶级也有这种情况。工人不能认识自己遭受剥削的原因,就痛恨机器,把机器砸了,也是常事。马克思、恩格斯指出过这种现象:工人阶级"不仅仅攻击资本主义的生产关系,他们攻击生产工具本身;他们毁坏那些来竞争的外国商品,捣毁机器,烧毁工厂,力图恢复已经失去的中世纪工人的地位"。① 这是工人运动的初级阶段。列宁评论说:"这是工人运动最初的、开始的形式,这在当时也是必要的。"② 我们不好说欧洲的工人阶级也是反对现代文明的吧。我们在这里是要阐述义和团的历史作用,不赞成无原则地为义和团辩护,也不赞成无原则地把义和团骂倒。我们只是说明在一定的历史条件下,会发生一定的历史事件;认识历史事件都要以一定的时间、地点为转移。

有人说:"义和团烧杀抢掠、敌视和肆意摧毁现代文明在前,八国联军进军在后,这个次序是历史事实,无法也不应修改。"③ 我们要问,作者在这里所说的这个次序,究竟是不是历史事实呢?我看不是历史事实。在义和团起事以前,列强在华瓜分势力范围、抢夺租借地,中华大地正面临被瓜分的危机。这是全世界都看到的事实,也是那时的中国人所忧心忡忡的事实。这个令中国人忧心忡忡的事实在前,义和团的起事在后。难道这个次序不是客观事实吗?一些外国传教士、教民在中国各地为非作歹,这是义和团起事的直接原因。19世纪60年代以来,外国传教士蜂拥而至,各省都有外国传教士的足迹。一些传教士霸占田产、抢占庙产、包揽词讼、干涉内政,"凌虐乡里,欺压平民",处处引发与当地农民甚至官府的冲突。他们在中国自立门户,违抗法令,"直如一国之中,有无数自专自主之敌国者"。④ 因此,各地教案频发。1870年天津教案就是一次大爆发。当时清政府就担心总有一天会激成重大的"祸变"。义和团起事就是19世纪60年代以来一次最大的教案。传教士

---

① 《共产党宣言》,《马克思恩格斯选集》第1卷,人民出版社,1995,第280页。
② 《社会民主党纲领草案及其说明》,《列宁全集》第2卷,人民出版社,1984,第86页。
③ 袁伟时:《现代化与历史教科书》,《中国青年报》2006年1月11日。
④ 宝鋆等纂《筹办夷务始末(同治朝)》第82卷,第16页。

固然有纯粹是为了传教而来到中国的，但是更多的传教士是打着传教的旗号，充当了帝国主义侵略中国、刺探情报的先头兵。一名英国传教士公开承认：列强派遣传教士"实无异于发强兵深入人地"。① 美国公使田贝也承认："这些先锋队（指传教士）所收集的有关中国民族、语言、地理、历史、商业以至一般文化的情报，对美国的贡献是很大的。"② 传教士、教会与中国乡民、官府的冲突，既是文化的冲突，也是物质利益的冲突，还有干涉主权与维护主权的冲突。到义和团起事的时候，这种民教矛盾就不是一般的民教冲突所能涵括的了。其实当时一些西方人士也已经看出了这一点。奥国首都的一家报纸说："中国之痛恨教士，隐忍有四十余年矣。即以近六年而论，亦无时不觉洋人之渐食其肉也，又何怪其乘机滋事，思有以脱去洋人制压之痛哉。"③ 北京教区西什库教堂主教、法国人樊国梁1901年在巴黎说："义和团运动的爆发，主要不是宗教性的，而是政治性的运动……义和团主要是赶走外国人，其所以杀教友，是因为他们视教友为'二等欧洲人'，'二等法国人'，视天主教的宣传是为适应我国的利益。"④ 这里所引用的几段话，不仅清楚说明了外国教士对中国的侵略性质，而且说明了义和团运动反对外国教士不是宗教冲突，而是政治运动的性质。

一个署名子乔的网友通过大量事实的举证，证明"义和团开始广泛宣传拆毁铁路、电杆，正是在列强以战争胁迫清政府镇压义和团的时候，而采取大规模实际行动，则正是在清政府镇压期间和八国联军战争期间。"⑤ 子乔在早前的评论中还指出，"从1898年至1900年4月底，除山东高密县外，各地义和团和其他民众并没有大规模的拆毁铁路、电杆的行为，连这类口号都较少；从1900年4月底至8月中旬，'义和团在京津地区和直隶、东北一些地方，广泛地掀起拆毁铁路、电杆和焚砸其它洋物洋货的活动，还采用遍贴传单的形式造成强大的宣传攻势'，而第一次大规模的实际行动，国内外学术界一致认为是从5月27日开

---

① 宓克：《支那教案论》，第2页。
② 转引自张海鹏《追求集——近代中国历史进程的探索》，社会科学文献出版社，1998。
③ 王其渠辑《有关义和团舆论》，《义和团》（四），第243页。
④ 转引自马光普《樊国梁的一张布告》，《近代史资料》1963年第3期，第105页。
⑤ 子乔：《就义和团运动的一些史实与袁伟时先生商榷》，http://64.1.25.169/showthread.php? t=27664，转引自天涯社区关天茶舍。

始的。八国联军战争爆发后,不但义和团拆毁铁路,清政府也命令清军拆毁铁路以阻挡敌军;从1900年8月中旬北京陷落到1902年各地义和团运动失败,'拆毁铁路电杆的活动与宣传转入尾声,而日趋销声匿迹'","即便是在运动的高潮中,义和团也没有'逢洋必反'"。已有的这些行动,基本上与敌视现代文明无关。① 这些举证,有力地说明了:列强侵略中国在前,义和团做出反应在后。据美国历史学家施达格的研究,在"1900年5月31日之前,在整个义和团运动中,在中国的任何地方,没有一个外国人是死在拳民手上的;唯一的一个就是卜克思先生在山东的遇害"。② 1900年5月31日晚,英、俄、美、法、日、意六国士兵共356名自天津抵达北京。6月3日,还有一批德国兵和奥匈帝国兵到达。据马士统计,总共到达北京的武装人员有451名,其中两名军官和41名卫兵保护西什库天主堂(即北堂),17名军官和391名卫兵保护使馆。士兵携有机关枪和大炮。德国驻华公使克林德在各国公使决定调兵的集会上说过"这些行动就是瓜分中国的开始"。洋兵入京,不仅在克林德看来是瓜分中国的开始,在拳民看来也是瓜分中国的开始。义和团在北京和各地杀传教士、焚毁教堂、破坏铁路和电线杆以及部分人的抢劫行为,都是在这批外国士兵进京以后发生的。攻打西什库教堂和使馆区也在这以后。洋兵入京是事变变得更加复杂的根源。据施达格研究,1900年5月29日至6月4日,发生在雄县附近义和团与京保铁路洋工程师倭松(Ossent)的冲突,是义和团与武装的欧洲人的第一次冲突,洋人先开枪,义和团从数百人聚集到万人,对洋人加以追击,"将洋人追击上岸,未知存亡"。③ 从这里我们可以看出义和团杀教士和焚毁教堂、铁路等的具体原因。至于长期原因,则与鸦片战争以来西方列强对中国的侵略有关,特别是与《马关条约》签订以后帝国主义各国在中国掀起瓜分狂潮有关,与外国传教士长期以来在中国传教过程中的为非作歹有关。子乔说:"袁伟时先生不提那些铁路被毁前清政府以

---

① 子乔:《矫枉岂能过正——义和团运动史实述评》,《世纪中国系列论坛》,www.ccforum.org.cn/archiver/ 2005 - 10 - 13。
② 施达格(George Nye Steiger):《中国与西方:义和拳运动的起源和发展》,转引自牟安世《义和团抗击列强瓜分史》,经济管理出版社,1997,第286—287页。
③ 廷杰、廷雍等:《致裕禄电》(1900年6月2日),参见北京大学历史编《义和团运动史料丛编》第2辑,中华书局,1964,第148页。

之运兵镇压义和团的史实，不提列强及其中国帮凶在修路时对沿线居民的巨大伤害，如强购土地、擅掘坟墓、拆毁民房、糟踏农田、破坏水系、拖欠补偿、调戏妇女、滥杀无辜等等，更不提由此引发的义和团运动时期拆毁铁路的肇始'高密反筑路运动'，而只顾指责义和团'敌视现代文明'。这属于严重的隐匿行为，已经对读者产生了误导。"① 这样的分析是有历史根据的，我完全赞成。有人辩解说，克林德后来否认了他说过这样的话，② 似乎八国联军到来与瓜分中国无关。这种辩解是无力的。克林德稍后是否认自己说过瓜分的话，但那是在德国外交部的压力下才否认的，而且，他在会议上说过的话，已经传播开来，实际产生了作用。

刻意为侵略行为辩护的人还对义和团围攻使馆和西什库教堂耿耿于怀，说没有材料证明教堂是侵略者据点。据记载，西什库教堂内有"法水师兵 30 人，意水师兵 10 人，法教士 13 人，女教士 20 人，华教民 3200 人"。义和团于 6 月 15 日围攻教堂，由于教堂防卫坚固，始终未能攻下来。再看使馆。6 月 12 日，东交民巷一带已被西兵占据，不准中国人进入。试图靠近的拳民，往往被击毙。据美使康格 6 月 15 日的电报，"我们仅仅力图保卫我们自己直到增援部队到来之时，但是各使馆驻军早已枪杀了差不多一百个拳民"。③ 使馆以为西摩尔联军很快就会赶到，有恃无恐，3 天之内就枪杀了近百个拳民，这不是在义和团的仇外心情上火上浇油吗？围攻使馆固然违反国际法，但也是咎由自取。必须指出，早在 5 月底，各国已在各自使馆驻扎重兵，把使馆变成设在北京城内的外国军事据点。这是完全违背国际法的。据当时欧洲的国际法学家的意见："使臣公署，不得据之屯兵。"④ 这是国际公法常识。大沽事件后，各国侵华战争宣告爆发，清军和义和团攻击使馆，实际上是对这个外国军事堡垒的进攻，从国际法角度看，不能说完全无理。外国

---

① 子乔：《矫枉岂能过正——义和团运动史实述评》，《世纪中国系列论坛》，www.ccforum.org.cn/archiver/ 2005 – 10 – 13。
② 袁伟时：《为何、何时、如何"反帝反封建"？——答〈反帝反封建是近代中国历史的主题〉》，多维网，2006 年 4 月 7 日。
③ 施达格（George Nye Steiger）：《中国与西方：义和拳运动的起源和发展》，转引自牟世安《义和团抵抗列强瓜分史》，第 338 页。
④ 马尔顿（Martens）：《星轺指掌》（Laguide diplomatique）第 2 卷，同文馆，1876，第 16 页。

教堂屯兵，更是违反国际法的。

为了否定义和团运动的反侵略性质，贬低义和团运动的历史作用，有的作者把义和团避免外国瓜分说斥为"诡辩"，说八国联军统帅瓦德西的话只是个人意见。这里需要指出，八国联军出兵以前，列强瓜分中国之说甚嚣尘上；八国联军出兵引起义和团强烈抵抗之后，经过帝国主义各国之间的辩论，瓜分中国说为保全中国说所代替，则是基本的历史事实。说瓦德西的话是个人意见，是一种诡辩。瓦德西是德国元帅，又是八国联军统帅。他说：中国群众"在实际上，尚含有无限蓬勃生气"，"可于此次'拳民运动'中见之"，"无论欧美、日本各国，皆无此脑力与兵力，可以统治此天下生灵四分之一也"，"故瓜分一事，实为下策"。① 这些话不是随便说的，是给德国皇帝威廉二世的报告。一位法国议员在议会辩论时说："中国地土广阔，民气坚韧"，"吾故谓瓜分之说，不啻梦呓也"。② 在中国担任总税务司长达45年的英国人赫德在当时写的文章中分析道："不论中国哪一部分领土被分割去，都必须用武力来统治。像这样，被分割去的领土越大，治理起来所需要的兵力就越多，而骚乱和叛乱的发生就越是确定无疑。中国如被瓜分，全国即将协同一致来反对参与瓜分的那几个外国统治者。"③ 义和团阻止列强瓜分中国的历史作用，西方人很快就看出来了，中国人也很快看出来了。最早看出这一点的中国人，是留日学生。1901年在横滨出版的《开智录》上，有作者著文，对义和团给予了极高的评价，说"义和团此举，实为中国民气之代表，排外之先声矣"，"有此数功，则我国民精神从此振刷矣"。④ 孙中山很快就转变了态度，高度评价义和团的历史功绩。1924年孙中山在广州演讲三民主义，说义和团"其勇锐之气，殊不可当，真是令人惊奇佩服。所以经过那次血战之后，外国人才知道，中国还有民族思想，这种民族是不可消灭的"。⑤ 1924年9月7日，孙中

---

① 《义和团》（三），第86—87、244页。
② 《义和团》（三），第245—246页。
③ 吕浦、张振鹍等编译《"黄祸论"历史资料选集》，中国社会科学出版社，1979，第152—153页。
④ 《义和团有功于中国说》，张枬、王忍之编《辛亥革命前十年间时论选集》第1卷上册，三联书店，1960，第62页。
⑤ 《三民主义·民权主义 第五讲》，《孙中山选集》（下），人民出版社，1956，第724页。

山代表中国国民党为"九七国耻"发表纪念宣言，从不同的角度论证了义和团发生的原因是帝国主义的侵略，他说："我们对于义和团事件何以发生的一问，可以无疑无贰的答道，'是因为帝国主义逼着他发生的'。"①

国际无产阶级高度评价了中国的义和团运动。俄国革命领袖列宁在 1900 年写道："那些到中国来只是为了大发横财的人，那些利用自己的所谓文明来进行欺骗、掠夺和镇压的人，那些为了取得贩卖毒害人民的鸦片的权利而同中国作战（1856 年英法对华的战争）的人，那些用传教的鬼话来掩盖掠夺政策的人，中国人难道能不痛恨他们吗？欧洲各国资产阶级政府早就对中国实行这种掠夺政策了。"② 德国工人阶级政党的报纸《前进报》，1900 年 6 月 19 日发表题为《铁拳》的社论："如果说有所谓'神圣的战争'，那么中国奋起抗击以主子姿态出现的外国剥削者的战争，正是这样一个'神圣的'民族战争。"③ 比较一下中外人士在 20 世纪之初的这些评论，反其道而行的人不觉得汗颜吗！和清朝统治者与帝国主义一样，把义和团称作"匪"，坚持认为义和团反文明、反人类，把义和团说得一钱不值。这样的观点符合历史事实吗！

以农民为主体组成的松散组织义和团，其本身愚昧、落后，有许多缺点，没有先进阶级的指导，带有时代和阶级的局限性，但是必须指出，义和团的笼统排外主义实质上是农民阶级有历史局限性的民族革命思想，也是中国人民反抗帝国主义侵略的原始形式。它反映了中国人民反帝斗争初期的共同特点，义和团运动不过是它的典型代表和集中表现。我们今天肯定义和团的历史作用，是肯定基本的历史事实，是肯定历史事实中的积极因素，不是要宣扬、提倡义和团的组织形式和思想倾向中那些愚昧、落后的方面。这是毋庸置疑的。因此，对义和团的排外主义，不应采取简单回避或全盘否定的态度，而是需要进行科学的阶级分析和历史考察，对它做出合情合理的解释。

结论只能是：义和团以笼统排外主义形式所表现的，是中国民众一种原始的反帝斗争，是一种爱国主义行为，把它说成是敌视现代文明，

---

① 孙中山：《中国国民党为九七国耻纪念宣言》，原载《国父全集》，转引自（台北）《海峡评论》第 185 期，2006 年 5 月，第 50 页。
② 《中国的战争》，《列宁选集》第 1 卷，人民出版社，1960，第 214 页。
③ 中国社会科学院近代史研究所《近代史资料》编辑组编《义和团史料》上册，中国社会科学出版社，1982，第 27 页。

是不妥当的。

马克思主义经典作家怎样看待落后国家抵抗资本主义国家的侵略

以资本主义文明先进为由，否定落后国家抵抗资本主义国家的侵略，这种观点很难让人理解。下面我们看看马克思主义经典作家是怎样看待落后国家抵抗资本主义先进国家的侵略的。

马克思、恩格斯虽然从历史发展的角度肯定了资本主义文明的进步作用，却丝毫也没有表示落后国家应当欢迎资本主义国家的侵略。在《不列颠在印度统治的未来结果》中，马克思期待印度人民强大到能够摆脱英国的枷锁，相信这个巨大而诱人的国家将复兴起来。马克思、恩格斯同时关注亚洲其他处于殖民地半殖民地状态的国家，对它们反对资本主义列强侵略的斗争给予高度评价。在19世纪50年代，即英国发动并导致中国"开关"的第一次鸦片战争结束后不久，马克思、恩格斯曾严厉谴责英国政府的非法的鸦片贸易政策，并密切注意当时正在进行的第二次鸦片战争的进程。1857年，马克思称这次由英国发动的战争是"极端不义的战争"，他说："在中国，压抑着的、鸦片战争时燃起的仇英火种，爆发成了任何和平和友好的表示都未必能扑灭的愤怒烈火。"① 恩格斯曾专门撰文评论中国人民的反侵略战争，论述中国人民排外主义的产生及其实质，说，第二次鸦片战争期间中国南方人民的反侵略战争，是"根本反对一切外国人的战争"，带有"灭绝战的性质"，"英国政府的海盗政策造成了这一中国人普遍奋起反抗所有外国人的局面"，认为这是中国人民民族觉醒的表现。恩格斯说："我们不要象骑士般的英国报纸那样去斥责中国人的可怕的残暴行为，最好承认这是保卫社稷和家园的战争，这是保存中华民族的人民战争。"恩格斯特别强调："对于起义民族在人民战争中所采取的手段，不应当根据公认的正规作战方法或者任何别的抽象标准来衡量，而应当根据这个起义民族所已达到的文明程度来衡量。"恩格斯还说："中国的南方人在反对外国

---

① 《英人在华的残暴行动》，《马克思恩格斯选集》第1卷，第705页。

人的斗争中所表现的那种狂热本身，似乎表明他们已觉悟到旧中国遇到极大的危险；过不了多少年，我们就会亲眼看到世界上最古老的帝国的垂死挣扎，看到整个亚洲新纪元的曙光。"①

当1859年英国军舰在大沽失败的消息传到伦敦后，英国资产阶级的报纸反诬中国破坏条约，要求英国政府对中国实行"报复"。英国《每日电讯》甚至狂叫：大不列颠应攻打中国沿海各地并占领北京；应教训中国人，英国人应该成为中国的主人；应该像领有印度的加尔各答一样，把广州保留在自己的手里。马克思当时在评论大沽事件时写道："难道法国公使留驻伦敦的权利就能赋予他率领一支法国武装远征队强行侵入泰晤士河的权利吗？""既然天津条约中并无条文赋予英国人和法国人以派遣舰队上驶白河的权利，那么非常明显，破坏条约的不是中国人而是英国人，而且，英国人是蓄意要刚好在规定的交换批准书日期之前向中国寻衅。""就算是中国人必须接纳英国的和平公使入京，他们抵抗英国人的武装远征队也是完全有理的。中国人这样做，并不是违背条约，而是挫败入侵。"② 马克思是研究了英国公使和记者从中国发回的报道后写下这些评论的。马克思是完全站在被侵略者一边的。看到这里，联系到前述《现代化与历史教科书》那篇文章，作者在那里斤斤计较于清帝与僧格林沁的"诱击"之计，认为那是导致圆明园被焚的过错云云，那是多么可笑了。

列宁根据帝国主义时代的新形势，又进一步抨击资本主义工业发展很快的国家对落后国家和地区实施战争、掠夺政策，抨击它们那种欧洲式"文明传播者使命"，提出应坚决支持中国及其他东方民族反抗帝国主义侵略、压迫的斗争。马克思主义的经典作家并没有因为中国是一个落后的封建帝国，就认为中国不应抵抗处于上升时期的资本主义强国（哪怕是第一强国）的侵略。

用马克思主义观点考察整个世界历史，我们任何时候都不能剥夺被侵略者反抗侵略的正当权利，不能承认所谓先进国家侵略落后国家具有进步性的辩词。否则，我们将无法解释近代中国人民无数次反抗资本帝国主义侵略的悲壮史实，包括抗战那样全民族抵抗外敌入侵的壮举，无

---

① 《波斯和中国》，《马克思恩格斯选集》第1卷，第710、712页。
② 《新的对华战争》，《马克思恩格斯选集》第1卷，第740、743页。

法解释百年来全世界殖民地半殖民地、被压迫的落后国家掀起的反抗新老殖民主义、帝国主义入侵,争取独立、自由、主权的伟大民族解放运动,无法解释世界历史的发展。

我们看到,历史上还没有一个国家不经过反抗就变成殖民地半殖民地的,也没有一个国家是在欢迎资本帝国主义侵略后迅速发展为资本主义国家的。印度在成为殖民地后,还在19世纪中叶爆发了一次规模巨大的全国反抗运动。中国在沦为半殖民地的过程中不断掀起全国规模的反抗运动,终于使中国避免了完全殖民地的命运。

近代中国存在着既要抵抗资本帝国主义的侵略,又要学习西方资本主义文明这样复杂的历史运动。从客观上来说,抵抗侵略是为了保持中国的民族独立,摆脱半殖民地半封建社会道路;学习西方,是为了加速中国的近代化步伐。实际上只有民族独立以后,才有真正吸取西方文明为我所用的可能。从旧民主主义革命到中国共产党领导的新民主主义革命和社会主义革命一个多世纪的历史过程,清楚地说明了这一点。

产生糊涂看法的思想上的原因分析
兼及中学历史教科书问题

1840—1860年,通过两次鸦片战争,以《南京条约》和《北京条约》为标志,中国被迫签订了一系列不平等条约,形成了束缚中国发展进步的不平等条约体系。正是这个条约体系,使中国由一个独立的封建社会逐步"沉沦"为半殖民地半封建社会。1895年的《马关条约》和1901年的《辛丑和约》,使中国完全形成了半殖民地半封建社会。在近代中国100多年的历史进程中,由中国的革命政党推动的包括旧民主主义革命和新民主主义革命在内的革命,组成了近代中国社会发展进步的主旋律。这个革命主要是反对帝国主义侵略,以谋求民族独立;反对封建专制,以谋求国家的民主进程。在基本上完成了这个任务后,在人民掌握了国家的主权后,国家的现代化事业才能够比较顺利地进行。这是积100多年及其后50多年的历史经验所证明了的。凡是尊重历史的人,无不尊重这样的历史经验。

有一种认识,以为今天已经全面引进资本主义生产方式和管理技了，已经加入世界贸易组织了，已经和国际接轨了，已经在走向全球化了，我们看待历史，就不要再讲侵略反侵略了。所以，在中国近代史研究领域，有一种观点很流行，叫作现代化史观。他们主张用现代化史观取代中国近代史研究中长期形成的"革命史观"，用现代化史观统率近代史研究。这就是说，要从现代化的观点来叙述历史，在这种观点下，近代中国的历史主题不再是反帝反封建了，而是现代化了，不再去讲什么阶级斗争了，不再去讲什么革命甚至改革了，当然也不再去讲帝国主义侵略和人民的反侵略了。在这种史观下，近代中国的地主阶级和农民阶级不见了，资产阶级和无产阶级不见了，皇帝和官僚不见了，打倒列强不见了，革命也告别了，让慈禧太后去搞她的现代化，让慈禧太后、李鸿章去走向共和，什么旧民主主义革命、新民主主义革命，都可以子虚乌有了；在这种史观下，强调的是第一家外资怎样进入的，第一个电灯何时安装的，第一条马路何时修的，第一条铁路何时建的，第一家银行何时开的……

总之，在现代化史观下，我们所了解的近代中国，中外史家基本上认同的以革命为基调的中国，面目全非了。

人类的历史进程是客观存在的，历史学家的责任，是对这一客观存在的历史进程做出研究，正确地复原、描述并且解释历史，把握历史发展的主题，照顾历史发展主题周围的方方面面，在尽可能准确地复原历史进程的同时，总结历史过程的经验教训，给后来的人以必要的启迪。

我认为，所谓革命史观，所谓现代化史观，都不是指导历史研究的正确的史观。指导历史研究的正确史观，是马克思主义的唯物史观。按照唯物史观考察近代中国历史，应该认识到，反帝反封建是近代中国的历史主题，旧民主主义革命和新民主主义革命是贯穿近代中国历史的真正的主线，现代化进程在近代中国虽然在缓慢地进行，却从来没有居于主导地位。在近代中国，革命和改革是历史发展的主调，但如果认为近代中国历史上只有革命和改革也是不完全的认识，近代中国还有现代化进程的萌发，资本主义的社会政治学说和生产力因素已经传入，马克思主义的社会政治学说已经传入，无产阶级政党已经组成，现代化学说里主张的现代性的增长，传统社会因素的剥落，正在发生。主导中国两千年的儒家学说面对西方传入的思想政治学说（包括资产阶级学说和无产阶级学说），并无招架之力。但是，现代化进程没有成为社会发展的主流。因此,现代化史观把现代化进程作为历史发展的主流,是不妥当的。按照唯物史观,现代化进程在中国社会发展中成为主流,是在1949年10月中华人民共和国成立之后,特别是在国家政权巩固、社会经济全面恢复并有所发展之后。在这个时候,现代化进程是主要方向,阶级斗争是次要方向。在这个时候,把阶级斗争当成主要方向,提出"以阶级斗争为纲"是错误的。这就是"文革"错误的基本的理论说明。在1956—1976年,国家社会经济有了飞速的发展,社会主义的经济基础基本奠定,但是政治运动不断,而且是在"以阶级斗争为纲"指导下进行的,这就冲击了现代化进程,影响了现代化进程,延缓了国家社会经济发展的速度。这是一个教训。1978年以后,国家政权把现代化进程作为社会发展的主要方向,政治运动约束在以经济建设为中心的前提下,才取得了举世瞩目的发展成就。

从西方传来一种说法:一切历史都是当代史。如果说一切历史都是当代有思想的人写出的,上述说法有一定的意义。但是,这种说法会给人以误导,以为历史是依当代人的愿望随意改写的,从中可以嗅出唯心史观的味道来。

写历史,是写过去的政治、过去的经济、过去的文化,不是写今天的政治、今天的经济、今天的文化。因此,过去的政治、过去的经济、过去的文化不等于今天的政治、今天的经济、今天的文化。这是历史与现实的基本区别。司马光著《资治通鉴》,是要让最高统治者借鉴历史上的经验。从借鉴历史经验的角度说,历史对于现实的意义,今天仍是这样的。但是历史对于现实,仅止于借鉴,提出更多的要求是不合适的。历史为现实服务,不是说为现实政治做简单的服务,所谓服务,是从借鉴历史经验的意义上说的。

另外,写历史也不能从现实的需要改铸历史。今天我们在搞现代化,用现代化的框架改写历史是不行的。今天我们以经济建设为中心,放弃了"以阶级斗争为纲"的路线,不能说历史上就不存在阶级和阶级斗争。今天党中央提出建设和谐社会,我们在历史书上也去构建一个和谐社会的形象,这是历史书吗?为了集中精力发展经济,我们今天强调社会稳定,难道我们要在历史书上也强调社会的稳定吗?

历史上从来没有两个完全相同的人物,也没有两个完全相同的事件。如果有类似的历史人物、类似的历史事件,也是在不同的历史时代和地点发生的，因而它在历史上所造成的影响也是完全不同的。简单地类比也是很危险的。

研究和解读历史，是非常严肃的事情。把研究和解读所得用通俗的文字介绍给广大读者，更应该对社会、对读者抱着非常负责的态度。有人或许以为，历史不过是过去的事情，可以随人俯仰，公说公有理，婆说婆有理而已。这种态度显然是不对的。历史过程、历史规律是怎么样就怎么样，历史事实是怎么样就怎么样，并不能由人做任意的解释，这才是历史唯物主义的态度。同时，历史进程充满矛盾的运动，复杂的事件是由各种各样具体的事件组成的，我们在分析、研究历史事件时不能把握尽可能多的史料，不能把事物提到一定的历史范围内，不能抓住历史过程的本质方面，不能对历史现象做出阶级的、辩证的分析，我们就不能从纷纭的历史现象中理出头绪，把握历史过程的基本规律。如果不尊重历史事实，对历史事实、历史过程做任意的裁剪与解释，那就是历史唯心主义。

我还要对历史教科书的编写说几句话。所谓历史教科书，实际上指的是中学历史教科书。中学时期是形成正确的人生观、世界观的最初的时期，是一个打基础的时期，具有特殊的重要性。中学历史教科书，要在帮助中学生打好正确人生观、世界观的基础阶段起到潜移默化的作用。从这个角度说，中学历史教科书从来都是国家意志、国家主流意识形态的体现。以此为标准，对教科书加以衡量，提出修订和完善的意见，是建设性的；如果超出这个范围，对中学历史教科书做过多的挑剔，是值得商榷的。中学历史教科书要以确凿的历史事实为依据，帮助学生形成正确的历史观，只能讲简单的历史过程和无误的历史结论。中学历史教科书不是一般的历史著作，不允许做百家争鸣似的学术探讨，因而对历史学界有争议的学术问题，一般不能涉及，换句话说，历史教科书要求稳定，不能每年都重新编写。我以为，学术界争论的问题，大体上取得共识，需要10—20年的时间。中学历史教科书与学术界的讨论保持10—20年的距离是合适的。

鸦片战争以后160多年的中国近现代史，是侵略与反侵略同在、压迫与反抗同在、屈辱与辉煌同在的历史。屈辱、觉醒、奋斗、牺牲、变革、进步，贯穿了整个中国近现代史。总结160多年的历史进程，可以分为前100多年和后50多年。前100多年，历史的大关节，基本上是帝国主义侵略中国和中国人民反对帝国主义侵略的历史，是封建统治者勾结帝国主义镇压人民起义和人民群众反帝反封建的历史，是中国要求追上世界资本主义的步伐、在中国发展资本主义而封建统治者和帝国主义反对中国发展资本主义的历史。所有政治的、经济的、军事的、思想文化的斗争，几乎都是围绕这些历史的大关节进行的。经过社会先进人士无数次的社会改良，经过新的社会阶级、政党发动的屡次革命，在坚持长期反帝反封建斗争之后，在中国共产党的领导下，终于赢得了中华人民共和国即由人民掌握政权的新中国的诞生。后50多年，历史发展虽然也很曲折，但其历史的大关节，基本上是在人民取得政权的基础上，探索国家现代化并且取得巨大成绩的历史，探索建设有中国特色的社会主义并且成功地摸索出社会主义市场经济体制的历史。后50多年内特别是前期的某些失误，也与这种探索有着密切的关系。换一个说法，前100多年是争取国家独立的历史，后50多年是争取国家现代化和富强的历史。这样一个简单的历史过程，大多数人是明了的，特别是最近50年，同时代人作为这一历史过程不同程度的参与者、见证者，都体验到了创造历史的艰辛与喜悦。怎么可以说我们几代人都是"吃狼奶长大的"呢？

三 影 评

电视剧《走向共和》引起观众
历史知识的错乱[*]

《走向共和》已经在中央电视台落下帷幕。在黄金时间播放过程中，观众反应强烈。若干报纸上刊载了不同意见的评论。网友评论如潮，意见极其分歧。我看过电视剧的一些片段，也从网上浏览了《走向共和》剧本的部分文字。

我针对编剧、导演的说法做一点简略评论。

第一，编剧说这是一部英雄史诗，"不论是在野的在朝的，当时的人无论出于什么目的，都是在为中国找出路"。在半殖民地半封建社会的中国，帝国主义的侵略和封建制度所造成的腐败与落后，是中国社会难以进步的基本原因。这不仅是史学界的共识，也是整个社会的共识，这种共识尤其为旧民主主义革命到新民主主义革命的全部历程所证明。不是说实践是检验真理的唯一标准吗？这个共识已经得到了历史实践的检验。如果说近代中国走向共和是一部英雄史诗，那是对的，因为从旧民主主义革命到新民主主义革命，人民群众在先进阶级领导下反对帝国主义侵略、反对封建腐败统治的斗争历程的确是一部英雄史诗。不错，人人都在创造历史，人民群众创造的是走向共和的历史，帝国主义者、封建统治者创造的是维护半殖民地半封建秩序、反对共和的历史。这是两种不同性质的历史。换一个说法，近代中国不同的阶级和集团是在寻找不同的出路，而不是一个共同的出路。如果认为不论在野的、在朝的都在为中国找出路，把"找出路"认为是所有的人都在寻找一个共同

---

[*] 本文刊载于《中国社会科学院要报》第40期（总2584期），2003年5月28日。略做修改后发表于《高校理论战线》2003年第6期，题目改为《电视剧〈走向共和〉是一部历史政论剧，而不是历史正剧》。

的出路，那是大错。《走向共和》电视剧就是在这样的指导思想下编导而成的，它告诉今天的观众，李鸿章、慈禧、袁世凯、孙中山都在寻找共和的出路。这是对历史发展的错误理解。实际上，代表中国资产阶级利益的孙中山等革命派寻找的是推翻专制、建立"共和"的出路；中国资产阶级的另一翼代表康、梁等寻找的是建立君主立宪那样的出路；封建统治者包括李鸿章、慈禧、光绪等人寻找的是如何维护统治又能有所改进那样的出路；帝国主义者并不同意在中国建立共和制度，实行资本主义制度，也不愿意中国继续在颟顸的统治者底下维持统治，而是在半殖民地半封建秩序下，允许资本主义生产力有一定引进，以满足帝国主义列强共同统治中国的需要。北洋军阀以及袁世凯的帝制自为是这种需要的反映。难道袁世凯的帝制自为与军阀混战和孙中山的护国、护法斗争都是在为中国寻找共同的出路吗？如果以这种逻辑推论，大革命失败后，中国的两大政党国民党和共产党寻找的都是共同的出路吗？这是不对的，它们寻找的是不同的出路。

第二，编导者和有的演员强调他们是以历史唯物主义为指导，演出的是真实的历史。看过这部片子而且多少有一点近代史知识的观众，都表示很惶惑。有的历史学者已经指出片中硬伤太多。这里也指出几处硬伤。影片一开始，李鸿章和张之洞都大谈澳大利亚出生的英国人莫理循，说他是《泰晤士报》的著名记者，邀请他写文章以攻击对方。莫理循确有其人，他成为《泰晤士报》驻北京记者是在甲午战争结束几年后的1897年，成为著名记者还要推后几年。李鸿章、张之洞怎么可能在甲午战争以前讨论汉阳铁厂如何办的问题上提出莫理循其人呢？怎么可能在甲午战前的所谓北洋阅兵式上出现俄国驻华公使喀西尼与莫理循吹捧李鸿章的对话呢？显然这不是历史真实。电视剧抬出莫理循吹捧李鸿章是要衬托李鸿章的国际声望。

孙中山1894年初曾上书李鸿章，要求革新政治，根本不为李鸿章所理睬。电视剧却设计了李鸿章在家里接待孙中山并侃侃而谈的情节，这是在捏造历史。电视剧安排了《辛丑条约》的签字仪式，让李鸿章发表大义凛然的演说，警告列强中国还将有义和团的再起，他还对庆亲王说："天下最难的，就是把自己的名字签到卖国条约上。你还年轻，还是我来担这个罪名吧！"这都不是事实。1909年皇族内阁成立后，袁世凯被逐出京城，在河南安阳洹上村养"足疾"，这是事实，但是电视剧设计了同盟会的重要干部宋教仁到洹上村拜访袁世凯,劝袁世凯反正革命,则是没有任何历史根据的。历史上不曾有过宋教仁到洹上去拜访袁世凯这样的事情。此外,孙中山的许多情节都不是事实,这里不再举例。

《走向共和》还安排了一个情节:在《辛丑条约》签字后,俄国公使到李鸿章的病榻前,逼迫李鸿章在"最大限度维护俄国在东三省利益的文件"上签字。李鸿章坚决拒绝了。历史事实如何呢?《辛丑条约》签字前后,确有类似的事件,但是拒绝签字的不是李鸿章,而是驻俄公使杨儒。八国联军入侵中国期间,俄国还单独以数路大军侵入我国东北,占领东北全境。由于东北地区人民的坚决反抗,俄国人认识到,由俄国人对中国东北进行统治的条件尚不成熟,便由旅大地区俄军军事长官出面,胁迫在他们劫持下的盛京将军增祺同意在1900年11月30日签署了一个所谓《奉天交地暂且章程》,以俄国在东北驻兵、俄国派员驻盛京与闻要公等条件,把东北交还中国。因为这只是一个地方当局签署的文件,俄国政府便诱逼清政府与俄国政府进行撤军、交地的谈判。清政府不知道还有这样一个《暂且章程》,便于1901年1月2日派驻俄公使杨儒为全权代表参加谈判。英国《泰晤士报》公布了《暂且章程》的全文,引起了列强强烈反应。杨儒把这个《暂且章程》报回国内,清政府宣布不承认这个《暂且章程》,命令杨儒与俄国谈判"废暂约,立正约","设法磋磨,不避其难"。俄国外交大臣、财政大臣向杨儒提交了新的条约文本,提出了在中国东北和蒙古、新疆的广泛的权利要求,达到了这些要求,俄国方可撤军。俄国还通过华俄道胜银行经理出面向李鸿章行贿,表示如果李鸿章促成条约签字,便可送他50万卢布作为酬劳。这时候正是议和期间,各国均反对中国单独与外国签订有关让与土地和财产权利的条约,中国国内也强烈反对,上海爱国士绅在张园集会抗议,并向李鸿章发去了公电,各省民众表示支持。3月,清政府无计可施,电令李鸿章"全权定计,朝廷实不能遥断"。李鸿章认为条约"刺目处均删除,照允后无患",并指示杨儒"即酌量画押,勿误"。杨儒认为这不是朝廷的旨意,坚决拒绝签字。俄国虽然多次逼杨儒签字,但均遭杨儒拒绝。杨儒最后一次从俄国外交部回使馆,因天寒地滑,下车摔倒,从此一病不起,死于任所。杨儒在外交斗争中捍卫了国家利益,是值得称赞的;李鸿章不能获得这种荣誉。

这部电视剧违背历史事实的地方很多，这里只是指出部分事实。能够说这部电视剧是符合历史真实的吗！

第三，导演说这部电视剧是一部观点戏，为观众提供一个看历史的新的角度。这个想法当然很好。但是需要明白，即使要通过电视剧表达某种历史观点，最基本的一条是要有正确的历史事实作为支撑。违背或者捏造历史事实来支持自己的观点，只能走向自己愿望的反面。设计孙中山拜访李鸿章、宋教仁拜访袁世凯这样的情节，是要表达什么样的观点呢？显然是要向观众表达孙中山、宋教仁这样的革命派与李鸿章、袁世凯这样的统治集团的重要官员共谋走向共和的大计。如果历史事实是这种情形，影片这样表现当然无可非议。但是捏造事实做这样的表现，我们只能理解为伪造历史，伪造革命派与清朝官员共谋共和这样的事实，模糊那个时期的阶级阵线，也模糊今天观众的阶级视线。这样编造能够给观众一个新的历史视角吗，能够给观众一个正确的历史观点吗？

电视剧《走向共和》号称历史正剧，反映了波澜壮阔的历史事件。包括中央电视台在内的新闻媒体都是这样宣传的。我不知道文艺界是如何定义历史正剧的。我的理解，历史正剧是以严肃的重大的历史题材为内容的剧本。严肃的重大的历史题材应以有根据的历史事实为依据。它是戏剧，它可以在某些故事情节上进行创作，当然不能等同于历史著作。但是创作的情节不能违背历史的本质，更不能撇开已有的历史事实另行创作。这种历史正剧是以人物形象来演绎历史故事，表达严肃的历史观点；既使观众受到文学作品的美学愉悦，又使观众得到历史知识的传授与教育。即使从美学愉悦的角度来说，也应该包括正确的历史知识对观众的熏陶，从而给观众正确的人生观、历史观。愉悦似乎不能理解为单纯的感官刺激、娱乐消遣。扩而言之，任何以历史为题材的戏剧创作，包括"戏说"作品在内，既然历史人物是真实的，就应该尊重大的历史背景。因其可能影响观众的历史视角，所以应该对广大受众负担一定的教化作用。

我认为电视剧《走向共和》作为历史正剧是不成功的。它已经引起了观众历史知识的错乱，使得一些观众怀疑历史教科书的准确性。有的网友评论"前度《河殇》今又来"，似乎不是危言耸听。我的总的观感是：《走向共和》是为了表达某种历史观点的政论剧。这一点值得引起注意。

历史电视剧《走向共和》宣扬什么历史观[*]

历史电视剧《走向共和》早已在中央电视台落下帷幕。由于在中央电视台第一频道的黄金时间播放，加上播放前、播放中的强力推荐，《走向共和》不仅吸引了大批观众，而且据说收视率是创纪录的。播放过程中，观众反应强烈。若干报纸上刊载了不同意见的评论。但是几家大报没有发表评论文章，显示了谨慎的沉默。网友评论如潮，意见颇为分歧。质疑与肯定，针锋相对，争论激烈。一些人评论，《走向共和》为慈禧、李鸿章翻案是创新，是历史观的决胜，没有拔高一个好人，没有贬低一个坏人，会让历史教科书尴尬，要重写历史教科书，甚至说《走向共和》砸了历史学家的饭碗。有人认为，在历史真实上，这部剧如同一部中国近代史的教科书，完全可以当作历史教材。有的评论认为，《走向共和》硬伤太多，是百般失真的历史记录，是在玩西方后现代主义中的"解构颠覆"拼接历史的"七巧板"。还有的网民指出：在廓清历史真相的旗帜下，灌输错误的历史知识，其负面影响比公开申明是"戏说"的肥皂剧更甚。有的认为该剧隐喻了中华民族的前途和命运，具有现实意义，是"前度《河殇》今又来"。有人建议停播，有人反对停播。有人认为该剧用现代化史观代替了革命史观；有人指出它是基于洋务立场的解读，与阶级斗争史观针锋相对。

面对观众的各种评论，《走向共和》的编导们也发表过一些意见。一位编剧说："如果这部电视剧定位是'一部带有崇高悲剧意味的英雄

---

[*] 本文作于 2003 年 6 月。原载《马克思主义研究》2003 年第 5 期。收入李文海、龚书铎、梁柱主编《近代中国是怎样走向共和的？——大型电视剧〈走向共和〉引发的思考》，华龄出版社，2003。

史诗',那么我们的先辈就是史诗中的悲剧英雄!在中华民族走向共和的漫漫长途上,每一个探索者都值得我们永远尊敬和怀念。我在给主要人物如李鸿章、慈禧、光绪、张之洞、袁世凯、孙中山他们定位时,脑海里浮现的是一个个有血有肉的鲜活形象。"该剧的另一位编剧说:"这部电视剧中所提到的中国经历的几大历史事件都是绝对真实的,毫无虚构。……所以这部电视剧才可以被人叫做历史正剧。最初策划这部电视剧时定的调子就是'找出路',不论是在野的在朝的,当时的人无论出于什么目的,都是在为中国找出路。"该剧的总策划说:"不仅仅是李鸿章,包括慈禧、袁世凯的定位,都是严肃的挑战。我们从一开始就要求自己,以历史唯物主义为指导,以史学成果为依据,特别重视近20年的新成果、新结论。"这位总策划还说,为什么要"走向共和",实际上直到现在为止我们仍在大步走向共和。你问《走向共和》好在哪,我想第一,把这个戏的主题点出来了。第二,把戏的主线贯穿起来了。第三,它是"现在完成进行时",我们一直走到现在,还在走,人们在读"走向共和"这四个字的时候,就是想我们现在是不是在走向共和。虽然我们不主张历史剧干预现实,实际上以史为鉴是有意义的。我把它叫作"探讨历史,观照现实"。导演坦言:"《走向共和》是一部观点戏,为观众提供一种看历史的新的角度,观点抓住了,就一定引起争论。我们对那个时期主要历史人物新的诠释,对大的历史事件的重新评价都会带来冲击。但我们的理解都是有史料支撑的。"

因为一部电视剧开展了如此鲜明的争论,表现了当前思想的活跃,表现了人们对社会生活的关怀,是有意义的。万马齐喑不是好现象。我看过电视剧的一些片段,也从网上浏览了《走向共和》剧本的部分文字,看了若干网民的评论。这里说一些零星感想,也来参加一点争鸣。

首先,我们看看这部电视剧对历史人物的诠释、对大的历史事件的评价是否都有史料支持。编导者和有的演员强调他们是以历史唯物主义为指导,演出的是真实的历史,历史就是他们演出的那个样子。看过这部片子而且多少有一点近代史知识的观众,都表示很惶惑。有的历史学者已经指出片中硬伤太多,有些情节不管时间和空间,只要编导者认为剧情需要,可以随意编造。这种情况每集都有,数不胜数。这里也指出几处硬伤,看看所谓史料根据。

影片一开始,李鸿章和张之洞都大谈澳大利亚出生的英国人莫理循

（莫理循是 George Ernest Morrison 本人自定的中文名字，电视剧误为莫理逊），说他是《泰晤士报》的著名记者，都想邀请他写文章以攻击对方。张之洞的幕僚辜鸿铭说："莫理逊的一篇报道胜于十个给朝廷的奏折。"剧本还表现他揭露户部尚书翁同龢拨款 60 万两给不法奸商购南洋木材建颐和园，而拒绝拨款给李鸿章为北洋水师购炮弹；他有关北洋水师的报道强化了日本天皇练兵侵华的决心；他关于《马关条约》签约内幕的评论轰动北京；等等。莫理循确有其人，他成为《泰晤士报》驻北京记者是在甲午战争结束几年后的 1897 年 2 月，成为著名记者还要推后几年。李鸿章、张之洞怎么可能在甲午战争以前（大约 1890 年）讨论汉阳铁厂如何办的问题上提出莫理循其人呢？怎么可能在甲午战前的所谓北洋阅兵式上出现俄国驻华公使喀西尼与莫理循吹捧李鸿章的对话呢？怎么可能出现上面指出的那些报道呢？20 年前中国就出版了《莫理循通讯集》的中文译本，在那里是绝对找不到上述情节的。显然这都不是历史真实。电视剧抬出莫理循吹捧李鸿章是要刻意衬托李鸿章办理洋务的国际声望。

孙中山 1894 年夏游历天津，曾上书北洋大臣、直隶总督李鸿章，建议模仿西方国家，改良政治，发展工农业生产，认为这才是治国之大本，如果专搞"船坚炮利"，就是"舍本而图末"。孙中山希望通过清政府中最有权势的官僚，采取一些资本主义的改良措施，达到国家富强的目的。但是他根本不获李鸿章接见，他的建议也根本不为李鸿章所理睬。通过这次上书的挫折，以及对北京官场政治腐败的观察，孙中山才理解了改良这条路是不能走的，才下了推翻清政府、根本改造社会的决心。1894 年 11 月在夏威夷创建了以推翻清政府为目的的中国早期资产阶级革命小团体兴中会。《兴中会章程》写道："中国积弱，非一日矣！……方今强邻环列，虎视鹰瞵，久垂涎于中华五金之富，物产之饶。蚕食鲸吞，已效尤于接踵；瓜分豆剖，实堪虑于目前。"在这个章程里，孙中山第一次提出了"振兴中华"的口号。1895 年 2 月在香港成立兴中会总会，在会员誓词中明确提出"驱除鞑虏，恢复中华，创立合众政府"的主张，已经表明了革命的志向。电视剧却设计了李鸿章在家里接待孙中山并侃侃而谈革命的情节，以烘托孙中山与李鸿章共倡共和的气氛。这是在捏造事实，误导不了解这一段历史的观众。

1894 年 9 月 17 日的黄海海战在 12：50 分左右爆发，中日双方大战

5小时，双方精疲力尽，未分胜负，近黄昏时日舰先退，北洋舰队也撤出战斗。电视剧却通过伍廷芳的口说：“今日上午十时左右，我北洋舰队主力，在黄海大东沟海域遭遇日本联合舰队，爆发激战……”置已有的历史记载不顾，而捏造另外的情节，这是在告诉观众真实的历史吗？

　　电视剧表现义和团在廊坊抵抗八国联军的大捷，却用联军统帅瓦德西的名字代替了真实的指挥者英国将军西摩尔。实际上，义和团在廊坊的大捷发生在6月，八国联军大部队占领北京在8月中旬，瓦德西是在10月率领大批德国军队到的北京。张冠李戴，屡屡出现。电视剧安排了《辛丑条约》的签字仪式，让李鸿章发表大义凛然的演说，警告列强中国还将有义和团的再起，他还对庆亲王说：“天下最难的，就是把自己的名字签到卖国条约上。你还年轻，还是我来担这个罪名吧！"历史上哪里有这样的故事呢？所谓辛丑议和，是一个既复杂又简单的过程，实际上，它不是在中国政府与各国政府间进行的，而是在侵华的各国政府之间进行的。清政府在1900年8月就任命了议和全权大臣，但不为各国所承认。李鸿章于10月中旬到达北京，旋即向各国驻华公使提出议和节略5款，各国均不屑于理睬。12月24日，各国公使向奕劻、李鸿章递交了他们经过3个月讨论一致同意的文件，即以联合照会名义出现的《议和大纲》，双方并按公法要求相互校阅了全权证书，才算是辛丑议和的正式开始。所谓复杂，绝不是帝国主义列强与清政府议和谈判复杂，而是列强之间纷纷攘攘，讨价还价，争持不休，争吵的目的，是各国如何保证在华的最大利益。所谓简单，一旦列强之间在某一项条件上取得了共识，便把清政府的所谓谈判大臣奕劻、李鸿章叫到公使团，由公使团团长宣读一下而已。公使团压迫奕劻、李鸿章，奕劻、李鸿章转报西安"行在"，请求定夺。"行在"复电，要求奕劻、李鸿章与列强多加磋磨，奕劻、李鸿章复电西安，晓以利害，压迫慈禧太后接受，如此而已。所谓惩凶、赔款诸条款都是这样形成的。何曾有李鸿章在谈判席上的大义凛然！

　　1909年皇族内阁成立后，袁世凯被逐出京城，在河南安阳洹上村养"足疾"，这是事实，但是电视剧设计了同盟会的重要干部宋教仁到洹上村拜访袁世凯，劝袁世凯反正革命，感情甚笃，好像是过从甚密的老朋友，这是没有任何历史根据的。我们知道宋教仁长期在日本从事反清革命活动，大约 1909 年回到东北调查所谓"间岛问题"，写出了有关"间岛问题"的长篇报告，送交清政府。此事曾不为内外所理解，革命派内部认为他为清政府服务，日本认为他是奸细。此后他又返回日本，直到 1911 年 1 月回到上海，建立同盟会中部总会，主持《民立报》，开展革命宣传活动。历史上不曾有过宋教仁到洹上去拜访袁世凯这样的事情。关于同盟会中部总会，所有历史文献都记载设在上海，电视剧却安排了孙中山、黄兴、宋教仁三人商量，孙中山说："那就设在湖北武昌吧。"还有孙中山的许多情节，电视剧置已有的历史记载于不顾，另行编造，如孙中山剪辫、取名孙中山、在伦敦被清政府使馆人员捕捉以及 1911 年 10 月在美国丹佛读到武昌起义的报道等等，尤其是编造孙中山、黄兴在美国住进华侨旅馆，被华侨老板娘当作骗子要报警，孙黄二人狼狈而逃的情节，最不忍睹。孙中山一生的重要活动之一是在南洋和美国华侨中募捐，所谓十次反清武装起义的费用，主要是依靠华侨捐献才得到的。电视剧却把孙中山的募捐当作行骗来刻画，美国华人华侨看了这样的情节编造会产生什么样的感想呢？人们会笑话你们数典忘祖，口称共和共和，连共和怎么来的都忘掉了。

《走向共和》还安排了一个情节：在《辛丑条约》签字后，俄国公使到李鸿章的病榻前，逼迫李鸿章在"最大限度维护俄国在东三省利益的文件"上签字。李鸿章坚决拒绝了。历史事实如何呢？《辛丑条约》签字前后，确有类似的事件，但是拒绝签字的不是李鸿章，而是驻俄公使杨儒。八国联军入侵中国期间，俄国还单独以数路大军侵入我国东北，占领东北全境。由于东北地区人民的坚决反抗，俄国人认识到，由俄国人对中国东北进行统治的条件尚不成熟，便由旅大地区俄军军事长官出面，胁迫在他们劫持下的盛京将军增祺同意在 1900 年 11 月 30 日签署了一个所谓《奉天交地暂且章程》，以俄国在东北驻兵、俄国派员驻盛京与闻要公等条件，把东北交还中国。因为这只是一个地方当局签署的文件，俄国政府便诱逼清政府与俄国政府进行撤军、交地的谈判。清政府不知道还有这样一个《暂且章程》，便于 1901 年 1 月 2 日派驻俄公使杨儒为全权代表参加谈判。英国《泰晤士报》公布了《暂且章程》的全文，引起了列强强烈反应。杨儒把这个《暂且章程》报回国内，清政府宣布不承认这个《暂且章程》，命令杨儒与俄国谈判"废暂约，立正约"，"设法磋磨，不避其难"。俄国外交大臣、财政大臣向杨儒提交了新的条约文本,提出了在中国东北和蒙古、新疆的广泛的权利要求,达到了这些要求,俄国方可撤军。俄国还通过华俄道胜银行经理出面向李鸿章行贿,表示如果李鸿章促成条约签字,便可送他50万卢布作为酬劳。这时候正是议和期间,各国均反对中国单独与外国签订有关让与土地和财产权利的条约,中国国内也强烈反对,上海爱国士绅在张园集会抗议,并向李鸿章发去了公电,各省民众表示支持。3月,清政府无计可施,电令李鸿章"全权定计,朝廷实不能遥断"。李鸿章认为条约"刺目处均删除,照允后无患",并指示杨儒"即酌量画押,勿误"。杨儒认为这不是朝廷的旨意,坚决拒绝签字。俄国虽然多次逼杨儒签字,但均遭杨儒拒绝。杨儒最后一次从俄国外交部回使馆,因天寒地滑,下车摔倒,从此一病不起,死于任所。杨儒在外交斗争中捍卫了国家利益,是值得称赞的;李鸿章不能获得这种荣誉。

这部电视剧违背历史事实的地方很多,这里只是指出部分事实。能够说这部电视剧是符合历史真实的吗!以上所指出的编造,它的史料根据何在?为了编导者们心中的历史,肆意编造和剪裁,哪里有一点历史唯物主义的影子呢?

也许编导者们会说,我们的剧本是艺术作品,不是历史教科书。艺术作品并不追求细节的真实。你们不是说你们演出的就是真实的历史吗,你们不是说你们是在探讨历史吗?离开了细节的真实,你们探讨什么历史的真实!从艺术作品来说,艺术的真实是建立在生活真实的基础上的。反映历史内容的号称历史正剧的电视剧就应该尊重历史的真实。把真实的历史的各种重要的细节都抛弃了,能够反映怎样的历史真实呢!

其次,关于英雄史诗和"找出路"。

在半殖民地半封建社会的中国,帝国主义的侵略和封建制度所造成的腐败与落后,是中国社会难以进步的根本原因。这不仅是史学界的共识,也是整个社会的共识,这种共识尤其为旧民主主义革命到新民主主义革命的全部历程所证明。不是说实践是检验真理的唯一标准吗,这个共识已经得到了历史实践的检验。如果说近代中国走向共和是一部英雄史诗,那是对的,因为从旧民主主义革命到新民主主义革命,人民群众在先进阶级领导下反对帝国主义侵略、反对封建腐败统治的斗争历程的确是一部英雄史诗。不错,人人都在创造历史,不同社会阶级的人在创造不同的历史。历史发展的走向和总趋势，并不是每个正在创造历史的人都满意的。在阶级社会里，历史发展的总趋势是代表不同阶级利益的政治势力相互斗争的结果。在近代中国，人民群众、代表人民群众最大利益的政治势力创造的是走向共和的历史，帝国主义者、封建统治者创造的是维护半殖民地半封建秩序、反对共和的历史。这是两种不同性质的历史。换一个说法，近代中国不同的阶级和集团是在寻找不同的出路，而不是一个共同的出路。如果认为不论在野的、在朝的都在为中国找出路，把"找出路"认为是所有的人都在寻找一个共同的出路，那是大错。《走向共和》电视剧就是在这样的指导思想下编导而成的，它用真实的人物形象，又借用编造的历史故事，意在引导今天的观众得出一个令他们满意的结论：似乎李鸿章、慈禧、袁世凯、孙中山都在寻找共和的出路。这不仅是人们看过电视剧后的感受，也是策划者的初衷。电视剧的总策划很明确地告诉观众：你看，很清楚，主题就是共和，贯穿电视剧的主线就是共和。所有的人，包括李鸿章、慈禧、袁世凯、孙中山在内，国家和社会都在走向共和。这不是把共和当作全社会的共同出路吗？这是对历史发展完全错误的理解。实际上，代表中国资产阶级利益的孙中山等革命派寻找的是推翻专制、建立"共和"的出路；中国资产阶级的另一翼代表康、梁等寻找的是建立君主立宪那样的出路；封建统治者包括李鸿章、慈禧、光绪、袁世凯等人寻找的是如何维护统治又能有所改进那样的出路（即使在1905年开始的所谓预备立宪，统治者追求的也是在"皇位永固"前提下的立宪）；帝国主义者并不同意在中国建立共和制度，实行资本主义制度，也不愿意中国继续在颠顶的统治者底下维持统治，而是在半殖民地半封建秩序下，允许资本主义生产力有一定引进，以满足帝国主义列强共同统治中国的需要。北洋军阀以及袁世凯的帝制自为是这种需要的反映。难道袁世凯的帝制自为与军阀混战和孙中山的护国、护法斗争都是在为中国寻找共同的出路吗？如果以这种逻辑推论，大革命失败后，中国的两大政党国民党和共产党寻找的都是共同的出路吗？这是不对的，它们寻找的是不同的出路。以蒋介石为代表的中国国民党所寻找的中国出路，绝对不是以毛泽东为代表的中国共产党所寻找的中国出路。这难道还有什么可以怀疑的吗？

　　策划者不仅把共和作为贯穿全剧的主线，而且认为共和是现在完成进行时，一直走到现在，我们还在走向共和。这就是说，我们现在还没有完成共和。这叫作"探讨历史，观照现实"。显然，这是把共和政治作为中国的唯一选择、唯一出路，也是中国唯一追求的政治方向。中国共产党在新民主主义革命时期形成了以毛泽东的名字命名的新民主主义革命理论。这个理论告诉我们，孙中山是中国革命的先行者，他所开创的是资产阶级的共和国。这在中国历史上是空前进步的。这个共和国虽然以"三民主义""五权宪法"为标榜，但实际上遵循的仍旧是资产阶级的三权分立原则。新民主主义革命所追求的不是这个资产阶级共和国，这个共和国已经过时了。新民主主义共和国不同于资产阶级共和国，其前途是社会主义共和国。经过多年发展，我国已经建立了以人民代表大会制度为根本标志的中华人民共和国，这个共和国的经济制度是社会主义市场经济。我们的经济制度还需要改革，我们的政治制度还需要完善，但是我们绝对不是在走向资产阶级的共和国。笼统地说我们今天还在走向共和，要用共和来观照现实，透露出仍旧在把资产阶级共和国作为理想，思想还停留在辛亥革命那个时代。如果这个分析是准确的，那么，编导者、策划者究竟要通过电视剧把观众引到哪里去呢？究竟要观照什么样的现实呢？

最后，导演说这部电视剧是一部观点戏，为观众提供一个看历史的新的角度。这个想法当然很好。但是需要明白，即使要通过电视剧表达某种历史观点，最基本的一条是要有正确的历史事实作为支撑。违背或者捏造历史事实来支持自己的观点，只能走向自己愿望的反面。设计孙中山拜访李鸿章、宋教仁拜访袁世凯这样的情节，是要表达什么样的观点呢？显然是要向观众表达孙中山、宋教仁这样的革命派与李鸿章、袁世凯这样的统治集团的重要官员共谋走向共和的大计。如果历史事实是这种情形，影片这样表现当然无可非议。但是捏造历史做这样的表现，我们只能理解为伪造历史，伪造革命派与清朝官员共谋共和这样的事实，模糊那个时期的阶级阵线，也模糊今天观众的阶级视线。这样编造能够给观众一个新的历史视角吗？能够给观众一个正确的历史观点吗？如果说有这样的新的历史视角，那只是违背历史唯物主义的、没有历史事实根据的、违背艺术创作原则的所谓"历史新视角"。

电视剧《走向共和》号称历史正剧，反映了波澜壮阔的历史事件。包括中央电视台在内的新闻媒体都是这样宣传的。我的理解，历史正剧是以严肃的重大的历史题材为内容的剧本。严肃的重大的历史题材应以有根据的历史事实为依据。它是戏剧，是文艺作品，为了剧情的需要和人物情节的刻画，可以在历史逻辑和生活逻辑的前提下，在某些故事情节上进行创作，从这一点上说，它当然不能等同于历史著作。但是创作的情节不能违背历史的本质，更不能撇开已有的历史事实另行创作。这种历史正剧是以人物形象来演绎历史故事，表达严肃的历史观点；既使观众受到文学作品的美学愉悦，又使观众得到历史知识的传授与教育。即使从美学愉悦的角度来说，也应该包括正确的历史知识对观众的熏陶，从而给观众正确的人生观、历史观。愉悦似乎不能理解为单纯的感官刺激、娱乐消遣。娱乐消遣不是历史正剧应该承担的主要任务。扩而言之，任何以历史为题材的戏剧创作，包括"戏说"作品在内，既然历史人物是真实的，就应该尊重大的历史背景。因这样的作品可能影响观众的历史视角，所以应该对受众负担一定的教化作用。

就《走向共和》这部电视剧而言，它试图反映清末民初重大的历史事件，刻画一系列处在当时政治高层的最主要的历史人物。为了这一点，我们首先应该把握这个时期的历史本质。这个时期的历史本质或者历史发展的总趋势，就是在帝国主义和封建主义统治下，人民中间积累起来的反对帝国主义侵略和反对封建专制主义的思想和力量逐渐增长，终于在甲午战败以后，迅速产生了两种改造中国社会的主张。一种是以康有为、梁启超为首的改良思潮以及在这种思潮指导下的政治行动，"公车上书"是其发端，戊戌变法的失败是其终结。另一种是以孙中山、黄兴为首的革命思潮以及在这种思潮指导下的政治行动，形成资产阶级政党（包括早期的兴中会、华兴会和光复会以及在此基础上产生的中国同盟会在内）为其发端，武昌起义、中华民国南京临时政府成立和清朝专制帝制结束为其结果。这两种政治思潮和政治行动几乎是同时起步，并先后登台演出历史活剧的。清朝专制政府（包括慈禧太后、李鸿章、袁世凯等要人在内）对这两种政治思潮和政治行动是坚决反对的，是镇压的。这是这段历史的基本线索，也是这段历史的本质。表现这段历史的文艺作品可以有各种不同的创作思路和表现手法，既然以历史正剧为标榜，就不应该违背这个历史本质。如果从时间断限来说，应该从甲午战争失败写起，是否终结于袁世凯称帝或北伐成功，或者尚可以讨论。与这个理解相反，《走向共和》却从洋务运动写起。洋务运动起始于19世纪60年代，到甲午战争就宣告失败。对洋务运动的客观作用，近代史学界并无太多分歧，但对于洋务运动的性质是有分歧的，至今是否认识完全一致还很难说。有一点可以肯定，洋务运动从军事工业到民用工业，在客观上对发展近代中国的生产力起到了一定的积极作用，但洋务运动的主持者固守"官督商办"，阻碍了民族资本主义的发展。应该说，洋务运动很难直接与走向共和联系起来。《走向共和》从洋务运动开始，把它与"共和"这条主线联系在一起，是很难说通的。在洋务运动进行的过程中，特别是到中法战争之后，包括一些与洋务运动有过种种联系的早期改良派的思想家，已经对洋务运动有许多批评，指出它只强调"船坚炮利"，徒袭西艺之皮毛，而不注意变革社会制度，"遗其体而求其用"，提出"君民共治"的政治主张，对工商业发展则发出"官办不如商办"的呼吁，要求从变革社会制度的角度继续改革。改良派的这些主张是大大超过了洋务派的。随之而来的就是康梁发动的戊戌维新运动。

从反映历史本质来说，电视剧《走向共和》作为历史正剧是不成功的。任何历史著作或者文艺作品，不可能复原历史过程的每一个细节。我们可以做到的是根据经过鉴别的史料复原历史过程的本质特点。如果撇开历史过程的本质特点，去反映人的人性的一面，反映作为女人或者男人的一面，这对于后人认识历史、从历史经验中吸取有益的东西，有什么帮助呢？这个电视剧调动一切艺术手段，塑造慈禧、李鸿章、袁世凯人性的光辉的一面，反过来却揭露康有为、梁启超、孙中山人性的另一面，尤其是对孙中山，把他刻画成一个小丑、疯子、骗子，完全与历史本质相违背，与我们对20世纪中国历史的三个伟大人物的认识相反。按照《走向共和》，主角应该是孙中山，实际上孙中山变成了丑角，主角让位于孙中山等革命派革命的对象。这种艺术形象的颠倒，已经引起了观众历史知识的错乱，使得一些观众怀疑历史教科书的准确性。有的网友评论"前度《河殇》今又来"，似乎不是危言耸听。我的总的观感是：《走向共和》是为了表达某种历史观点的政论剧。因此，《走向共和》是编导者们心目中的近代史，而不是真实存在的近代史。说它是唯心史观影响下的产物，是不会委屈它的。

一江春水向东流，海峡春潮逐浪头[*]

——观电视纪录片《海峡春潮》

为了纪念《告台湾同胞书》发表30周年而拍摄的电视纪录片《海峡春潮》，已经在中央电视台4频道播出。看过以后，颇有感触。

1979年元旦，全国人民代表大会通过的《告台湾同胞书》正式发表。这是在解决台湾与祖国统一问题上代表国家意志的正式文告。通过这一文告的发表，中国共产党关于解决台湾与祖国统一问题的主张转化为全民意志。这个文告，明确了一个中国、反对台湾独立的立场；明确提出"完成祖国统一大业，在解决统一问题时尊重台湾现状和台湾各界人士的意见，采取合情合理的政策和办法，不使台湾人民蒙受损失"。这就是邓小平提出的一个中国、两种制度的和平统一的基本方针；文告还描绘了两岸通邮、通航、通商以及"双方同胞直接接触，互通讯息，探亲访友，旅游参观，进行学术文化体育工艺观摩"的美好前景。文告提出的解决台湾问题的基本立场、方针和原则，为和平统一、一国两制提出了最初的设想，是30年来我们对台工作始终遵循的原则，从此揭开了两岸关系和平发展的历史新篇章。正如胡锦涛总书记所说：《告台湾同胞书》的发表标志着我们解决台湾问题的理论和实践进入了一个新的历史时期。自那以后，《告台湾同胞书》所确定的基本原则，始终没有改变。

1979年元旦以后，党和国家领导人针对不同的历史背景和现实需要，针对台湾岛内政治、经济和民情的变化，发表过对台工作的多次讲

---

[*] 本文载于《中国社会科学报》2009年2月17日，第7版。收入《张海鹏自选集》，学习出版社，2012。

话，在不同时期提出过解决台湾问题的多种主张，大大完善了对台工作的原则和方针。例如，1981年9月30日，全国人大常委会委员长叶剑英向新华社记者发表谈话，阐明了"关于台湾回归祖国、实现和平统一"的方针政策（"叶九条"）；1983年6月26日，邓小平进一步阐述了"一国两制"的构想（"邓六条"）；1995年1月30日，江泽民总书记发表了《为促进祖国统一大业的完成而继续奋斗》的讲话（"江八点"）；2005年3月4日，胡锦涛总书记发表了关于新形势下发展两岸关系的四点意见（"胡四点"），3月14日，第十届全国人民代表大会第三次全国代表大会通过了《反分裂国家法》；2008年12月31日胡总书记在纪念《告台湾同胞书》发表30周年座谈会上，针对2008年3月以来两岸关系所发生的积极变化，在《告台湾同胞书》原则立场上，阐明了"要牢牢把握两岸关系和平发展的主题，积极推动两岸关系和平发展"的重要主张，提出了包括恪守一个中国、建立政治互信、推进经济合作、促进共同发展，弘扬中华文化、加强精神纽带，加强人员往来、扩大各界交流，维护国家主权、协商涉外事务，结束敌对状态、达成和平协议等开创两岸关系和平发展新局面的六点建议。所有这些主张、建议，构成了在解决台湾与祖国统一问题上的系统理论和实践纲领。它在国家统一问题上构成了中国特色社会主义理论的重要组成部分。

在这个理论指导下，30年来，我们在祖国统一大业上取得了重要进展。

第一，祖国统一是中华民族的神圣伟业，是复兴中华的题中之义。这个伟大事业，是全体中华儿女的责任，既是大陆的中国人的责任，也是台湾的中国人的责任。正是这种伟大事业的神圣感、责任感，打破了台湾当局的"三不"政策（不妥协、不接触、不谈判）的紧箍咒，促成了台湾老兵回乡探亲潮，促成了广大台胞回乡探亲潮。探亲潮打破了海峡两岸长期的隔绝，推动了两岸人民间的往来与接触。迄今，两岸人员往来（主要是台湾同胞来大陆）已达5000万人次。

第二，祖国社会主义现代化伟大事业的蓬勃开展，社会主义市场经济体制的确立，吸引了分布在全世界的华人的目光，尤其是吸引了香港、台湾的中国人的目光，促成了广大台商透过第三地前来大陆投资经商，打破了台湾当局"戒急用忍"的非理性政策，进一步推动了海峡两岸人民间的亲密往来与接触，逐渐融化了政治上的敌意所造成的亲情隔绝。台商来大陆投资项目已超过 7 万个，合同投资金额超过 1000 亿美元；两岸贸易已从 1978 年的 5000 万美元增长到 2008 年的 8000 亿美元。大陆已经成为台湾地区最大的贸易伙伴、贸易顺差来源地和投资目的地。

第三，一个中国、和平统一的主张开创了中国历史上国家统一问题上的新模式，推动全世界范围内"反独促统"运动的进行，推动了台湾人民反对"台湾独立"运动的进行，打破了台独势力谋求台湾独立的梦呓。什么"一中一台"、"两国论"和"一边一国"等主张，都拿不上台面。台湾人民不能容允台独势力的扩张，用选票否决了陈水扁当局以台湾名义"加入联合国"的诉求，否决了陈水扁以及民进党竞选台湾当局"大位"的诉求。2008 年 5 月以来，民进党以及台独势力受到严重打击和挫折，陈水扁作为台湾最大的贪腐头子被囚禁狱中。

电视纪录片《海峡春潮》以两集篇幅记录了 30 年来我党关于一国两制、和平统一理论的形成过程，记录了 30 年来海峡两岸关系的发展历程，可以把它看作 30 年来海峡两岸关系发展史来读。这部形象的海峡两岸关系发展史，史实准确，观点鲜明，描绘到位，解说凝重，是值得充分肯定的。

纪录片题名为《海峡春潮》，生动，准确，使观众有想象的空间。现在的海峡两岸关系，确如春潮，预示着海峡两岸的合作、融合、发展将会达到新的高度。2008 年 5 月以来，在两岸关系经历了十多年的严酷考验后，步履加快了。首先，通邮、通航、通商基本实现，使 1979 年《告台湾同胞书》提出的呼吁得以兑现。其次，继两次汪辜会谈之后，海协会陈云林会长实现了访台，与江丙坤董事长达成了一系列有效的协议，海协会、海基会之间的会谈形成了制度性的安排。这就为两岸之间的和平发展初步铺平了一条道路。沿着这条路继续前进，两岸之间必然会面对结束敌意、签订和平协议问题。再次，四川卧龙保护区的大熊猫团团、圆圆已送达台北动物园，两岸互赠珍贵礼品，加深了两岸人民间的信任与友谊。最后，大陆人民到台湾旅游以及经贸、文化的交流，也将会有相应的安排。这好比一波一波的春潮，将会出现一浪高过一浪的景象。

胡锦涛同志在 2008 年 12 月 30 日郑重呼吁，在一个中国原则的基础上，协商正式结束两岸敌对状态，达成和平协议，构建两岸关系和平发展框架。海峡春潮的浪头，要向这个方向发展。这个方向，就是海峡春潮的一个新的高度。国家统一是一个历史过程，达到了上述新的高度，两岸复归统一，共同语言就会多多了，中华民族复兴就会指日可待了。

　　看过这部电视纪录片后，我个人还有一点感想。1992 年 5 月初，我作为研究中国近代史的学者，与我的两位学术界同事一起，出席了台湾政治大学举办的"黄兴与近代中国学术讨论会"，访问了台湾学术界，在联合报、中研院近代史研究所、台湾政治大学历史研究所等单位做了学术演讲。这是大陆学者自 1949 年后第一次踏上台湾的土地，第一次与台湾的学术界接触。自此以后，大陆学者访问台湾的道路就通畅了。两岸学术界人士交往就密切了。这些对于加强两岸学术交流，大有好处。2005 年 3 月，我作为第十届全国人民代表大会代表，在第十届全国人民代表大会第三次会议上，对《反分裂国家法》投了赞成票。《反分裂国家法》在大会上高票通过，没有一票反对，充分说明了人心所向。《反分裂国家法》是国家最高立法机构通过的一项涉及台湾问题的法律。它进一步明确一个中国原则，反对台独势力分裂国家，对确保和平统一、阻遏台独势力扩张起到了十分重要的作用。

　　在海峡两岸关系发展历史中，我个人也曾参与其中，成为春潮中的一朵小小的浪花，深感荣幸。

　　解决台湾问题，实现祖国完全统一，恰似一江春水向东流，是任何人和任何势力也阻挡不了的。但愿海峡春潮逐浪高涨，海峡两岸人民复归团圆，大陆 13 亿人民，台湾 2300 万人民，在中华民族复兴的大道上尽显聪明本色，做出自己的贡献吧！

为开启社会变革的辛亥革命高歌*

——长篇电视连续剧《辛亥革命》观后

王朝柱编剧、唐国强导演的长篇电视连续剧《辛亥革命》已经在中央电视台播出。这部电视连续剧深刻反映了辛亥革命的历史真实,在纪念辛亥革命 100 周年的时候,拍摄这样一部大型电视连续剧,对观众进行中国近代史、辛亥革命史的教育,是很有价值的。观看这部电视连续剧,似乎回到当年那样的历史情境,让人深受感动。

辛亥革命推翻了统治中国几千年的封建专制制度。这次革命"开启了中国前所未有的社会变革",把共和的观念推向全社会,使得封建帝制永远不能再行于中国。与近代中国的太平天国革命、戊戌维新运动、义和团反帝爱国运动相比,辛亥革命是一次真正意义上的民族民主革命。尽管这次革命没有能够改变中国的社会性质和人民的悲惨境遇,但历史仍然给了它崇高的评价。

孙中山先生领导的这次革命,是中国历史进入 20 世纪后发生的一次伟大的资产阶级民主革命,是 20 世纪中国第一个具有重大历史意义的历史事件,还可以说是自秦统一以来中国历史上最伟大的一次历史性转折。对这样一次伟大的革命,用文学艺术手段加以表现,用浓墨重彩加以描绘,用故事情节和生动的人物形象演绎真实的历史故事,在这个革命 100 周年到来的时候,尤其需要。

在辛亥革命的历史舞台上,曾经活跃过资产阶级革命派、资产阶级立宪派和清朝统治阶级以及帝国主义侵略者等四股政治力量。在我看

---

* 本文发表于《光明日报》2011 年 10 月 24 日,第 4 版。收入《张海鹏自选集》,学习出版社,2012。

来，这是四股显性政治力量，还有一股广泛发生作用的政治力量是全国的人民大众。电视剧选择了其中的两股政治力量来加以表现，这两股政治力量是以孙中山为代表的资产阶级革命派，以袁世凯、摄政王载沣为代表的清朝统治阶级，立宪派的力量、帝国主义的力量，都是虚写。从艺术表现形式来说，我以为是可以的。围绕着这两股政治力量，电视剧表现了革命派的活动、同盟会的组成、武装起义的发生、清朝政府的种种应对、清朝政府的内部矛盾、革命派的内部矛盾，重点表现了皖浙起义、镇南关起义、黄花岗起义、武昌起义，表现了摄政王载沣从排斥袁世凯到武昌起义后不得不起用袁世凯的过程，表现了武昌起义后南北会谈、袁世凯逼宫的过程，以及袁世凯破坏《中华民国临时约法》、刺杀宋教仁和袁世凯走向称帝的过程，孙中山、黄兴发动"二次革命"和孙中山、梁启超、蔡锷发动护国战争的过程，可以说相当全面地表现了辛亥革命的历史过程。这部电视剧用艺术形式表现辛亥革命的历史过程，在我看来，是源于生活、高于生活的，创作思想是值得肯定的。

电视剧正面刻画、肯定了以孙中山为首的革命派，批判了顽固保守腐败的清朝统治阶级。所谓革命，是革清朝统治阶级的命，不推翻这个统治阶级，就不能有效地抵御帝国主义列强的侵略，就难以谋求国家的独立和社会的进步。这部《辛亥革命》，按照历史真实，摆正了阶级关系，谁革谁的命，阵线分明，一目了然。为建立共和而革命的是以孙中山为首的革命派，镇压革命派的是清朝统治阶级。这样的主题确定是符合历史真实的，是正确的。

电视剧刻画了一些重要的历史人物，主要是孙中山、黄兴、宋教仁、章太炎、袁世凯、载沣等，对这些人物的形象、性格的把握，对这些人物的历史地位和作用的评价，总起来讲是准确的，是大体符合历史事实的，人物的屏幕形象是站得住的。本剧所刻画的辛亥革命中的革命者人物群像，如黄兴、宋教仁、章太炎、秋瑾、邹容、陈天华等，大多是成功的。

本剧以孙中山为第一主角，十分注意第一主角在全剧中的中心地位。这样处理，与历史事实是相符合的，反映了孙中山在辛亥革命时期无可替代的领导作用。电视剧《辛亥革命》创造的孙中山的形象是光辉感人的，演员选得好，演得好，不论是外表，还是精神素质，甚至举手投足，都使人感到这就是孙中山。有关孙中山的多场戏，都具有历史真实的美，具有艺术形象的美。如表现孙中山在同盟会成立前在东京留学生大会上的演讲、孙中山与秋瑾的见面、孙中山在南洋募捐、孙中山在海边与宋庆龄吐诉衷肠、孙中山与其兄孙眉的谈话等等，深刻表现了孙中山的革命家品质，表现了孙中山以革命为第一、以国事为第一的宽广胸怀，无论是儿女私情还是兄弟亲情，表演真挚到位。这几场戏，都有历史真实做影子，进行了艺术创作，可以说，源于生活，高于生活。本剧对孙中山形象的塑造，抓住了他的精神世界，抓住了他的领导才能，抓住了他的人格魅力，是一次非常成功的开掘。如果按照"告别革命论"的观点来指导演员的表演，舞台上的革命家形象是被歪曲的，是缺乏革命家气魄的，因为要与慈禧太后、李鸿章、袁世凯等共同走向"共和"，这样的革命家只能是配角，只能是跑龙套，站不到舞台的中心。

　　围绕着辛亥革命的进行，该剧用较多笔墨刻画了孙中山与黄兴的关系。孙中山、黄兴被历史学家看作是辛亥革命时期的双雄，电视剧把握住了这一点。从孙黄初识到共策革命、推动成立中国同盟会、组织实施反清武装起义，再到南京临时政府成立，以及化解党内误会、排除阻力，黄兴都是实力进行，忍辱负重。孙黄共同推动、领导了辛亥革命。这些剧中人物都表演得很好。及至二次革命，孙黄发生分歧，孙中山主张武装讨袁，黄兴主张法律解决，难以调和，黄兴为了不干涉孙中山组党，决定远走美国，孙中山前来送行，送他"安危他日终须仗，甘苦来时要共尝"的对联，充分表达了孙黄二人之间的革命感情，确令观者感动。

　　辛亥革命中，革命党人舍生忘死的爱国主义精神是令人感动的。1907年绍兴大通学堂起义失败，鉴湖女侠秋瑾被捕，她面对死亡，毫无惧色，体现了她"我欲只手援祖国"和"他年成败利钝不计较，但恃铁血主义报祖国"的爱国情怀。1911年4月广州起义（黄花岗起义）中牺牲的烈士林觉民、方声洞，在参加起义前夕写给妻子和父亲的信，更是体现了一个革命者既爱亲人、更爱祖国，为了挽救祖国可以抛妻别子的崇高境界。方声洞与父亲诀别，表示舍身赴死，在此一举，"事败则中国不免于亡，四万万人皆死，不特儿一人；如事成则四万万人皆生，儿虽死亦乐也"。"夫男儿在世，若能建功立业以强祖国，使同胞享幸福，奋斗而死，亦大乐也；且为祖国而死，亦义所应尔也。"为达到革命事业成功以死报国的心胸何其宽广！正是这种为反清革命成功冒死赴难的精神，推动了辛亥革命的胜利。因此可以毫不夸张地说，辛亥革命的胜利,是一代革命者以强烈的爱国主义驱动的。电视剧《辛亥革命》用一定篇幅表现了革命党人冒死赴难的情节与精神,对电视观众是具有感染力的。

像历史研究必须按照唯物史观那样抓住历史的本质、抓住历史前进的方向那样,用艺术、影视作品表现历史,特别是中国近现代历史,也需要按照唯物史观抓住历史的本质、抓住历史前进的方向。就拿辛亥革命史来说,前些年有一种"告别革命论",颇为泛滥,学术界、文学艺术界、影视界受到影响,创作了一些不符合辛亥革命历史真实的作品。这种"告别革命论"认为辛亥革命搞错了,认为康梁的改良主义是对的,辛亥革命是不必要的,推翻帝制也算不上功劳,等等;还有人说,清末的改革是有成效的,当时社会呈现一片朝气,辛亥革命的发生是突然的。总之,就是否定辛亥革命的历史作用,否定辛亥革命的必要性。

很明显,这些观点,根本不顾基本的历史事实,想当然地发表有关辛亥革命历史的感想,表现出历史虚无主义的倾向。历史虚无主义最大的特点和弱点,就是不尊重历史事实,不尊重历史事件发生的条件,不尊重历史事件在历史长河中的地位和影响。就说康梁改良主义,既然那么好,为什么得不到历史的肯定呢,为什么在辛亥革命发生时,支持改良主义的人越来越少呢?既然革命那么不好,为什么参加革命的人越来越多呢?为什么武昌首义发生短短一个多月内,就有14个省份起而响应呢?为什么还有二次革命,还有护国战争、护法战争,乃至北伐战争呢?为什么从孙中山领导的旧民主主义革命到中国共产党领导的新民主主义革命,绵延不绝呢?为什么这些革命能把中国各阶层人民,特别是工农大众都动员起来,投身革命奋力一搏呢?

有人说还是康梁的立宪好。但切莫忘记,康梁当年主张的是君主立宪,不是主张民主立宪。所谓君主立宪,就是"皇位永固",就是"大权统于朝廷,庶政公诸舆论"。君主立宪派追求的,只不过是在皇权统治下,分一杯参政的羹罢了。君主立宪派是不要民主的,这是基本的事实。这也是在当年革命潮流下,君主立宪不能实现的基本事实。站在历史主义的立场,我们只能为辛亥革命而歌,不能为康梁的改良主义张目。

还有人认为,走向共和,到今天还在走,似乎到今天还没有达到辛亥革命时期的共和立宪。这也是一种糊涂见解。革命失败以后,人们反思:"无量金钱无量血,可怜购得假共和。"正是这种反思,正是对中国出路的新的探索，才有新文化运动，才有五四运动，才有无数仁人志士为新民主主义革命、为社会主义在中国的实现去继续奋斗。中华人民共和国成立前夕，《中国人民政治协商会议共同纲领》就是广泛征求人民同意后通过的临时宪法。1954年第一届全国人民代表大会在更为广泛的民意基础上制定并通过的《中华人民共和国宪法》，就是中国历史上第一部真正代表民意的根本大法。人民作为国家的主人实现了对国家事务的管理。世界上有各种不同的民主形式，并不是只有西方的民主形式是唯一完好的民主形式。结合本国民意和历史特点，有效地治理国家的民主，才是最好的。把我们今天的民主与辛亥革命时期的共和混淆起来，也是基本的常识错误。

有人说清末新政期间中国社会欣欣向荣，这完全是片面的观察。庚子赔款4.5亿两白银，39年还清，本息9.8亿两白银，每年需要付出本息1800万两，最终都分摊在老百姓身上。实行新政、练新式海陆军、办新学堂，处处需要花钱，处处捉襟见肘，处处都要摊派，这就使民怨沸腾，各地民变蜂起。清末社会动荡，人民生活不下去。据有人统计，从1901年到1911年十年间，各种反清起义、抗捐抗税等等反抗行为有1300起。这是真实的历史。国家危亡，社会找不到出路，统治者腐败无能，革命成为挽救国家于危亡、挽救社会于沉沦的唯一手段。说君主立宪的改良主义道路好，不过是为已经崩溃的封建朝廷唱挽歌罢了。

文学艺术、影视作品具有广泛的社会教育功能。我在不久前一篇文章中写过：普及历史知识，推进历史知识社会化，是很重要、很严肃的工作，不但影视创作首先要想到表现历史题材时不要改变历史事实，其他一切形式的历史知识普及工作也要首先考虑如何尊重历史事实。出于普及的目的，我们可以适当改编，但绝不可以改变。只有首先做到这一点，历史知识普及工作才对今人有教育作用、有启示作用、有借鉴作用、有鼓舞作用。历史真实，既是历史研究的生命，也是普及历史知识、推进历史知识社会化的生命，万不可玩忽大意。

电视连续剧《辛亥革命》创作成功的事实说明，只有忠实于历史，才能创造出真实感人的艺术形象。只有源于生活，才能创作出高于生活的史诗般作品。

2011年10月22日于东厂胡同一号

四

书 评

通俗历史读物的社会责任*

——评《中国历代名臣》中两篇近代人物传记

中日甲午战争爆发于哪一年？通过最近几年中国近代史知识的普及，这已是妇孺皆知的了。但是，当我看到一本名为《中国历代名臣》（李桂海主编，河南人民出版社，1987）的通俗历史读物所提供的答案时，我几乎惊呆了。那本书告诉读者说："光绪十六年（1890年），发生了中日甲午战争。"

据我所知，所有近代历史读物记载的是：光绪二十年（1894）爆发了第一次大规模的中日战争。因为这一年按干支纪年为甲午年，所以史称甲午战争。这一史实确凿无误，不容有任何不同的理解。我因而怀疑上述答案可能是作者的笔误，尽管是一个不应该发生的严重笔误。

有此吸引，我便怀着某种兴趣把那本名臣传中的曾国藩、张之洞的传记浏览了一遍。粗看起来，在这两篇大约3万字的篇幅中，别的问题不说，仅时间的错误近40处。大略估计，占所有涉及时间之处的七八成。大量的是阴阳历混用，即清朝纪年与公元纪月日（类似这种情况，在李鸿章传记中，也屡见不鲜）混用。严重的错误有好几处，列举出来，会令人大吃一惊。除上面提到的，还有：

（1）"咸丰十二年（1862年）七月，咸丰帝死，同治帝继位"；

（2）"咸丰六年（1856年）……（曾国藩）即向咸丰帝奏请：'制造轮船，为救时要策……'他自己首先购买船炮武装湘军水师"；

（3）"光绪十年（1884年）三月，中法战争开始"；

---

* 本文原载《近代史研究》1990年第3期，署名薛适。

(4)"光绪十六年（1890年）① 八月，张之洞更血腥地镇压了以勤王为宗旨的自立军起事，唐才常等二十余名首领和骨干被杀"；

(5)"光绪二十二年（1896年），终于发动了自上而下的维新变法运动"。

以上共5条，原文照录，公历对照均为原作者所加。第1条，查咸丰朝无十二年之说，这是常识，咸丰十一年七月，咸丰帝死于热河避暑山庄烟波致爽殿，六岁的载淳于九月底在北京即位，由两宫皇太后垂帘听政。次年就是同治元年。第2条，曾国藩《奏拨二成洋税银片》提出"制造轮船，实为救时要策"的主张，载《曾文正公全集·奏稿》卷25，事在同治六年四月初七（1867年5月10日）。咸丰六年曾国藩不仅没有这一奏折，而且不可能提出这一奏折。人所共知，近代较早提出造轮船的，一为魏源，在《海国图志》中；一为洪仁玕，在《资政新篇》里。他们是接触西方文化的人中最早提出中国近代化设想的。而实际造轮船的是曾国藩。同治元年（1862）在曾国藩指聘下，徐寿和华蘅芳负责试制轮船，次年造成了中国第一艘木壳小轮船，虽然"不甚得法"。同治七年（1868），才由上述奏留洋税设立的江南制造局船厂造出第一艘轮船，取名"恬吉"。曾国藩造轮船反映了一个基本历史事实，即被历史学家定为"洋务运动"那样一次发展近代中国的军工和民用企业的活动，实际开始于曾国藩，实际开始于军工企业。那是因为，咸丰十年（1860）的《北京条约》以中国的丧权辱国结束了清政府与外国侵略者之间"误会"的历史，开始携手合作对付威胁清朝统治的太平天国农民运动，外国的"坚船利炮"自然成了首先值得仿造的物件。"洋务运动"开始于第二次鸦片战争之后，这也是中国近代史的一个基本概念，或者说一个常识。作者把所谓咸丰六年造轮船放在咸丰十年的事件之前按时间发展先后叙述，说明这绝非作者笔误，而是基本概念和常识的错误。第3条，中法战争开始于光绪九年十一月十五（1883年12月14日），这一天，法军向越南北方驻有清军和黑旗军的山西城进攻，战争开始，说开始于光绪十年三月，也是常识错误。第4条，唐才常等自立军起事于光绪二十六年七月（1900年8月）。张之洞在武汉镇压自立军起事也在此时。所谓"勤王"，是指力图恢复光绪帝

---

① 1988年第二次印本，此处作"光绪二十六年（1900年）"，欲改还错。

的统治地位。此事只应发生在戊戌政变光绪被幽禁之后。此处指义和团运动中，西太后对外宣战，自立军反对西太后宣战谕旨，要求光绪帝掌权，在长江中下游发动起义。这种史实，在流行的各种近代史书中一查便得。怎么可能在光绪十六年（1890）发生张之洞镇压自立军"勤王"起事呢？须知，那一年正是张之洞就任湖广总督的第一年。第5条，人所共知，自上而下的维新变法运动发生于光绪二十四年（1898），说它在光绪二十二年（1896）有何根据？依然是基本的常识错误。

在不过3万字的人物传记中，有这么多严重的常识性错误，恕我孤陋，恐怕在众多的近代史读物中找不到第二例。这不能不说是一件最令人头痛的憾事。使我不解的是，这些错误是如何造成的呢？近代史资料汗牛充栋，治近代史者虽皓首穷经而不得遍读。但对于一个通俗历史读物的撰写者来说，大可不必钻到那些故纸堆中去（当然能阅读一定的原始材料，对于普及读物的写作会是大有裨益的）。大量的近代史读本、教科书、学术著作以及面对不同文化层次的近代史通俗读物，都可借供参考。上述读物中，虽难免有这样那样的错误，但如上指那许多常识错误却是不可能发生的。那么作者写作时所依据的图书是哪些呢？令人不解！

由此我猜想那位作者大概不是搞历史的。非历史工作者而涉足通俗历史读物的撰写并非少见。既然是写历史书，就应忠实于史实，就应资料有据。历史读物不是文学作品，容不得想象与推测。打开那本书的主编写的前言，又一次使我吃惊。那里明明写着：主编邀请来撰写各篇人物传记的都是史学工作者，"都是学有专长的历史学家"。既然由如此有专长的作者来撰写曾国藩、张之洞的传记，怎么有那么多严重的常识错误呢？又怎么能从主编和出版社的责任编辑眼皮底下溜过呢？要知道，这些错误是那些近代史的初学者也不应该出现的呀！实在令人不解！

由此发生几点感想。

写作通俗（或普及）历史读物应有很高的社会责任感。不然你写它干什么。历史学界正在议论历史学家应有对社会政治生活的参与意识，有人还大声呼吁历史学家走出史学界。这无非是说，历史学家要把自己的研究成果交给社会。为此，就要改变社会对历史学研究成果的冷漠态度，改变历史学研究成果仅仅在史学界同仁间交流的现状。办法之一，历史学家在史学研究的基础上，针对不同文化层次的读者，写出各种类型的通俗历史读物，以影响社会的不同层面。这样做，至少是提高参与意识、走出史学界的一种体现吧。可惜，一些历史学家不屑于写通俗读物，一些历史学家写不好通俗读物。应该改变那种通俗历史读物登不得大雅之堂、算不了学术著作的旧观念。好的通俗读物所发挥的社会效果可能是孤高的学术著作难以达到的。因此，历史学家愿意从事通俗历史读物的写作，应当受到大大称赞。

通俗读物应当具有通俗、生动、可读性强的特点。有了这些，读者才能乐于接受历史知识，从中受到教益。这里，必须描述真实的历史过程，传播正确的历史知识。这不仅是通俗历史读物所应遵循的基本原则，也是历史科学研究所应遵循的基本原则。如果通俗读物传播的不是正确的历史知识，而是错误的历史知识，如本文列举的那些现象，那种通俗、生动有什么用处呢？据我所知，本书发行量不小，许多中等学校图书室均有收藏。试想一下，接受了这种不正确的历史知识的具有中等文化水平的青年读者，将会表现他们怎样的文化素质和修养呢？在他们从事的各种不同的工作中将会产生怎样的影响呢？这样的通俗历史读物，倒是没有的好。

历史学界经常在谈论史学的危机。对"史学危机"，人们存在着各种不同的理解和解释。说有者有，说无者无。实际的认识程度当然比这二者复杂得多。其基本的出发点，仍在于史学的社会效益。给读者提出了正确的历史知识，其社会效益如何体现，众说纷纭。给读者提供了不正确的历史知识，还有社会效益可言吗？读者对这样的史学作品能不产生危机感吗？

为学之道，在于老实。知之为知之，不知为不知。自己尚且对某一段历史弄不清楚，就要下功夫弄清楚。在弄清楚以前，不要企图好为人师，去写那种于人有害、于己有"利"的错误作品。无一字无来历，无一字无根据，是历史学家应有的特点。所以历史学家是最老实的人。既然被人冠以历史学家的美名，切莫玷污了它。作者、编者、主编、出版者，都应当多想想自己的作品对读者的责任、对社会的责任。

我也习近代史，不登堂奥，知识浅陋。看到这两篇传记，夜不能寐，感慨良多。以上写出的，只是其中几点。《中国历代名臣》包括了自周朝至清朝3000年间67个名臣，此处评说的只是其中之二。我不想给人产生以偏概全的印象。所评不能加诸全书,这是需请主编和出版者原谅的。末了再对出版者进一言:清末诸传记所附人物插图,实在太差劲了。这些人都有大量照片(或画像)可供参考,怎么画出那样一些面孔呢?

这篇小文草成后两个月,1988年6月15日《光明日报》史学版发表了李治亭先生的书评——《历史人物传新的尝试之作》,高度评价了《中国历代名君》《中国历代名臣》《中国历代名将》传记丛书的出版。小文所评的两篇传记正载于这套名传丛书中的一种上。书评作者指出了这套名传丛书在编选、取材、写作方法、语言流畅甚至图文并茂方面的许多特色、独到之处。这可能都是真实的。笔者因未得通读这套丛书,没有资格来怀疑上述特色、独到之处的真实性。如果单拿其中的曾国藩、张之洞两篇传记来看,很明显,上述特色、独到之处是很难体现的。

1988年6月

"告别革命"说错在哪里？*

  1995年香港一家出版公司推出了一本小书，题名为《告别革命》。那本小书，其实是两个人平时的谈话，加以录音整理，居然成书。该书宣布要告别一切革命，不仅要告别法国大革命、十月革命，也要告别辛亥革命，以及辛亥革命以后的一切革命，而且还要告别21世纪的革命。

  这本小书是谈话记录，谈不上什么理论依据，没有论证，不过是反映谈话者攻击革命历史、革命业绩的阴暗心理。《告别革命》的思想，其攻击中国近现代革命史的一些基本观点，1994年在国内的刊物上已经发表。这种荒谬的言论，早已引起思想界、学术界的注意。《求是》杂志已经连续发表评论，揭示了这种言论的荒谬。

  对这种奇谈怪论，我们不可小觑。1990—1991年苏联历史学界攻击十月革命的势头，我们还记忆犹新。我们要问，攻击辛亥革命、攻击中国共产党领导的一系列革命，其用意何在呢？我们不能不做一些辨析。

  按照"告别革命"论者的说法，社会历史发展过程中爆发的革命，似乎是可有可无的，如果改良搞得好，革命是可以避免的。显然，这是历史唯心主义者观察历史运动的看法，它完全无视历史发展是有规律可循的客观历史运动。

  事实上，革命作为历史发展过程中一种客观的历史运动，不是随心所欲可以制造出来的，也不是随心所欲可以制止的，更不是由什么人可以任意宣布否定就否定得了的。历史上发生过多次革命，尤其是17世

---

  * 本文原载《当代中国史研究》1996年第6期。《中流》1997年第2期转载。收入沙健孙、龚书铎主编《走什么路？》，山东人民出版社，1997；《追求集——近代中国历史进程的探索》，社会科学文献出报社，1998。

纪以来,在欧洲、美洲、亚洲先后发生过的多次革命,都是社会矛盾不可调和的产物。统治者不能照旧统治下去,被统治者不能照旧生活下去。于是革命爆发了。旧的制度瓦解了,新的制度建立了,旧的统治秩序被打碎了,新的统治秩序形成了,旧的社会桎梏解除了,社会生产发展了,社会前进了。社会革命往往采用暴力的形式,不通过暴力革命,旧的统治者能退出历史舞台吗?不通过暴力革命,反抗新社会的旧势力可以被压制下去吗?"暴力是每一个孕育着新社会的旧社会的助产婆。"马克思这句名言,形象地反映出了历史的真实。革命起来,如暴风骤雨,有人讨厌它,但是不可以制止它。社会生活在承平时期,社会阶级矛盾没有激化,如果有人登高一呼,召唤革命,有谁去响应呢?革命,是社会运动的一种形式,是社会进步的一种必要形式。不能说想革命就革命,也不能说不想革命便不革命。革命的发生,是有规律可循的。诅咒革命,诅咒暴力革命,只是反映了旧势力对革命的无奈、对旧社会的哀鸣而已。

"告别革命"论者说,改良比革命好,"解决阶级矛盾可以是阶级调和,协商互让,进行合作,即改良而非革命"。对改良的不加分析的肯定,实际是反对革命的同义语。

诚然,革命并不是社会历史前进的唯一推动力。革命的发生是有条件的,不是任意可以制造出来的。社会发展的经常形式是社会改良。在革命没有发生的时候,当阶级矛盾不到激化的程度,解决社会阶级利益的冲突,往往要靠阶级妥协与调和,那实际是阶级斗争的特殊形式;解决社会政治利益的冲突,往往要靠社会改良的种种办法。阶级调和的办法、社会改良的办法,也能促进社会的发展,但它只能在同一个社会制度内运行,如果要推翻旧制度,建立新制度,阶级调和、社会改良,是无能为力的,它只能让位于革命手段。革命发生,才能使社会发展产生质的变化。因此,革命虽不是社会发展的唯一推动力,却是社会历史发展的根本动力。否定这一点,无原则地歌颂社会改良,显然是一种反历史主义的态度。

有人还攻击说:"史笔只能歌颂农民革命,不能肯定改良,也不能肯定统治阶级的让步政策。"这是攻其一点,不及其余。所谓攻其一点,是只抓住了某些历史学者在不正常的政治气氛下所做出的过头的评论,而不顾我们党和用马克思主义做指导的历史学者对革命和改良的历史作用做出的合乎事实的客观分析。如对康梁领导的戊戌维新运动，一般总是给予高度评价的。1956年11月12日，在孙中山诞辰90周年的纪念大会上，林伯渠代表中共中央讲话说，资产阶级改良派的维新运动，"对中国人民的觉醒和进步，起了显著的作用"。著名的老革命家和历史学家吴玉章也说过："1898年戊戌变法以前，许多爱国的维新志士希望学习俄国彼得大帝的改革和日本明治天皇的维新，要求自上而下的实行变法。这在当时是一种进步的思潮。"著名历史学家范文澜在1958年纪念戊戌变法60周年学术讨论会上发言，高度评价戊戌变法的历史意义，他说："旧民主主义革命时期，中国资产阶级在政治上做了两件大事，一件是1898年的戊戌变法运动，即改良主义运动。更大的一件是1911年的辛亥革命运动。"他还指出，戊戌"变法运动代表着中国社会发展的趋势，赋有进步的意义"，"戊戌变法运动是思想的第一次解放"。著名的历史学家胡绳在他著的《从鸦片战争到五四运动》一书中说："维新运动是在中华民族和帝国主义的矛盾成为主要矛盾的条件下中国人民大众试图解决这个矛盾的斗争的反映。这次运动以中国民族资产阶级初次走上政治舞台为特征而成为中国资产阶级领导的民主革命的前奏。"马克思主义历史学家刘大年在他主持的《中国近代史稿》第3册（1984年版）里称赞戊戌变法掀起了"近代中国第一个思想解放的潮流"，指出，改良派发动维新运动，要求挽救民族危亡，明显地具有爱国主义性质。又说，资产阶级改良派要求在中国发展资本主义，使一个贫穷落后的中国变为富强先进的中国，这在当时的情况下，是顺应历史发展潮流的。这些，能说我们不能肯定改良吗？但是，当中国出现革命形势的时候，当中国革命派正在掀起革命运动的时候，改良派跳出来加以反对，坚持保皇立场，坚持认为只有改良是唯一正确的方法，就是错误的了，就是不能肯定的了。对历史过程的不同阶段采取不同的评价，这种分析的态度，是历史主义的态度；以社会发展规律为准绳，按照一定的时间、地点和条件，来观察、分析事件和人物的表现，是历史唯物主义的方法。对改良和革命，离开了具体的时间、地点和条件，妄做评议，正如范老所说，这是爱而欲其扬，恶而欲其抑，都不免徒劳而无益。

论者还说，他"赞成英国式的改良，不赞成法国式的暴风骤雨式的大革命"，还说什么，"虚君共和"，就是英国式的，用暴力打倒皇帝，就是法式的。作者常把英国式改良与法国式革命相比较，法国式革命如何残酷，英国式改良如何文明。稍微知道一点世界近代史的人都会看出，这是一种错误的历史比较。法国革命是革命，英国也同样搞了革命，而且是欧洲近代史上第一场最重要的资产阶级革命。法国革命打倒了皇帝，让路易十六上了绞刑架，英国革命也打倒了皇帝，割掉了查理一世国王的头。英国革命处死国王后，克伦威尔宣布英国是共和政体。只是此后斯图亚特王朝复辟，在共和国垮台后30年间形成了"虚君共和"的局面。此后英国政治是在改良的道路上行进的，但那已经是在资产阶级占统治地位的"君主立宪"体制内的改良。英国革命与法国革命是在不同的时代背景、不同的国情里发生的不同形式的革命。英国革命发生在17世纪40年代，延续到80年代。法国革命爆发在18世纪80年代，而延续到19世纪初。当英国在"君主立宪"的体制内进行社会改良的时候，法国革命还没有发生。因此，把所谓英国改良和法国革命相提并论，是不恰当的历史比附，是历史的错位，是对读者的误导，是把自己的立论建立在沙滩上。

《告别革命》作者经常强调辛亥革命搞糟了的观点。他说："20世纪中国的第一场暴力革命，是孙中山领导的辛亥革命。当时中国可以有两种选择，一是康梁所主张的'君主立宪'之路；一是孙中山主张的暴力革命的道路。现在看来，中国当时如果选择康梁的改良主义道路会好得多，这就是说，辛亥革命是不必要的。这样，我就否定了孙中山最重要的革命业绩。"一个被其同气者称为哲学家和有"杰出的思维脑袋"的人，在这里显出了思维逻辑的极度混乱。20世纪初的中国存在着两种选择，这是不错的。但是历史抛弃了康梁主张的"君主立宪"之路，选择了孙中山的暴力革命道路。20世纪初的中国历史就是这样发展过来的。怎么可以得出"如果选择康梁的改良主义道路会好得多，这就是说，辛亥革命是不必要的"这样的结论呢？这句话中，前一个结论是带"如果"的虚拟语气，后一个结论是不带"如果"的肯定语气。用一个虚拟的前提，来证明"辛亥革命"这个肯定的事实之不必要，简直是荒唐的逻辑。在爱康梁、爱改良者看来，如果那个"如果"实现，果然是好得多，但那个"如果"却无情地被历史发展抛弃了，那个"好得多"也只是存在于虚无缥缈的无有之乡，只是证明它是不必要的；反过来，历史对辛亥革命的选择却是必要的，而不是不必要的。

我们的哲学家不是不懂这个浅显的逻辑,而是故意造成一种逻辑混乱,误导不经事者相信"改良比革命好"罢了,这真是爱而欲其扬,恶而欲其抑的典型心理。

说者又谓:清朝的确是已经腐朽的王朝,但是这个形式存在有很大意义,宁可慢慢来,通过当日立宪派所主张的改良来逼着它迈上现代化的"救亡"的道路,而一下子把它搞掉,反而糟了,必然军阀混战。又说:袁世凯称帝等现象是革命的后遗症,是暴力革命这种方式本身带来的问题。这都是些经不起驳斥的歪理。明知清朝已经腐朽,还要保留这个形式,还要逼它走上现代化,这无异于痴人说梦。说到形式,英国的"虚君"是个形式,但那是资产阶级革命后的形式,那个"虚君"至今差不多300年,没有人不说英国是老牌资本主义国家。清朝的皇帝,哪怕是由摄政王控制着的宣统小皇帝,也不是"虚君",而是实实在在的封建君主专制。在这个专制下,即使是慈禧太后派出的出洋考察政治大臣,提出改革政治的建议,涉及军机处的存在,立即被慈禧所否定。袁世凯贵为军机大臣、外务部尚书,因其掌握北洋新军为摄政王所疑忌,一声令下,也只落得到洹上去养"足疾"。直到1911年5月,军机处才被撤销,成立所谓责任内阁,阁员13人中,满族9人,其中皇族7人,是谓皇族内阁。换汤不换药,朝廷面貌依旧。预备立宪,朝野沸腾,立宪派掀起三次全国性请愿,甚至宫门喋血,也只不过换来个到宣统五年(1913)实行立宪,如此预备,连立宪派也对朝廷失望了。以至于武昌起义爆发,立宪派大多不站到清廷颁布的《宪法重大信条十九条》一边,而纷纷站到革命派一边了。

如此看来,腐朽的清王朝这个形式还能保留吗?还能够逼它走上现代化吗?康梁等人在国内甚至不能立足,其改良主张,也只能在海外徒呼奈何。此外,直到武昌起义,清王朝这个形式也绝不仅仅是形式。北洋六军仍是当时中国最现代化的部队,袁世凯卷土重来,攻下汉口,攻下汉阳,炮弹已经打到武昌的革命军都督府。如果革命派力量更强大,广泛发动工农站到自己一边,如果资产阶级的阶级基础更雄厚,就能使革命更彻底一些,那时北伐军直捣黄龙,犁庭扫穴,哪还有南北议和,哪还能容袁世凯耍弄逼宫把戏,哪还有此后袁世凯的称帝呢?说者要我们摆脱原来研究辛亥革命的思路,"不能老是无庸置疑的一味歌颂,或老讲'太不彻底'那些话"。这是不能照办的。对辛亥革命还要歌颂,歌颂革命派发扬大无畏革命精神，敢于去推翻几千年的封建专制；也要批评，批评其"太不彻底"。这样做是符合中国历史发展事实的。反之，要歌颂立宪，歌颂保留腐朽的清王朝，恰恰反映了遗老遗少的声音，是违背历史发展方向的。

《告别革命》一书作者在序言中说："影响20世纪中国命运和决定其整体面貌的最重要的事件就是革命。我们所说的革命，是指以群众暴力等急剧方式推翻现有制度和现有权威的激烈行动（不包括反对侵略的所谓'民族革命'）。"作者宣称要"告别"的就是这些革命。谢天谢地，作者把"反对侵略的所谓民族革命"排除在外。难怪作者在否定法国革命、否定十月革命的时候，对美国的独立战争不置一词。独立战争恰恰是反对英国殖民侵略的民族革命。但是这样一来，作者自然又制造出一个悖论，制造了一个他们无法辩解的矛盾。作者怎么把民族革命从他们所要反对的革命中分离出来呢？尽管作者巧舌如簧，事实上也难逃反对民族革命的干系。20世纪的中国，从旧民主主义革命到新民主主义革命，哪一场革命是脱离了反对帝国主义侵略的民族革命的性质的？整个中国近代史，都是反帝反封建的历史。

按照他们的定义，辛亥革命当然是推翻现有制度和现有权威的激烈行动。辛亥革命为什么要推翻清王朝？如前所述，朝廷已经腐朽了。腐朽的重要内容之一，就是它是"洋人的朝廷"。"量中华之国力，结与国之欢心"，"宁赠友邦，勿与家奴"，是这个朝廷对外屈辱的写照。革命派正是愤慨于这个"洋人的朝廷"，所以要发动民族革命；愤慨于这个朝廷的对内专制，所以要发动民权革命（民主革命）。辛亥革命是一身而二任的，它既是民族的，又是民主的，也就是我们后来所说反帝反封建的。试问，可以从这个革命中把民族革命的内容分离出来吗？正是因为辛亥革命是反帝反封建的民族民主革命，以孙中山为临时大总统的中华民国临时政府就得不到帝国主义列强的承认，尽管孙中山是真诚学习西方资产阶级民主制度的好学生。帝国主义不支持孙中山，却要支持袁世凯。所以后来又有"二次革命"、"护法、护国战争"乃至"大革命"。到国共合作的大革命，就明确喊出了反帝反封建的口号。直到1949年，新民主主义革命取得胜利，其性质也是反帝反封建的。支持国民党反动政府在中国打内战的，正是美帝国主义。国民党政权垮台了，就是对其后台老板美帝国主义在华利益的根本打击。谈中国近代史，谈近代中国的革命或改良，而不谈帝国主义列强在中国的作用，如果不是无知，不是隔靴搔痒，就是有意隐瞒事实真相。《告别革命》一书谈了近代中国的政治、经济，革命、改良，历史、现实，理论与实践，哲学与文学，应有尽有，就是不谈帝国主义对中国的侵略，不谈中国社会各阶级对列强侵略的态度和行动，其理论之虚伪，明眼人是不难看出的。由此可见，所谓不反对"民族革命"，也只是虚晃一枪而已。

为什么要提出"告别革命"说？反对法国大革命，是为了反对十月革命；反对辛亥革命，是为了反对中国共产党的新民主主义革命。他们要"反省整个中国近代史"，就是这个目的。他们要改变反共反社会主义的策略，于是"放弃激进的社会/政治批判话语，转而采取文化上的保守主义话语"，实际上是"隐喻了某种意识形态的企图"。这还说得不够明确。《告别革命》一书序言，把"告别革命"说的目的全盘托出。它说："这套思想，恰恰是'解构'本世纪的革命理论和根深蒂固的正统意识形态最有效的方法和形式。"原来如此。把近代中国的革命历史都否定了，把20世纪的革命理论都"解构"了，所谓反帝反封建自然不成立了，中华人民共和国的成立自然就失去合理性了。如此，则所谓有中国特色的社会主义、社会主义市场经济，岂不是都消解殆尽了吗？

"告别革命"说错在哪里？所谓告别革命，实际上是要告别马克思主义、告别社会主义、告别近代中国人民的全部革命传统。理论的错误，掩盖了现实目的的错误。既然做了人家的讲座教授、客座教授，总要为人家"分化""西化"出点主意、为人家的和平演变出点主意。和平演变，不就是不要剧烈手段吗？发明出一个能够"解构"革命的理论，以便"消解"中国人的革命的意识形态，便是最好的贡献了。

这种"解构"革命的理论，与前几年苏联出现的攻击、歪曲十月革命历史的情形，何其相似。"告别革命"说究竟错在哪里，读者当自会做出判断。

1996年8月24日

评胡绳著《从鸦片战争到五四运动》再版[*]

胡绳同志著《从鸦片战争到五四运动》是一部脍炙人口的近代史著作，1981年6月出版后，受到广大干部和各界读者的欢迎。老一辈无产阶级革命家王震曾在《红旗》杂志1982年第2期著文推荐，号召干部和青年读这部著作，"学习历史，发扬爱国主义精神"，为建设好的民风民气开辟道路。此后又接连出版大字本和简写本，在干部和青年中普及中国近代史知识，进行爱国主义教育，起到了十分重要的作用。

最近，经过作者修订，《从鸦片战争到五四运动》出版了再版本。该书初版后，曾多次重印（加上不同出版社的不同版本，总印数约300万册），到这次修订再版，其间经过了16年。这说明，广大读者是需要这本书的。作者在初版序言中曾说过："本来是想写成一本可供一般读者浏览而不至于感到十分枯燥的书。这个目的未必能够达到。"作者很谦虚。事实上，作者是研究中国近代史的大专家，又是作文的大手笔。1948年在香港出版《帝国主义和中国政治》，已表现了他从宏观上把握中国近代政治史的非凡能力。此书成为往后学习中国近代史的青年的入门必读书。无论是《帝国主义和中国政治》还是《从鸦片战争到五四运动》，都充满了一个深深参与、密切关注现实政治生活而又研究中国近代史的大学者、大专家的聪慧和眼力。他处理复杂的近代史料，往往给人以驾轻就熟、游刃有余的印象。他的著作，不是专门为研究中国近代史的学者写的，没有单纯学术著作所常有的古板、书卷气和学院气，

---

[*] 本文原载《中共党史研究》1998年第1期，该刊编者将标题改为《中共党史之前史的巨著——读再版的胡绳著〈从鸦片战争到五四运动〉》；《光明日报》1998年1月6日摘载。

因而能为有中等文化水平以上的广大干部和各行业读者所喜读。学者们，尤其是研究中国近代史的学者们，总是把它置于案头，常加参考。深入浅出，变繁为简，剪裁适当，娓娓道来，又不失把握历史事变的深刻洞察力，这对于表现复杂历史进程的著作是很不容易的。范文澜是这方面的大家。他的《中国通史简编》和《中国近代史》，无论是在战争年代还是在和平年代，曾为一代一代的读者提供了丰富的历史知识。但那时范文澜是初创，限于当时的条件，尚有一些不尽令人满意的地方。我以为胡绳同志的《从鸦片战争到五四运动》是范文澜以后中国近代史著作中最好的本子。善于抓住读者，又能给读者很多思考，和范文澜一样，胡绳也是这方面的大家。初版印行300万册后，又要印行新版本，充分说明了这一点。

《从鸦片战争到五四运动》初版在四人帮被粉碎以后，那时候，中国近代史研究领域思想十分活跃，新见迭出。这次再版，也是近代史研究领域思想活跃的时候。早在1954年，胡绳在一篇讨论中国近代史分期问题的论文中，提出了三次革命高潮的概念。他认为，中国近代史上，存在着太平天国、戊戌维新和义和团以及辛亥革命三次革命高潮。"根据历史发展的情况来看，三次革命高潮中阶级力量的配备和关系是各不相同的，这正是中国近代社会经济结构的发展过程中的各个不同阶段的集中反映。"三次革命高潮是中国近代政治史中一个统率全局的重要概念。它表明作者是采用马克思主义的阶级观点和阶级分析的方法来处理史料、来看待近代中国的历史进程的。在中国近代史的研究上，它是马克思主义的史学家区别于解放前资产阶级的、封建阶级的史学家的最重要之处。我国史学界虽然在这个概念的具体内涵的表述上，或者在某次革命高潮的评价上，与胡绳有不尽相同的认识，但大体上，大家是接受这个概念的。这反映在大学的讲堂上，也反映在有关中国近代史的主要出版物上。《从鸦片战争到五四运动》就是按照作者自己提出的三次革命高潮的理论框架来结构篇章、铺陈编写的。80年代初，有学者对这个概念质疑，认为，洋务运动也应该与太平天国、戊戌维新、辛亥革命一样，被看成是近代中国的进步潮流。持这样观点的学者认为，洋务运动的方向是资本主义化，洋务运动开启了中国的近代化，应该给予恰当的评价。还有学者对义和团提出了全面的否定。作者除了在书中正面叙述洋务运动和义和团外，还在初版前言中指出，"本书不认为有理由按照'洋务运动—戊戌维新—辛亥革命'的线索来论述这个时期的历史的进步潮流";同时指出,"在充分估计义和团运动的反帝斗争意义的时候,必须看到它具有的严重弱点;同时也不能因为在当时的历史条件下,义和团运动不可能发展为一个健康的反帝斗争,就把它的历史地位抹煞掉"。从而全面坚持了三次革命高潮的观点。

作者为《从鸦片战争到五四运动》再版写了序言。除了举例交代若干重要的修改之处外,序言还特别谈到作者在修改过程中思考过的三个问题。这三个问题是:关于阶级和阶级斗争的问题、关于对外开放的问题、关于可否以现代化问题为主题来叙述和说明中国近代的历史的问题。关于第一个问题,作者声明,他写作本书正是使用阶级分析的观点和方法。"其所以使用这种观点和方法并不是因为必须遵守马克思主义,而是因为只有用马克思主义阶级分析的观点和方法,才能说清楚在这里我所处理的历史问题。"他强调不要简单化、公式化、概念化地对待马克思主义,但在处理1840—1919年半殖民地半封建时期前半期的中国政治史时,对于事实上存在着的复杂的阶级关系和阶级矛盾的那种情况,只有用马克思主义的阶级分析的观点和方法,才能够把问题说清楚。这就非常简明地把历史研究中运用马克思主义阶级分析的观点问题讲清楚了。

关于对外开放和以现代化为主题来叙述中国近代历史的问题,这是"文革"结束以后新的历史时期里,中国近代史研究领域学者们谈得很多的问题。作者密切关注学术研究进展,在再版序言中,做了集中的讨论。他认为,在党的十一届三中全会后,我国实行的对外开放政策,我们所取得的初步经验,在我国历史上是完全新的经验。因为近代100年间作为半殖民地国家向世界开放的经验与今天的经验是完全不同的。在旧中国,虽然门户洞开,毫无阻拦,但是对外开放的程度其实是很低的。因为那种开放使中国贫穷,而越是贫穷越谈不到扩大开放。这就把中国新旧不同时代的开放问题的实质讲透彻了。至于以现代化为主题叙述中国近代历史,作者认为那显然是很有意义的。"但是至今尚未有以现代化为主题写出来的中国近代史(也许我孤陋寡闻未见到过)。"其实这大概不能算孤陋寡闻,因为事实上的确没有这样的出版物面市。道理很简单:近代中国的历史进程是很复杂的。序言写道:"可以这样看,最早促使中国走向某种程度的现代化的不是别的什么力量,就是帝国主义。"但是，帝国主义并不希望被它改造的落后民族和国家变得像它一样，而只是允许以有利于它实行殖民统治为原则。第二次世界大战以后获得民族独立的那些原殖民地国家，无一例外地都处于贫穷落后的状况，便是有力的证明。所以作者气愤地指出："某些人居然说中国如果当过几十年（应作几百年——引者注）殖民地，就会实现现代化，这只是极端无知的昏话。"这种批评发自一位通晓近代中国历史和世界近代史的权威作家之口，无疑是极有分量的。作者同时指出，讲近代中国的现代化，讲几代中国人为实现现代化做过什么努力，经过怎样的过程，遇到什么艰难，有过什么分歧、什么争论，离开了阶级分析的观点是很难讲清楚的。因为，"讲现代化，也不能不区别帝国主义所允许范围内的现代化和独立自主的现代化"。我相信，有志于用现代化做主题来叙述中国近代史的朋友，一定能参酌胡绳的意见，写出一本反映近代中国历史进程的中国近代史来。

再版序言再一次对当前近代史研究领域中争论较多的若干问题表明了意见。如关于革命与改良主义、关于洋务运动等问题。在提到关于辛亥革命的不同历史评价，指出康有为、梁启超在辛亥革命前后就曾反对革命、宣告与革命告别后，特别说明："我的观点是，即便是有严重缺点的、不成熟的、有许多副作用的、一时没有得到完全成功的革命，如果它是适应于阶级斗争向前发展的形势而发生的，它就不能不被认为是必要的，是推进社会历史进步的。"序言批评"有人认为改良是比革命更好的方法，所以不应当推崇革命"的观点，认为不能脱离具体的历史条件对革命和改良做抽象的价值评估。在中国近代史上，改良主义常常是有两面性的。在和旧势力斗争的过程中，改良主义有积极的进步的意义，而且在客观上有为革命做前驱的作用，但是改良主义又有否定革命的一面。这些是符合历史事实的公允的评论。关于洋务运动，初版序言中，作者认为不能将其看作近代中国的进步潮流。再版序言中，作者又进一步做了分析。作者正确地指出，在帝国主义侵入中国的压力下，中国近代史中的现代化问题不可能不出现两种倾向："一种倾向是在帝国主义允许的范围内的现代化，这就是，并不要根本改变封建主义的社会经济制度及其政治和意识形态的上层建筑，而只是在某些方面在极有限的程度内进行向资本主义制度靠拢的改变。另一种倾向是突破帝国主义所允许的范围，争取实现民族的独立自主，从而实现现代化。"作者认为，这两种倾向在中国近代史中虽然泾渭分明，但有时是难以分辨的。他在本书中就曾仔细地将19世纪60年代至90年代的洋务派官僚和资产阶级改良主义加以区别，指出"那时的洋务派官僚是上述的第一种倾向的最早的代表人，那时的资产阶级改良主义是后一种倾向的先驱"。作者在书中谨慎地做出的这种分辨是极其可贵的，是符合事实的。

从以上的分析中可以看出，《从鸦片战争到五四运动》从1981年初版到1997年再版，作者始终坚持了他在探讨中国近代史发展基本规律时所使用的马克思主义的基本原则和方法，坚持了他在表述中国近代史发展基本规律时所提出的一系列重要意见。有些具体的结论，学术界或者还将会有种种讨论，但是他在研究中提出的一些重要指导原则，我以为是值得学者们认真加以参考的。

这次修订再版，作者已近80岁高龄。他花了很多时间，做了很多思考，避免了原书中的一些缺失，对读者一定会有很大帮助。作为评论者，修订再版中似乎还有小疵可挑。一是原书还有错字未得改正，如756页"设制总督"应为"设置总督"之误，810页"由刘公代行总督职权"中，"总督"为"都督"之误。再是引用书名错误未得改正，如875页注释引用《中国近代史资料》总第25号，书名中"中国"二字为衍字。三是外人译名未规范，如 Straight，W. D.，美国领事官，汉译名为司戴德①，正文和人名索引均误为"斯屈拉特"。这是小疵，不难在下次重印时纠正。唯另有一处，需稍加讨论。该书第二十三章第二节"'谋略处'的领导及其演变"，共8页，叙述武昌起义后，清军协统黎元洪被革命士兵强迫做了湖北军政府都督，黎元洪尚不能判断革命的前途如何，不言不语，不发表任何意见。起义士兵为了推进革命，掌握政权，在推举黎元洪为都督的同一天，还成立了由起义士兵的骨干分子组成的谋略处。军政府成立后头几天的一切大事都由谋略处决定。谋略处实际上是军政府的核心，政权实际上掌握在谋略处手里。这时候，扶育革命幼苗的工作落到了代表革命士兵的这些年轻人手里。几天以后，形势对革命有利，黎元洪承担起军政府都督的职权，谋略处的大权才被夺走了。这一节是以起义参加者事后写的回忆录为根据的。但是，在本书出版后，已有研究者对谋略处是否确实存在质疑，他们的文章考证了上

---

① 见中国社会科学院近代史研究所翻译室编《近代来华外国人名辞典》。

述回忆录形成和传伪的经过,其结论是:谋略处是不存在的。提出这一结论的至少有两篇文章①,迄今无人对这一结论提出争议。作者是很注意近代史研究的进展的,不可能没有注意这两篇文章。作者修订再版时没有采纳这两篇文章的论点,可能对相关的结论仍然存疑。不过,上述新的结论,十年来没有人起来推翻它,应该可以说经得起学术界的检验了。过分谨慎未必是对待学术进展的积极态度。

我还注意到,作者在再版序言中宣布,《从鸦片战争到五四运动》的续篇,即1919—1949年部分的写作已委托人进行。这是一个很好的消息。我又注意到,胡绳同志在对《近代史研究》创刊100期表示祝贺时,"重提一个建议:把1919年以前的八十年和这以后的三十年,视为一个整体,总称之为'中国近代史',是比较合适的。这样,中国近代史就成为一部完整的半殖民地半封建中国的历史,有头有尾。1949年中华人民共和国成立以后的历史可以称为'中国现代史',不需要在说到1840—1949年的历史时称之为'中国近现代历史'"。胡绳同志这个建议非常重要。事实上早在50年代,如荣孟源、李新、刘大年等,就提过这个意见。但是由于那时的时代背景,这样的意见没有受到足够的重视。此后,近代史研究所主办的刊物《近代史研究》自创刊以来,就是按照这个建议的精神去做的。今天,胡绳同志登高一呼,这个长期引起混乱的中国近代史的上下限问题,应该能在学术界得到妥善解决了。如果《从鸦片战争到五四运动》的续篇完成,那将是实施这一建议的重要实践。如果是这样,续篇如何去贯彻胡绳同志提出的三次革命高潮的主张呢?因此,我们期待着续篇将会提出中国近代史中建立革命高潮概念的新建议。

1997年9月8日夜完稿
10日夜修订于东厂胡同一号

---

① 参见张海鹏《湖北军政府"谋略处"考异》,《历史研究》1987年第1期;吴剑杰《谋略处考》,《近代史研究》1987年第2期。

探索中国近代资本主义发展特点的有益之作[*]

——杜恂诚新著《中国传统伦理与近代资本主义》读后记

上海社会科学院经济研究所杜恂诚研究员新近出版《中国传统伦理与近代资本主义》[①]一书，很值得一读。杜恂诚曾在中国社会科学院研究生院师从著名的经济史家汪敬虞先生，获取博士学位，先后发表《日本在旧中国的投资》（1986）、《民族资本主义与旧中国政府，1840—1937》（1991）等专著和研究中国近代经济史的论文多篇，是学有心得的后起之秀。新著《中国传统伦理与近代资本主义》，虽然不到16万字，却从他所熟悉的中国近代实业家和中国近代资本主义发展史入手，结合经济、思想、宗教、社会和政治等诸多学科，正面讨论中国传统伦理与近代资本主义的关系，对探索中国近代资本主义发展的一些基本问题发表见解，表现了作者的学术功底和研究志趣，颇能给读者以启发。

本书的副标题为"兼评韦伯《中国的宗教》"。韦伯（Max Weber，1864—1920）是德国著名的社会学家和政治经济学家。他在西方社会科学界具有普遍的影响。他在1920年出版的《中国的宗教》一书中断言中国资本主义的不能兴起和发展，是中国传统伦理阻碍的缘故。本书作者怀疑韦伯结论的正确性，于是展开这个项目的研究，并在国内国外遍访同道寻求支持，终于有了本书的写作和出版。本书不是一般地为论述、论证某个学术性问题而写作的，而是为了同某些有影响的学术观点

---

[*] 本文原载《近代史研究》1993年第4期。收入张海鹏《追求集——近代中国历史进程的探索》，社会科学文献出版社，1998。

[①] 杜恂诚：《中国传统伦理与近代资本主义》，上海社会科学院出版社，1993。

论争而写作的。所以本书的第一个特点是，它是一部论辩之作。论辩对象是在西方颇受学界推崇的社会学、史学大家。本书作者用一章（第一章）的篇幅客观介绍了韦伯的理论：儒家伦理阻碍了中国的资本主义——儒教的历史罪孽，又用一章（第二章）的篇幅质疑韦伯的理论：拿中国的儒学与西方的清教相比是否合理？夸大新教伦理在资本主义发展过程中的历史作用是否正确？把中国传统伦理等同于儒学是否妥当？中西伦理是否有相通之处？最后以儒家文化圈（以日本和亚洲四小龙的经济成就为例）的经济起飞质疑，说明儒家传统伦理同资本主义经济并不绝对抵触，中西伦理在亚洲四小龙经济发展中的融合是其鲜明的特色之一。在这一章的质疑中，作者的确抓住了韦伯理论的薄弱、不周和偏狭之处，进行了有理有据的辩论，是有说服力的。

顺便指出，作者同韦伯辩论，并不是一概否定韦伯的全部学说，而是批评其理论中的弱点和不妥之处，指出其不了解中国国情，不能通过中文直接了解中国的实际情况和文献资料，并不否定他的著作中"处处透发出一个杰出思想家所具有的独特的思想光芒"。[①] 在分析新教伦理对资本主义发展的作用时，作者认为："看到新教伦理的作用，这是韦伯的功劳；但他强调过了头，夸大了伦理的作用，于是真理也就转化为谬误。这使他在考察中国问题时，又以一个夸大了的前提来得出另一个夸大了的结论。"[②] 在分析传统伦理对中国资本主义的作用时，作者指出："不能否认，韦伯所说的伦理因素是存在的。中国传统伦理，在一定的条件下，对资本主义的发生或发展产生过一定的阻碍，但并不是第一位的、决定性的。"[③] 显然，作者的态度是很平实的，是以冷静的学术眼光来看待韦伯的理论的。应当赞扬这种敢于向西方权威学者挑战的态度，特别是在有关中国问题的研究中，中国学者应当有这种勇气。对西方学者的学说、理论，要采取实事求是的分析态度，那种不问其错误与否、一概"拿来"加以介绍、宣扬，或者不问其正确与否，一概拒绝加以骂杀的态度，都是不妥当的，都是不利于我们学术事业的发展的。

说本书是论辩之作，不仅指它同韦伯的理论辩论，还指它同我们国

---

① 杜恂诚：《中国传统伦理与近代资本主义》，第 3 页。
② 杜恂诚：《中国传统伦理与近代资本主义》，第 46 页。
③ 杜恂诚：《中国传统伦理与近代资本主义》，第 209 页。

内学术界的某些认识辩论。为了推动学术辩论、争鸣普遍开展，这种态度是难能可贵的。如在讨论到文化作用时，作者指出，"有些学者经常使用'大文化'的概念，把文化看成一个国家政治制度的基础，或某种最终起作用的因素。应该说，政治、经济、文化等社会因素是相互起作用，相互渗透，而不是相互隔绝的，但也应该承认，政治、经济、文化等还有其相对的独立性，因而可以分别加以研究"，"文化对政治、经济等确实是有影响的，但同时也受政治、经济的影响。这样的影响是双向的，不是单向的。文化并不是决定一切的；或者至少可以说，并不是始终决定一切的"。我赞成作者的这种看法。从马克思主义观点来看，政治、经济、文化三者之间的关系本来是很清楚的，学术界在讨论中确有将这种清楚的关系弄糊涂的情况，指出来并加以辩证，是必要的。又如在讨论关于中国资本主义发展脉络时，作者指出：有一位中国著名学者曾经发表过一个宏论，认为近代中国的政治趋势是向下的，而民族资本主义的发展趋势则是向上的（笔者按：这是对原作者观点的概括。原话是："从独立国变成半殖民地〈半独立〉，并向殖民地演化，这是个向下沉沦的过程；从封建社会变为半封建〈半资本主义〉，并向资本主义演化，这是个向上发展的过程。"）。殊不知，中国的经济问题历来与政治问题结合得最为紧密，是分不开的。把政治与经济拆卸开来，在解释和描述历史方面，固然有其便利之处，却难以令人信服。我们需要的，是一种整体性的有机统一的历史观。上述那位著名学者的观点在国内近代史学界是有影响的，作者以商榷的态度摆出自己的看法是可贵的，当然还不能停留在简单的结论上，因为，只有科学的解释和论证才具有说服力。

质疑是提纲挈领地提出疑问，疑问能够成立，还需要必要的论证。本书以三章的篇幅（第三、四、五章）正面讨论在西方列强用武力打开中国大门之后，中国传统伦理同西方文化及资本主义的关系，证明中国传统文化并未阻绝中国社会中资本主义萌芽的出现，中西伦理和文化有共通之处，正是这种共通之处产生了中西文化在中国土壤上的融合，而这种融合则造成了中国资本主义一定程度的发展。这三章是本书的主要部分，是作者着力要讨论的内容，即如书名所示——中国传统伦理与近代资本主义，作者在这三章里着重论证了近代中国资本主义发展和不发展的规律和特点。这是本书真正的主旨，尽管书中处处结合中国的情况评论韦伯的《中国的宗教》,他的书名副题却加上"兼评"字样,大概其深意在此。由此看出本书的第二个特点。往往论辩之作,放言恣肆,议论横生,难免底气不足,给人虚和空的感觉,本书则不同,作者对中国近代资本主义发展的史料烂熟于心,他在论证自己的主张时,对自己熟知的文献、档案史料,信手拈来,得心应手,恰到好处。他从半殖民地半封建中国所特有的买办——中西文化融合的产物说起,从伦理道德、价值取向、进取精神、企业组织、同乡观念、企业管理、商业习惯甚至中国的政治制度、法律措施、政府建设诸方面,讨论了近代中国资本主义的发展过程,涉及陈启源、唐廷枢、徐润、杨坊、郑观应、刘歆生、刘义方、叶明斋、吴懋鼎、席裕福、刘鸿生、周学熙、荣德生、荣宗敬、刘国钧、陈光甫、聂缉椝、聂云台、严裕棠、严庆祥、简玉阶、简英甫、叶澄衷、张謇、陆润庠、陈蝶仙(天虚我生)、吴蕴初、顾兆桢、朱晓南、王槐山、王一亭、朱葆三、傅筱庵、虞洽卿、许春霖、周宗良、徐庆云、陈春澜、李馥荪、钱新之、严信厚、周晋镳、宋汉章、马应彪、郭乐、郭泉、刘锡基、穆藕初、卢作孚、宋棐卿等买办、资本家及其企业。从作者的这些考察和论证中,我们可以体认到近代中国资本主义发展的一些特点。

第一,中国封建社会中虽有资本主义萌芽,但这种萌芽未发展成资本主义的生产关系。中国的资本主义生产方式是西方势力通过鸦片战争打开了中国门户后,从西方移植过来的,这符合后发展国家的一般规律,如美国、日本。中国的资本主义虽未发展成社会的主导生产方式,还是发展了起来并达到一定程度。作者指出:"清末10年和北洋军阀政府时期,是中国资本主义发展相对比较迅速的时期。韦伯1915年写《中国的宗教》,1920年此书出版,书中断言中国资本主义不能兴起,事实上当时正是所谓中国资本主义发展的'黄金时期'。"① 这是符合历史事实的,这个事实对韦伯的理论是一个很好的驳斥。

第二,中国传统伦理没有从根本上阻遏中国资本主义的发展,中国资本家在发展实业的过程中借助了传统伦理的诸多积极因素。从另一方面讲,中国资本主义毕竟是从外国移植过来的,当然带有西方资本主义的基本特点,中国资本家的进取开拓精神、冒险发展胆略、价值取向

---

① 杜恂诚:《中国传统伦理与近代资本主义》,第92页。

（即利益追求），与西方资本家是相通的。但中国资本主义毕竟是扎根在中国的土壤里，中国资本家在发展实业过程中得到了传统伦理道德的帮助。面对半殖民地半封建社会中资本主义商品经济的发展造成的道德沦丧、纸醉金迷、伤天害理现象，"中国商界中的一些人，在吸收西方文化的同时，意识到必须重视和发扬中国传统伦理道德精神，这样才不致于失去立身之本、立业之本和立国之本"。[①] 作者指出："实业家们说发扬中国传统伦理道德，都不是要回到旧时代，整体地恢复旧伦理，而只是想从当时的现实需要出发，吸取传统伦理中的合理部分以'正人心，励风俗'。"[②] 作者还强调："用中国传统伦理道德标准来约束企业家的行为，来协调企业内部和企业主家族内部的相互关系，对于资本主义的发展具有相当的重要性，而不是如韦伯所言，只具有外在的审美价值。"[③] 这就是说，中国资本主义是融合中西文化的积极精神后获得发展的，并不是如韦伯所说，只有西方新教伦理才能发展资本主义。

第三，中国资本主义既不是在传统文化基础上发展起来的，也不是在"西化"基础上发展起来的，而是如作者概括的融合了中西文化后有中国特色的资本主义。按作者的逻辑，可以说"不完全西化"是有中国特色的资本主义的基本特点。这种"不完全西化"反映在企业组织上，不是像韦伯强调的"打断氏族的纽带"、"建立起优越的信仰共同体"和"在很大程度上与家庭相对立"，而是建立起反映血缘共同体的家族、同乡形式。作者指出，"近代中国的企业组织，多数是家族式的，少数是非家族式的"，"非家族企业在内容和形式上都是'西化'的，但西化中又有中国特色的传统伦理成分，如重视同乡关系等；家族企业则更多地带有中国的特色，但也在不断吸收西方文明的因素以跟上时代的进步"。[④] 家族企业的所有权和经营权是不分离的。家族企业及其浓厚的同乡观念，是中国资本主义的一大特色，而与西方资本主义的观念不大相同。这种"不完全西化"反映在企业管理上，"以古代管理思想的精华与当代资本主义相结合，便成为中国特色的资本主义企业管

---

① 杜恂诚：《中国传统伦理与近代资本主义》，第93页。
② 杜恂诚：《中国传统伦理与近代资本主义》，第95页。
③ 杜恂诚：《中国传统伦理与近代资本主义》，第104页。
④ 杜恂诚：《中国传统伦理与近代资本主义》，第127、133页。

理"。① 作者在论述了适应当时发展水平的企业管理方法后指出："中国人的企业管理有很特别的一些做法，不能用纯粹西方的尺度来衡量……怎样对企业的生存和发展有利，企业家就怎样干，而不拘泥于西方企业管理的原则，也不遵奉一个统一的发展进度。……循序渐进、顺乎自然，这是大多数中国企业家在革新其企业管理方法时所共同信奉的准则。"②

回过头来总结一句话，用翔实的实证研究来支持自己的论辩，是本书的第二个特点。

本书的第三个特点是，作者立足于中国近代经济史学科，做了多学科的交叉研究。诚如作者自己所说："搞经济史的人不大会注意文化、伦理，搞文化、伦理的又不大注意经济。以这两者的结合来解释中国近代化的成败，对我们是一个新课题。"③ 作者在本书的"跋"里写道："这个课题，也是一个交叉课题。是经济和文化的交叉，涉及经济、思想、宗教、社会、政治等诸多学科。"④ 立足于经济史，做多学科的交叉研究，是本书的贡献。在中国近代史领域的众多研究成果中，本书的研究是不多见的。作者是以中国近代经济史为专攻的，为了弄清韦伯的理论，作者精读了韦伯的《中国的宗教》等著作，为了回答韦伯，作者不能不细心地做了多种知识的准备，我们从本书论述中可以发现，作者吸收了宗教史、文化思想史、社会史、政治史、中外关系史等学科的研究成果，大大丰富了本书主题的研究。做交叉学科研究，是要有勇气的。作者为了追求真理，勇敢地迈出了这一步，所取得的成绩，不仅丰富了知识结构，更加深了专业领域的学术水平，这是一举多得之事，大大值得提倡。

本书的最后一章（第六章）以"二元社会的困惑"为题，对中国近代史上的若干重大问题尤其是中国资本主义的发展脉络问题提出了思考，试图从更广阔的视野对上述问题做出宏观的概括，这种努力是值得称赞的。本书提出的种种思考，涉及对中国近代史若干重要问题的认识，学术界议论颇多，当然是见仁见智，各有不同。作者声明，"自己

---

① 杜恂诚：《中国传统伦理与近代资本主义》，第 144 页。
② 杜恂诚：《中国传统伦理与近代资本主义》，第 151—152 页。
③ 杜恂诚：《中国传统伦理与近代资本主义》，第 1 页。
④ 杜恂诚：《中国传统伦理与近代资本主义》，第 211 页。

对这个问题的思考，也才刚刚开始"，① 可见也还有深入的必要。这方面，有几个问题值得作者进一步斟酌、思考。

作者在这一章劈头提出一个问题："从1840年到1949年，中国的资本主义经历过一百多年的历史。为什么中国难以实现资本主义现代化？"② 这个问题提得很好。说中国没有实现资本主义现代化，当是指中国资本主义没有得到充分发展。作者赞同他的老师汪敬虞先生关于中国近代经济史的中心线索是"中国资本主义的发展和不发展"。汪敬虞的原话是："中国民族资本主义的发展和不发展，这才是贯串于中国近代历史的一条红线。如果把和帝国主义、国内封建主义、官僚资本主义处于对立地位的民族资本主义看作是中国资本主义，那么中国近代历史的一条红线，或者说基本线索，就是中国资本主义的发展和不发展。"③ 所谓发展，所指很明白，所谓不发展，就是指中国资本主义未得到顺利的、充分的发展。从本书的思维逻辑看，读者本来期待作者就中国资本主义不发展或难以实现资本主义现代化的原因做一些分析。作者自己也说："既然不能同意韦伯关于中国儒家伦理是资本主义主要阻碍的观点，那么似有必要正面阐述一下中国资本主义不能充分、健康发展的原因。"④ 可惜作者却以"容量"和"偏题"为由，未能讨论这个问题，这就使读者有不够满足之感。其实，讨论这个问题，正是本书题中应有之义，不能算是偏题的。

拙见以为，中国的资本主义萌芽所以未发展成为新的生产关系，以及中国未能实现资本主义的现代化，当然可以有多种解释，就主要方面而言，在鸦片战争之前，主要是内部原因。本书作者对中日两国资本主义发展的经济和社会制度的比较是很有价值的。作者写道：中国自秦汉以后，土地所者制的基本形式是地主制，而日本则同西欧封建社会的土地制度相近，实行的是领主制。"在中国，土地可以自由买卖，这是引起土地兼并和造成中国封建社会两千年周期性动乱的经济原因。"⑤ 这里强调了动乱。从历史长河来看，中国社会稳定多于动乱。动乱是社会

---

① 杜恂诚：《中国传统伦理与近代资本主义》，第191页。
② 杜恂诚：《中国传统伦理与近代资本主义》，第190页。
③ 汪敬虞：《近代中国资本主义的发展和不发展》，《历史研究》1988年第5期。
④ 杜恂诚：《中国传统伦理与近代资本主义》，第191页。
⑤ 杜恂诚：《中国传统伦理与近代资本主义》，第70页。

矛盾激化时的协调剂。因此又可以说,土地自由买卖是中国封建社会长期稳定发展的经济原因。再加上一句,自隋唐废除九品中正和门阀制度后形成、发展并完善起来的科举选士制度则是中国封建社会长期稳定发展的政治原因,而自汉代董仲舒建议"独尊儒术"以后形成、发展并完善起来的儒学是中国封建社会长期稳定发展的意识形态原因。基本上在以上三种原因的作用下,中国社会自身形成了一种良好的自我调节机制,如农民起义、某些宫廷政变、重大的社会经济制度改革,以及身处基层的小地主阶级知识分子迅速上升为统治阶级的顶层所焕发的活力(如晚清所谓同治中兴名臣之类)等都成为这种自我调节机制上的一环。可以说,中国封建社会是世界上发展得无可比拟的完美和充分的一种社会形态。在耕织结合得十分紧密的小农经济基础上,产生了一种生气勃勃的、强有力的、不断更生的政治结构。这种政治上层建筑及其所代表的意识形态严重地抑制了社会经济发展中新因素的出现,使得新生产力的萌芽难以找到孕育其发展的合适的土壤。鸦片战争后,在外国侵略的刺激下,中国社会移植、诱发了资本主义的生产方式,这种资本主义所以始终不能成为主导中国社会的生产方式(即难以实现资本主义现代化),我以为主要在于外国的政治、经济侵略和压迫,而中国社会固有的强大的政治结构也起了不可忽视的作用。有一种意见认为:"中国在近代之所以没有搞成现代化,不单是资产阶级软弱,更主要的是中国始终没有强有力的政权。"① 此议恐不妥。晚清中国的封建政权在国内依然是强有力的。唯其强有力,才压抑了中国资本主义的发展。进而又有外国的经济侵略和中国的政治结构,两者相结合,抑制了中国资本主义的充分发展。正如作者所说:"外国人的压迫,剥夺了中国民族资本主义原始积累的条件和机会,将其束缚在一个十分狭窄的活动天地之中。"② 如果在作者所说外国人的压迫之后,加上中国封建政治结构的压迫,似乎更全面一些。以上所说,对于用来解释中国资本主义萌芽之不能形成资本主义生产方式和中国资本主义在发展到一定程度之后不能实现资本主义现代化,是否有一些道理呢?

循此逻辑推衍,我以为作者关于中国资本主义发展脉络的若干思

---

① 海林:《"世界近代史上资本主义国家现代化与资产阶级的历史作用"讨论会纪要》,《历史研究》1987年第1期。

② 杜恂诚:《中国传统伦理与近代资本主义》,第195页。

考，思路还不是很明晰，自己的主张未能凸显出来，某些评论也许还值得商榷。作者说："像韦伯那样，无视近代中国资本主义的产生和发展，干脆认为由于中国儒家伦理的关系，中国资本主义产生不了；或者像过去中国国内的一种传统说法：由于帝国主义，封建主义和官僚资本主义三座大山的压迫，中国资本主义难以发展。这两种关于中国资本主义不发展的观点都是片面的。"① 这里，把韦伯和国内传统观点都概括为"中国资本主义不发展的观点"显然不妥。韦伯的观点，是中国资本主义不能产生和发展，国内传统观点，正如作者正确指出的，由于三座大山的压迫，中国资本主义难以发展。"不能产生和发展"和"难以发展"二者与"不发展"显然不是同一个意思。"难以发展"与"不能产生和发展"明显相区别，它承认有发展，但是难以有大发展。这和汪敬虞先生"中国资本主义的发展和不发展"的观点是类似的，不过汪先生的看法显得更明晰一些，更准确一些。检阅汪先生《近代中国资本主义的发展和不发展》一文，汪先生是同意"难以发展"这个概念的。汪所说"不发展"是不能顺利、充分发展之意。把韦伯和传统观点批评为"中国资本主义不发展"，此一"不发展"是不能发展之意，它与彼一"不发展"，含义显然不同。概括不准，尚属其次，作者似要告诉读者在三座大山压迫下，中国资本主义难以发展的观点未必是正确的。作者在另一处批评一种现象："学术界有一种倾向值得注意：研究哪个领域的问题，就往往夸大那个领域的历史作用，其估价甚至走向极端。"② 我以为这种现象是存在的。作者列举了四个领域的研究，其中之一是：研究政治史的，则把不平等条约或旧中国政府的腐败看成是决定性的。联系前面所举对传统观点的批评，作者的批评所指不难看得清楚。三座大山、不平等条约或旧中国政府的腐败，虽不是影响近代中国社会发展的某种一般的因素，却是一项主要的、决定性的因素，我们研究在这一决定性因素影响下的近代社会结构及其运作过程，我以为研究越具体越好，越深入越好。如果否定了这一项主要因素，我们研究中国社会结构及其运作过程，标举的方面越多越详细，可能使读者如堕五里雾中。因为近代社会本来就千丝万缕，将影响社会发展的诸多因素不分

---

① 杜恂诚：《中国传统伦理与近代资本主义》，第 190 页。
② 杜恂诚：《中国传统伦理与近代资本主义》，第 191 页。

主次、平等地罗列开来，不是更易使人感到这个社会的结构是相互割裂的吗？其实作者在本书的具体研究中，如第三章第二节比较中日两国社会和经济制度的不同方面，还是给读者昭示了影响社会经济发展的主要因素的。又如作者在本章分析影响第一次世界大战及稍后几年间中国资本主义发展的所谓"黄金时代"的因素时说："过去论者往往只注意外国资本势力压迫减轻的因素，其实应该还有一些其他因素在起作用，当时政府的'失控'就是一个重要的内因。"① 我是完全赞同作者这一分析的。从这里，我们可以看到，作者在实际研究中并未忽视影响近代中国社会发展的主要因素，同时也可看出，作者的主要视点，依然在两个方面：一个是外国资本势力的压迫，一个是中国政府的控制。作者认为不应只强调外国势力的压迫，而忽略中国政府的控制，这无疑是十分正确的。这里所使用的研究方法和所持的观点，与汪敬虞先生《近代中国资本主义的发展和不发展》一文所使用的，几乎完全相同。但是由于作者在总的思考中批评了这种观点，就使人感到疑惑，作者自己的主张究竟是什么呢？

我以为，作者提出不要只强调外国势力的压迫这一个因素，还要注意国内因素的分析，在比较中日两国国情时尤其注意这一点，是很有说服力的。作者写道："无论如何，当年的日本曾经同样处于不平等的对外关系中，同样面临外国资本主义的压迫，但日本冲破了不平等关系的罗网，成为一个世界强国，反过来压迫中国等其他国家，而中国这样一个'泱泱大国'，却一直难以摆脱'内忧外患'的困境。"② 这是历史事实。我以为，在看到这一历史事实时，还应注意到其他情况。资本主义的生产方式，通过 17 世纪英国的政治革命、18 世纪欧洲的工业革命和 19 世纪美国的南北战争，在世界范围内已经定型化了。英、法、德、美等是先发达国家，是先进的资本主义大国，迄今无根本变化。后发达国家自那时以来，除日本以外，没有一个成为发达资本主义的。不仅中国如此，印度如此，俄国也如此。日本跻身于发达资本主义国家，原因很多，本书在这方面做了很好的研究。我觉得有必要提出来加以强调的是，虽然当初中日都处于不平等的对外关系中，同样面临外国资本主义

---

① 杜恂诚：《中国传统伦理与近代资本主义》，第 209 页。
② 杜恂诚：《中国传统伦理与近代资本主义》，第 195 页。

的压迫,中日同处东亚,同样不发达,但在列强看来,日本资源贫乏、市场狭小,中国号称广土众民、地大物博,是一块令西方殖民者馋涎欲滴的无可比拟的肥肉。中国承受了比日本大得多的来自西方列强的政治、经济压力,中国吸引了西方,使它们未能把更大的压力施向日本。可以说,在承受压力方面,中国保护了日本。日本由于承受的西方压力小,又由于国内没有形成像中国那样的强有力的政治结构,方有自上而下的明治维新的发生。甲午战起,列强在远东的矛盾复杂,面对中国这一块肥肉各有打算。在那样的国际氛围下,与其说中国败于日本,毋宁说中国败于国际的绥靖主义。请设想一下,光有明治维新,没有甲午战争后从中国获得的庞大得不可想象的不义之财,日本能那样快跻身于资本主义强国之列吗?正是甲午战后日本从中国获得了巨额的赔款,成为在明治维新基础上发展资本主义的经济动力,大大增强了日本国力,才有可能废除同列强的不平等条约。总结一下历史可以看出,自资本主义制度确立以来,后进国家如日本成为发达资本主义的,是特例,因遭受侵略等继续落后的,是常例。历史经验证明了,当世界在资本主义列强笼罩下,像中国这样的大国要想赶上或超过发达资本主义,几乎是不可能的。1949年后中国走上了社会主义道路,实际上是选择了实现现代化的完全不同的另一条路子。这种选择必须有两个前提:一是根本上解除帝国主义加于中国的政治、经济压力,一是彻底打破中国传统的、旧的政治结构。有了这两个前提,再加上其他种种国内国际因素,中国现代化的实现才有可能。现在看来,如果顺利的话,再过50年,我们有可能通过社会主义现代化实现百年来中国人赶超发达资本主义的梦想。

总之,杜恂诚新著是值得一读的。它的论辩具有挑战性,它关于中国传统伦理与近代资本主义发展特点的论证扎实细密,很具有说服力,当然也应指出,它关于中国近代史基本问题若干思考尚有不够周严之处,但对于启发人们进一步研究和思考是有益的。

孙中山"社会革命"说正义[*]

一

正好90年前，孙中山在致友人书中提出了"民生主义"思想，这一次，他是用"社会主义"[①]一词来表述"民生主义"思想的。这是自1894年兴中会成立以来，孙中山第一次提出有关中国社会未来发展的框架设计。此后20多年中，孙中山反复说明并完善他的民生主义思想。学者们认为，民生主义一直到1924年孙中山正式公开讲演三民主义时才定型。[②] 在许多场合里，他都用"社会主义"的概念来表述他的民生主义。但是，正式的表述，或者说，孙中山乐于使用的词语还是民生主义。民生主义成为孙中山"三民主义"学说中的重要组成部分，一般说来，也是最具特色的部分。

民生主义－社会主义思想，虽然孙中山经常强调它源于中国古代乃至近代的思想资料，但实际上，是受19世纪末以来西方自由资本主义发展为帝国主义以后，欧美各国广泛掀起的社会主义运动的影响。孙中山在阐发民生主义－社会主义思想的时候，经常回顾西方国家资本主义

---

[*] 本文曾在1993年3月澳门基金会举办的"东西方文化交流国际学术研讨会"上宣读，原载《近代史研究》1993年第3期。收入吴志良主编《东西方文化交流——国际学术研讨会论文选》，澳门基金会，1994。

[①] 孙中山：《复某友人函》，中国社会科学院近代史研究所中华民国史研究室等编《孙中山全集》第1卷，中华书局，1981，第228页。

[②] 张玉法：《历史讲演集》，台北：东大图书出版有限公司，1991，第395页。

发展的历史，引用并分析西方社会主义思想流派的著作。在孙中山的说明中，有一个词使用很频繁，这个词就是"社会革命"。对"社会革命"这个词，孙中山并未给予明确的定义。稍稍仔细阅读孙中山的著作，我们会发现"社会革命"一词在不同的场合有不同的含义。对这些不同的含义不加区别，就会产生误解。国内有的研究者曾简单地把"社会革命"与"社会主义革命"等同起来，我曾在以往的研究中附带指出其"实在是一种误解"。[①] 最近看到一本新近出版的研究民生主义的专门著作中，把孙中山所说的"社会革命"直接等同于"社会主义革命"，[②] 并据此做出推论，"在孙中山看来，中国的民主主义革命和社会主义革命，无论如何应当'同时并行'"；"孙中山并没有提倡在民主革命任务还没有完成的时候，就动手去完成社会主义革命的任务；并没有混淆民主革命和社会主义革命的'步骤'。他历来认为只有在完成民主革命任务之后，才有可能去完成社会主义革命的任务"。[③] 由此推论看来，孙中山主张由民主革命到社会主义革命的革命发展阶段论，不是同信奉马克思主义的共产党人的观点毫无二致了吗？人们有理由怀疑这个推论的正确性。追源溯始，对孙中山关于"社会革命"一词的理解，是一个关键。于是乃作此文，俾供讨论。

二

检索孙中山的著作，似乎未发现"社会主义革命"一词。孙中山经常用"社会革命"来说明欧美和中国的社会现象。用马克思主义的观点来看，孙中山使用"社会革命"这样的词语，其内涵往往是含糊不清的。试举例说明于下。

1912年4月，孙中山在南京同盟会会员饯别会的演说中说：

[①] 张海鹏：《孙中山社会主义思想研究评说》，《历史研究》1991年第5期，第65页。
[②] 韦杰廷：《孙中山民生主义新探》，黑龙江教育出版社，1991，第89、97页等处。第89页有一处说："在孙中山看来，所谓'社会革命'，就是'民生革命'、'经济革命'、'民生主义革命'或'社会主义革命'。"
[③] 韦杰廷：《孙中山民生主义新探》，第97页。此处所引，前一句话说民主革命与社会主义革命同时进行，后一句说分开进行，逻辑是矛盾的，本文存此不论。

> 社会革命尚须用武力乎？兄弟敢断然答曰：英美诸国社会革命，或须用武力，而中国社会革命，则不必用武力。所以刚才说，英美诸国社会革命难，中国社会革命易，亦是为此。①

这里把"社会革命"既与英美诸国连称，又与中国连称，说前者要用武力，说后者不必用武力。"社会革命"一词在这两处的含义显然不同。前者似指社会主义革命，如果把后者也理解为社会主义革命，显然不符合孙中山的本意。

1923年12月，孙中山在广州欢宴各军将领会上发表演说，指出：

> 富人的财产过多，总是用资本的势力操纵全国政权，来压制穷人；多数穷人不情愿受少数富人的压制，便想种种方法来反抗富人。那种穷人反抗富人的举动，便叫做社会革命。预防这种社会革命，以达到生活上之幸福平等的道理，便是民生主义。……至于近来人类要求社会上机会平均，贫富相等，便是民生革命……要改良成一个完全的中华民国，行一个一劳永逸的方法，所以行了民族主义的革命、民权主义的革命，必须兼顾民生主义的革命。②

这里出现了社会革命、民生革命和民生主义的革命三种提法。第一种提法，似指社会主义革命，第二种提法所指似近于第一种提法，但民生革命与民生主义的革命，提法上更近似，如把民生主义的革命说成是社会主义的革命，显然不符合孙中山的本意。

以上两例说明，孙中山在使用"社会革命"一类名词时，含义不是很明确，研究者需要把不同场合下的同一说法，做出符合孙中山本意的解释。

在一些地方，孙中山说到"社会革命"的时候，我们可以大胆地说，他大概是指社会主义革命。如他说："俄国社会革命成功，已成为农工兵国。"③"若俄国现时之新政策，则有鉴于此，乃以政治革命与社会革命同时并举。所谓劳农政府者，直乃农工兵政府……彼之新政府，

---

① 《孙中山全集》第2卷，第319页。下划线为引者所加，下同。
② 《孙中山全集》第8卷，第470—471页。
③ 《在广东省第五次教育大会上的演说》，《孙中山全集》第5卷，第561页。

不独推翻君主专制，且实行打破资本家专制，是即所谓社会革命。"①又说："（欧洲）由于民生问题没有解决的缘故，所以才生出贫富的冲突，酿成经济革命。法国数十年前，曾发生过一次经济革命，但是不久便失败了。俄国近来实行政治革命，同时又实行经济革命，一面把皇帝和皇族推翻，同时又把资本家推翻。"②

以上是针对俄国十月革命和法国巴黎公社说的。这里所谓"社会革命"或"经济革命"，不仅包括推翻君主专制，也包括打破资本家专制，其含义与"社会主义革命"的含义近似。至于社会革命与经济革命并用，反映了作者使用概念的混乱和不严密，且带有时代的烙印。

使用"社会革命"概念，其含义与以上相近似的，还有针对欧美资本主义发达国家说的话。例如，1905年在《民报》发刊词中，孙中山指出："欧美强矣，其民实困，观大同盟罢工与无政府党、社会党之日炽，社会革命其将不远。"③ 1912年在上海中国社会党发表演说："社会主义学者尝谓物极必反，专制若达于极点，推翻即易如反掌。将来社会革命，首在美洲。缘美国大资本家擅经济界之特权，牛马农工，奴隶负贩，专制既甚，反抗必力，伏流潜势，有一发而不可抑者。盖资本家之专制与政府之专制一也。政府有推翻之日，资本家亦有推翻之日。"④ 1919年在《中国实业如何能发展》一文中说："……不致再蹈欧美今日之覆辙，甫经实业发达，即孕育社会革命也。"⑤ 1920年在上海中国国民党本部会议上发表演说："象美洲等国，可谓民权发达，怎么还有革命的事发生呢？只为人民的生活太难，贫富的阶级相去太远，那社会革命的事自然就免不了。"⑥ 1921年在桂林军政学七十六团体欢迎会上发表演说："欧美各国二百余年以来，只晓得解决民族、民权两件事，却忘记了最要紧的民生问题。到现在全国的权力，都操在少数资本家的手里，只有少数人享幸福，大多数人还是痛苦。因为大多数人不甘受这种痛苦，所以现在才有经济革命——社会革命——的事情时常发生。"⑦

---

① 《在桂林对滇赣粤军的演说》，《孙中山全集》第6卷，第28页。
② 《在桂林军政学七十六团体欢迎会的演说》，《孙中山全集》第6卷，第5页。
③ 《孙中山全集》第1卷，第288—289页。
④ 《孙中山全集》第2卷，第520页。
⑤ 《孙中山全集》第5卷，第135页。
⑥ 《孙中山全集》第5卷，第393页。
⑦ 《孙中山全集》第6卷，第5页。

以上几处均是针对欧美社会而言,所说"社会革命"(也与经济革命的提法混用)的含义,也可视为与"社会主义革命"相近似。

在另外一些地方,孙中山使用"社会革命"(包括使用具有相同含义的"经济革命"、"民生革命"和"民生主义革命"等词语)一词时,特别是用来说明中国社会、说明在中国实施民生主义时,与"社会主义革命"的含义实在并不相同。

我们先来看下面引用的两段话。

1906年孙中山在东京《民报》创刊周年庆祝大会上发表演说时指出:

> 中国行了社会革命之后,私人永远不用纳税,但收地租一项,已成地球上最富的国。这社会的国家,决非他国所能及的。我们做事,要在人前,不要落人后。这社会革命的事业,定为文明各国将来所取法的了。①

1921年孙中山在桂林对滇赣粤军解释三民主义时说:

> 第一之主义,为种族革命,谓排除他种民族,发扬自己民族,组织一完全独立之民族国家也。第二之主义,为政治革命,谓人民直接参与政权,简言之,即如选举权、罢官权、复决权、创制权等,由人民直接行之,非代议制度下之民权也。第三之主义,为社会革命,亦即经济革命,谓社会上之财产,须平均分配,不为一般资本家所垄断也。②

这两段话说得十分清楚,理解起来毫不费劲。这里所说在中国实行社会革命,指的是实行民生主义(或社会主义),采取平均地权、节制资本等社会政策,防止垄断现象的产生。所谓"社会革命"云云,绝不是要中国仿效俄国、欧美,实行既推翻君主专制又推翻资本家专制的社会革命,即社会主义革命。同是社会革命一词,在此处的运用,和在此前

---

① 《孙中山全集》第1卷,第329页。
② 《孙中山全集》第6卷,第11页。

引用的若干处比较，其含义是不相同的，或者说是相反的。在说到俄国、欧美时，社会革命似指那里已经发生了社会主义革命，或者不可避免将要发生社会主义革命（也不必硬指为社会主义革命，解释为社会动乱也是可以的）；而在说到中国时，社会革命一般是指实行民生主义的社会政策，其目的恰是要避免甚至反对社会主义革命。这一点孙中山在提出民生主义、社会革命说的早期，就是很明确的，如他在1906年说过："我们实行民族革命、政治革命的时候，须同时想法子改良社会经济组织，防止后来的社会革命，这真是最大的责任。"① 此处所谓社会革命，是指欧美已经发生和将要发生的社会革命，这种社会革命，在中国是要努力设法加以防止的；在中国要做的是改良社会经济组织，即实行民生主义。从这里可以看出，当孙中山用社会革命一词来借指在中国实行民生主义时，其本意是指改良社会经济组织。应当强调指出，改良社会经济组织的提法，概括出了民生主义社会设计的基本原则，在这个意义上，它是孙中山借用"社会革命"一词来说明民生主义社会设计的准确解释。

三

从以上论证看出，轻易将孙中山的"社会革命"一词理解为"社会主义革命"，显然是不妥当的。为了进一步说明这个问题，还有必要弄清下面两点：第一，孙中山的"社会革命"说是含糊不清的，它和马克思主义所说的"社会革命""社会主义革命"论比较尤其如此，在孙中山的头脑中，严格说来，缺乏明确的"社会主义革命"理念；第二，孙中山的民生主义－社会主义理论，说到底是不赞成社会主义革命的。

先讨论第一个问题。

从马克思主义的观点来说，"社会革命"和"社会主义革命"是既有联系又有区别的两个概念。社会革命指人类社会发展历史上从一种社

---

① 《在东京民报创刊周年庆祝大会的演说》，《孙中山全集》第1卷，第326页。

会制度到另一种社会制度的根本变革,是社会发展中的突变时期。[①] 马克思在《〈政治经济学批判〉序言》中说:"社会的物质生产力发展到一定阶段,便同它们一直在其中活动的现存生产关系或财产关系(这只是生产关系的法律用语)发生矛盾。于是这些关系便由生产力的发展形式变成生产力的桎梏。那时社会革命的时代就到来了。"[②] 历史上发生过多次社会革命,奴隶制度代替原始社会、封建制度代替奴隶社会、资本主义制度代替封建社会、社会主义制度代替资本主义社会,都要发生社会革命。社会主义制度代替资本主义社会制度时所发生的剧烈变革称作社会主义革命,或称无产阶级革命,通过这一次革命,无产阶级要代替资产阶级成为国家、社会的统治阶级,社会主义的生产关系或经济制度要代替资本主义的生产关系或经济制度。社会主义革命是人类历史上最深刻、最彻底的一次社会革命,除奴隶社会代替原始社会那一次略有不同外,其他社会革命都是一种私有制代替另一种私有制、一种剥削形式代替另一种剥削形式的革命,唯独社会主义革命是公有制代替私有制的革命,是以最后消灭任何剥削制度和任何阶级为目标的革命。以上就是马克思主义对社会革命和社会主义革命这两个概念的简要、通俗的解释。

孙中山在阐述民生主义-社会主义思想时,没有使用过"社会主义革命"的概念(虽然这一概念在那时马克思主义著作中已经出现了),在使用"社会革命"概念时,在不同场合其语义又每多歧异,有时候似乎有近似"社会主义革命"的地方,如前已引证的"穷人反抗富人的举动,便叫做社会革命","(俄国)新政府,不独推翻君主专制,且实行打破资本家专制,是即所谓社会革命",等等,不仅与马克思主义关于"社会主义革命"的概念有差异,而且与马克思主义关于"社会革命"的概念也是有差异的。孙中山在使用"社会革命"一词意在强调说明他的民生主义理念时,则所称"社会革命"的含义与马克思主义关于"社会革命""社会主义革命"的含义,完全是风马牛不相及的东西了。

再讨论第二个问题。

---

① 许涤新主编《政治经济学辞典》上册,人民出版社,1980,第127页。
② 《马克思恩格斯选集》第2卷,人民出版社,1972,第82—83页。

孙中山的民生主义理论，说到底是不赞成社会主义革命的，在中国运用民生主义的社会政策，其目的是要防止、避免或者说反对社会主义革命。所以如此，在一定的意义上，与孙中山对欧洲国家资产阶级革命和资本主义社会历史发展的模糊认识有关。他认为，欧洲国家民族革命、政治革命、社会革命是分开进行的，这是一种失误。他在《建国方略》中说过："中国今尚用手工为生产，未入工业革命之第一步，比之欧美已临第二革命者有殊。"① 在此以前十五年他还说过："吾国纵能媲迹于欧美，犹不能免于第二次之革命。"② 这两处所谓第二次革命，略与他近似于"社会主义革命"的"社会革命"概念同义，意指欧洲国家在实行政治革命后，未注意改进社会经济组织，导致社会之祸潜伏滋长，竟不能避免再发生社会革命。在他看来，政治革命是取得政权的革命，社会革命是穷人反对富人的革命，是打破资本家专制的革命，社会革命是社会发展中的病态。"须知社会革命的惨痛，比政治革命流血更多。"③ 他看到社会革命在欧美引起的社会痛苦，在设计中国的社会结构框架时，坚决主张应避免中国发生欧美那样的社会革命。在提出民生主义理念的20年间，关于实施民生主义的社会政策可以经常修改变化，但关于避免重演欧美社会革命的指导思想则坚定不移。兹举二例。

1919年孙中山在《三民主义》一文中说：

> 民生主义者，即社会主义也。……惟中国之于社会革命也，则尚未种其因，如能思患于预防，先为徙薪曲突之谋，则此一度之革命，洵可免除也！……中国之行民生主义，即所以消弭社会革命于未然也。④

1921年，孙中山在桂林发表演说称：

> 所以富人的势力便非常的强大，穷人的劳动便非常的痛苦，这

---

① 《孙中山全集》第6卷，第250页。
② 《〈民报〉发刊词》，《孙中山全集》第1卷，第289页。
③ 《在中国国民党本部特设驻粤办事处的演说》，《孙中山全集》第5卷，第480页。
④ 《孙中山全集》第5卷，第191页。

就是富人压制穷人的暴虐情形。从前的皇帝贵族压制百姓,他们有时候还负些责任,这种大资本家压制小百姓,他们是毫不负责任的呀!我们因为看到了这种弊病,要想一个方法预防他,所以在解决政治问题的时候,同时也要解决人民生计问题……如果有了不均,三十年之后不革命,五十年一百年之后一定是要革命的。我们要防止永不再革命,一定要实行三民主义。①

要消弭社会革命于未然,要中国永不再革命,孙中山设计中国社会再造的目的是十分明确的。一个终生以革命为专业的伟大革命家却发誓要中国在实行民生主义后永远不再革命,似乎要以"一劳永逸之举,以一度之革命",② 使中国社会永臻于均富、民主、自由,永不再兴社会波澜的美好境域,一种多么可爱的带有空想追求的理论思维。胡绳说过:"如果说孙中山的民生主义革命就是社会主义,那么这是避免社会主义革命的社会主义"。③ 真是一语破的,透彻极了。

怎样才能做到防止、避免、消弭欧美那样的社会革命在中国的重演呢?孙中山开出的药方是把几次革命合起来做。他说:"凡是大灾大祸没有发生的时候,要防止他是容易的;到了发生之后,要扑灭他却是很难。社会问题在欧美是积重难返,在中国却还在幼稚时代,但是将来总会发生的。到那时候收拾不来,又要弄成大革命了。革命的事情是万不得已才用,不可频频伤国民的元气。我们实行民族革命、政治革命的时候,须同时想法子改良社会经济组织,防止后来的社会革命。"④ "本大总统观察世界的大势,默想本国的情形,以为实行民族革命、民权革命,必须兼顾民生主义,才可以免将来的经济革命,这便是防患于未然。"⑤ 这个方案的要点是:在进行种族革命(民族主义)、政治革命(民权主义)时,早日于平均地权、节制资本方面加以经营,防止产生大资本家,防止产生私人垄断,就能使资本主义在划定的框架内,以国

---

① 《孙中山全集》第6卷,第8页。
② 《三民主义》,《孙中山全集》第5卷,第185页。
③ 胡绳:《论孙中山的社会主义思想》,中国孙中山研究学会编《孙中山和他的时代》上册,中华书局,1989,第48页。
④ 《在东京〈民报〉创刊周年庆祝大会的演说》,《孙中山全集》第1卷,第326页。
⑤ 《在桂林军政学七十六团体欢迎会的演说》,《孙中山全集》第6卷,第6页。

家社会主义的产业政策循序渐进地运行，实现社会的均衡富裕，地主资本家的垄断欲望得到抑制，又能赚钱，工人农民有事做有饭吃，不至于造成社会的贫富严重对立。这样便能达到"以民生主义与民族主义、民权主义同时进行，将一举而成政治之功，兼以塞经济革命之源"① 的目的。

早在1905年，孙中山刚刚提出三民主义学说的时候，他就曾经用典型的语言说明过上述观点："吾国治民生主义者，发达最先，睹其祸害于未萌，诚可举政治革命、社会革命毕其功于一役。还视欧美，彼且瞠乎后也。"②"诚可举政治革命、社会革命毕其功于一役"，这是为政治家以及政治学者、历史学者所广泛引用并且评论的一句话。毛泽东在1940年1月抗日战争的艰苦时期，在所著《新民主主义论》中说："还有另外一些人，他们似乎并无恶意，也迷惑于所谓'一次革命论'，迷惑于所谓'举政治革命与社会革命毕其功于一役'的纯主观的想头；而不知革命有阶段之分，只能由一个革命到另一个革命，无所谓'毕其功于一役'。这种观点，混淆革命的步骤，降低对于当前任务的努力，也是很有害的。"③ 有的论者不同意毛泽东的评论，说"现在看来，这些评论是不切合孙中山的思想实际的"。④ 批评者认为，"孙中山并没有提倡在民主革命任务还没有完成的时候，就动手去完成社会主义革命的任务；并没有混淆民主革命和社会主义革命的'步骤'"。⑤ 看来，问题还是出在对"社会革命"一词的理解上。正确地认识这个问题，首先要明确，在孙中山的思想和语言中，没有民主革命和社会主义革命的概念，当然就没有先完成民主革命任务，再完成社会主义革命任务的理念。将这样的概念强加于孙中山倒是不符合孙中山的思想实际的。其次说到"社会革命"，本文已经论证了不要轻易地将孙中山的"社会革命"理解为"社会主义革命"；具体到"举政治革命、社会革命

---

① 《中国革命史》，《孙中山全集》第7卷，第61页。
② 《〈民报〉发刊词》，《孙中山全集》第1卷，第289页。
③ 《毛泽东选集》（合订本），人民出版社，1964，第678页。
④ 韦杰廷：《孙中山民主主义新探》，第97页。批评者似乎并不了解，毛的评论并不是直接针对孙中山，而是针对采用孙的语言而提出自己主张的人。撇开此点不说，毛说"毕其功于一役"是"纯主观的想头"，并不是不切合，恰恰是切合了孙中山的思想实际的，此处不展开讨论。
⑤ 韦杰廷：《孙中山民主主义新探》，第17页。

毕其功于一役"这句话，它是说在推翻清朝君主专制时，就要实施改良社会经济组织的一系列政策，如土地、资本之属，这里的"社会革命"，是指"民生革命"，更准确些说是指民生主义的社会政策。不过，应当指出：这里孙中山将政治革命和社会革命并举，在语言逻辑上的确有不通的地方，也有对问题认识模糊的地方（因此而令后来的研究者产生误解），如果把孙中山所说"社会革命的惨痛，比政治革命流血更多"以及防止社会革命重演和永远不再革命等作为他的主导思想，那么将社会革命与政治革命并举，显然不符合他的主导思想。当然语义逻辑的不通顺是表面现象，其本意是要民族主义、民权主义、民生主义并举，"曷不为一劳永逸之举，以一度之革命，而达此三进化之阶级也。此予之所以主张三民主义之革命也"，① 这句话大体上把他的主张说清楚了。

四

本文的研究到此可以结束了。研究结论可归纳如下。

第一，孙中山的"社会革命"说，本身有模糊不清的地方，孙中山没有明确的"社会主义革命"的概念。从正面的意义上来了解他的"社会革命"说，较之马克思主义的"社会革命""社会主义革命"，有很大的差异，因此，一般而言，在研究孙中山思想的时候，不要轻易将他的"社会革命"等同于"社会主义革命"概念。

第二，研究孙中山的思想、学说、理念，要将他习惯使用的术语、名词做认真的鉴别，不要看到某个词，就随心所欲地加以附会，避免将不符合孙中山本意的思想强加于他。如解释"举政治革命、社会革命毕其功于一役"，说他主张民主革命与社会主义革命并行，或者说他主张只有在完成民主革命任务之后，才有可能完成社会主义革命的任务，都是很不妥当的，因为这不是孙中山的思想。这样的解释，会遭到两方面的反对。马克思主义者会认为这是从马克思主义的角度去要求孙中山，实际上不切实际地拔高了孙中山的思想；三民主义者也不会同意这样的

---

① 《三民主义》，《孙中山全集》第5卷，第185页。

解释，认为这是按马克思主义的观点解释孙中山的思想，是贬低了孙中山。因此，研究、探讨孙中山的思想，对某些关键的词语（"社会革命"就是这样关键的词语）要做冷静的分析，如果脱离客观的立场，其后果可能会适得其反。

居澳葡人"双重效忠"说平议[*]

吴志良博士的近著《生存之道：论澳门政治制度与政治发展》是在博士学位论文基础上修订而成的。全书从历史的角度，讨论澳门的政治制度与政治发展，很有见地，是一本值得学术界重视的澳门史著作。支撑本书的论点之一，是所谓"双重效忠"说。作者认为，"双重效忠"是葡萄牙人在澳门的生存之道，这是本书的题旨所在；建立"双重效忠"概念，是为了解释葡萄牙人为何在澳门生存下来。这种试图寻求解释历史的努力，是值得钦佩的。初读此书，尚未消化，首先吸引我的便是"双重效忠"说。我对澳门史素无研究，没有多少发言权。为了参加这次讨论会，来不及细加思考，想在这一次学术讨论会上试着谈一下我的看法，实在有一点滥竽充数的味道，班门弄斧，肤浅在所难免，请各位指正。

关于"双重效忠"的说法，《生存之道：论澳门政治制度与政治发展》（以下简称《生存之道》）一书曾多处论列，现列举如下。

在本书导论中，作者说道：

"在没有任何协议的情形下，葡萄牙人如何神话般地在这'普天之下，莫非王土'的天朝土地上据居下来的？明清政府为何让他们'筑室建城，雄居海畔若一国'自治长达300多年，直到1887年才签定《中葡和好通商条约》，初步确定澳门的政治法律地位？……"[①]

---

[*] 本文是为出席1999年5月17—18日在澳门举办的"澳门回归——回顾与展望"学术研讨会而写作的，曾在那次会议上宣读。原载《近代史研究》1999年第6期。收入七刊史学图书评论联合工作小组编《史学新书评（1998—1999）》，社会科学文献出版社，2001。

[①] 吴志良：《生存之道：论澳门政治制度与政治发展》，澳门：澳门成人教育学会，1998，第3页。

"东来的葡人也逐渐形成正确的中国观,以柔制刚,向明朝臣服纳税而获准在澳栖息经商。但是他们又不能完全舍弃对葡萄牙的归属感,尤其是面临西班牙人的竞争和威胁时,维系与葡萄牙的传统联系便变得更加迫切和必要,故而依葡萄牙中世纪的市政传统成立议事会,进行自我管理,以双重效忠为生存方式。……议事会是居澳葡人自发组织建立的,其角色和功能获得他们的普遍接受,明清政府亦一直将其看成另类'蕃坊'的内部管理机构而默认之,除开在司法上偶有纠纷冲突,其政治合法性本来没有什么重大争议。"①

本书第二章第二节题为"葡人'蕃坊'双重效忠",作者写道:

"议事会后来虽依葡萄牙市政传统进行选举,获印度总督确认和国王颁布法令特许状承认其自治地位,但与葡萄牙其他封地和城市有本质的不同——不是向葡萄牙国王纳税,而是向中国地方政府交租,且在1586年获得印度总督确认其地位之前已开始缴交地租。……换言之,在向葡萄牙国王效忠前,约在万历元年(1573)间,居澳葡人本来用以贿赂广东地方官员的钱便已变为地租,正式缴交明朝官府,向中国朝廷表示臣服,换取居澳之权利。在议事会成立前一年即1582年,两广总督陈瑞更传召居澳葡人当局前往肇庆,以皇帝当年未向其授予任何管辖权为由,要他们解释以何法律管理澳门。居澳葡人派出代表,以甘词厚礼博得陈瑞欢心,获允'以现行方式自治,但需服从中国官员的命令'②。两广总督基本承袭霍与瑕'以汉法约束之'、'用夏变夷'的策略,在他看来,澳门葡人自治区多少有点类似广州的蕃坊。"③

"由此可见,200多年来,澳门葡人名义上接受葡萄牙王室和法律的管制,实质上则受到明清政府之严格约束。'由于澳门市政议会的特殊独立性,葡萄牙政府的态度和政策在澳门问题上体现得极为薄弱。澳门市政议会在它实际上所受的中葡二元化领导下,更多地倾向于接受中国政府的领导'④。为维护相关的切身利益,议事会不得不长期奉行双

---

① 吴志良:《生存之道:论澳门政治制度与政治发展》,第15页。
② 原书注:Montalto de Jesus,参见吴志良《生存之道:论澳门政治制度与政治发展》,第50—53页。
③ 吴志良:《生存之道:论澳门政治制度与政治发展》,第56—57页。
④ 原引书注:王昭明《鸦片战争前后澳门地位的变化》,《近代史研究》1986年第3期,第46—73页。

重效忠的原则。"①

在本书结语中，作者写道：

"明清政府一直视澳门葡人社群为一个特殊的蕃坊，是唐宋以来泉州、广州等蕃坊的延续。而居澳葡人亦奉行双重效忠，一方面循葡萄牙中世纪的市政传统，组织议事会依葡萄牙法律和风俗习惯进行内部自治；另一方面，他们深明对天朝帝国的致命依赖性，遵守中国律例，对广东当局、特别是直辖他们的香山县政府恭顺臣服，并缴交地租，在澳门半岛上也基本上能够与华人和平共处，甚至通婚生子。这一经济海防的互利性及葡人政治双重效忠的灵活变动原则，正是澳门长期生存发展的根本。"② "所谓葡萄牙人管理澳门的方式，便是双重效忠的议事会形式。"③

以上所引，大体上是本书有关"双重效忠"说的全部文本。

我们知道，1553年葡萄牙人获准在澳门登陆，1557年在澳门南端形成葡萄牙人聚落，1583年成立议事会，1623年第一任葡萄牙澳门总督到达澳门，结束了由葡萄牙中日贸易船队掌管军权的时代，成为名义上的葡萄牙长驻澳门最高首领，但是，这时候澳门葡人议事会除了军权以外，并不让总督干预澳门议事会事务；直到1783年葡萄牙政府颁发《王室制诰》，正式宣布确立总督为澳门实际最高行政首脑，议事会原有的职能才慢慢衰落下去；1849年以后葡萄牙在澳门建立殖民体系，1887年这个体系得到条约承认。要言之，这就是葡萄牙在澳门的政治发展史。

但是，这是澳门政治发展的一条线；澳门政治发展还有另一条线，这就是中国政府。在1849年以前，中国政府实际上执掌着澳门的主权和治权。即使在1849年以前，葡萄牙人在澳门也在逐步侵夺中国的主权，同时逐步扩大在澳门的治权。1849年以后，葡萄牙人实际上掌握了澳门的主权和全部治权。1887年中葡条约承认了这种状况，但是中国政府名义上保留着对澳门的所有权，葡萄牙取得了对澳门的所有权，除了不能将澳门赠予第三者。这方面的细节，不必要赘述。

这就是澳门政治历史发展的简单线索。从这个简单线索中，我们可

---

① 吴志良：《生存之道：论澳门政治制度与政治发展》，第65页。
② 吴志良：《生存之道：论澳门政治制度与政治发展》，第342—343页。
③ 吴志良：《生存之道：论澳门政治制度与政治发展》，第345页。

以看出，澳门政治发展中的主体力量存在着此消彼长的情况。所谓此消彼长，指的是：葡萄牙人的政治势力从小到大、从局部到全部、从形式到实质、从自发到受到葡萄牙政府的支配，最后全部掌握澳门的政治局势。而中国政府在澳门的政治控制则反是。从这个势力消长的政治现实出发，"双重效忠"说是否成立，我是有所怀疑的。现在不揣冒昧，在这里试提出如下看法，供吴志良博士和各位学者批评：

一、议事会是否得到中国官方的承认，中国官方是否把澳门议事会当作古代实行过的"蕃坊"？

二、如何理解议事会的自发成立，如何理解议事会与总督的矛盾以及葡萄牙政府行为在澳门议事会上的表现？

三、如何理解《王室制诰》的颁布及其实行？

四、如何看待中国政府在澳门行使权力？

先说质疑之一。

吴博士在书中一再指出，明清政府一直把澳门议事会当作另类蕃坊，或者把澳门葡萄牙人社群看作一个特殊的蕃坊，是唐宋以来泉州、广州蕃坊的延续。较早提到明政府仿照唐宋两代管理广州外国侨民的"蕃坊"制度，将葡萄牙人的首领视同"蕃长"的是上海的研究者费成康。[①] 只是费成康没有把议事会与"蕃坊"等同起来。不论是《澳门四百年》还是《生存之道》，都没有从明清两代的历史文献中举出具体的历史证据，证明明清政府如何把澳门议事会当作"蕃坊"。究竟是尚未翻检全部历史文献呢，还是根本没有这样的历史文献？也许这正是值得提出的一个疑问。

据记载：

> 广州蕃坊，海外诸国人聚居，置蕃长一人管蕃坊公事，专切招邀蕃商入贡，用蕃官为之，巾、袍、履、笏如华人。蕃人有罪，诣广州鞫实，送蕃坊行遣，缚之木梯上，以藤杖挞之，自踵至顶，每藤杖三下折大杖一下，盖蕃人不衣裈裤，以杖臀为苦，反不畏杖脊。徒以上罪则广州决断。[②]

---

① 参见费成康《澳门四百年》，上海人民出版社，1988，第35页。
② 朱彧：《萍洲可谈》卷2，转引自吴志良《生存之道：论澳门政治制度与政治发展》，第57—58页。

按朱彧《萍洲可谈》记载，广州蕃坊的行政司法权限是十分明确的。蕃坊是指定的外国人的居留地，为了方便管理，指定一个外国人（蕃官）作为蕃坊事务的管理者，其责任是"招邀蕃商入贡"，这有点类似于今日的招商引资。这个管理者被称为蕃长。这个蕃长头上所戴之巾、身上所着之袍、脚上所穿之履、手中所持之笏必须与中国人一样。蕃长的司法权限很有限，只是对有罪的蕃人行刑。轻罪也要送到广州官府审判定案（"鞫实"），然后由蕃长在蕃坊内行刑，所谓行刑不过打屁股而已。重罪，其审判及执行必须由广州官府办理。这里没有说到蕃人与华人之间发生的纠纷。照上引文字看来，司法权完全在广州官方是没有疑问的。

澳门葡萄牙人居留地与上述广州蕃坊似有不同。广州蕃坊没有说到地租，而葡萄牙人是要交地租的。广州蕃坊是广州当局指定的，澳门葡萄牙人居留地则是葡人行贿、地方当局受贿产生的。澳门边鄙，地方当局允诺，习久而成事实，两广总督发现后已经尾大不掉，朝廷接报后只得默许，于是相沿成习。广州蕃长衣着如华人，这是服从管制的外在表现。澳门则不存在这种情况。"夷目"与"蕃长"在名称上有相似之处，但蕃长完全没有司法决断权，夷目却有一定的司法决断权，而且在一定程度上可以管理辖区内的华人。实际上，澳门葡萄牙人居留地是明朝地方官贪图小利、玩忽职守造成的。这是与广州蕃坊最大的不同之点。把它看成是另类蕃坊、特殊蕃坊或者唐宋蕃坊的延续，使人感到有那么一点不大贴切，不仅在于时代背景不同，从形式到实质也都不那么符合。

实际说来，蕃坊是设在中国土地上的外国人街区，那里必须服从中国政府的管制，必须执行中国的法律。澳门这个街区却大不相同。这个居民点四周筑有城墙，甚至每条街都有街门。澳门议事会制定政策，禁止中国人入住。龙思泰根据古代的记载，指出："所有在此没有固定居处的中国人，晚上都离开城区，不仅城墙几座大门紧闭，而且各街的门也关起来。1697年，做出一项决定，除了那些名字已经在议事会登记者外，其他中国人不得留在这里。……1749年，在中国官员的同意之下，议事会规定仅70名木工和泥瓦匠、10名屠夫、4名铁匠和100名苦力，可以留住城里，而且不准他们在此地定居……也不准出售房屋给中国人。"[①] 一个大臣的备忘录写道："没有议事会理事官的许可，任何

[①] 龙思泰：《早期澳门史》，东方出版社，1987，第71—72页。

中国人不得在澳门兴建或拥有房舍。"① 显然，这是反客为主的不合法行为。客人不许主人在家里住，这样的客人只能解释为强盗。如果唐代的广州蕃坊也是如此的话，它绝不会存续到宋代。

再说质疑之二。

《生存之道》强调澳门议事会的成立完全是自发的，仿佛因其自发性就反映了民意，反映了澳门议事会不代表葡萄牙政府或者葡萄牙国家。如何理解议事会的自发成立，如何理解议事会与总督的矛盾以及葡萄牙政府行为在澳门议事会中的表现？这需要得到解读。

从史料看，葡萄牙人因行贿登陆澳门不到十年，就在那里"筑室建城，雄踞海畔若一国"。② 葡印总督无视中国对澳门的主权，擅自将澳门葡人居留地隶属于果阿，并规定这里的葡人须服从葡萄牙中日贸易船队司令（《明史》称"甲必丹末"）管辖。为了便于葡人社区管理，澳门葡人早在1560年（嘉靖三十九年）自发组织自治机构，由驻地长官、法官、主教和几名德高望重的商人组成。③ 1583年（万历十一年），在葡萄牙人寓居澳门三十年之后，正式成立相当于政府的所谓自治机构——澳门议事会，又称市议会、市政厅。这个议事会，立即得到葡印总督的批准。但是它在发起、组织的过程中，似乎并未征得明廷或地方官府的同意，至少我们今天没有找到任何说明曾经征询明廷或地方官府同意的文献资料。没有经过中国政府的批准，擅自在租赁于中国的土地上组织政府，恐怕不能说是合法的，恐怕不能说是"双重效忠"的表现，要说"效忠"，只能说是效忠于葡萄牙政府。

澳门议事会所以在1583年"自发"产生，有多方面的原因。首先是传教士的积极活动。葡萄牙为了实现海外扩张，早期远征都是以为基督教征服世界的名义进行的，因此每次远征都得到了罗马教廷的同意。换句话说，葡萄牙也有支持天主教传教的义务。1576年，教宗格列高利十三世指定澳门为中国、日本及东京湾的第一个主教区。因为葡萄牙

---

① 龙思泰：《早期澳门史》，第41页。
② 《明史》卷325《佛朗机》。
③ 据葡萄牙殖民地部编辑的《澳门问题备忘录·文献资料》记载："1557年，澳门居民即开始在一名调停官的领导下独立管理澳门；自1583年起，该市的政治、经济方面的所有交涉，交由议事会负责。该议事会由推选出的六个人组成，与总督和特别法官共同管理该殖民地。"参见 Ministério das Colonias, *Memorandum Sobre a Questão de Macau-Documentos*, Edição Reservada, Lisboa, Impresa Nacional, 1921, p.17。

国王塞巴斯蒂安享有"保教权",便推举葡萄牙耶稣会士贾南罗（D. Melchior Carneiro）为澳门教区主教。① 贾南罗主教为了实现在中国、日本、东京湾传教的责任,要在葡萄牙社区内争取一席之地,虽然他在澳门的活动不能凌驾于澳门驻地长官之上。他的积极活动是促成澳门葡萄牙人成立自治机构的原因之一。据《澳门市政厅文献》记载:"澳门议事会是在该地居民为葡萄牙王室争取到这块领土后不久,由教区主教耶稣会士贾南罗于1583年4月间主持的第一次平民集会选举成立的,取名市政厅。"② 高龙榜在《澳门史概述》中也这样写道:"澳门人在贾南罗主教倡议下,决定成立市政府。这个市政府和其他大都市的权力机构一样,由两名普通法官、三名市政委员及一名检察官组成。……法庭由主教或教区主教,或驻地长官在特别法官的协助下执掌。"③ 传教士在这件事情中的作用是很明显的。

其次,1580年葡萄牙被西班牙兼并,大部分王公贵族宣誓效忠西班牙国王。④ 这在澳门的富商、贵族、教士中引起了强烈反响。他们虽然不能不效忠于西班牙国王,但内心里却十分害怕马尼拉西班牙当局的干涉和管辖。⑤ 因此他们感到原来旅日贸易船队司令及驻地长官主持下的自治机构不能适应形势的变化,迫切希望成立一个真正独立、持久稳定的自治机构,而且希望得到更多的特权。

最后,葡萄牙人寓居澳门之后,势力不断壮大,以致"冒禁触法、桀骜不驯","陵轹居人、蔑视澳官"和"贩卖子女为奴、夹带违禁出洋"等,时有发生。明朝政府为了有效地控制葡萄牙人,防范其入侵内地,避免奸宄勾结危害边民,遂于万历二年(1574)在莲花茎南端修建关闸一道,设官把守,"使华人不得擅入,夷人不得擅出"。⑥ 关闸门的设立,在阻止葡萄牙人"拥众入踞香山"方面起到了一定作用,同

---

① Louis Pfister, *Notices Biographiques et Biographiques sur les Jèsuites de l' ancienne Mission de Chine, 1552 – 1773*, Chang-hai, 1932, Vol. 1, p. 8 et suivantes.
② 参见 *Núcleo Documental Antigo do Leal Senado*, Livro No. 91, fs. 8v – 9v。
③ Eudore de Colomban（Sócio Correspondente da Sociedade de Geografia de Lisboa）, *Resmo da Història de Macau*, 2o milheiro, Macau, 1927, pp. 14 – 15.
④ A. H. De Oliveira Maques, *Histoire du Portugal*, Lisboa, 1991, p. 63.
⑤ Francisco Gonçalves Pereira, *Portugal, a China e a "Questão de Macau"*, Macau, 1995, p. 19.
⑥ 庞尚鹏:《陈末议以保海隅万世治安疏》,《百可亭摘稿》卷1。

时也为葡萄牙人"筑室建城"、"增缮周垣"、据澳为家,特别是摆脱澳官束缚、实现独立自治,在客观上创造了有利条件。

另外,万历十年(1582)新任两广总督陈瑞传唤澳门葡萄牙驻地长官一事也值得重视。据利玛窦对 1582 年情况的记述:两广总督陈瑞"声称他了解到澳门的主教和市长是外国商人的指导人和管理人,因此他正式通知他们马上去见他,不得迟误。这道命令有点出乎意外,开会进行过讨论后终于决定,奉行所下达的命令将会有损葡萄牙的尊严。可是,既然表现蔑视他的法令从而贬低总督的权威是不行的,所以大家同意另派两人去代表应招的主教和市长。范礼安(Alexander Valignani)派罗明坚(Michel Ruggieri)代表主教,希望他能获允在大陆上得到一个永久居留地,同时市检察官本涅拉(Mattia Penella)则被派去代替市长。作为向总督表示好意的献礼,以免他可能干扰贸易,澳门人士赠送给他一批礼物,包括他们知道是中国人所特别宝贵的东西。以及……总值超过 1000 金币。总督以盛大的排场接待代表们,意在威吓他们倒不在礼敬他们。但当他看见备这一紧要关头之用的礼物时,他的傲慢态度顿时消失了。于是他笑着通知他们,该地的一切情况可以照旧继续下去,但当然服从中国官员的管辖"。① 这个故事是大家都引用的。这是明朝政府第一个地方大员正式对澳门葡萄牙人的回答,也是一个荒唐的回答。他被葡萄牙人的金钱腐蚀了。他在重金贿赂之下,同意葡萄牙人以服从中国官员管辖为前提,继续在澳门居住并自治。这也是促使澳门葡萄牙人和耶稣会士决心建立正式自治机构的重要原因。

另据资料,1712 年 1 月 6 日,葡萄牙国王若奥五世发布"宣谕书"(Carta de declaracao),规定:"议事会的政治职能包括与该城的福祉相关的一切事务,维护地方安定和平,等等。其经济权限包括征收岁入,管理岁出,分配向船只征税的额度,向担任公职的官员支付薪水,以及支付其它所有必须的开销。"②

从以上论证可见,澳门议事会的所谓"自发"是什么意思,发生这种"自发"的背景是什么。这种"自发",是自发维护"葡萄牙的尊

---

① 利玛窦、金尼阁:《利玛窦中国札记》上册,何高济等译,中华书局,1983,第 148—149 页;又见 António da Silva Rego, *A Presença de Portugal em Macau*, Lisboa, 1946, pp. 76–77。
② 龙思泰:《早期澳门史》,第 61 页。

严",在不能违背明朝政府的命令的情况下,自发地用贿赂行为去软化明朝地方官员的立场,争取对葡萄牙人更为有利的环境。他们对葡萄牙的效忠是全心全意的,对明朝政府的"效忠"是虚假的,是虚与委蛇。至于议事会与总督的矛盾,显然是政府结构内部的矛盾,不足以说明"双重效忠"的存在与否。事实上,在《王室制诰》发布前,只要需要,澳门总督就可以在议事会中发号施令。1709年12月30日,若奥五世敕令:当澳门总督在任何时候有重要事情向议事会交代时,他都应享有首席地位。① 这说明,尽管议事会与总督之间存在矛盾,但只要有国王命令,澳门总督还是可以指挥澳门议事会的。

质疑之三:如何理解《王室制诰》的颁布及其实行?

《生存之道》附录5列载了《王室制诰》的全文。这的确是一个重要的文件。它表明葡萄牙国王和政府开始扭转以往不重视澳门的情况,决心加强总督权力,进一步捍卫葡萄牙在澳门的利益。制定这个文件的背景有两个,一个是内部的,一个是外部的。从内部来看,国王和政府认为,澳门议事会太软弱了,对中国政府卑躬屈膝,不足以维护葡萄牙国家的利益,"对葡萄牙民族的尊严及其在澳门不可质疑的主权毫不在乎",② 因此不能容允澳门议事会排斥总督的现象继续存在,必须采取果断措施。从外部看,葡萄牙政府判断,由于欧洲英法战争结束、北美独立,"列强之船只蜂拥前往亚洲开展贸易",法国王室甚至斥资300万法郎资助其臣民发展对华贸易,③ 这使葡萄牙国王感到了危机,决心巩固在澳门已经取得的地位,为此,须采取强硬手段,确立总督在澳门的威权。

在吴博士看来,澳门的自治地位,与葡萄牙其他封地和城市有本质的不同——不是向葡萄牙国王纳税,而是向中国地方政府交租,且在1586年获得印度总督确认其地位之前,即在向葡萄牙国王效忠前,居澳葡人用本来贿赂广东地方官员的钱作为地租,正式交给明朝官府,向中国朝廷表示臣服,换取居澳之权利。读过《王室制诰》后,明显感到,上述意见是一种误解。澳门葡萄牙人是要向广东地方政府交微薄的

---

① 龙思泰:《早期澳门史》,第63页。
② 参见吴志良《生存之道:论澳门政治制度与政治发展》,第392页。
③ 吴志良:《生存之道:论澳门政治制度与政治发展》,第388页。

地租①，而且还要交税，但绝对不是不向葡萄牙国王纳税，绝不是仅仅在1586年以后才向葡萄牙国王纳税。《王室制诰》明明写着，澳门王库资金有30万两，每年还有王库收益26600两（其中，利息年收入11600两，往来澳门贸易的船只税款15000两）。王室抱怨："这些收益及王库资金若非那么疏忽大意，本来可以大幅增长。"因为，在澳门既无海关又无关税制度，无法评估进入澳门的货物及商品，"无法征收陛下之王室税"，严重损害王库的收益。②可见，葡萄牙王室在澳门是收到了税的，只是收税的数目令王室很不满罢了。龙思泰明确记载，澳门"海关税收的第五项属于国王，其余属于市政资金"。③由此可见，不是先效忠于明朝，后效忠于葡萄牙王室，而是始终效忠于葡萄牙王室，对明清政府不过是敷衍罢了。如果把交租看作是臣服，看作是效忠，恐怕是把问题看简单了。

这里限于篇幅，不打算对《王室制诰》做全面分析。只是指出，这个文件很值得重视，它说出了葡萄牙政府对澳门的基本立场和观点，说出了1583年以前澳门议事会的基本活动，说出了葡萄牙政府对澳门将要实施的一系列新政策。对中葡关系史和澳门史来说，它是一部值得十分重视的史料。

最后要质疑的是，如何看待中国政府在澳门行使权力？从现有资料来看，在1849年以前，明清政府在澳门是享有主权并掌握着治权的。但是这种"享有"和"掌握"并不是不受挑战的，并不是始终一贯的，而是经常处在被挑战之中，是在逐步弱化之中。

明朝政府经过长期观察与辩论之后，采取了允许葡萄牙人在澳门居留的政策，并针对葡萄牙人在澳门的种种不法行为，制定出加强管理的各种办法。万历四十二年（1614）海道副使俞安性颁布了《海道禁约》五款，勒为石碑。清朝雍正年间，将香山县丞移驻前山寨，乾隆九年（1744）还设立军民海防同知，加强了对澳门事务的管理。乾隆十四年（1749）澳门海防同知张汝霖订出《澳夷善后事宜条议》，勒石公布。这些都是不容回避的事实，无法否认。这是我们说，明清政府在澳门享

---

① 据龙思泰记载，1636年，澳门总督的年薪是1000两，19世纪30年代是2000两。参见龙思泰《早期澳门史》，第68页。而年交地租不过500两。
② 吴志良：《生存之道：论澳门政治制度与政治发展》，第388页。
③ 龙思泰：《早期澳门史》，第75页。

有主权并掌握着治权的基本历史根据。但是事情并没有到此为止，还有另外一些情况值得注意。我想举出下面两类情况加以说明。

第一，葡萄牙人一直在致力于侵夺中国的主权。这方面，可以举两个最突出的例子。

（1）还在议事会的前身时期，澳门葡萄牙人就成立了自卫队，议事会建立后，葡萄牙人就在中国领土上设置了正规的军队，建立了炮台。1623年到任的葡萄牙总督的责任之一就是督率军队。根据龙思泰的记录，1622年以后，由于害怕荷兰人再次光顾澳门，从马尼拉派来200名西班牙士兵，带来一些大炮，由一位上校指挥。炮台工程于1626年完成，军事长官兼总督就长期住在炮台里。① 龙思泰在谈到澳门葡萄牙人政权时还提到，1622年澳门武装士兵有150人，其中有60名葡萄牙人和90名澳门出生的葡萄牙人；1667年还从果阿派来了50多名士兵。由葡萄牙派往中国朝廷的使节撒尔达聂（Manuel de Saldanha）决定，在澳门组建由120名步兵组成的军事力量，由一名陆军上尉、一名海军上尉、一名中士加以训练。② 1784年，果阿的葡印政府决定，在澳门组建一个由100名印度叙跋兵和50名欧洲兵组成的连队。③ 还组建了专门为军人服务的军人医院，医院可容纳11名军官和58名士兵。④ 这是落实《王室制诰》的具体措施。根据《王室制诰》，澳门每年要支付79名士兵、8名中士、2名鼓手的军装，对城堡的修缮补给及其他用品等费用约5000两。葡萄牙国王特别不满意澳门驻军的羸弱，指示应由果阿派100人组成的步兵部队及由50人组成的炮队取代澳门的现有部队。即使再增加开支也是值得的。⑤ 在中国土地上驻扎外国军队，这是对中国主权的最大挑战，是一种赤裸裸的侵略行为。这种行为用"双重效忠"来解释，是无论如何也解释不通的。

（2）葡萄牙人一直在澳门履行收税的职能。广东地方政府在澳门设置了海关税收机构，向来往澳门的各国船只征税。葡萄牙人也在澳门

---

① 龙思泰：《早期澳门史》，第31—32页。
② 龙思泰：《早期澳门史》，第62—63页。
③ 龙思泰：《早期澳门史》，第65页。
④ 龙思泰：《早期澳门史》，第56页。
⑤ 《王室制诰》，转引自吴志良《生存之道：论澳门政治制度与政治发展》，第387、389、390页。

设关收税，以支付市政管理机构（即市政府）的庞大开支和王库收入。据记载，总督年收入为 2000 两，判事官同时代理海关税务官，年收入为 2000 两，他还要从海关衙署拿到津贴 1000 两，掌管葡萄牙法规的世俗人和律师，前者每人 100 两，后者每人 200 两（总共有多少人，不得而知），议事会成员每年得到不超过 600 两的小额酬金，还有每年军费 5000 两……这样大量的开支，没有大量的税关收入，是支挪不开的。据说，在 1784 年以前，澳门的葡萄牙财政专家曾不停地探索税收方面错综复杂的深奥之处。岁末年初，议事会成员和市民领袖要召开会议来决定各类进口货物的税率。① 有人研究，征收税额一般为从价税 3% 至 10%。这笔收入，1700 年左右为 2 万两，19 世纪 30 年代加上鸦片税收将近 10 万两。② 明清时期，香山县从澳门收到的关税也不过 2 万—3 万两。两相比较，哪一个收到的税更多些，不是一目了然吗！要说效忠，究竟效忠哪一个呢？

驻兵和收税，不是临时行为，也不能看成是民间行为，而是政权性质的行为。在此以外，葡萄牙人在澳门破坏中国地方政府的管制、破坏中国法律的例子很多，此不赘述。

第二，澳门葡萄牙人通过甜言蜜语、贿赂和诈骗，诱使中国地方政府官员不能严格执行管制政策。1593 年议事会成员写信给腓力一世说："为了在此地居留下去，我们必须在中国异教徒身上花很多钱。"龙思泰指出，有关的商人屈从于官员们的经常勒索，作为他们默许违反中华帝国政令和法例的报偿。③ 这方面的例子很多。表 1 所列，是从龙思泰《早期澳门史》中随意抽出来的。

表 1　澳门葡萄牙人贿赂广东地方官员情况

年份	事由	贿赂对象	贿赂金额	资料出处
1553	葡萄牙人谎称不是佛郎机，托言舟触风涛缝裂，水湿贡物，获许在澳门登岸	海道副使汪柏	500 两？	万历《广东通志》

---

① 龙思泰：《早期澳门史》，第 72—73 页。
② 参见王昭明《鸦片战争前后澳门地位的变化》，《近代史研究》1986 年第 3 期，第 52 页。
③ 龙思泰：《早期澳门史》，第 57 页。

续表

年份	事由	贿赂对象	贿赂金额	资料出处
1578	此年后，议事会往广州交涉商贸事务优惠事项	广州衙门	4000 两	《早期澳门史》
1583	两广总督陈瑞传唤澳门葡萄牙驻地长官，同意葡人继续在澳门居留	陈瑞	1000 金币	《利玛窦中国札记》
1662	葡人修筑大炮台，地方官员受贿后装作视而不见	地方官员	丰厚礼物	《早期澳门史》
1657	澳门高级市政官阿拉尼亚负债逃到广州，向两广总督告密澳门葡人。总督派人前往捉拿。受贿后作罢	两广总督	4000 两	《早期澳门史》
1686	两名葡人因拥有滑膛枪被招到广州衙门，受贿后，不再过问	广州衙门	224 两	《早期澳门史》
1690	为阻止香山地方官员传唤葡人，阻止调查葡人贩卖儿童案	前山寨官员	400 两	《早期澳门史》
1712	香山县为船只编号的计划搁浅	香山知县	200 两	《早期澳门史》
1748	澳门总督属下殴死 2 名中国人，香山知县问罪，封锁澳门，议事会行贿后，禁令解除	香山知县	30 根金条	《早期澳门史》
1810	两广总督巡视澳门	两广总督	50 两	《早期澳门史》

以上所列共 10 起。除了最后一起带有送礼性质外，其余 9 起，几乎全是葡萄牙人行贿、诈骗性质。行贿、诈骗，当然须有两个方面。一个巴掌拍不响。中国地方官员如果能够严守中国主权立场，不为蝇头小利所引诱，则对方行贿、诈骗伎俩无所施其技，也无所得其逞。须知，葡萄牙人为了谋取商业利益、为了在东方在中国占有一个据点，在武装进攻失利的情况下，采取贿赂、诈骗行为，而获得最大满足，是一本万利的事，真是何乐而不为呢！当然，行贿、诈骗也是一种生存之道，但是，如果把它解释为对明清政府的效忠，未免就太牵强一点了吧。

本文所用葡文资料，承中国社会科学院近代史研究所同人黄庆华先生提供，谨此致谢！

1999 年 4 月 30 日晚搁笔于北京东厂胡同一号

21世纪的视角：毛泽东的传记和毛泽东的影响[*]

本文是应魏格林教授（Susanne Weigelin-Schwiedrzik）邀请，为出席维也纳大学东亚研究院汉学系举办的"从多维度探讨毛泽东传记编纂方法"国际学术讨论会准备的。承魏格林教授不弃，让我在会议上发言。2月3日的邀请函让我就从21世纪看毛泽东做一个发言，4月29日发来的新邀请函，让我就有关传记书写的一系列理论问题做发言。前后两个题目有区别也有联系，我索性就糅合在一起，做一个发言。

我不是专门研究毛泽东的学者。也就是说，我在研究毛泽东方面不是专门家。但是，我作为一个研究中国近代史的学者，1949年后，一直到毛泽东去世前，都在毛泽东的领导和影响下的中国工作和生活，我难以拒绝魏格林教授给我出的题目。但是这是一个很大的题目，我实际上没有能力完成这个题目。我试着讲一些看法，请各位行家批评指正！

对几本毛泽东传记的简评

美国研究毛泽东的已逝专家施拉姆说过："现代中国政治全部都是有关毛泽东的。"毛泽东的巨大影响遍及20世纪中叶差不多四十年时间里，也在一定程度上影响了世界历史的进展。在20世纪中叶的四十年里，中国几乎无日不谈毛泽东，无事不提毛泽东。在国际社会里，各国

---

[*] 本文曾于2016年7月2日在维也纳大学"从多维度探讨毛泽东传记编纂方法"国际学术讨论会上宣读，刊载于《湘学研究》2016年第2期。

政治家们很难避开毛泽东的名字。

作为一个世界离不开的历史人物,学术界对他的研究兴趣是浓厚的。用各种文字出版的毛泽东传记很多。

我大略看过其中很少一部分:施拉姆著《毛泽东》,1987年,红旗出版社;R.特里尔著《毛泽东传》,1990年,河北人民出版社;金冲及主编《毛泽东传(1893—1949)》,1996年,中央文献出版社;逄先知、金冲及主编《毛泽东传(1949—1976)》,2003年,中央文献出版社;潘佐夫著《毛泽东传》,2015年,中国人民大学出版社。另有张戎、哈利戴合著《毛泽东——鲜为人知的故事》,2006年,香港开放出版社。中外学术界一般认为,张戎、哈利戴合著的书,不是严谨的学术著作,这里不做讨论。

以上几种毛泽东传记,从学术上讲都是有贡献的。施拉姆教授(Stuat R. Schram)的《毛泽东》出版时,毛泽东还在世。他利用当时能找到的资料,对毛泽东一生到"文革"初期的历史理出了一个线索,把毛泽东的思想变化分成四个阶段,对毛泽东的革命历史和毛泽东在近代中国革命史上的地位和作用做出了判断。尽管他获得的资料不是很丰富,但他做出的基本判断不少是很可贵的。我这里不多加引述,只引用他的几句话。作者在序言中说,"毛泽东将彻底改造中国社会作为自己的目标,旨在将中国人民的力量解放出来……同时他决心使'新中国''人民的中国'在国际上恢复它应有的地位……";"今日之中国是经过半个世纪之后而诞生的,而这场革命的方向,实质上是由既是理论家又是活动家的毛泽东决定的"。[①] 我想这些总体判断是符合实际的。

施拉姆《毛泽东》第十章是最后一章,叙述了1949年后毛泽东在内政外交方面的各种举措,特别是中苏关系的演变。他把这一章题目定为"探索一条中国式道路",这是很有眼光的,尽管作者在行文中没有对探索一条中国式道路进行任何论述,不是用有说服力的事实逻辑论证得出的结论,表明作者的思考尚未成熟,但是作者的提法是有启发意义的。

施拉姆著《毛泽东》出版的时候,正是中国的"文化大革命"开始的时候,作者还不大可能看到更多的资料,但是他对"文化大革命"

[①] 斯图尔特·施拉姆:《毛泽东》,红旗出版社,1987,"序言"。

做出了一些分析和判断。施拉姆判断,"1966 年的事件是毛五年来努力想再次证明其大跃进政策正确的高潮","党内在辩论什么问题呢?我们可以设想辩论的中心问题是 1958 年以来中国始终没有解决的问题……经济政策一定是一个主要问题"。[1] 有的评论文章对施拉姆的这一分析概括为:"导致'文化大革命'这场公开冲突的党内矛盾起源于'大跃进',其实质是关于如何进行经济建设的两种不同方针政策之争,也是党的领导层就如何正确理解马克思主义的一场辩论。"[2] 这个评述当然体现了评述人的理解,大体上说出了施拉姆未能明确说出的意思。如果这个理解不错的话,可以说,施拉姆这里的叙述,补充了他在第十章中未能明言的话题,所谓探索一条中国式的道路,实际上是在探索中国建设社会主义的道路。

作为一个欧美学者,对毛泽东、对中国历史和现实的发展道路有这样的判断,是很不错的,甚至是有天才眼光的。

此后,美国学者特里尔(Ross Terrill)著的《毛泽东传》出版,1990 年有了中文译本。与施拉姆不同,特里尔的书是在毛泽东去世后出版的,作者有可能获得更多的资料。的确如此,这本《毛泽东传》广泛运用了中文文献以外的西文文献,特别是访问过毛泽东的各国政府领导人、学者、记者等所撰写的回忆,海外学者编选的毛泽东文集,港台情报人员编辑的资料,等等。中文文献的使用还是有限的。似乎可以指出,访问记、回忆录多半体现了访问者、回忆者本人的心理体验和某些猜测,涉及毛泽东本人可能并不准确。港台情报人员编辑的资料,往往有失实的部分。例如根据《香港时报》和《华盛顿邮报》报道,林豆豆在广州附近被枪击死亡,显然是无稽之谈。

当然,特里尔教授对毛泽东的研究是严肃的,是学术研究。他说:"毛不仅是中国的,而且是全世界的。他的影响早已经超出了他的国家。"[3] 我想这就是他研究毛泽东、为毛泽东立传的原因和动力。特里尔指出:毛泽东"以铲除所有的不平等让社会进入一个新时代为毕生使命","毛从欧洲借来的不是机器、宗教或自由制度的蓝本,而是共产

---

[1] 斯图尔特·施拉姆:《毛泽东》,第 293、295 页。
[2] 石仲泉、张宁、杨德:《值得一读的毛泽东政治传记——施拉姆著〈毛泽东〉编译后评述》,斯图尔特·施拉姆:《毛泽东》,第 321 页。
[3] 特里尔:《毛泽东传》,刘路新等译,河北人民出版社,1990,"序言",第 2 页。

主义。他借助于技术和灵活性，对症下药，使一位病入膏肓的病人——中国起死回生"。① 这些总体评价，大体上是符合实际的。

特里尔提到毛泽东的非斯大林化问题，我觉得这是很值得探讨的话题。这与施拉姆所提到的探索一条中国式道路，有异曲同工之妙。特里尔指出"从长征时起，毛就再也没有接受过莫斯科的指示，他的社会主义与苏联的社会主义更是貌合神离"。② 早在延安时期，毛泽东就走着一条不一样的道路。"可以肯定地说，延安精神是土生土长的，是地道中国式的"，"延安岁月是毛作为中共领袖的黄金时代"。③ 在特里尔看来，毛泽东的非斯大林化，1958年是一个标志。他说："毛在1958年改变了行车方向——其原因可以追溯到非斯大林化之始——不久，莫斯科就认为毛狡猾、狂妄。""苏联人对中国的大跃进感到惊讶，这是正常的。大跃进像是毛的一份宣言书，他要从以莫斯科为核心的正统思想中独立出来。""他要在中国国内建设社会主义。"④ 这些话，虽然有猜测的部分，但判断大体是不大离谱的。在我看来，特里尔的思路，大体上沿着施拉姆的思路在往前走，施拉姆没有想清楚、没有说清楚的话，特里尔讲得比较清楚了。

在特里尔的《毛泽东传》出版后10年，中国人自己撰写的《毛泽东传》分成1949年前和1949年后两部分先后出版。这就是中共中央文献研究室主任逄先知和常务副主任金冲及主持的《毛泽东传》。逄先知、金冲及主编的《毛泽东传》是代表中国共产党人提出的对毛泽东一生的认识，是官方出版品。参加撰写的都是很好的学者。金冲及是中国史学界代表性学者，他的学术水平和学术修养是为学术界所称道的。

与前两本美国学者的书不同，逄、金主编的《毛泽东传》充分利用了中国共产党保存的文献档案、会议记录，充分利用了毛泽东已刊、未刊各种文稿、电报及电报手稿、内部文件的批示、书信以及会见外宾的谈话记录等文献，这是外国学者难以做到的，也是一般中国学者不易做到的。也引用了有关当事人的采访、回忆以及日记，参考了学者的研究成果。照杨奎松的说法，"迄今为止最具权威性的毛泽东传记性著述，

---

① 特里尔：《毛泽东传》，第3页。
② 特里尔：《毛泽东传》，第247页。
③ 特里尔：《毛泽东传》，第197页。
④ 特里尔：《毛泽东传》，第341、342、343页。

还是要算中共中央文献研究室集体编撰的《毛泽东传》（也包括《毛泽东年谱》）。这里所说的权威，指的是编撰者掌握、披露的史料、史实的完整可靠的比率而言"。① 比较而言，外文文献引用少一些，尤其是对与毛泽东关系密切的苏联、苏共和共产国际档案利用更少。

逄、金主编的《毛泽东传》是迄今规模最大的一部毛泽东的传记，1949年前部分加上1949年后部分，约200万字。这样一部巨著，用大量史实构筑了毛泽东从少年、青年成长为党和国家领袖的全过程，再现了毛泽东学习马克思主义、发展马克思主义、开创中国化马克思主义、形成毛泽东思想的全过程，重现了他建党、建军、建国的贡献，以及他在探索中国建设社会主义国家过程中的成就和失误，全面深刻揭示和分析了毛泽东发动"文革"的经验与教训。同时也叙述了毛泽东与苏联的关系、与美国的关系、与联合国的关系、与不结盟国家的关系、与第三世界的关系等。

与两位美国学者不同，逄、金主编的《毛泽东传》用历史事实阐明了毛泽东探索中国化的马克思主义历史背景、革命实践经验和理论途径，提出新民主主义理论就是中国化的马克思主义在中国革命实践环境下的突出贡献，阐明了新民主主义的政治、经济和文化的具体内容，阐明了新民主主义与旧民主主义的区别，阐明了国家未来的发展方向。作者指出："新民主主义理论的提出和抗日民族统一战线的一系列方针政策的确定，标志着马克思主义同中国革命实践相结合的毛泽东思想已经日见成熟。经过十八年的风风雨雨毛泽东终于为中国人民指明了一条适合中国国情的夺取民主革命胜利、建设新中国的正确道路。"作者还总结说："中国人从五四运动前后接受马克思主义起，经过二十年的艰苦探索和曲折经历，才把马克思主义与中国革命实践很好地结合起来，在抗日战争时期，独立自主地立起了'新民主主义'这面旗帜……这是中国历史上的一件大事。它不仅对抗日战争中后期产生了重大影响，而且对以后中国革命和建设起了巨大的指导作用。"②

新民主主义要向社会主义转变，这是新民主主义理论本身规定了的，但是新中国成立后，新民主主义如何向社会主义转变、何时转变、

---

① 杨奎松：《评潘佐夫的〈毛泽东传〉》，《近代史研究》2016年第3期，第5页。
② 金冲及主编《毛泽东传（1893—1949）》，中央文献出版社，1996，第572页。

转变的步骤，都需要根据中国的现实情况来决定。逄、金的毛传全面阐述了这种转变的可能性和困难，以及转变为社会主义后，如何建设社会主义实践过程中遇到的问题、困难，取得的成就和失误。这个过程就是在中国探索社会主义道路的过程，它为中国历史提供了两个发展趋势：一个是"文革"发生的趋势，另一个是为以后全党、全国的转变打下了基础。①

按照逄、金毛传的说法，毛泽东开始思考怎样在中国建设社会主义问题，并对此进行历史性探索，是在1956年社会主义改造基本完成以后，是在他调查研究并总结社会主义建设的基本经验后，开始创作《论十大关系》的时候。作者认为："《论十大关系》的发表，标志着毛泽东对中国社会主义建设道路的探索开始形成一个初步的然而又是比较系统的思路。"②"可以说，'以苏为鉴'，根据中国情况走自己的路，是贯穿《论十大关系》的基本思想。"③毛泽东自己也说，以前是照抄外国的经验，但从1956年提出十大关系起，开始找到一条适合中国的路线。以前学苏联，按重工业、轻工业、农业的顺序安排建设计划，现在翻转过来，按照农业、轻工业、重工业的顺序安排建设计划。我以为，这个判断是准确的。

又过了差不多10年，俄罗斯学者亚历山大·潘佐夫（А. В. Панцов）出版了卷帙浩繁的《毛泽东传》，2015年中国人民大学出版社推出了中文简体字本。作者在中文版序言里说：他的毛传是依据近几年才解密的"中共、苏共和共产国际的秘密档案"而写成的。作者认为，在该书利用这些档案写成出版以前，有关毛泽东生平研究的说法"都离真相很远"。④ 哈佛大学罗德里克·麦克法夸尔评价说："这部传记的一大特点

---

① 这个说法是胡绳最先提出的，那是1991年2月，胡绳在谈《中国共产党的七十年》一书初稿修改意见时说："探索的发展有两个可能，一个是为'文革'做了准备，一个是为三中全会后的改革做了准备。"参见金冲及《一本书的历史：胡乔木、胡绳谈〈中国共产党的七十年〉》，中央文献出版社，第109页。胡绳是研究中国近代史和中共党史的权威学者，讲这个话的时候，他正担任中共中央党史研究室主任和中国社会科学院院长。
② 逄先知、金冲及主编《毛泽东传（1949—1976）》上册，中央文献出版社，2003，第485页。
③ 逄先知、金冲及主编《毛泽东传（1949—1976）》上册，第483页。
④ 亚历山大·潘佐夫：《毛泽东传》上册，卿文辉译，中国人民大学出版社，2015，"序言"。

是，广泛地使用了新材料，特别是非常珍贵、卷帙浩繁的苏联史料。"①阅读潘佐夫的《毛泽东传》，印象最深的是书中大量使用俄国收藏的苏共、共产国际历史档案和其他俄文文献。中国研究中共党史和毛泽东的学者杨奎松教授最近撰文评论了潘佐夫的这部著作，肯定了他在利用俄罗斯档案上做出的贡献，指出"直到潘佐夫的《毛泽东传》出版前，世界上还没有任何一部毛泽东传记曾经系统地利用俄国哪怕是一个档案馆的这类档案资料"。②但是他也指出："过于强调潘书的特色或价值在于作者大量发掘、利用和披露了俄国机密档案，很可能会令熟悉毛生平思想史的读者失望。"③杨奎松不否认潘书使用了不少新发现或者新开放的俄国档案，但是他认为，潘书在发掘、利用和披露俄国重要机密档案方面还差得很远。杨奎松举例说，潘书号称利用俄罗斯国家社会和政治历史档案馆大约25个卷宗，但在全书2000多条引文注释中直接引用该馆者只有120条左右。"真正首次为作者所利用或由作者首次披露于此书中者（有些未注明出处），数量十分有限。"④杨奎松认为，根据潘佐夫毛传英文本提供的参考文献和其他资料目录，"可知书中利用最多的，还是各种已经在中国和俄国出版的文献资料或年谱传记资料"。⑤

特里尔评论潘佐夫的毛传说："在研究毛泽东的海外文献中，潘佐夫的这本书堪称迄今为止有关毛泽东与莫斯科的关系的最具权威性的文本。这本书还颠覆了西方汉学界流传已久的一个神话：毛泽东'夺取政权的亚洲式道路'与国际共产主义运动没有关系。"⑥照特里尔的这个评论，似乎他在读过潘佐夫毛传后放弃了他"非斯大林化"的认识。潘佐夫教授的毛传对欧美学者有较大影响。

这就提出了一个问题，同是毛泽东一个人，有人认为他是"非斯大林化"，有人认为他是"斯大林化"。这在学术上是一个非常重要的问题，需要做出有史料根据的论证。在我看来，潘佐夫的提法似乎论证不足。我认为：毛泽东一贯强调的中国化的马克思主义，既不是特里尔提

---

① 亚历山大·潘佐夫：《毛泽东传》下册，"封底"。
② 杨奎松：《评潘佐夫的〈毛泽东传〉》，《近代史研究》2016年第3期，第5页。
③ 杨奎松：《评潘佐夫的〈毛泽东传〉》，《近代史研究》2016年第3期，第11页。
④ 杨奎松：《评潘佐夫的〈毛泽东传〉》，《近代史研究》2016年第3期，第10页。
⑤ 杨奎松：《评潘佐夫的〈毛泽东传〉》，《近代史研究》2016年第3期，第19页。
⑥ 亚历山大·潘佐夫：《毛泽东传》下册，"封底"。

出的"非斯大林化",也不是潘佐夫提出的"斯大林化"。毛泽东说过:"形式主义地吸收外国的东西,在中国过去是吃过大亏的。中国共产主义者对于马克思主义在中国的应用也是这样,必须将马克思主义的普遍真理和中国革命的具体实践完全地恰当地统一起来,就是说,和民族的特点相结合,经过一定的民族形式,才有用处,决不能主观地公式地应用它。"①这就是毛泽东提出的中国化的马克思主义的含义。所谓中国化的马克思主义,不是不要马克思主义,而是结合中国实际实行马克思主义,结合中国历史和现实,结合中国文化传统发展马克思主义。毛泽东和中共在中国实行新民主主义革命和社会主义革命与建设,都是在马克思列宁主义基本理论指导下,探索符合中国实际的道路。因此,用"非斯大林化"和"斯大林化"来刻画毛泽东都不符合中国实际,都不符合毛泽东革命和思想的特点。

潘佐夫对于斯大林有着自己强烈的政治倾向,对斯大林抱有强烈的批判态度,可以从中看出苏联解体以后,某些俄罗斯学者政治态度的剧烈转变。对于这一点,我是可以理解的。但是,从否定斯大林出发,认为斯大林对中共实施了欺骗手段,以"新民主主义论"为例,说明毛泽东接受了斯大林的欺骗。杨奎松指出,潘佐夫认定毛泽东的新民主主义论源自斯大林,根据就是1937年11月11日斯大林在莫斯科与中共代表谈话,斯大林认为,"现在不是谈论中国非资本主义道路的好时机",要求中共"直到抗战胜利都不去走社会主义道路"。②潘佐夫说毛泽东事后即领会了斯大林的这次谈话内容,杨奎松认为这是猜想,没有历史根据。潘佐夫解释斯大林要求中共在抗战后也要选择温和的民主道路,"有必要抛弃中国能够避免资本主义、直接搞社会主义的老观念"。③杨奎松认为潘的这个解释是曲解,"与斯大林的说法有很大的出入"。④实际上,斯大林说的是抗战时期中共不要考虑非资本主义道路

---

① 毛泽东:《新民主主义论》,《毛泽东选集》(合订本),人民出版社,1964,第700页。
② 亚历山大·潘佐夫:《毛泽东传》,第466—467页。这里引用的语句与潘书不完全相同,参见杨奎松《评潘佐夫的〈毛泽东传〉》,《近代史研究》2016年第3期,第14页。据杨奎松声明,他的引文参照了潘佐夫毛传的英文本和中文本。
③ 亚历山大·潘佐夫:《毛泽东传》,第476页。
④ 杨奎松:《评潘佐夫的〈毛泽东传〉》,《近代史研究》2016年第3期,第14页。

（社会主义道路），潘佐夫解释为战后也不考虑。① 按照潘佐夫的说法，毛泽东是在斯大林的压力下，被动地接受"新民主主义"这个概念的，是受了斯大林的欺骗。因为，"遵循苏联模式并通过专政手段迅速完成现代化的共产主义中国"，可能会对斯大林"在共产主义世界的霸权构成威胁。如能设法把毛的抱负限制在'民主'的目标上，斯大林就有可能使毛作茧自缚，并使中共的策略路线服从于他本人的政治行动路线"。②

杨奎松质疑潘佐夫未能以坚实的史料来证明他做出的这种判断。我认为，杨奎松的质疑是有道理的，我完全赞成杨奎松的分析。以毛泽东为代表的中国共产党人在中国从事革命，当然接受了马克思主义理论指导，也接受了列宁、斯大林以及苏共、共产国际对中国革命的指导意见，接受了斯大林、苏共对中国共产党的帮助。这些是无可讳言的。列宁、斯大林以及苏共、共产国际对中国革命的指导有符合中国革命实际的，也有不符合中国革命实际的。中国革命历史实际证明，凡是教条主义执行列宁、斯大林以及苏共、共产国际对中国革命的指导意见，中国革命可能就出现问题；凡是结合中国革命实际、中国社会和历史实际，灵活运用马克思主义理论，灵活运用斯大林、共产国际的指导意见，中国革命就可能前进一步。

在思考中国革命道路的时候，在提出中国革命分两步走的时候，毛泽东当然受到列宁、斯大林有关论述的影响，但是如果离开了中国社会实际，中国革命道路的思考就可能变成空中楼阁。为什么毛泽东不是在1937年提出新民主主义理论，而是在1940年开始提出新民主主义理论？就是以中国革命、中国共产党面临的历史任务和革命实际为转移的。抗日战争的爆发，抗日民族统一战线的提出和实践，中共领导的大片敌后根据地的建立，中共力量在抗战中发展为一个可以影响中国时局的大党，中国共产党已经积累了自大革命、土地革命和抗战以来的历史经验，中国共产党人需要思考中国处在半殖民地半封建社会里中国革命面临的任务和前途、中国革命的敌人和动力等一系列重大问题，做出科学的回答。这就是毛泽东提出新民主主义理论的基本历史背景。离开了这些历史背景，尽管有斯大林的指导意见，新民主主义理论还是难以提

---

① 特里尔评论说："在延安，毛没有实行共产主义，但是他一直把共产主义作为他战争结束后的目标。"这个评论是符合实际的。参见特里尔《毛泽东传》，第198页。
② 亚历山大·潘佐夫：《毛泽东传》，第536页。

出的。

中国革命在马克思主义理论指导下,在列宁、斯大林和共产国际的指导下,结合中国的实际,走出符合中国历史实际和革命实际的道路,创立符合中国实际的理论,这就是中国化的马克思主义。

把中国革命的发展道路说成是"斯大林化",把毛泽东说成是"斯大林化",在学术上是不谨慎的,是建立在对苏联历史和中国历史不正确理解的基础上的,不能说是研究毛泽东历史的严谨的学术概念。

撰写毛泽东传记,在学术上是非常重要的研究课题。对于我们全面认识毛泽东极其重要,对于我们认识中国新民主主义革命如何走向胜利、如何转变为社会主义以及如何探索中国式的社会主义都很重要,对于如何认识马克思主义与中国革命的关系,如何认识苏共、共产国际与中国革命的关系,同样很重要。对于我们认识毛泽东时代与后毛泽东时代的关系,尤其重要。

撰写毛泽东传记,需要把握几个要点。第一,需要排除个人强烈的政治倾向,需要以学术的冷静和求实的精神、以坚实的史料来论证毛泽东的一生,无论功过,都要凭史料说话。第二,撰写毛泽东传记,需要把握毛泽东以及 20 世纪中叶中国社会的特点,思考在那时的社会上中国何以出现反帝反封建的革命,何以出现毛泽东和毛泽东的战友们的奋斗和牺牲,何以出现中国化的马克思主义。第三,撰写毛泽东传记,需要利用中外各种历史文献,需要利用各国档案资料。既要掌握尽可能丰富的档案史料,又不能囿于细枝末节而丢弃反映事物本质的史料。第四,要注意吸收几十年来学术界有关毛泽东研究的积极成果,在撰写中反映这些成果。

当然,正如这次学术会议主题所标示的,从多维度探讨毛泽东传记编纂方法也是有意义的。所谓多维度编纂方法,是指不局限于某种方法。我想这要看编撰者的目的,譬如,可以从政治、经济、军事、外交、中苏关系、中美关系、文化、哲学、思想等诸多方面探讨毛泽东,甚至可以从诗歌、书法、书信等各方面探讨毛泽东的性格与个性。但是,如果要综合地看毛泽东这个人、他的历史贡献和历史地位、他的思想特色,单独从某个方面去写毛泽东,都可能是难以周全的。

从以上认识来说,探讨毛泽东传记的编纂方法是很有意义的,在现有毛泽东传记基础上,撰写和修订新的毛泽东传记,是很有必要的。

站在 21 世纪看毛泽东的影响

特里尔在他的《毛泽东传》里说："三十年后再看中华人民共和国，仍可以看到它在 1950 年形成时期的样子。"[①] 这是很有眼光的观察。套用这句话，站在 21 世纪的今天，看中华人民共和国，我们仍可以看到建设新中国的设计者们的卓越贡献。

站在 21 世纪看毛泽东以及毛泽东对中国历史的影响，存在一个如何看待中华人民共和国的现在，以及中国共产党如何在今日中国治国理政问题。需要研究今日的中国与毛泽东时代的中国有什么联系和区别的问题。

1954 年第一届全国人民代表大会通过的《中华人民共和国宪法》，取代了 1949 年中国人民政治协商会议通过的起临时宪法作用的《中国人民政治协商会议共同纲领》，规定了中华人民共和国的国体与政体，规定了中国共产党的领导作用，规定了中华人民共和国的政治制度和经济制度。这个宪法以后经过多次修订，现行宪法是 2004 年 3 月 14 日第十届全国人民代表大会第二次会议修订通过的。现行宪法的基本精神与 1954 年宪法是相通的。它表明中华人民共和国实行的是社会主义宪法体制。这个宪法精神，贯穿了毛泽东的基本思想。这个基本思想是在 1949 年前就形成的。1954 年宪法是毛泽东主持制定的。

《中华人民共和国宪法》规定全国人民代表大会是国家最高权力机构，国务院是最高执行机构。人民代表大会制度是国家的根本政治制度。宪法规定，我国已经结成中国共产党领导的，有各民主党派和各人民团体参加的，包括全体社会主义劳动者、社会主义事业的建设者、拥护社会主义的爱国者和拥护祖国统一的爱国者的广泛的爱国统一战线。宪法规定中国人民政治协商会议是有广泛代表性的统一战线组织，是国家的基本政治制度。人民代表大会制度、政治协商会议制度，是中国政治制度的核心，是民主制度在中国的实现形式，是中国特色的民主制度

[①] 特里尔：《毛泽东传》，第 250 页。

和民主形式。全世界有多种民主形式，判断某种民主形式是否合理和有效率，我看主要是看这种民主形式是否推动生产力发展、是否给该国人民带来福祉、是否对世界和平带来保障。

中国是以汉族为主体的多民族统一国家，国家实行少数民族区域自治制度，禁止民族歧视和压迫。这种民族政策和少数民族区域自治制度，使各民族和谐共处，共同发展。今日中国的各民族共处，是中国历史上最为和谐的时期。中国没有实行民族自决的政策和制度，避免了因民族矛盾造成分裂的现象，而这种现象，在欧洲和世界各地，层出不穷，民族问题是那些地方难以处理的问题。

宪法规定的中国经济制度，60 多年来有很大发展，通过改革开放以来的社会实践，国家放弃了比较僵硬的计划经济制度，实行比较灵活的社会主义市场经济制度，保护私有财产，并且写入宪法，但宪法也规定社会主义经济制度的基础是生产资料的社会主义公有制，这表明社会主义公有制是主体的制度没有改变。毛泽东在中国共产党第七届中央委员会第二次全体会议上的报告中明确指出："使国营经济成为整个国民经济的领导成分。这一部分经济，是社会主义性质的经济，不是资本主义性质的经济。"① 这一思想已被写入宪法中。

与毛泽东时代最大的区别，在形式上是国家的对外开放。这是时代的发展所致。从史料来看，毛泽东并不反对对外开放。1949 年 3 月，毛泽东就指出：新中国建立后，"关于同外国人做生意，那是没有问题的，有生意就得做，并且现在已经开始做，几个资本主义国家的商人正在互相竞争。我们必须尽可能地首先同社会主义国家和人民民主国家做生意，同时也要同资本主义国家做生意"。② 1949 年 6 月 30 日，在中华人民共和国建立前夕，毛泽东再次强调："'我们要做生意'。完全正确，生意总是要做的。我们只反对妨碍我们做生意的内外反动派，此外并不反对任何人。……团结国内国际的一切力量击破内外反动派，我们就有生意可做了，我们就有可能在平等、互利和互相尊重领土主权的基

---

① 毛泽东：《在中国共产党第七届中央委员会第二次全体会议上的报告》，《毛泽东选集》（合订本），第 1432 页。
② 毛泽东：《在中国共产党第七届中央委员会第二次全体会议上的报告》，《毛泽东选集》（合订本），第 1436 页。

础之上和一切国家建立外交关系了。"① 在同一篇文章里，毛泽东甚至还在考虑不仅要做生意，还要向英美国家的资本家借钱。② 这里所说同资本主义国家做生意，所说借钱，在一定意义上就是实行开放政策。后来只是由于以美国为首的资本主义世界对中国实行封锁禁运，中国才被迫只对苏联以及人民民主国家开放。1956 年 2 月，毛泽东主持社会主义建设问题调查研究会议，当谈到工业发展问题时，周恩来讲到要派人到资本主义国家去学技术，毛泽东很赞成，说：不论美国、法国、瑞士、挪威……只要它们要我们的学生，我们就派去。周恩来说：把各国经验都学过来，要有这个气魄。③ 这就是说，在探索社会主义建设道路方法的时候，毛泽东、周恩来等领导人决心向资本主义国家学习生产技术的思想准备是充足的。1973 年 2 月，美国国家安全事务助理基辛格访问中国，毛泽东与基辛格的谈话中特别说道："我们两国之间的贸易现在可怜得很喽，要逐步发展。"④ 1974—1975 年，还在"文革"末期，中国从西方国家进口了一批大型化学肥料、化学纤维和连续式钢板轧机等设备，陆续投入生产。可见，只要条件允许，对外开放是不成问题的。

毛泽东去世后，中国进入后毛泽东时代。对于后毛泽东时代的中国，国际上、学术界有各种评论。有一种意见认为，后毛泽东时代与毛泽东时代截然不同。这个评论，未必真确地反映了中国的现实。

1978 年以后的中国历史，与 1949—1976 年的中国历史，其连续性是很显然的。当然，其间的区别也不容讳言。主要的区别在于，1976 年以前的十多年，贯彻了"以阶级斗争为纲"的方针，尤其是"文化大革命"错误严重，所谓"抓革命，促生产"，重点在于政治运动，在于阶级斗争。1978 年以后发生了转变，这个转变就是邓小平说的"一个中心，两个基本点"。一个中心，是以经济建设为中心，这是与"以阶级斗争为纲"相对立的。两个基本点，是改革开放与四项基本原则。四项基本原则是坚持社会主义道路，坚持人民民主专政，坚持共产党的

---

① 毛泽东：《论人民民主专政》，《毛泽东选集》（合订本），第 1478 页。
② 毛泽东：《论人民民主专政》，《毛泽东选集》（合订本），第 1479 页。
③ 转引自逄先知、金冲及主编《毛泽东传（1949—1976）》上册，第 476 页。
④ 中共中央文献研究室编《毛泽东年谱（1949—1976）》第 6 卷，中央文献出版社，2013，第 469 页。

领导,坚持马列主义、毛泽东思想。这个四项基本原则表明了1978年后的中国与1976年前的中国连续性的基本面。这就是说,毛泽东以及毛泽东思想对后毛泽东时代的中国的影响完完整整地体现在四项基本原则里了。

历史在发展,时代在前进。后人不能守着前人的步伐寸步不离。毛泽东在1956年说过,我们的后代也要打破对我们的迷信。① 后毛泽东时代的中国领导人和一般中国人确实也打破了对毛泽东的迷信。1981年6月27日通过的《中国共产党中央委员会关于建国以来党的若干历史问题的决议》已经把历史的发展、时代的前进的基本观点和内容概括进去了,把毛泽东的功与过很客观地写进去了,把毛泽东的历史地位和毛泽东思想的历史地位定性了,把历史转折的方向写明确了。② 无论是毛泽东的功绩还是毛泽东的错误,都反映了那个时代的基本特点,都将对后毛泽东时代的中国、中国领导人和中国人民产生深远的影响。从邓小平到习近平,近40年来,中共中央的主要负责人都把马克思列宁主义、毛泽东思想当作自己的指导思想。

由于毛泽东晚年在发动"文革"中犯了严重错误,今天中国人在对毛泽东的评价上发生了分歧。但是大多数中国人对毛泽东的功绩和错误的认识还是客观的,对毛泽东时代的正确方面是继承的,对毛泽东时代的错误方面是警惕的,是引以为戒的。

我个人作为研究中国近代史的学者,从21世纪的今天来看毛泽东,有如下几点认识。

第一,毛泽东是一位历史伟人,他已经成为历史研究的对象。研究毛泽东,要把毛泽东放到适当的历史背景里,要从19世纪末叶和20世纪中叶的世界背景和中国背景来认识他的地位和作用。

第二,要从改变中国历史命运的角度看毛泽东的贡献,比较他与孙中山、蒋介石、陈独秀、李大钊等人所起的不同的历史作用。

第三,要从中国历史纵深和世界历史纵深来看毛泽东的历史作用。

第四,要从马克思主义的发展来看毛泽东的贡献。

---

① 参见逢先知、金冲及主编《毛泽东传(1949—1976)》上册,第476页。
② 参见《中国共产党中央委员会关于建国以来党的若干历史问题的决议》,中共中央文献研究室编《三中全会以来重要文献选编》下册,人民出版社,1982,第788—846页。

我以为，从中华民族独立和中国国家解放来看，毛泽东的历史性贡献是前无古人、后无来者的。这个贡献为今天中国要实现中华民族复兴梦想打下了牢固的基石。在以苏联为首的社会主义阵营时期，毛泽东拒绝了苏联领导人对中国内政和中国主权的干涉，拒绝了"有限主权论"，坚决捍卫了中国的独立。在当时"世界革命"的氛围下，这样的态度是独一无二的。

毛泽东从1920年接受《共产党宣言》，成为一个马克思列宁主义者。他从1927年大革命失败的历史经验中领悟到枪杆子里面出政权的道理，他跳出了马克思主义的经典论述和俄国的经验，放弃攻打大城市，建立了农村革命根据地，开创了以农村包围城市的中国革命道路，最后在1949年夺取了中国所有的大城市，赢得了中国革命的成功。这个经验与俄罗斯不同。

毛泽东根据中国历史实际提出了新民主主义革命的系列理论，提出了中国革命分两步走，以社会主义为目标，以共产主义为指引，他的努力成功了。这个经验与俄罗斯不同，与欧洲革命的经验不同。

在新民主主义革命和社会主义革命期间，毛泽东正确处理了与民族资产阶级的关系，扩大了团结面，减少了敌对面。毛泽东说过，中国的社会主义革命是和平的。中共对资本主义工商业实行社会主义改造，采取了和平转变的方针。这与俄国十月革命的经验是不同的。

在探索社会主义建设的道路上，在学习苏联经验的基础上，中国有了新的创造。这就是《论十大关系》所说的农业、轻工业、重工业的顺序安排。苏联的重、轻、农安排，至今仍在影响着俄国人民的生活和国家的发展。中国的安排符合中国国情，为中国农业、工业发展奠定了基础。

以上所述，呈现了中国革命和建设，既有马克思主义的指导，又有中国的特点。1978年后邓小平总结出来的中国特色社会主义理论，它的根源可以追溯到毛泽东这里。这就是中国化的马克思主义，这就是中国人对马克思主义理论的发展。这些都需要做出学术上的总结和探讨。

特里尔说："蒋（介石）只是一介武夫，而毛泽东是一位思想家。对他来说，枪杆子只是一种工具。"[①] 特里尔的这个认识是极为可贵的。毛

[①] 特里尔：《毛泽东传》，第234页。

泽东一生的社会改造实践,从未停止过思考,不仅是方法的思考,而且是理论的思考。他一生思考的重点,是如何把马克思主义的理论与中国的社会实际、历史实际、革命和建设的实际结合起来。他撰写的《实践论》《矛盾论》《中国革命和中国共产党》《新民主主义论》《论持久战》《论十大关系》《关于正确处理人民内部矛盾的问题》和《人的正确思想是从哪里来的?》等一系列理论性或者带有理论性思考的文章,都不是书斋里的理论,不是根据哲学文献分析做出的探讨,而是来自革命和建设实践的理论总结。从这些理论总结中,可以看出来,毛泽东是如何把马克思主义基本理论、马克思主义的世界观和方法论与中国社会实际、历史实际、文化传统结合起来,如何创造这些理论的中国风格和中国气派。我认为,这些影响是永恒的。今后的年代,这些中国化的马克思主义,都会影响中国,包括中国未来的青年和其中产生的领导人。

从中国近现代史的总结看毛泽东的历史局限性

从 1840 年起的中国近现代历史,学术界的基本认识是存在两大历史主题。一个是民族独立、人民解放,就是通过反帝反封建改变中国半殖民地半封建社会;一个是谋划中国的现代化,大大提升中国社会生产力,把一个贫弱的国家变成富强的国家。毛泽东在实现两大历史主题的奋斗中做出了自己的贡献。

1949 年新中国建立以后,特别是三年国民经济恢复、第一个五年计划实行以后,中国所面临的历史主题是发展生产力,是以工业化为核心的现代化的努力方向。在这个历史主题面前,毛泽东的思考有时走偏了方向,特别是 1962 年以后。他推动了中国现代化事业的发展,但是他又"以阶级斗争为纲"遮盖了现代化的发展视野。1962 年毛泽东重提阶级斗争,决定"以阶级斗争为纲",终于推动"文革"的爆发。如果像 1966 年以前那样坚持抓经济建设,坚持抓四个现代化,就不会让新加坡和韩国等国家和地区在现代化上冲到中国的前面。阶级斗争的存在是一个客观情况,但是国家已经空前强大,工业基础已经建立,政权已经巩固,把四个现代化放在第一位,把阶级斗争放在第二位,就不会发生"文革"那样的斗争，中国在提升生产力方面的速度要快得多，中国人民的生活质量的改善也要快得多。

毛泽东的第二个失误表现在对社会主义的认识上，也表现在对共产主义的追求上。要走社会主义道路，要进入共产主义，这是共产党人的理想和奋斗目标。如何达到目的，中国共产党人只能探索。那时候还不知道，社会主义是分阶段的，只有一步一步走完了各个阶段，才能接近共产主义。急于建成社会主义，急于达到共产主义，不是实事求是的态度。毛泽东晚年对资产阶级法权的批判、对八级工资制的批判，都有空想的成分。欲速则不达，急于建成社会主义，急于到达共产主义，反而达不到目的。这些方面，表现了毛泽东晚年缺乏实事求是的精神，是可惜的。

建设富强的国家，首先要抓四个现代化。走上社会主义道路，要一步一步走。毛泽东晚年的认识出现偏颇，这是历史的局限，也是时代的局限。不管多么伟大的历史人物，都难免受到历史和时代局限的影响。今人也会有历史和时代的局限。人类就是在不断克服历史和时代局限的过程中前行的。

认识毛泽东，要有这样的胸襟。

张海鹏

2016 年 6 月 23 日

7 月 10 日再修订

后记：我的英文、俄文阅读能力有限，本文引用的外文书，均根据中文译本。如果中文译本个别地方不完全符合英文、俄文作者原意，本文加以引用，发生对原书作者误会之处，我在此表示歉意。

张海鹏